한국문학개론

김광순 김병국 김선기 박노준 박용식
설성경 이동근 이임수 이현수 정병헌
정재호 진동혁 차용주 최 철 －공저

景仁文化社

□ 머 리 말

　이 책은 한국문학을 전공하려는 사람들에게 국문학을 더욱 쉽게 이해할 수 있도록 하기 위한 입문서이다. 지금까지 이와 같은 개론서가 10여 종이 있지만 간행된 지 오래 되어 최근의 이론까지 수용되지 못한 아쉬움이 있어 이 책을 집필하게 되었다.
　기존의 개론서는 단독으로 국문학 전 장르가 다루어지기도 했고, 여러 사람이 공동 집필한 경우도 있었다. 전자는 통일성은 있지만 국문학 전체를 심도 있게 개설하지 못한 아쉬움이 있었고, 후자는 깊이 있게 개설되어졌지만 통일성에 다소 미흡한 점이 있었다. 개론서는 문학사가 아닌 만큼 각 장르마다 최근 학계의 이론을 수용하여 학습자에게 이해시키는 것이 목적이므로 본서에서는 후자의 방법을 택했다. 그래서 각 장르마다 최고의 전공교수들이 최근 학계의 논의를 수용하여 연구의 전문성을 살렸고, 그 범위는 고전문학을 중심으로 하되 국문학을 전공하려는 사람들에게 쉽게 이해할 수 있도록 개설하였다. 또한 이 책의 저자들은 수차례의 논의를 거쳐 통일성을 잃지 않도록 하는데 최선을 다 하였다. 그리고 각 장르마다 관련되는 참고 문헌을 밝혀 학습자에게 편의를 도모하였다.
　이 책의 구성을 총론總論(김병국金炳國), 상고시가上古詩歌(최철崔喆), 향가鄕歌(박노준朴魯埻), 고려가요高麗歌謠(김선기金善祺), 경기체가景幾體歌(이임수李壬壽), 시조時調(이동혁秦東赫), 가사歌辭(정재호鄭在晧), 민요民謠(이현수李鉉洙), 설화說話(박용식朴湧植), 고소설古小說(김광순金光淳), 판소리(정병헌鄭炳憲), 희곡戱曲(설성영薛盛璟), 고수필古隨筆(이동근李東根), 한문학漢文學(차용주車溶柱) 등 모두 14章으로 나누었으며, 각 분야의 전공교수들에게 분담 집필하여 최근의 이론을 최대한 수용하도록 하였다. 그러나 처음 의도와 다소 맞지 않거나 최근 이론의 수용에 미흡한 점이 있다면 계속 수정 보완할 예정이니 독자들의 따뜻한 지도편달을 바라는 바이다.

 끝으로 바쁘신 가운데도 집필해 주신 저자 여러분들에게 이 자리를 빌어 감사의 말씀을 드리며, 본서 출판을 맡아 주신 景仁文化社 한상하 회장과 한정희 사장, 그리고 관계 직원 여러분께도 감사를 드리는 바이다.

1996년 2월 1일
김 광 순

차 례

□ 머리말

제1장 總論 ···1
  1. 국문학의 개념과 범위 ··1
  2. 국문학의 특질 ··6
  3. 국문학의 장르 ··13

제2장 上古詩歌 ···19
  1. 들어가는 말 ··19
  2. 집단의 노래 ··21
  3. 한역가요 ··23

제3장 鄕歌 ··37
  1. 명칭과 기원 ··37
  2. 갈래 ···40
  3. 형식 ···43
  4. 작자와 산문기록의 문제 ··48
  5. 작품 세계 ··50
  6. 정서 ···62

제4장 高麗歌謠 ···69
  1. 머리말 ···69
  2. 명칭과 개념 ··70
  3. 작품의 성격 ··73
  4. 작품의 형식과 표현 ···86
  5. 작품의 내용 ··95

제5장 景幾體歌 ·· 111
1. 명칭과 연구현황 ·· 111
2. 작품개관 ·· 112
3. 장르형성 및 기본형 ·· 114
4. 작품 및 시대적 특성 ······································ 119

제6장 時 調 ·· 129
1. 시조의 개념 ·· 129
2. 시조의 명칭 ·· 131
3. 시조의 기원 ·· 135
4. 시조의 형성 ·· 140
5. 시조의 형식 ·· 141
6. 시조의 내용 ·· 143
7. 시조의 특질 ·· 153

제7장 歌 辭 ·· 159
1. 가사의 개념 ·· 159
2. 가사의 출현 ·· 164
3. 가사의 장르 ·· 168
4. 가사의 형식 ·· 173
5. 가사의 내용 ·· 177
6. 가사의 사적 전개 양상 ··································· 181
7. 가사의 특질 ·· 187

제8장 民 謠 ···193
1. 민요의 개념 ···193
2. 민요의 자료 ···195
3. 민요의 분류 ···197
4. 민요의 기능 ···203
5. 민요의 가창방식 ·····································209
6. 민요 연구의 의의 ···································213

제9장 說 話 ···217
1. 설화의 개념 ···217
2. 신 화 ···221
3. 전 설 ···229
4. 민 담 ···234

제10장 古小說 ···243
1. 고소설의 개념 ·······································243
2. 고소설의 전개 ·······································248
3. 고소설의 유형 ·······································258
4. 고소설의 특질 ·······································272

제11장 판소리 ···279
1. 판소리의 형성과 전개 ···························279
2. 판소리의 구성 ·······································283
3. 판소리와 판소리계 소설 ·······················289
4. 판소리 연구의 현황 ·······························294

제12장 戱 曲 ·· 301
1. 전통 연극과 희곡 ··· 301
   1) 전통극의 기원 ··· 302
   2) 신라 연행 양식의 형성과 전승 ····························· 304
   3) 고려·조선의 전통극 ··· 306
   4) 근대 전환기 이후의 극 ·· 313

제13장 古隨筆 ·· 317
1. 문제제기 ·· 317
2. 수필의 장르적 논의 ·· 330
3. 수필의 장르종 ·· 337
4. 고수필 약사 ·· 344
5. 고수필의 특징 ·· 362

제14장 漢文學 ·· 365
1. 한자의 전래 ·· 365
2. 고조선의 한문학 ··· 367
3. 삼국시대의 한문학 ··· 368
4. 통일신라의 한문학 ··· 372
5. 고려조의 한문학 ··· 374
6. 조선조의 한문학 ··· 380

‖ 제1장 ‖
總 論

1. 국문학의 개념과 범위

 '국문학'이라는 말은 '한국문학'이라는 말과 같은 뜻으로 쓰인다. 그런데 우리는 '한국문학'이라는 말보다 '국문학'이라는 말을 더 즐겨 사용한다. 우리는 '국문학개론'이라는 말을 흔히 쓰고 '한국문학개론'이라는 말은 잘 쓰지 않는다. 대학의 전공학과를 지칭하는 말도 '한국(어)문학과'라고 하는 곳은 드물고, 대개는 '(국어)국문학과'라 한다. 그것은 우선 오랜 관행에 익숙해져서 '국문학'이라는 말에는 친근감이 가지만 '한국문학'이라는 말에는 친근감이 덜 가기 때문일 것이다. 그리고 '한국문학'이라는 말에 친근감이 덜 가는 까닭은 그것이 객관적 중립적 용어이기 때문이기도 할 것이다. 이와는 달리 '국문학'이라는 말에서 '국[國]'은 '자기 나라[自國]' 곧 '우리나라[我國]'의 뜻이라고 보아 '우리나라 문학'이라는 의미의 '국문학'이라는 말에 더 친근감이 가는 것이라고 생각되기도 한다.
 그러면 '국문학'과 '한국문학'은 과연 같은 뜻으로 쓰이는 말일까? 예컨대 조동일은 그의 ≪한국문학통사≫에서, "'한국문학'과 '국문학'은 외연이나 내포에서 아무런 차이가 없는 용어"라고 하면서, "대외적으로는 '한국문학'이라 해야 하고, 국내의 전공자들끼리는 '국문학'이라 하면 그만"이라고 했다.[1] 그러나 실제로 이 두 말이 풍기는 내포적 그림자는 서로 다른 것이 사실이다. 즉 '한국문학'이라

---

1) 조동일, ≪한국문학통사≫ 1 (제3판), 지식산업사, 1994, 22쪽.

고 하면 그것은 글자 그대로 '한국의 문학(Korean literature)'을 가리키지만, '국문학'이라고 하면 그것은 아무래도 '민족문학(National literature)'이라는 뜻을 내포하고 있어서 이른바 '세계문학(World literature)'이라는 말과 대응되는 것처럼 느껴지기 때문이다. 즉 '국문학'에서의 '국國'은 그 표면은 '자국自國' 또는 '아국我國'의 뜻을 나타내지만 그 이면에는 영어의 'Nation'이나 독일어의 'Volk'에 해당하는바 '국민' 또는 '민족'의 뜻을 내포하고 있는 것이다.

'국문학'이라는 말이 '민족문학'이라는 뜻을 내포하고 있는 것이라면 그것은 또 무언가 역사적 의의나 전통적 가치를 지닌 민족 고유의 문학이라는 뜻을 암시하게 될 것은 자명한 일이다. '국문학'은 '역사적인 것' '전통적인 것' '고유한 것'을 암시하는 용어이지만 '한국문학'은 객관적이며 가치중립적인 용어이다. 따라서 '국문학'이라는 말은 근대 이전의 고전문학을 가리키는 것이 상례이다. 우리나라의 현대문학이나 당대문학을 '국문학'이라고 지칭하는 예를 우리는 보지 못한다. 그러니 대학에서 현대문학 전공 교수는 '문학개론'은 가르치지만 '국문학개론'은 가르치지 않는다. '국문학개론'은 고전문학 전공 교수의 전유물처럼 되어있다.

그러면 국문학이란 무엇인가? 문학은 말과 글로 된 예술이니, 국문학은 우리 민족의 말과 글로 된 문학이라고 그저 순진하게 처리해버리면 그만일 듯도 하다. 그러나 말과 글이 일치하는 현대의 '한국문학'을 다루는 것이 아니라, 말과 글이 다르기도 했던 예전의 '국문학'을 다루는 사람에게는 처음부터 심각한 문제에 부딪히게 된다. 말은 우리말이었으나 글은 중국 글이었던 시대의 국문학이나, 우리 글과 중국 글이 함께 있었던 시대의 국문학을 다루어야 하는 우리에게, 무엇이 국문학이고 무엇은 국문학이 아니란 말인가? 이른바 국문학의 범위에 대한 논쟁이 일어나게 마련인 것이다.

이른바 국문학의 범위에 대한 쟁론들을 아주 잘 정리해 놓은 글로, 김흥규의 "한국문학의 범위"[2]와, 조동일의 "국문학의 개념과 범위"3)가 있다. 현재로서는 이 문제에 관한 한 이 두 분의 글 이상으로 진전된 논의가 있을 것 같지가 않으니, 편의상 김흥규의 것을 중심으로 하면서 조동일의 것을 보충하여 쟁점을 재정리해 두고자 한다.

국문학의 개념 및 범위에 대한 핵심 쟁점은 한문문학의 포함 여부인데, 그간에 나타난 견해들을 김흥규는 다음 세 유형으로 집약 제시하였다.

(1) 순수한 국문문학만이 국문학이라는 견해.
(2) 순국문문학을 좁은 의미의 국문학(진정한 의미의 국문학)이라 하고, 한문문학은 넓은 의미의 국문학에 포함되는 주변적 대상으로 인정하는 견해.
(3) 19세기까지의 한문문학은 당연히 국문학의 일부분이며, 그것에 대해 미리부터 어떤 자격상의 차등을 둘 필요가 없다는 견해.4)

위에서 (1)은 해방 이전에 학문을 시작한 초기 국문학자들의 주도적인 입장이었다. 이들은 '국문학'의 개념을 '자기 나라 글로 이루어진 문학'이라고 규정하였기에 한문으로 씌어진 문학은 비록 한국 사람이 지은 것이라 하더라도 국문학이라 할 수 없었다. 이것은 한문학만이 진정한 문학이라고 해오던 중세적 관습에 대한 당연한 반동이었고 또 일본 치하의 삶에서 길러진 민족자존 정신의 소산이기도 했다. 그러나 국문학의 개념에 대한 이러한 결벽성은 오늘날의 일부 학자에 의해 더욱 선명히 계승되기도 했다. 예컨대 김수업은, "배달 문학은 배달겨레의 문학이요, 배달겨레의 문학은 곧 배달말의 문학이다 … 일본말로 배달 문학이 될 수 없고 중국말로써 배달 문학을 이룩할 수는 도무지 없는 노릇이다."5)라고 주장하고

---

2) 황패강 외, 《한국문학연구입문》, 지식산업사, 1982, 11~18쪽.
3) 장덕순 편, 《한국문학사의 쟁점》, 집문당, 1986, 15~23쪽.
4) 황패강 외, 앞의 책, 11쪽.
5) 김수업, 《배달문학의 길잡이》, 금화출판사, 1978, 16~18쪽.

있는 것이다.
　다음, (2)의 대표적인 견해로서 조윤제의 경우를 들면, "즉 국문학이라 한다면 국어로 표현됨을 조건으로 하니까 이 중에 한문학을 넣을 수는 없지마는, 큰 한국문학이라는 데에 국문학과 한국한문학을 넣어 두고, 필요에 따라 큰 한국문학 중에서 대체로 국어로 표현된 것을 국문학, 한문으로 표현된 것을 한국한문학, 이렇게 구분하는 것이 좋을 듯하다."6)고 하였다. 이러한 견해는 현실론적이고 절충론적인 것이다. 한문은 19세기까지 우리 사회의 광범위한 기록 수단이었고, 그 사회의 중심적 구성 단위였던 사대부 층은 한문을 수단으로 그들의 문학적 행위와 욕구를 실천해왔다는 사실을 우리는 외면할 수가 없겠기 때문이다. 더구나 국문 문학 만으로서는 우리의 문학 유산이 양적으로 너무나 적다.
　국문학이 지닌 이러한 현실적 문제 때문에, 국문문학이라야 국문학이라거나, 또는 국문문학이야말로 국문학의 핵심이라고 하는 생각은 심각하게 재검토되기에 이르렀다. 그래서 (3)의 견해가 대두되었다. 이에 대해 정병욱은 "국문학이란 한국 사람의 생활을 역사상의 각 시기에 있어서 그 시대적 특수성에 상응하는 표현방법인 정음, 차자(借字), 한문을 통하여 형상적으로 창조한 문학"7)이라고 말했다. 국문학이란 '한국사람의 생활'을 '형상적으로 창조한' 문학이라고 규정하고, 국문과 차자 표기와 한문 중에서 어느 것을 사용했느냐 하는 것은 국문학의 자격 여부를 판별하는 기준이 될 수가 없다고 말한 것이다.
　국문학의 개념 및 범위에 한문문학을 포함시킬 것인가의 여부에 대한 결론은 이에 대한 김흥규의 주장을 인용함으로써 대신하고자 한다. 즉

---

6) 조윤제, 《국문학개설》, 동국문화사, 1955, 36~37쪽.
7) 정병욱, 〈국문학의 개념규정을 위한 제언〉, 《국문학산고》, 신구문화사, 1959, 26~27쪽.

그것[한문]은 19세기까지의 동아시아 세계에서 한문이 차지했던바 보편문어로서의 위치다. … 그것은 중세 유럽에서 라틴어가 차지했던 위치와 흡사하다. 그러나 유럽 각국에서는 그들의 문학사를 연구하면서 라틴어로 씌어진 문학을 로마 문학이나 이탈리아 문학에 귀속시켜야 한다고는 보지 않는다. 라틴어로 씌어졌다 하더라도 그것이 자국인에 의하여 자국의 역사적 경험과 문화의 일부를 형성한 것인 한 문학사에서 제외되어야 할 원천적 이유는 없다.8)

그런데 한문학을 국문학에 포함시키는 문제 다음에 부각된 것은 구비문학이 국문학에서 차지하는 자격 내지 위치 문제였다. '文學'이라는 말이나 'literature'라는 말은 모두 어원적으로 기록한 언어 즉 '글'을 뜻하기 때문이다. 그러나 문학은 기록 여부를 떠나서 일차적으로는 언어예술이라는 사실과, 모든 문학은 처음에는 구비문학만으로 존재하다가 나중에 기록문학이 나타났다는 사실을 인식함으로써, 오늘날의 국문학계에서는 구비문학을 국문학에서 제외시키자는 주장은 자취를 감추게 되었다. 조동일은 이와 관련된 자신의 한국문학사 서술의 시각에 대해, "처음에는 구비문학만 있다가 한문학이 등장하면서 중세문학이 시작하고, 국문문학이 성장해 한문학을 퇴장시키자 근대문학이 이룩되었다고 하는 것이 기본 줄거리"9)라고 말했다.

예의 김흥규는 또 구비문학, 국문문학, 한문문학 사이의 관계를 기준으로 국문학사의 시대 구분을 명쾌히 시도했는데 그대로 옮기면 다음과 같다.

(1) 구비문학만이 있던 시대.
(2) 한문이 전래되어 일부 지식층이 이를 사용하면서 구비문학 중 일부가 문

---

8) 황패강 외, 앞의 책, 14쪽.
9) 장덕순 편, 앞의 책, 20쪽.

자로 기록되고, 향가와 같은 차자 문학이 등장하며 약간의 한문문학도 이루어진 시대.
   (3) 지배계층에서는 한문의 사용이 보편화되어 사회 상층의 한문문학과 하층의 구비문학이 병존한 시대.
   (4) 한글이 창제되어 한문문학, 국문문학, 구비문학이 사회계층의 분포와 상당한 관련을 맺으면서 병존한 시대.
   (5) 신분제적 사회체재가 무너짐으로써 한문문학이 존재기반을 잃고, 구비문학의 의의도 약화되면서 국문문학이 크게 확대된 시대.[10]

　끝으로, 조동일은 "한국문학뿐만 아니라 한문학권의 다른 나라 문학도 구비문학, 한문학, 국문문학으로 이루어져" 있음을 비교문학적 관점에서 지적하고 있다. 그에 의하면 "국문문학은" "구비문학에서 표현을, 한문학에서 사상을 받아들여 그 둘을 결합시키면서 발전해왔기 때문"에, "구비문학을 어머니로 하고, 한문학을 아버지로 한 자식이라고 할 수 있다"는 것인데, "중국에서는 한문학이, 일본에서는 국문문학이 압도적인 비중을 가지고 있고, 베트남에서는 구비문학이 특히 두드러진 구실을 한 것이 한국의 경우와 다르다"고 했다. 즉 "한국에서는 구비문학, 한문학, 국문문학이 어느 한쪽이 일방적으로 우세하지 않고 서로 대등한 비중을 가졌다"는 것이다. 그렇기 때문에 "한국문학사 서술에서 그 점을 특히 중요시하는 것이 마땅하다"고도 했다.[11]

2. 국문학의 특질

　조윤제는 일찍이 그의 필생의 업적인 ≪국문학사≫(1949)와 함께

---

10) 황패강 외, 앞의 책, 16쪽.
11) 조동일 외, ≪한국문학강의≫, 도서출판 길벗, 1994, 11~12쪽.

그 자매편인 ≪국문학개설≫(1950)을 내놓았는데, 그 ≪국문학개설≫ 마지막 제4편 제4장을 "국문학의 특질"론으로 마감하였다. 이제 그 "제4장 국문학의 특질"의 하위 절목을 보면 차례로 다음과 같이 되어있다. 즉 (1) '은근'과 '끈기', (2) '애처러움'과 '가냘픔', (3) '두어라'와 '노세'가 그것이다.12) 그런데 얼핏 보기에도 이 "국문학 특질론"은 우선 그 용어나 개념부터가 다분히 직관적이고도 다소는 자의적인 감이 없지 않은 것 같다. 그러나 어떻든 이 조윤제의 국문학 특질론, 특히 "은근과 끈기"론은 그 후 한국적 정서의 어떤 특징을 이해하고자 하는 많은 사람들에게 지대한 영향을 끼친 것이 사실이다. 그러니 우리는 이른바 이 "은근과 끈기"론이 과연 한국 문학이라는 특정한 문화 현상에 대한 어떤 설명이 될 수 있을지 어떨지를 살펴보아야겠다.

우리는 조윤제가 "은근과 끈기"론을 말하면서 우선 그 화제를 '무궁화'로 시작하고 있음에 주목할 필요가 있다. 그는 "화려한 꽃도 아니고 고운 꽃도 아닌" 무궁화의 공시적共時的 속성을 '은근'한 것으로 파악했고, "잠간 피었다가 고대 떨어지는 것이 아니라" 두고두고 피고 지는 무궁화의 통시적通時的 속성을 '끈기' 있는 것으로 파악했다. 그래서 그는 하필 이 은근하고 끈기 있는 꽃이 나라꽃으로 뽑힌 것은 "우리 민족의 자연관과 연관이 있는 일이라" 한다. 그리고 우리 민족의 자연관은 "국문학에 나타난 자연"을 살펴보면 알 수 있다고 한다. 그에 의하면, 국문학에 나타난 자연의 미는 사물 하나하나가 드러내는 구체적 개체미가 아니라 대자연에 조화 흡수되는 추상적 일반미 즉 은근한 자연에 미가 있었다. 또 그것은 수시 전변하는 자연에 미가 있었던 것이 아니라 불변하는 영원성 즉 끈기 있는 자연에 미가 있었다. 그리고 이것은 우리의 미의식에만 국한된 문제가 아니다. 그는 말한다. "그 자연관이 은근하고 끈기 있는 것이라

---

12) 조윤제, ≪국문학개설≫, 동국문화사, 1955, 468~499쪽.

하면, 우리의 생활 그 자체에 또한 은근하고 끈기 있는 데가 있다 하지 않으면 안 될 것"이라고.13) 결국 '은근'과 '끈기'는 우리 민족의 자연관이기도 하고 미의식이기도 하고 삶의 모습 자체이기도 한데, 그렇다면 그것은 국문학의 특질과 과연 어떤 관련이 있을까?

분석 심리학자 융(C. G. Jung)은 "미학에 있어서의 심리학적적 유형 문제"14)에서, 주로 빌헬름 보링거(Wilhelm Worringer)의 말을 인용, 동서양의 미의식의 주된 차이를 추상충동 대 감정이입으로 파악하였다. 곧, 서양인의 미의식의 주된 경향은 인간 심리의 밝고 어두운 역동적 드라마를 자연에 투사하여 객관화하는 외향성이고, 동양인의 미의식의 주된 경향은 생명으로 가득찬 자연의 세력을 추상하여 주관화하는 내향성이라고 한다. 서양 미학의 전통은 자연 그대로 살아있는 여실 성을 예술에 있어서의 기준으로 삼아왔다. 서양에서는 오직 감정이입이 가능한 사물만을 미적美的이라고 부른다. 감정이입 충동이 강한 서양인은 객체가 비어있다는 것을 전제로 거기에 생명을 불어넣고자 애쓴다고 한다. 그와는 반대로, 추상충동이 강한 동양인은 객체가 살아 있어서 활동한다는 것을 전제로 하고 그의 영향으로부터 물러나려고 애쓴다. 동양인이 예술 속에서 추구한 즐거움은 외계의 사물에다가 자신을 침투시키고 거기서 쾌락을 발견하는 데 있지 않았으며, 개개의 사물을 유위전변有爲轉變하는 현상계의 실존으로부터 뽑아내어 그것을 추상적인 형태로 환산함으로써 불멸화한다고도 한다.

서양인의 눈에는 자연이란 온통 비어있는 백지이기 때문에 그들은 자신의 심리적 내용을 거기에 투사함으로써 생명을 불어넣고자 하여 화폭의 구석구석까지 한 점의 빈 곳도 용납할 수 없는 서양화를 전개시켰을 것이다. 동양인의 눈에는 자연이란 애초부터 생명으

---

13) 같은 책, 468~471쪽.
14) C. G. Jung, Psychological Types, Princeton University Press, 1971, Chap. 7, "Type Problem in Aethetic".

로 가득 차있는 것이어서 채워 넣을 그 무엇을 찾기보다는 차라리 그의 지배로부터 후퇴하여 추상의 세계 속에 안주하였던 것 같다. 이른바 동양화가 지닌 여백의 미학은, 보이지 않는 자연은 그것이 보이지 않는 대로의 어떤 원리, 곧 '도道'라고 부르는 생명의 이치로 가득 차있음을 근거로 하고 있는 것이다. 한국 문학의 경우, 국문학상의 자연미 의식에 대한 조윤제의 다음과 같은 진술도 동양 미학의 원리인 추상충동과 관련되는 말일 것이다. 곧, "국문학은 꽃, 버러지, 새 등의 그 하나하나의 미에 대하여는 감각이 둔하였"고, 국문학에 나타난 자연의 미는 "꽃이요 나무라는 그 개개의 특정한 미가 아니라 꽃 일반, 나무 일반에 대한 미"였으며, "개별적인 하나하나의 자연은, 모두 대자연이라는 하나에 흡수되어 이미 그 독자적인 존재의 가치를 잃어버리고 그 여럿이 모여 된 새로운 큰 미에 조화된다"고 한 것이 그것이다.15)

자연을 비어있는 객체로 보는 서양인에게는 자연은 오직 정복과 투쟁과 획득의 대상이 될 것이고, 따라서 자연과 인간 사이의 관계는 갈등으로 의식될 것임은 자명한 이치다. 반대로, 자연을 보이는 것과 보이지 않는 이치가 가득 차 있는 것으로 보는 동양인에게는 자연은 실로 생명이 실현되는 장소가 될 것이고, 따라서 자연과 인간 사이의 관계는 조화로 관념될 것임도 자명하다. 동양인은 자연을 겉으로 드러나는 대상으로서 보는 것이 아니라 그것이 수행하고 있는 작용으로서 본다고 한다. 자연이란 말의 본의가 "스스로[自] 그러함[然]"의 뜻임은 우리가 다 아는 일이다. 따라서 대상으로서의 자연에 해당하는 말은 그저 '천지天地'라 했고, 경치로서의 자연에 해당하는 말은 '산수山水'라 했다. '천지'나 '산수'는 추상적인 이름이 아니라 실재實在 그 자체이다.

한국인의 원초적 심성은 그 신화가 보여주고 있는 바와 같이 동

---

15) 조윤제, 앞의 책, 400쪽.

화적 밝음의 순진성 그것이었다. 원래 그랬기 때문에 유교의 '안빈낙도安貧樂道'나 불교의 '제행무상諸行無常'이나 도교의 '무위자연無爲自然' 같은 사상도 가장 순진한 면을 더 잘 받아들였고 또 그것을 결벽성이랄 수 있을 만치 유지하였던 것 같다. 자연을 비어있는 백지로 보지 않는 한, 그것은 인간 심리의 드라마를 투사할 대상이 될 수가 없겠기에 그것의 훼손이나 왜곡은 일종의 금기처럼 되었을 법하고, 더구나 자연은 정복이나 투쟁의 대상이 될 수가 없었던 것이다.

그런데 이러한 동양의 보편적 자연관 내지 세계관은 한국의 경우에 있어서 더욱 철저하게 실천되었다고 할 수 있을 것이다. 가령, 김인겸은 그의 〈일동장유가〉에서 일본 오사카(大阪) 거리의 번화한 모습에 대해, "아국 종로에서 만 배나 더하도다"라고 경탄을 금치 못하면서도, 막상 그들이 "높은 뫼 낮게 하고 낮은 뫼는 높게 하고, 바른 물은 외게 하고 굽은 물은 곧게 하여, 물 하나 뫼 하나를 고이 둔 것 바이없다"고 매도하고 있는 것은, 이러한 사정을 말해주고 있는 좋은 보기이기도 하다. 과연, 면앙정 송순의 시조가, "십년을 경영하여 초려 한 간 지어내니, 반 간은 청풍이요 반 간은 명월이라. 강산을 드릴 데 없으니 둘러 두고 보리라."라고 노래한 것은 한국인의 심성이나 미의식의 세계를 가장 잘 드러내 주었다고 하겠다.

그렇다면 동양적 자연관 내지 세계관의 극단적인 결벽성으로 특징지을 수 있는 한국적 미의식은 그 문학의 세계에 있어서 비극이나 리얼리즘의 발달을 기대할 수 없게 한 주요한 원인의 하나는 되었을 것이다. 한국 고전문학의 세계에서는 사람이 인간적 한계를 초월하여 영원한 것, 불멸하는 것과의 대결이나 투쟁에서 패배하는 비극의 전형을 발견할 수가 없다는 것이 일반적으로 지적되고 있다.

사실 우리 문학의 전통에 있어서는 비극적인 결말을 가진 이야기는 있지만 드물고, 더구나 비극의 주인공으로서의 장엄한 인물이 벌이는 전형적인 비극은 전혀 발견하기가 어렵다. 사실, 한국 고전문학의 세계에서는 단지 비극의 전형을 발견할 수가 없다는 정도가 아니라, 이야기가 비극적인 결말을 가지는 소박한 의미에서의 비극적인 이야기도 애초부터 매우 드문 것 같다. 어떤 이는 신화와 동화의 차이를 비관주의 대 낙관주의, 현실 원칙 대 쾌락 원칙으로 보았는데,[16] 한국 이야기 문학의 세계에서는 비장한 파국의 어두운 장면으로부터 모습을 드러내는 장엄한 비극적 인물이나 이른바 '죽어가는 신'의 이미지는 상상하기가 힘들다. 영웅 신화의 디테일을 완전히 갖추었다는 점에서 한국 유일의 영웅 서사시라고 할 이규보의 〈동명왕편〉을 보더라도, 주인공의 탄생과 성장 그리고 모험과 성취의 과정까지에는 현란한 디테일을 갖추었으나, 그의 죽음에는 과정의 디테일이 없고 단지 죽음의 사실이 있을 뿐이다. 이런 면에서 보면 한국의 신화는 신화적이기보다는 동화적이다. 따라서 영웅의 일대기를 주축으로 한 고전 소설의 주인공이 우리의 심상에는 언제나 어린이의 원형상原型像으로 밖에 존재하지 않는다는 사실도 같은 맥락에서 이해될 수 있을 것이다.

한국의 이야기 문학이 지닌 동화적 낙천주의 내지 쾌락 원칙에 대해서는 국문학 연구자들이 흔히 지적하고 있는 점이다. 가령, "우리의 모든 신화는 하나의 민담적 성격을 갖고 있는 파생담"[17]이라든가, "동화가 복된 왕자의 이야기를 구원토록 되풀이하듯, 이조 전기체 양반소설은 끊임없이, 불행에 빠졌다가 드디어 다시 일어서는 행복한 양반을 집요하게 되풀이 다루고 있다. 그것은 어른들을 위한 동화다."[18]라고 한 것 등이 그것이다. 보다 본격적인 것으로는 조동일의 다음과 같은 언급이 있다. 즉, "인간의 한계를 넘어서기 위한 투쟁이나 영원한 것과의 경쟁에서 패배하는 비장은 국문학에

---

16) Cf. Bruno Bettelheim, The Uses of Enchantment (New York: Vintage Books, 1977), pp.35~41, "Fairy Tale versus Myth: Optimism versus Pessimism."
17) 장덕순, 〈우주론·세계상〉, ≪한국사상대계≫ I, 성균관대학교 대동문화연구원, 1973, 206쪽.
18) 김열규, 〈한국문학과 인간상〉, 같은 책, 289쪽.

서 찾아보기 어렵고 이점은 서구 쪽과는 매우 다른 사정"이며, "따라서 비장이 인간 존재의 회피할 수 없는 본질적인 양상이라는 논법도 국문학에서는 성립되지 않는다. 비장은 그 자체로서는 어처구니없는 패배이지만 길게 보면 패배만은 아니고 결국 해결될 수 있으리라는 낙관이 작용하고 있다. 이러한 현실적이고도 낙관적인 사고방식은 이미 고대 신화의 성격에서도 잘 드러난 바 있지만 한국인의 변함없는 인생관이라 해도 좋다. 일반적으로 비장이 가장 두드러지게 나타나는 장르인 비극이 이전의 국문학에서는 발견되지 않는다."[19]라고 했다. 각도를 달리 해, 서대석은 고전 소설의 "행복된 결말"에 대해, 원한은 풀어야 한다는 무속巫俗의 원리가 작용해 주인공의 참담한 희생을 이야기 결말에서 설욕해 주는 것이라고 했다.[20]

이와 관련하여 조동일은, "주몽 이야기에서는 승리의 영광이 큰 비중을 차지하고 … 죽음이 그 영광을 돋보이게 했다 하겠지만, 오이디푸스는 승리의 영광이 곧 파멸의 길이라 … 참혹한 죽음을 맞이했다 … 주몽의 죽음은 행복의 연장이고, 오이디푸스의 죽음은 행복을 불행으로 바꾸는 반전이어서 전혀 다르다."[21]라고 하면서, 〈동명왕편〉에서는 "지상에서 이룩한 승리가 천상에서까지 인정되고, 위대한 영웅은 인간에서 으뜸가는 위치를 차지할 뿐만 아니라 천상을 오르내릴 수 있다는 사고방식이 잘 나타나 있다. 〈오이디푸스 왕〉에서는 지상과 천상, 사람과 신이 엄격하게 구별된다는 이원론이, 〈동명왕편〉에서는 지상과 천상이 서로 겹치고, 사람이 신일 수도 있다는 일원론이 확인된다."[22]라고 하였다.

---

19) 조동일, 〈미적 범주〉, 같은 책, 514~515쪽.
20) 서대석, 〈고전 소설의 행복 된 결말과 한국인의 의식〉, 《관악어문연구》 3, 서울대학교 국어국문학과, 1979.
21) 조동일, 《한국문학과 세계문학》, 지식산업사, 1991, 296쪽.
22) 같은 책, 298~299쪽.

우리 고전문학의 경우, 이야기라는 것은 언제나 사필귀정의 과정을 의미하며, 따라서 그 귀결은 파국이 아니라 단원團圓이어야 하는 것은 매우 자연스러운 현상인 것이다. 우리 선인들은 자연의 주기의 어두운 국면인 흥진비래興盡悲來와 밝은 국면인 고진감래苦盡甘來의 순환법칙에서 언제나 고진감래의 밝은 국면을 믿으려 했던 것 같다. 아무리 그들의 실제 생활이 어두웠다 하더라도, 그들은 적어도 상상의 세계에서만은 희망과 웃음을 원했던 것이다. 당나라 전기소설의 〈침중기沈中記〉나 ≪삼국유사≫의 〈조신몽調信夢〉은 주인공의 생로병사의 박진한 국면이 전부 전개되지만, ≪구운몽≫의 주인공에게는 온통 화려한 삶만이 전개된다. ≪금오신화金鰲新話≫의 〈만복사저포기萬福寺樗蒲記〉나 〈이생규장전李生窺墻傳〉은 그 괴기로운 소재에도 불구하고 작품의 분위기는 결코 유혼幽魂 세계의 어둡고 소름끼치는 그것이 아니다. 이에 대해 우리는 한국 고전 문학의 특질을 행복한 세계관이라 할 수 있을 것이다.[23]

3. 국문학의 장르

국문학 장르론의 핵심적인 쟁점은 서구의 이른바 3대 기본 장르류라고 하는 서정·서사·희곡의 한정된 범주 속에 역사적으로 존재했던 국문학 장르 종들을 소속시키는 일이 가능한가 하는 문제와 관련된다.
이와 관련한 장르류의 분류항 설정 문제가 당연히 제기되었다. 즉, 시가, 산문의 2분설 / 시가·소설·수필·희곡의 4분설 / 서정·서사·극의 3분설 / 서정·서사·교술·희곡의 4분설 / 서정·서사·교술·희

---

[23] 이상에서 논의한 국문학 특질 론은 졸고, 〈제1장 한국문학의 특질—서양 문학과의 비교에서〉, ≪한국고전문학의 비평적 이해≫, 서울대학교 출판부, 1995에서 다루었다.

곡·혼합의 5분설 등이 그것이다. 물론 이러한 국문학 장르 분류는 반드시 장르론에 대한 깊이 있는 논의를 거쳐서 된 것이 아니라, 더러는 국문학의 체계를 개괄하는 자리(국문학개론이나 국문학사 등)에서 시도되기도 하였다. 이러한 실상을 아주 잘 정리해 놓은 글로, 김문기의 "한국문학의 갈래"[24]와 장덕순의 "국문학의 장르"[25]가 있으니, 자세한 것은 그에 미루고 여기서는 다시 일일이 예거하지 않기로 한다.

다만, 국문학 장르 분류에서 가장 논란이 많았던 것이 가사歌辭였는데, 그 와중에서 이른바 '교술敎述' 장르론이 확립되어 드디어 오늘날 국문학계에 통용되기에 이르렀으니, 가사를 중심으로 한 국문학 장르론의 쟁점을 아래에 정리해 보고자 한다. 가사 장르론의 추이가 곧 국문학 장르론의 변천을 대변해 줄 것이기 때문이다. 그러나 편의상 가사를 둘러싼 '교술' 장르론이 성립되기까지 만으로 한정하기로 한다.

가사의 문학성에 대해 장르론적 조명을 가한 것은 조윤제로부터 시작된다. 그의 "가사문학론"[26]에서 그는 그를 포함하여 많은 사람들이 가사를 막연히 "시가의 일종이라 간주"하였던 것에 대해 문제를 제기했다. 그는 운문과 시가와의 관계에 대해 "'시가는 운문이다' 하는데 대하여 또 '운문은 시가 아닐 수도 있다'하는 말도 성립된다"[27]는 당연한 명제를 말함으로써 가사에 대한 장르적 조명을 가했다. 즉, 가사의 시가성을 떠나서 볼 때, "가사를 단순한 시가라고 하기보다는 오히려 그 반대로 시가가 아닌 다른 문학, 즉 감상문·수필문·기행문과 비슷한 성격이 있고, 또 한문류의 사辭·부賦·서序·기記에 가까운 점이 있다"[28]고 하고, "결국 가사는 시가도 아니고 문필

---

24) 황패강 외, 앞의 책, 19~27쪽.
25) 장덕순 편, 앞의 책, 24~33쪽.
26) 조윤제, 《조선시가의 연구》, 을유문화사, 1948, 166~130쪽.
27) 같은 책, 122쪽.

도 아니면서 동시에 시가와 문필 어느 것과도 관계가 있다"29)고 결론을 내린 것이 그것이다. 그리하여 결국 그는 후에 가사를, "조선 중엽에 문학이 운문학에서 산문학시대로 넘어갈 때에 발생한 문학으로 그 소속이 애매한" 국문학의 "하나의 독특한 유형의 문학"이라 하여, "국문학을 '시가·가사·소설·희곡' 이렇게 4대 부문에 나누"어 놓음으로서 '시가·소설·희곡'과 맞먹는, 문학의 중심 영역을 차지하는 독립 장르로 설정했다.30)

그런데 이렇게 귀납된 가사의 속성은 그 이후의 국문학자들에게 이것이 '수필장르'의 개념에 합당할 것이라는 인식을 주어왔다. 예컨대, 고정옥은 가사에 대하여 "현대소설이 '인생의 서사시'라고 불리우는 것과 똑같은 의미에서 '중세기의 산문문학'인 것"31)이니, "광의의 수필의 장르를 풍부하게 하려면 앞서 내가 '중세기의 산문문학'이라고 한 가사를 수필 속에 집어넣어야 할 것이라"32)고 했다. 이능우도 일찍이, 그 "라인(行, verse의 line) 수의 무제한적 존재"는 "시의 부정"을 의미하므로, "… 가歌로되 수필인 것"이라 단정했다.33) 그러나 가사를 수필에 소속시킨다는 문제는 도대체 수필을 이른바 상상문학의 기본 장르 개념으로 볼 것이냐 아니냐를 논의하기 전의 단계에서는 아직도 무의미한 일에 속한다.

드디어, 서구의 3분법적 장르 규범에 입각하면서, 본격적인 국문학 장르론을 전개하고 또 구체적인 국문학 작품의 분류를 시도한 것은 장덕순 교수에 의해 비롯되었다.34) 그 결과 분류의 원칙과 실

---

28) 같은 책, 126쪽.
29) 같은 책, 128쪽.
30) 조윤제, 《국문학개설》, 41~44쪽.
31) 우리어문학회, 《국문학개론》, 일성당서점, 1949, 27쪽.
32) 같은 책, 35쪽.
33) 이능우, 《입문을 위한 국문학개론》, 국어국문학회, 1995, 116~119쪽, 여기저기에서.
34) 장덕순, 《국문학통론》, 〈국문학의 양식적 분류〉, 신구문화사, 1960, 31~42쪽.

제 사이의 괴리를 드러낸 것은 역시 이 '가사'였다. 구체적으로 살펴보면, 이 분류 론의 첫째 난점은 가사를 '주관적 서정적 가사'와 '객관적 서사적 가사'로 나누어, 전자는 서정적·서사적·극적이라는 3대 양식 중 '서정적 양식'에, 그리고 후자는 그 중 '서사적 양식'(속의 수필)에 분속시키고 있다는 점이다. 가사의 이러한 분류는, 조윤제의 이른바 "시가와 문필의 양면을 구유한" 것이라는 가사의 개념을 서구의 장르개념에 따라 분속해 본 것일 뿐, 실상은 가사의 장르적 성립을 부인한 것이 된다. 즉, "문제는 '가사'라는 양식이 어떻게 하나는 서정적 양식으로, 다른 하나는 서사적 양식으로, 분속될 수 있느냐 하는 것인데, 국문학에서 소위 '가사'라는 용어는 원래부터 그렇게 엄격한 양식규정의 개념을 갖지 못하고, 대체로 운어체 문장을 통칭하는 막연한 것이었다"[35]고 한 그의 발언이 그것이다.

이 분류 론의 두 번째 난점은 구체적인 작품 분류에 앞선 분류의 체계 자체에 관한 문제다. 즉, 이른바 '객관적 서사적 가사'가 소속되고 있는 '수필'은 '일기' '내간' '기행' '잡필'을 포괄하고 있는 이들보다는 상위의 양식개념인 바, 이 '수필'을 '설화' 및 '소설'과 동렬에 놓아 서사적 양식에 하위구분하고 있다는 점이다. 수필을 '서사'에 소속시킨 것은 그 분류 론이 서구적 3분법에 의존하고 있는 이상 어쩔 수 없는 일이었다.

가사가 적어도 국문학 상으로는 무언가 독자적인 구체적 장르라는 생각, 그러면서도 이의 통일된 장르 개념은 추출되지 않는다는 난점은 조동일에 이르러 해결이 된 셈이다. 조동일의 일련의 국문학 장르론들은 "판소리의 장르 규정"[36]으로부터 "자아와 세계의 소설적 대결에 관한 시론"[37]에 이르도록 자못 현란스럽게 전개되었다.

그는 "판소리의 장르 규정"에서 장르 구분의 형식상 개념을 유개

---

35) 같은 책, 41쪽.
36) 《어문논집》 1집, 계명대학교, 1969.
37) 《동서문화》 7집, 계명대학교 동서문화연구소, 1974.

념과 종개념으로 나누어, 유개념으로서의 장르를 Gattung이라 하고 종개념으로서의 장르를 Art라고 하는 독일 학자들의 선례에 따라, '장르류'와 '장르종'이라는 명칭을 확정하고, 판소리는 '서사장르류'에 속하는 '독립된 장르종'임을 규정했다. 그의 다음 논문 "가사의 장르 규정"[38]은 장르 구분의 3분법적 도그마를 깨뜨리고 제4의 장르류인 이른바 '교술'을 추가 설정한 것이니, 매우 획기적인 논문이었다. 즉, 그는 가사의 전반적 특징을 "첫째 있었던 일을, 둘째 확정적 문체로, 일회적으로, 평면적으로 서술해, 셋째 알려 주어서 주장한다"고 하고, 이것은 가사가 "희곡, 서정, 서사의 3대 장르류가 아닌 제4의 장르류에 속함을 말해"준다고 단정함으로써, 이 제4의 장르류를 "교술敎述장르류"라 명명하였다. 그에 의하면, "'敎'는 알려 주어서 주장한다는 뜻이고 '술述'은 어떤 사실이나 경험을 서술한다는 뜻"이다.

조동일의 일련의 장르론은 자이틀러(H. Seidler)가 3대 기본 장르류에 'Didaktik'를 첨가한 것처럼 이른바 '교술'을 첨가한 4분법적 장르 개념을 수립하였으며, 예의 가사는 물론이고, 가령 '경기체가'나 '가전체'나 '몽유록' 등을 이 '교술장르류'에 소속시키고 있다. 그런데 4분법이 3분법보다 편리할 것은 물론이지만 국문학 고전 작품의 전반적인 특성으로 보아 이른바 '교술'과 '서정'의 경계선 문제는 언제나 재질문을 요하는 논리적 순환을 거듭할 것이다.

또다른 측면에서의 문제점도 있다. 즉, '교술'을 서정, 서사, 희곡과 맞먹는 문학의 중심적 범주로 삼을 경우, 신문의 사설이나 인문과학의 논설은 분명히 '교술'이지만, 순전히 실용적인 언어적 전달을 위한 비예술적인 것이며, 따라서 상상적 문학 작품이 아니라는 사실이다. 그러나 우리는 또 순전히 개인적인 사사로운 설득을 위한 목소리가 예술적으로 흥미를 유발할 때, 이것은 이미 엄격히 말

---

38) ≪어문학≫ 21집, 한국어문학회, 1969.

해서 '교술'의 영역이 아니라 서정시인의 통찰이 연행되고 있다고 생각하지 않을 수가 없는 것이다. 결국 '교술'을 문학의 한 종류로 생각할 때 우리는 문학 내부의 경계선이 아니라 문학과 비문학과의 경계선에서 방황하게 될지도 모른다.

金炳國 / 서울대

◇ 참고문헌

황패강 외, ≪한국문학연구입문≫, 지식산업사, 1982.
조동일, ≪한국문학통사≫1 (제3판), 지식산업사, 1994.
조동일 외, ≪한국문학강의≫, 도서출판 길벗, 1994.
장덕순, ≪한국문학사의 쟁점≫, 집문당, 1986.
조윤제, ≪국문학개설≫, 동국문화사, 1955.
김병국, ≪한국 고전문학의 비평적 이해≫, 서울대학교 출판부, 1995.

제2장

上古詩歌

1. 들어가는 말

　문학은 인류가 생활하면서 그들의 의사를 전달하고 감정을 표현하였을 때부터 생겼을 것이다. 이 땅에 사람이 살았던 시기를 추정하기 위한 조사가 고고학을 연구하는 분야에서 매우 폭넓게 이루어졌다. 지금부터 약 100만 년 전에 해당되는 구석기시대 전기에 사람들이 잡아먹고 버린 29종이나 되는 동물의 뼈 화석이 쌓인 동굴유적이 평양시 상원군 검은 모루에서 발견되었다고 하며, 이 유적에서 나온 석기는 비록 보잘 것 없는 유치한 도구이기는 하나 동물을 잡거나 채집하는데 쓴 노동의 연모였던 것을 보여준다. 타제석기는 사람들이 처음 만들어낸 노동도구일 뿐만 아니라 인간의 창조적 능력을 반영한 첫 문화 산물이다.

　2만 2천 년 전의 유적이라는 공주 석장리의 집 자리에서 개·곰·멧돼지 등의 동물화석이 발견되었다. 이런 유적의 발견을 통해 우리의 생활역사는 매우 오래되었으며, 그들은 생활영위의 방편으로 노동하며 이 노동에 따른 사람들의 삶의 모습들이 말을 통해 토로되었을 것이다.

　≪삼국사기≫나 ≪삼국유사≫를 비롯한 옛 문헌에 나오는 예·맥·한·고조선·부여·옥저·마한·진한·변한 등의 종족들은 한반도를 중심으로 하여 중국의 동북쪽의 광활한 대지를 개척하여 같은 생활문화를 영위하였던 것으로 보인다. 그러나 이 종족은 한 혈통에서 분화된 여러 갈래의 종족과 씨족집단이었음을 알 수 있다.

한민족은 오랜 역사를 지니고 있을 뿐만 아니라 혈통의 단일성과 같은 언어풍속을 가진 문화민족임을 알 수 있다.
　고고학 분야에서 발굴된 자료에 나타난 유물의 흔적에서 우리나라 문화예술의 수준은 매우 높아 그 예술적인 아름다움이 감흥을 자아내게 한다. 유물에서 밝혀진 회화와 조각, 음악과 춤, 신화적인 상상의 세계 전개 등은 매우 독창적이고 아름다운 예술미를 간직하고 있다.
　노동에 따른 생활용구의 제작에서부터 놀이의 제구는 인간의 본능에 깊게 자리하고 있는 것임을 알 수 있다.
　특히 원시예술에서 중요한 몫을 차지하는 것은 노래와 춤이었다. 옛 문헌에 따르면 우리 조상들은 노래와 춤추기를 매우 즐겼다고 한다. 이런 행위는 곧 그들의 생활의 한 부분이었음을 알 수 있다. 늙은이나 아이를 가리지 않고 모두 모여서 하늘에 제사를 지냈으며 특히 봄, 가을에는 크게 춤 잔치를 벌였던 것이다.
　≪후한서≫·≪문헌통고≫를 비롯한 여러 문헌에 따르면 춤과 노래를 부를 때 씌여진 악기는 피리·방울·공후 등이었음을 알 수 있다.
　신라 일대에서 크게 유행되었다는 노래인 향가鄕歌가 나오기 이전의 작품으로 지금 문헌을 통해서 알 수 있는 작품은 몇 편에 지나지 않는다.
　우리의 고대인들의 예술 활동의 면모를 알 수 있는 문헌으로는 ≪삼국지≫ 위지 동이전이 전하지만 여기에도 단편적인 사실만 보일 뿐 구체적인 작품이나 예술 활동이 알려지지 않았다.
　후대로 내려오면서 한문으로 표기된 세 편의 노래가 주변의 이야기와 함께 기록되어 있어 이들 작품을 이해하는 데 도움이 된다. 〈황조가黃鳥歌〉·〈구지가龜旨歌〉·〈공후인箜篌引〉의 가사가 전설 속에 공존하면서 이들 노래의 생성과 그에 따른 유래와 내력을 알려주고 있다.
　이 소박한 노래보다는 이들 노래를 장식해 주는 이야기가 더 문학적이며 감동적이다. 상고의 시가는 이들 설화를 떼어 놓고는 이해하기가 어려울 뿐 아니라 시가로서 완전한 자리에 서기가 어렵다.
 이런 짜임과 모습은 신라의 향가에도 그대로 이어졌으며, 그 후대의 고려 시가에서도 엿보인다. 그러므로 한국의 고대시가를 이해하는 데는 시가 자체에 못지않게 이들 주변 이야기에 대한 밀도 있는 해석이 요망된다.
 따라서 본 항목에서는 시가와 아울러 이와 관련된 설화를 곁들여서 노래를 종합적으로 이해하고자 한다.
 한편 〈공후인〉은 정녕 우리의 노래라 하기에는 문제가 있지만 한국의 상고 시가와 곁들여 설명함으로써 이 노래의 특수성을 설명하고자 한다.

2. 집단의 노래

 고조선·부여·고구려·옥저라는 이름으로 불려진 부족들의 문화생활을 찾아볼 수 있는 문헌으로는 진수陳壽의 ≪삼국지≫ 위지 동이전에 보이는 것이 고작이다. 부여조의 기록을 보면 다음과 같다.

> 부여夫餘사람들은 은殷나라 정월에 하늘에 제사를 드리는데 나라사람이 모여 대회를 열고 며칠 계속 음주하며 노래와 춤을 추었는데 이를 영고迎鼓라 했다. 길에서는 밤낮으로 늙은이 아이까지 모두 노래를 불렀으며 연일 그 소리가 그치지 않았다(夫餘 以殷正月 祭天 國中大會 連日飮食歌舞 名曰 迎鼓 行道晝夜 無老幼皆歌 連日聲不絕).

 고구려조의 기록에는,

> 고구려 사람들은 가무를 좋아하며 나라의 모든 읍과 촌락에서 밤만 되면 많은 남녀가 모여 노래하며 즐겨 논다. 시월에는 하늘에 제사 지내고 나라에서

는 대회를 열었는데 이를 동맹東盟이라 했다.(其民喜歌舞 國中邑落 暮夜男女群聚 以十月祭天 國中大會 名曰同盟).

라 하였고,
또한 예조의 기록에는,

매 시월에는 하늘에 제사를 지내고 밤낮없이 술을 마시고 노래와 춤을 추는데 이것을 무천舞天이라 하였다.(常用十月祭天 晝夜飮酒歌舞 名之爲舞天).

고 했다.
그리고 마한조에는 오월에 모종을 끝내고 귀신께 제를 올리고 여러 사람이 모여 음주가무 하였다고 했으며, 시월에 농사가 끝난 다음에도 마찬가지였다고 한다. 또한 ≪후한서≫ 동이전과 ≪문헌통고≫에서는 진한과 변한 사람들도 역시 노래와 춤을 좋아하여 가무가 발전하였다고 하였다. ≪문헌통고≫에서는 옛 조선 사람들이 "복숭아 나무껍질을 막아서 피리를 만들어 불었으며" 그들이 쓴 악기는 대체로 슬·피리·방울·공후 같은 것이었다.
이상에서 본 기록을 통해 상대인 들의 예술 활동의 일면을 다음과 같이 정리해 볼 수 있다.

① 상대인 들의 예술 활동은 농경생활 및 종교의식과 관련이 깊었다.
② 집단이 모여 음주·가무했다.
③ 집단의 선민들은 독창적인 능력을 발휘하였으며, 거기에 따른 예술 활동을 하였다.

이와 같은 원시가요의 한 특성에 대해 정병욱은 현존하는 민속가무를 통하여 가사의 내용을 원시적인 자연환경을 소재로 하여 풍성한 생활감정을 표출했을 것이라 하였다. 곧 호남지방의 '강강수월래'나 영남지방의 '쾌지나칭칭나네'가 고대의 집단 예술을 방불케 하는 것[1]이라 지적하였다.

3. 한역가요

본격적인 시가라 할 수 있는 신라가요 이전의 시가를 말하는 것으로 흔히 고대가요 또는 상대가요上代歌謠라고 불렀다. 이들 노래들은 그 모두가 한역되어 전승되었기 때문에 본고에서는 고대 한역가요라 일컫는다.

이들 고대가요들은 시가 단독으로 형성된 것이라기보다는 이들 시가작품을 전승하게 한 주변의 배경설화를 갖고 있다. 그러므로 이들은 원시 공동체 주민들의 집단적 노동과 관련된 산물들로서 시가를 이해하기 위해서는 이 노래를 장식하고 있는 주변 이야기를 떼어놓고는 논의할 수 없다. 고대인들의 생활이란 신의 세계를 상상하고, 인간사회를 에워싼 자연물에 대한 무한한 신비와 외경에 사로잡혔기 때문에 그들은 자연이나 신의 세계에 제례를 올렸던 것이다. 현존한 가락국駕洛國 건국신화에 끼인 〈영신군가迎神君歌〉나 유리영웅瑠璃英雄의 〈황조가黃鳥歌〉, 여옥麗玉에 의하여 널리 전파되었다는 〈공무도하가公無渡河歌〉들은 모두가 신화 속에 묻혀 전승된 이야기들이기 때문에 이들 시가는 더욱 예술적인 작품이라 평가할 수 있다.

1) 황조가(黃鳥歌)

≪삼국사기≫ 권13, 고구려본기 1, 유리왕 3년조에는 다음과 같은 설화와 함께 한역된 '황조가'의 노랫말이 실려 있다.

---

1) 鄭炳昱, 〈韓國詩歌文學史〉上, ≪韓國文化史大系 Ⅴ≫, 高大 民族文化硏究所, 1967, 760쪽.

이 노래는 기원전 17년에 지었다고 전해지며, 작자로 알려진 유리왕은 고구려의 개국시조인 동명왕의 적자로 두 번째 임금이다. 이 노래의 창작동기인 설화를 보면 노래의 뜻을 더 분명히 알 수 있다.

겨울 시월에 왕비 송 씨가 돌아가니, 왕께서 다른 두 여자를 맞아 계실로 삼았다. 하나는 화희禾姬인데 골천사람의 딸이고, 다른 하나는 치희稚姬이니 한漢나라 사람의 딸이다. 이 두 여자는 서로 다투어 사이가 좋지 못했다. 이에 왕王은 양곡涼谷에다 동서 두 궁전을 지어 떨어져 살게 하였다. 후에 왕께서 기산箕山에 사냥가 7일 동안 돌아오지 않았다. 그 사이에 두 여자가 서로 다투어 화희가 치희에게 야단치되, "너는 한나라의 천한 여자 몸으로 무례함이 이토록 심한가"하니 치희는 부끄럽고 분함을 이기지 못해 제 고장으로 돌아갔다. 왕이 소문을 듣고 말을 달려 좇았으나 치희는 노여워 돌아오지 않았다. 왕이 일찍이 나무 밑에 쉬고 있더니 마침 꾀꼬리가 모여 정겹게 노래하고 있는 것을 보았다. 이에 왕도 느낌이 있어 노래를 지었다(冬十月 王妃 松氏薨 王更娶二女以繼室 一曰禾姬 滑川人之女也 一曰雉姬 漢人之女也 二女爭寵不相和 王於涼谷造東西二宮 各置之 後 王田於箕山 七日不返 二女爭鬪 禾姬罵雉姬曰 汝漢家婢妾 何無禮之甚乎 雉姬慙恨之 歸 王聞之 策馬追之 雉姬怒不還 王嘗樹下 見黃鳥飛集 乃感而歌曰).

노래를 풀이하면 다음과 같다.

翩翩黃鳥 편 편 황 조	펄펄나는 꾀꼬리
雌雄相依 자 웅 상 의	암수가 서로 정다운데
念我之獨 념 아 지 독	나의 외로움 생각하니
誰其與歸 수 기 여 귀	그 뉘와 함께 돌아가리

이 노래 해설에 대한 몇 가지 해석을 소개하면 다음과 같다.

◦ ≪삼국사기≫의 기록을 그대로 믿는 문헌 위주의 학설이 있다. 종래 대부분의 문학사에서는 이 같은 문헌위주의 기록에 중점을 두어 작품을 해설한 것으로 이 노래를 국문학사상 최초의 서정시라 하였고,[2] 혹은 서사시로 해석하기도 하였다.[3]

조윤제는 이 노래를 처음 한시로 된 것이 아니라 본시 국어로 된 것인데 후에 한역되었다고 보았는데 이는 학계의 공통적 의견으로 받아들여지고 있다.[4]

◦ 문헌 위주의 학설에서 벗어나 고대사회의 발생여건과 그 양식을 통해 해석한 견해가 있다.[5]

정병욱은 〈황조가〉는 사실 유리왕과는 관계가 없는 고대의 가요인데 이것이 후대의 고구려 유리왕 이야기 속에 끼어들었다고 보는 것이다.

이 노래의 소재는 꾀꼬리라는 자연물이고, 주제는 남녀의 애정을 읊은 것이다. 다시 말해 애정 연애감정을 읊는데 꾀꼬리라는 자연물을 빌어서 그 감정을 표현하였다는 것이다.

◦ 프랑스의 저명한 ≪시경≫연구가인 그라네(Marcel Granet)의 ≪중국고대의 제례와 가요(Festivals and Songs of Ancient China≫, (내전지웅內田智雄 역, 〈지나고대의 제례와 가요〉, 홍문당서방, 1938)를 참조하여, ≪시경≫의 가요들은 제례의식으로 설명할 수 있다는 데 두고 있다. 고대가요들은 제례의식에서의 춤이나 노래의 경쟁에서 즉흥적으로 불려졌다고 추정했다. 우리나라 고대사회에서도 5월, 10월제

---

2) 張德順, ≪國文學通論≫, 新丘文化社, 1960, 80쪽. 후에 刊行된 張德順의 ≪韓國文學史≫, 同和文化社, 1977, 63~66쪽에는 黃鳥歌에 관한 諸說이 소개됨.
3) 李明善, ≪朝鮮文學史≫, 조선문화사, 1948, 16~17쪽.
4) 趙潤濟, ≪韓國文學史≫, 東國文化社, 1963, 20쪽.
5) 鄭炳昱, 〈韓國詩歌文學史〉 上, ≪韓國文化史大系≫, 高大 民族文化硏究所, 1967, 771~776쪽.

가 거행되었고 이때 남녀가 무리지어 가무歌舞도 했는데 이때에 성적의례까지도 포함되었다는 것이다. 이같이 볼 때〈황조가〉는 이러한 환경에서 불려진 남녀 애정의 구애 노래가 아니라고 본 것이다.

이 같은 해석은 ≪삼국사기≫의 기록을 한층 넘어선 것으로 어떤 여인에게 사랑을 호소했다가 거절당한 남자의 탄식이 바로 유리왕의 설화 속에 삽입되었다는 것이다.

◦ 셋째 학설은 이 노래에 나오는 유리왕의 상대는 치희가 아니라 먼저 죽은 송씨松氏라는 것이다. 즉,"왕상수하 견황조비집 내감이가왈 王嘗樹下 見黃鳥飛集 乃感而歌曰"에서 "일찍이"(嘗)란 치희망귀雉姬亡歸 이전을 가리킨 것으로 보아 왕이 송씨 서거때 외로움을 노래한 것으로 풀이했다.6)

〈황조가〉해석에 문제점으로 지적된 것은 장덕순이 유리왕을 신화적 인물로 본 점인데, 이에 대해 일차 주목하지 않을 수 없다.7) 유리왕이 왕위에 오른 경위부터 그 생애를 더듬어 볼 때 신화적 요소가 많다. 정병욱 지적과 같이 신화적 요소를 띤 인물이 창작적인 시작을 할 수 있을까가 문제다.

여기에 ≪삼국사기≫기록에 대한 해석상 문제가 제기된다.≪삼국사기≫의 기록이나 ≪삼국유사≫의 기록에는 합리적인 사실의 기록이 있는가 하면 그와는 반대로 상상과 상징의 신비스런 사건의 기록도 있다는 점을 지적하고 싶다. 이같이 볼 때〈황조가〉는 고대의 순수한 서정시로 보고 이와 같은 전래의 노래가 유리왕 설화 속에 끼어들었다고 보는 것이 타당하리라 본다. 더욱이 권녕철權寧徹 교수의 해석에 주어진 "왕상수하王嘗樹下"의 "일찍이"(嘗)란 후대 신라가요에 보이는〈원왕생가願往生歌〉, 그의 창작 과정을 설명하는 대목에서도 보인다.

---

6) 權寧徹,〈黃鳥歌研究〉,≪國文學研究≫ 1輯, 曉星女大, 1968, 30~112쪽.
7) 張德順, 전게서, 77쪽.

2) 구지가(龜旨歌)

≪삼국유사≫ 권2, 기이 가락국기조에는 김수로金首露를 맞이한 노래와 그 창작동기의 배경 담이 되는 기록이 보인다. 가락국의 시조인 수로의 출생담을 전하면서 그와 연관시켜 구지가를 부르게 된 경위를 밝히고 있다.

> 후한 세조 광무제 건무 18년 임인 3월 계욕禊浴의 날에 북쪽 구지龜旨에서 수상한 소리가 나기에 무리 2~3백 사람이 여기에 모였다. 사람소리 같은 것이 들리나 그 모습은 보이지 않고, 말하기를 "여기에 사람이 있느냐?" 구간九干 등이 대답하길, "우리가 여기 있습니다." 또 가로되 "네가 있는 곳이 어디냐?" 대답하길 "구지龜旨입니다." 또 말하길 "하느님께서 내게 명하길 이곳을 다스려 새 나라를 세우고 임금이 되라 하였기로 이곳에 내려갈 것이다. 너희들은 구지봉龜旨峰의 흙을 파면서 노래를 부르되 '구하龜何 구하龜何 네 목을 내놓아라 내놓지 않으면 구워 먹겠다.' 하면서 춤을 추면 그것이 곧 대왕을 맞는 일이 될 것이니 기뻐 뛰놀아라" 하니 구간九干 등이 그같이 빌고 노래하며 춤을 추었다.

그 노래를 보면 다음과 같다.

> 龜何龜何 首其現也　　龜何 龜何 네 머리를 내놓으라.
> 구하구하 수기현야
> 若不現也 燔灼而喫也　내놓지 않으면 구워서 먹겠다.
> 약불현야 번작이끽야

이 노래에 대하여 박지홍朴智弘 교수는 다음과 같이 해석하였다. 첫째, 구龜를 거북으로 보지않고 신으로 보아 '검'이라 해독했다. 그리하여 우리들의 우두머리 군주를 의미하는 것으로 풀이하였다. 둘째, 이 노래를 현존하는 영남지방의 민요와 비교하면서 잡귀

를 쫓는 주문呪文으로 해석하였다.8)

한편 김열규金烈圭는 이 노래를 문면으로 보아 전형적인 주언呪言으로 본 점은 박지홍朴智弘 교수와 같으나, 다른 점은 영신제迎神祭의 절차에서 가장 요구要求가 되는 의생무용儀牲舞踊에서 가창된 것으로 풀이하였다.9)

정병욱鄭炳昱의 구龜와 수首, 그리고 번작燔灼에 관한 해석을 소개하겠다.10)

첫째, 구龜 즉 거북은 예로부터 신령스런 동물로 알려졌고, 장수의 동물인데 특히 거북의 목을 나타내라고 한 것은 생명의 원천을 뜻한 것으로 보았다. 생명의 근원은 곧 남성성기(phallic)에 대한 상징적 의미까지 내포한 것으로 풀이하였다.

둘째, 번작燔灼에 대한 풀이로서 이는 불(火)과 밀접한 관련이 있는 것으로 보았다. 신령스런 생명의 원천인 남근男根을 불살라 먹겠다는 것은 무엇을 은유한 것인가. 정병욱은 불의 해석에 대한 프레이저(Janes George Frazer)의 〈불의 기원에 관한 신화〉(Myths of the Origin of Fire)에서 불을 여인의 성기 속에 감추었다는 오스트레일리아의 전설과 여자의 성기에서 불을 끄집어냈다는 남미의 신화를 들고 있다.

한편 프랑스의 문예 비평가인 바슐라르(Gaston Bachelard)의 〈불의 정신분석학〉(Lapsychanalyse du Feu)의 설을 인용, 불의 이미지는 원시인들의 격렬한 사랑과 욕정이 깃든 여인의 성기로 본 것이다. 이런 노래가 시대를 따라 내려오다가 그 주문적呪文的 기능이 건국신화의 속에 끼어들었다고 해석된다.

이상으로 이 노래에 대한 여러 가지 해석이 가능하다. 문헌 중심

---

8) 朴智弘, 〈龜旨歌硏究〉, 《국어국문학》 16호, 국어국문학회, 1957, 3~17쪽.
9) 金烈圭, 〈駕洛國記考-始演劇의 形態에 관하여-〉, 《국어국문학지》 3집, 부산대, 1961, 7~16쪽.
10) 鄭炳昱, 전게서, 794~770쪽.

의 기록적인 해석과 원시사회의 생활에 따른 예술발생의 인류학적인 방법에 따르는 해석이 타당하느냐 하는 방법론의 문제가 제기될 수 있다.

고대시가들이란 시가 단독으로 보다는 이들 노래를 둘러싼 설화들에 의하여 그 빛이 밝혀지는 만큼 오늘날의 창작 시가들과는 엄연히 다른 것이다. 이 같은 현상은 후대로 내려와 신라가요에서도 보여진다.

원시인들의 생활 속에서 자라면서 전승되어 오던 노래들이 설화나 또는 그 주변 인물들의 얘기 속에 끼어들었다고 보는 것이 타당할 것이다. 그것은 가락국기의 〈구지가〉가 후대 수로부인의 〈해가海歌〉에서 그대로 보여진다는 점에서도 증명된다.[11]

〈구지가〉의 주변 설화를 통해 이야기의 골자는 인간의 탄생(수로왕)이라고 볼 때, 〈구지가〉의 해석 역시 남녀의 격렬한 애정 속에서 한 인간의 출생을 상징화한 노래로 해석되어진다. 그리고 이런 생산은 노동이라는 행위를 통해 이루어짐을 이 노래에의 발생 연원을 알리는 이야기에서도 알 수 있다.

≪삼국유사≫의 기록과 가사의 내용을 연관시켜 보면 결국 가야국의 건국설화가 가야지방에서 살고 있던 원시종족집단에 의하여 창조 전승되어 오던 신화유산에 토대 하에 꾸며졌으며 〈구지가〉역시 그런 원시종족들 속에서 불리워졌던 것임을 알 수 있게 한다. 가야국 건국신화에서 그 앞부분에 첨부된 신화적 이야기는 가야종족들의 생활을 반영한 것이다.

〈구지가〉의 노랫말에서 중요한 사실은 빨리 거북이의 목을 내놓으라는 것이다. 거북의 목을 내놓으라는 것은 곧 수로의 출생을 순탄스럽게 하기 위한 군중들의 바램이다. 그런 면에서 본다면 〈구지

---

11) 詩形(四言-七言)이나 노래 내용, 나아가 首露와 水路에 이르기까지 두 노래는 공통된 점이 있다. 이로 미루어 볼 때 예로부터 傳承되던 남녀의 애정과 人間의 출생에 따른 노래가 이들 설화 속에 끼어들었다고 본다.

가)는 수로왕의 출생을 순조롭게 하기 위한 순산과 관련되는 노래로 풀이할 수 있다.

한편, ≪삼국유사≫ 권2의 수로부인조에 나오는 〈해가〉는 〈구지가〉와는 계승적 관계를 갖고 있음을 알 수 있다. 순정공은 납치된 아내를 구출하기 위해 〈구지가〉과 같은 내용을 노래로 불렀던 것이다. 해룡은 이에 굴복하여 앗아간 수로부인을 다시 세상에 내놓는 것으로 이야기의 끝을 맺고 있다.

〈구지가〉는 형식면에서 볼 때 후렴구도 감탄구도 없는 단순 소박한 4구체 노래이다. 이러한 특성은 우리나라 민요의 형식과 가요 창조의 역사적 유구성을 밝히는 귀한 자료로 평가된다.

3) 공후인(箜篌引)

≪해동역사海東繹史≫에는 진晉나라 최표崔豹가 찬한 〈고금주古今注〉에 기록된 한 편의 노래가 전한다. 최표는 진나라 혜제 때인 기원전 304년 경에 태부의 높은 벼슬을 했다.

〈공후인(箜篌引)〉을 기록한 옛 책들로는 차천로의 ≪오산설립≫, 박지원의 ≪열하일기≫, 이덕무의 ≪이목구비서≫ 그리고 중국의 옛 문헌으로 사마천의 ≪사기≫, 최표의 ≪고금주≫, 왕능건의 ≪기록≫, 곽무청의 ≪악부시집≫, 두문란의 ≪고요언≫ 등을 들 수 있다. 이런 문헌 가운데 가장 오래된 것은 ≪사기≫이다. 문헌들에 기초하여 〈공후인〉의 창작시기를 따져보면 기원전 4세기를 전후한 시기로 추측된다.

이 노래의 배경설화는 퍽이나 극적이다. ≪해동역사≫ 22, 악가악무조樂舞條에 기록된 해당 부분을 옮겨보면 다음과 같다.

> 공후인箜篌引이란 조선 땅의 뱃사공 곽리자고霍里子高의 처 여옥麗玉이 지은 것이다.
> 자고子高가 새벽에 일어나 나루터에 나가 배를 손질하고 있었다. 그때 난데

없이 머리가 흰 미친 사람이 머리를 풀어 헤친 채 술병을 끼고 비틀비틀 강물 속으로 들어가는 것이었다. 그 뒤에는 그 아내가 좇으면서 남편을 불렀지만 남편은 물 속으로 들어가고 말았다. 그러나 아내의 애절한 하소연도 보람없이 그 늙은이는 깊은 물에 빠져 죽고 말았다. 이에 아내가 갖고 있던 공후를 끌어 잡고 공무도하公無渡河의 노래를 불렀다. 그 노래를 듣는 자는 누구나 눈물을 막을 수 없었다. 여옥은 그 옆에 살고 있는 여용麗容이란 여자에게 전했다. 노래를 일러 〈공후인箜篌引〉이라 한다(箜篌引 朝鮮津卒 霍里子高妻 麗玉 所作也 子高晨起 刺船而濯 有一白首狂夫 被髮提壺 亂流而渡 其妻 隨而止之不及 遂墮 河而死 於是 援箜篌而鼓之 作公無渡河之歌 聲甚悽愴 曲終自投河而死 子高 還以甚聲 語妻麗玉 麗玉傷之 引箜篌而寫其聲 聞者莫不墮淚掩泣焉 麗玉以其曲 傳隣女麗容 名曰 箜篌引焉).

〈공무도하가〉의 노래는 다음과 같다.

公無渡河	당신은 물을 건너지 마시오
공무도하	
公竟渡河	당신은 끝내 그 물 속에 들어가셨네
공경도하	
墮河而死	당신이 물 속에 빠져 죽었으니
타하이사	
當奈公何	언제 다시 당신을 만나리
당내공하	

이 노래에 대한 해석이 논자에 따라 약간씩 다르다. 대략 중요한 몇 가지 설을 소개하기로 한다.
양재연梁在淵의 해석을 정리하면 다음과 같다.[12]
〈공무도하가〉란 명칭이 옳다. 〈공후인〉은 악곡의 명칭이다. 노래의 원작자는 백수광부白首狂夫의 처다. 노래의 제작연대는 서기 2세기

---

12) 梁在淵, 〈公無渡河歌 小考〉, ≪國語國文學≫ 5호, 국어국문학회, 1956.

후반이다. 원래 민요이던 것이 후한 때 중국에 의해 한역되었다.

한편 서수생徐首生은,13) 〈공후인〉은 음악상 조명調名인 동시에 문학상 작품명이다. 이 노래는 조선에서 한문으로 정착되어 중국에 유입된 가요다. 〈공후인〉은 우리나라 최고의 가요로 서민의 민가民歌를 한문으로 정착시킨 것이다. 한문으로 정착된 연대는 한사군 이후부터 전한말까지로 추산된다. 원작자는 백수광부白首狂夫의 처요, 정착시킨 사람은 여옥麗玉일 것이다.

정병욱鄭炳昱은 다음과 같이 노래의 내용을 해석하였다.14)
첫째, 이 이야기의 주인공인 백수광부란 어떤 인물인가? 여기에서 백수란 신을 의미하는 것이고, 광부란 술에 취한 인물로 보아 백수광부는 주신酒神을 의미한다.
둘째, 〈공후인〉의 이야기를 신화로 설명하였다.
셋째, 여옥은 악신樂神으로 보았다.
정병욱의 해석은 우리의 상대시가를 신화현상으로 파악한 것으로 그의 상징적 해석과 더불어 한국 옛 시가 해석에 새로운 지평을 보여준 것으로 설명된다.

한편 〈공후인〉을 한국의 시가로 보아온 데 반해 최신호崔信浩는 이를 중국 고대인의 노래라고 보았다.15) 곧 진나라 무제(265~290)때 순욱荀勗에 의해 정리된 〈상화가相和歌〉 중 상화인조相和引條에 공후인, 상인商引, 미인微引, 우인羽引 등으로 분류가 있는 것으로 보아 〈공후인〉은 이때에 채록된 것으로 보았다. 그리고 조선이란 중국 6세기 전까지 존속했던 직예성내直隷省內의 조선현朝鮮縣을 지칭한 것이고, 곽리자고霍里子高란 성명은 곽霍마을에 사는 사공이라 보았다.

두문란의 ≪고요언≫에서는 〈古今注〉의 기록을 보충하여 "자고子高

---

13) 서수생, 〈공후인 연구〉, ≪국문학논고≫, 1965, 30~52쪽.
14) 정병욱, 전게서, 779~783쪽.
15) 崔信浩, 〈公篌引 異考〉, ≪東亞文化≫ 10집, 서울대 동서문화연구소, 1971.

가 이 이야기를 듣고 불쌍히 여겨 거문고를 끌어다가 다니면서 〈공후인〉을 지었는데 노인의 아내가 부른 노래를 재현한 것으로 이른바 〈공무도하곡箜無渡河曲〉이다"고 하였다. 〈공후인〉의 작자를 곽리자고의 아내 여옥으로 보아야 한다는 견해이다.

〈공후인〉에서는 억울하게 죽은 노인부부를 동정하는 슬픈 심정이 진실하게 구현되었다. 목숨을 잃은 남편을 뒤따라 죽은 노인의 아내가 부른 노래 그대로라기보다는 그 심경을 감수한 여옥의 체험과 동정의 뜨거운 열정이 담겨졌다고 할 수 있다.

〈공후인〉의 형식은 〈구지가〉와 마찬가지로 4구로 되어 있으나 매 시행들이 서정적 자아의 내적 체험을 기초로 하여 세련되었고, 마지막 시행에서는 감탄사가 도입되어 우리나라 옛 노래 형식의 한 원형을 보여주고 있어 주목된다.

4) 두솔가(兜率歌)

≪삼국사기≫ 권1, 신라본기 유리왕 5년조에 〈도솔가兜率歌〉과 연관되는 다음과 같은 기록이 있다.

> 11월에 왕이 국내로 순행하였다. 한 할머니가 주림과 추위를 이기지 못해 죽게 된 것을 보았다. 王이 말하길 "내가 덕이 없어, 왕이 되어 능히 백성을 다스리지 못하고 노유老幼로 하여금 이 지경에 이르게 하였으니 이는 나의 죄다"하고 옷을 벗어 덮어 주고 먹을 것을 보냈다. 그리고 관리들에 명해 환과고독鰥寡孤獨과 늙고 병든 사람, 구차하여 살길 없는 사람을 찾아 급양케 하였다. 이때 이웃나라 백성들이 소문을 듣고 찾아오는 사람이 많았다. 이 해 백성들의 풍속이 즐겁고 편안해 비로소 〈도솔가兜率歌〉을 지으니 이가 곧 가락歌樂의 시작이 된다.

앞에서 본 고대시가들은 노래의 내용이 한역되어 전해지나 〈도솔가〉의 경우에는 노래의 내력만 보여진다.

이 노래에 대하여는 집단적인 서사시 또는 개인적인 서정시의 중간양식, 혹은 순연한 개인적 서정시 등의 해석이 있었다.

한편, 〈도솔가〉의 가명 훈독에 대하여서도 텃노래(양주동), 도살풀이(이해구), 두릿노래(정병욱), 다살노래(조지훈) 등 여러가지 해석이 있다.

노래 내용에 대해 정병욱은 비종교적인 면으로 해석하여 신화가 아닌 서정적인 가요의 발생으로 해석하였다.

이 노래의 해석에는 아직도 풀어야 할 문제가 많지만 신라가요의 동명 〈도솔가〉와 비교해 볼때 전기한 〈구지가〉=〈해가〉의 관계에서처럼 어떤 맥락이 주어지지 않을까 생각된다. 그렇게 볼 때 〈도솔가〉란 신라가요의 〈도솔가〉나 〈안민가〉 등과 같은 치리가적治理歌的 성격의 노래가 아니었을까 하는 추단을 갖게 된다. 그것은 배경설화의 내용에 "민속환강民俗歡康", "이일병현二日竝現의 괴怪를 없앤 것"과 관련지을 때 더욱 명료해지며, 〈도솔가〉의 훈독을 다살노래, 곧 치리가治理歌로 본다면 또한 방증이 된다.

한편, 〈도솔가〉에서 '도솔'이란 불교에서 발하는 兜率을 줄여서 한 말인데, 불교문헌에서는 도솔을 도술兜術이라 한데도 있는바 곧 '도솔切率'와 같은 말이다. 홍기문은 ≪향가해석≫에서 도솔兜率은 '두리'요, 두리는 근세 남부 일대의 '두레'라고 보았다. 이 말은 둥글다는데서 나왔다고 했다. 한편, 경덕왕 19년의 월명사의 〈도솔가〉는 작품의 이름으로 봄이 합당하다.

崔　喆 / 연세대

◇ 참고문헌

• 著 書

金學成, ≪韓國古典詩歌의 硏究≫, 원광대출판국, 1980.
梁柱東, ≪朝鮮古歌硏究≫, 박문서관, 1942.
李明善, ≪朝鮮文學史≫, 조선문학사, 1948.
鄭炳昱, 〈韓國詩歌文學史〉 上, ≪한국문화사 대계≫, 고대 민족문화연구소, 1967.
_____, ≪한국고전시가론≫, 신구문화사, 1976.
_____, ≪한국시가작품론≫ 1, 백영 10주기 기념논총 간행위원회, 집문당, 1992.
조동일, ≪한국문학통사≫ 1, 지식산업사, 1982.
趙潤濟, ≪韓國詩歌史綱≫, 을유문화사, 1960.
최 철, ≪한국 민요학≫, 연세대 출판부, 1992.

• 論 文

권영철, 〈황조가 신연구〉, ≪국어국문학 연구≫ 1집, 효성여대, 1968.
김승찬, 〈황조가고〉, ≪한국상고문학연구≫, 제일문화사, 1978.
김창룡, 〈황조가의 저변〉, ≪漢城語文學≫ 7집, 한성대, 1988.
민긍기, 〈원시가요의 연구〉 2, ≪士林語文學≫ 8집, 창원대, 1991.
서수생, 〈공후인 연구〉, ≪어문학≫ 7, 한국어문학회, 1961.
성기옥, ≪공무도하가 연구≫, 서울대 박사학위논문, 1988.

‖ 제3장 ‖

鄕 歌

1. 명칭과 기원

향가는 한자의 음音과 훈訓을 빌어 적는 향찰鄕札표기에 의해 기록되어 전하는 신라 및 고려시대의 시가를 말한다. 좀더 구체적으로 말하면 향가는 ≪삼국유사≫에 실린 14수와 ≪균여전≫에 실린 11수 등 모두 25수의 시가를 지칭하는 장르 명칭이다.

향가라는 명칭이 문헌에 나타나기는 혁연정赫連挺이 엮은 ≪균여전均如傳≫에서가 처음이다. 그밖에 김부식의 ≪삼국사기≫와 일연의 ≪삼국유사≫ 등에 사용된 예가 여럿 보인다.[1] 혁련정의 ≪균여

---

* 이 글은 ≪한국문학개론≫(1992. 새문사)에 실려 있는 필자의 같은 제목의 것을 전재한 것임. 다만 6절 〈정서〉는 이번에 새로 덧붙인 것이다.
1) 대표적인 몇 용례를 원문대로 보이면 다음과 같다.
 "王素與角干魏弘通, 至是常入內用事, 仍命與大矩和尙修集鄕歌, 謂之三代目 云."(≪三國史記≫, 眞聖王 二年條). "왕이 평소 각간 魏弘과 사통하더니 이때에 이르러 드러내놓고 그를 궁내로 불러 일을 보게 하였다. 이에 왕은 그에게 명하여 大矩스님과 함께 향가를 수집하게 하고 이를 三代目이라 하였다."
 "明奏云, 臣僧但屬於國仙之徒, 只解鄕歌, 不閑梵聲 … 明又嘗爲亡妹營齋, 作 鄕歌祭之 … 羅人尙鄕歌者尙矣."(≪三國遺事≫, 月明師 兜率歌條). "월명사가 아뢰기를 '臣僧은 국선의 무리에 속해 있으므로 단지 향가만 알고 梵聲은 익숙하지 못합니다.' … 월명사가 또 일찍이 죽은 누이동생을 →위하여 제를 올리며 향가를 지어 제사를 지냈더니 … 신라 사람들이 향가를 숭상한지가 오래되었으니."
 "釋永才 性滑稽, 不累於物, 善鄕歌."(≪三國遺事≫, 永才遇賊條) "스님 영재는 성품이 활달하여 (골계스러워서) 재물에 얽매이지 않았다. 향가를 잘 하였는데."

전≫이 고려 문종 29년(1075), ≪삼국사기≫가 인종 23년(1145), ≪삼국유사≫가 충렬왕 7년 전후(1281~1283)에 걸쳐 편찬되었던 것을 생각한다면, 향가라는 명칭은 적어도 11세기부터 사용되어 온, 유래가 오래 된 것임을 알 수 있다.

향가는 일반적으로 '향鄕' 즉 시골이란 말이 암시하듯 중국에 대한 우리나라 노래의 비칭卑稱의 뜻으로 이해되어 왔다. 그러나 '향'은 행정구획상의 명칭으로서 '야野'가 아니라 '경京', 곧 서울 안이며 왕성의 좌우에 즐비한 마을의 총칭이며, 나아가 '나라'를 가리키는 말이라는 다산 정약용의 주장에 근거를 두고 향가를 긍정적인 측면에서 '나라 노래', '우리 노래' 등으로 풀이코자 하는 학설도 근자에 대두되고 있어 주목을 끌고 있다.

문헌에 나타난 향가의 용례 가운데 ≪삼국유사≫ '월명사月明師 도솔가兜率歌'조의 기사는 향가라는 말의 당대적 의미를 이해하는 데 많은 시사를 준다. 경덕왕이 월명사를 불러 노래를 지으라고 하자, 월명사는 자신이 국선國仙의 무리에 속해 있어 향가는 겨우 알지만, 범성梵聲은 모른다고 대답하고 있다. 범성이란 범패梵唄나 찬불가讚佛歌를 가리키는 말이다. 향가가 이런 노래와는 대립되는, 전문성이 덜 요구되는 노래를 의미하였음을 알 수 있다. 이 기록의 끝부분에는 "신라 사람들이 향가를 숭상한 것이 오래되었다"고 적어, 향가가 신라 사람들에게 많은 공감과 함께 널리 애호되어 왔음을 말하였다.

향가는 언제부터 불리워졌을까? 현전하는 향가 가운데 가장 이른 시기의 작품은 〈서동요薯童謠〉이다. 이 작품의 성립 시기는 6세기경이다. 그러나 이로써 향가의 최초 성립시기를 잡을 수는 없다. 이 노래 이전에도 가사는 전하지 않고, 작품명만 알려져 오는 노래들이 여러 편 있기 때문이다. 3세기 초 내해왕때의 〈물계자가勿稽子歌〉

"夫如是則 八九行之唐序, 義廣文豊, 十一首之鄕歌, 詞淸句麗…"(≪均如大師傳≫第八, 譯歌現德分) "대저 이와 같으니 8·9행의 한문으로 쓴 서문은 뜻이 넓고 문채가 풍성하여 11수의 향가는 시구가 맑고도 곱다."

나, 5세기 전반 눌지왕 때의 〈우식곡憂息曲〉 같은 노래가 바로 그것이다. 더욱이 1세기 초인 유리왕儒理王 5년(28), 나라에서 〈도솔가〉를 지어 가악의 시초를 열었다고 한 기록은 향가의 연원을 훨씬 더 앞선 시기로 끌어올리게 하는 근거가 된다. 이로 볼 때 구전가요가 아닌 기록가요로서 향가가 최초로 성립된 것은 유리왕 5년(28) 〈도솔가〉의 제정에서 비롯되며, 이후 점차 발전을 거듭하여 6세기 전반 융천사의 〈혜성가彗星歌〉에 이르면서 비로소 10구체의 완성된 시형태를 낳게 되었던 것이다.

≪삼국사기≫에는 진성여왕 2년(888)에 왕이 각간 김위홍金魏弘²⁾과 대구화상大矩和尙에게 역대의 향가를 모은 ≪삼대목三代目≫이란 책의 편찬을 명한 기사가 보인다. 이 책이 전하였더라면 향가의 면모와 변천의 역사를 일목요연하게 파악할 수 있었겠지만, 불행히도 이 책은 ≪삼국유사≫에 그 이름이 보이지 않는 것으로 보아 일연의 시대에는 벌써 실전되었던 것으로 보인다. 여기서 三代란 상대, 중대, 하대를 뜻하므로 시대에 따른 변화의 모습을 통해 향가의 전모를 밝히려 했던 편찬 의도를 읽을 수 있다. 또는 3대三代의 뜻을 중국의 하·은·주 등으로 보아 태평성대를 의미하는 명칭으로 파악할 수 있다. 이러한 향가집의 편찬은 이 시기에 오면 왕실에서조차 정리의 필요를 느끼게 되었을 정도로 향가가 국민적인 호응을 받았음을 증명하는 것이다. 또한 국가적 차원에서 통치자에 의해 향가집이 정리되는 전개는 향가가 ≪삼국유사≫ 월명사조에서 적고 있는 대로 "천지와 귀신을 감동시킨 일이 한두 번이 아니었"을 정도로 힘을 발휘한 국민 가요적 성격을 부여받게 되었음을 의미하는 것이기도 하다.

---

2) 角干 魏弘은 진성여왕의 寵臣으로 헌강왕 1년에 上大等에 오른 인물이다. 권력을 휘둘러 정치를 어지럽혔다. 그의 성은 일반적으로 魏氏인 것으로 정리되고 있으나, 上大等의 지위에까지 오른 그의 성은 신라의 금석문 등을 참조할 때 金氏였음이 확인된다.

향가라는 명칭 외에도 당시 도솔가·사뇌가詞腦歌·사내思內·시뇌詩腦 등 여러 세분된 명칭이 사용되었다. 이것들이 구체적으로 향가라는 용어와 어떤 변별성을 갖는지는 분명한 자료가 없어 알 수 없다. 그러나 향가를 이런 모든 명칭을 총괄하는 범칭으로 이해해서 무리가 없을 것이다. 실제 현재 전하는 향가는 형식에서뿐만 아니라 내용에 있어서도 매우 다양한 성격들의 집합으로 이루어져 있다. 이렇게 보면 향가는 단일한 성격이나 체재, 혹은 통일된 문학적 관습을 지닌 것이 아닌, 개방적이고 포괄적인 성격의 시가장르임을 알 수 있다.

1세기 초에 비롯된 향가는 나말려초의 승려인 균여의 〈보현십원가普賢十願歌〉를 거쳐 고려에 접어들어서도 그 잔영을 보여주다가 문학사의 이면으로 자취를 감추게 된다. 고려의 작품으로서는 예종의 〈도이장가悼二將歌〉가 있고, 비록 작품은 전해오지 않으나 현종과 신하들이 향찰로써 노래를 지었다는 사실이 ≪현화사비음기玄化寺碑陰記≫ 현종 13년(1022) 건립, 개성군 영남면 소재)에 나타나 있다.

2. 갈래

현전하는 작품과 용어의 개념에서 출발할 때, 우리는 향가의 하위 개념으로 도솔가와 사뇌가, 그리고 불찬가의 세 갈래를 설정할 수 있다. 이 가운데 세번째 불찬가는 균여의 〈보현십원가〉에 국한되는 개념으로 사용한다. 이 노래는 ≪균여전≫에서 밝히고 있는 대로 ≪화엄경≫ 보현행원품普賢行願品에 실린 보현십원을 노래로 옮긴 부처찬미가의 성격을 지닌 포교의 노래이다. 이는 ≪삼국유사≫에 실려 있는 여타의 불교 노래와는 성향을 분명히 달리하는 것이다.

〈보현십원가〉를 제외한 현전 신라 향가 14수의 성격을 이해하는 데는 도솔가와 사뇌가의 어의語義와 성격을 파악하는 것이 중요하다. 그러나 이들 용어는 모두 향찰표기여서 오늘날 그 정확한 의미 파악이 어렵다. 당연한 결과로 이에 대한 풀이 또한 학계의 견해가 워낙 다기하여 일정한 결론에 이르지 못하고 있는 실정이다.

도솔가란 어떤 의미일까? 처음 제정되었을 당시 도솔가는 구체적인 한 노래를 지칭하는 것이었다. 그러나 나중에는 향가의 하위 장르로서 일군―群의 시가를 지칭하는 명칭으로 발전되었다. 제가의 학설 가운데 '도솔'의 의미를 풀이한 것을 들어보면 양주동梁柱東은 '둣놀애-텃놀애'로 보아 곧 국가國歌로 풀이하였고3), 이혜구李惠求는 '도솔푸리-도살푸리'로 풀어 살풀이란 말의 원형이 된다고 이해하였다.4) 조지훈趙芝薰은 '다술놀애' 즉 치리가治理歌로5), 정병욱鄭炳昱은 '두릿노래' 곧 편안하게 하는 노래로 풀이하는 등6) 다양한 견해가 학계에 제출되어 있다. 이들 학설은 각기 도솔가가 제정되기까지의 배경과 기능 등을 고려하여 도출된 결론이어서 나름의 타당성을 지닌다. 그러므로 이 가운데 어느 하나만을 정설로 확정할 수는 없다. 필자는 도솔가를 '다술놀애' 즉 치리가治理歌로 풀이한 주장에 따르기로 한다. 도솔가는 《삼국사기》에서는 가악의 시초라고 하였는데, 도솔가 이전이라고 해서 노래가 없었던 것은 아니므로, 가악의 의미를 중시한다면 국가적 차원으로 백성들을 위해 지어진 최초의 노래란 뜻으로 이해될 수 있겠기 때문이다.

유리왕 때 지어진 도솔가 외에 월명사의 같은 제목의 노래가 있다. 이때도 도솔가는 특정 작품의 이름이기보다는 도솔가류를 뜻하는 갈래의 이름으로 볼 수 있을 것이다. 현전 향가 가운데 도솔가류에 속하는 작품을 들면 월명사의 〈도솔가〉와 융천사의 〈혜성가〉, 그리고 충담사의 〈안민가〉 등의 작품들을 꼽을 수 있다.

---

3) 梁柱東, 《朝鮮古歌硏究》, 博文書館, 1942.
4) 李惠求, 〈시나위와 詞腦에 關한 試考〉, 《국어국문학》 8집.
5) 趙芝薰, 〈新羅歌謠硏究論攷〉, 《民族文化硏究》 1호, 高大 民族文化硏究所, 1964.
6) 鄭炳昱, 《한국고전시가론》, 신구문화사, 1980, 65~77쪽.

다음은 사뇌가詞腦歌에 대해서 살펴보기로 하자. '사뇌'란 말은 문헌에 따라 '사내思內' 혹은 '시뇌詩腦'라고 표기되기도 하였는데, 가리키는 의미는 서로 같다. '사뇌'라는 명칭은 유리왕 때〈도솔가〉관련 기록에 '유차사사뇌격有嗟辭詞腦格'이라 한 데서 볼 수 있고, 또 ≪균여전≫ 제7 '가행화세분歌行化世分'과 제8 '역가현덕분譯歌現德分'에 용례가 나타난다. 또 ≪삼국유사≫ '경덕왕 충담사忠談師 표훈대덕表訓大德' 조와 '원성대왕 元聖大王' 조에서도 찾아볼 수 있다.7) 이들 용례를 자세히 살펴보면, 사뇌가란 어느 특정 가요의 이름으로 사용된 것이 아니라, 도솔가와 마찬가지로 특정 시가군詩歌群에 대한 범칭으로 사용되고 있음을 알 수 있다.

그렇다면 '사뇌詞腦'는 어떤 의미일까? 이에 대한 풀이는 노래가 제정되는 경과에 대한 이야기도 전혀 없어, 도솔가의 경우보다도 의미 파악에 더 큰 난점이 있다. 대표적인 몇 견해들을 소개하면, 양주동은 '사뇌'를 '싀닉'의 차자借字로 풀이하여, 신라新羅(식불)와 같은 의미로 보았다. 즉 '싀닉'라 할 때 '싀'는 동東의 뜻이고, '닉'는 천川 또는 국國의 뜻으로 보아, '동천東川·동국東國'의 의미라고 풀이하여, 사뇌가는 곧 '동국의 노래', '동방東方의 노래'를 뜻하는 것이라고 이해하였다.8) 이혜구李惠求는 '시나위'로 보아 정악正樂과 반대되는 다소 격이 떨어지는 노래라고 풀이하였고9), 조지훈趙芝薰은 순 우리

---

7) "王曰, 朕嘗聞, 師讚耆婆郞詞腦歌 其意甚高, 是其果乎. 對曰然. 王曰, 然則爲朕, 作理安民歌."(≪三國遺事≫, 景德王 忠談師 表訓大德條) "왕이 말하기를 '내가 일찍이 듣기로는 師가 지은 기파랑을 찬미한 사뇌가가 그 뜻이 매우 높다고 하던데 과연 그러하오?' 대답하기를 '그러하옵니다.' 왕이 말하기를 '그러면 짐을 위해서 백성을 다스려 편안케 하는 노래를 지어 주오.'"
"大王誠知窮達之變, 故有身空詞腦歌."(≪三國遺事≫, 元聖大王條) "대왕이 세상의 변하는 이치를 잘 알아 신공사뇌가를 지었다."
"十一首鄕歌, 詞淸句麗, 其爲作也, 呼稱詞腦."(≪均如大師傳≫ 第八, 譯歌現德分) "11수의 향가는 시구가 맑고도 곱다. 그 지어진 것을 사뇌가라고 부르니."
8) 梁柱東, 앞의 책.
9) 李惠求, 앞의 논문.

말인 '스레'의 차자로 보아, '상上·고高'의 뜻을 담고 있는 수리노래, 곧 'ᄉᆞᆯ노래'라고 하여 천신天神과 부락 수호신을 제사지낼 때 불렀던 신가神歌나 주가呪歌 혹은 무가巫歌의 성격을 띤 노래를 뜻한다고 보았다.10)

양주동의 견해처럼 사뇌가를 동국의 노래로 풀이하면, 이때 사뇌가는 향가라는 명칭과 같은 함의를 지닌 말이 된다. 향가가 자기비하적인 의미를 담고 있다면 사뇌가는 그렇지 않으므로 양주동은 아예 사뇌가로 불렀다. 그러나 문헌에 실린 용례로 볼 때, 사뇌가란 말은 '찬기파랑사뇌가讚耆婆郞詞腦歌'나 혹은 '신공사뇌가身空詞腦歌'에서 보듯 특정 작품명 아래 놓여지고 있어, 동국의 노래 전체를 지칭한다고 보기보다는 오히려 향가의 하위 장르로서의 한 시가군詩歌群을 가리키는 개념으로 이해하는 것이 타당할 듯하다. 이런 의미에서 조지훈의 관점대로 사뇌가를 신가神歌나 주가呪歌, 혹은 무가巫歌 계통의 노래로 이해한다면, 사뇌가는 도솔가와 마찬가지로 내용적 측면에서 향가의 하위 장르 개념이 된다. 이렇게 보면 치리가治理歌인 도솔가와는 달리 사뇌가는 처음 주가呪歌 계통의 노래였던 것이 차츰 즉생활적卽生活的인 서정가요로 발달한 것으로 보인다. 그렇다면 사뇌가는 무가 계통의 노래에만 국한되지 않고, 일반 서정시가까지를 포함하는 포괄적인 의미를 지니게 된다. 이 계열에 속하는 작품으로는 대개 도솔가 계통의 세 작품과 〈서동요〉·〈풍요〉 등 민요 계통의 노래를 제외한 ≪삼국유사≫ 소재 9수의 노래를 들 수 있겠다.

3. 형 식

형식면에서 볼 때 향가는 우리나라 최초의 정형시이다. 향가의

---

10) 趙芝薰, 앞의 논문.

형식에는 4구체와 8구체, 10구체 세 가지가 있다. 연聯 구분은 없다. 4구체는 가장 단순하고 소박한 민요적 시형이다. 8구체는 4구체를 중첩시킨 시형이다. 이 8구체에 감탄사로 시작되는 낙구落句 2구를 보태어 완성형인 10구체가 이루어졌다고 보는 것이 학계의 통설이다.

그러나 각 작품의 창작 시기를 통해 보면 4구체와 8구체, 10구체 사이에 시간적 계기성은 발견할 수 없다. 즉 8구체나 10구체가 지어진 시점 이후에도 4구체 향가는 소멸되지 않고 계속 창작되었다. 또한 10구체의 완성을 보았다 해서 8구체가 더 이상 지어지지 않은 것은 아니었다. 4구체에서 10구체로의 발달은 향가가 공동의 노래에 기초한 민요적 성격에서 출발하여 점차 심화된 개인의 서정을 담는 정서의 확장을 이룩해 나갔던 데 기인한다. 그러나 각각의 양식들은 대체·소멸의 길을 걸었던 것이 아니라, 선행양식들과 공존하면서 향가의 폭과 너비를 확장시켜 나갔던 것이다.

4구체 향가에는 〈서동요薯童謠〉·〈풍요風謠〉·〈헌화가獻花歌〉·〈도솔가兜率歌〉 등 4편이 전한다. 우선 먼저 〈헌화가〉의 예를 보자.

촌작寸之

紫布岩乎·希	딛배 바회 ᄀᆞ히ᄂᆞᆯ 寸之
執音乎手母牛放教遣	자ᄇᆞ온손 암쇼 노히시고
吾肹不喩慚肹伊賜等	나ᄒᆞᆯ 안디 븟ᄒᆞ리샤ᄃᆞᆫ
花肹折叱可獻乎理音如	곶ᄒᆞᆯ 것가 받ᄌᆞ오리이다.[11]

(자줏빛 바위 끝에 / 잡으온 암소 놓게 하시고 / 나를 아니 부끄려 하시면 / 꽃을 꺾어 받자오리이다.)

4구체의 경우, 진술만 있을 뿐 시적 자아의 감정이 직접적으로 문면에 드러나는 경우는 없다. 고조선 여옥의 〈공후인〉이나 고구려

---

[11] 이하 향가의 해독과 풀이는 梁柱東 앞의 책 따름.

유리왕의 〈황조가〉, 가락국의 〈귀지가〉의 예에서 보듯, 4구체는 고대가요의 기본형태가 되는 가장 기본적인 노래 호흡의 단위이다. 4구체 향가는 단형으로 된 짤막한 시형이므로 여기에 무슨 복잡한 개인의 생활감정이나 사상을 담을 수는 없다. 4구체는 예전부터 구전해 오던 민요나 창작가요가 대부분이다. 담고 있는 내용도 개인 서정시가 이전 단계의 집단노래이거나 짤막한 애정의 사연, 혹은 주술적 내용들로 되어 있다. 4구체 가운데 가장 나중에 지어진 〈도솔가〉는 '이일병현二日竝現'의 변괴를 물리치기 위해 지어진 작품이다. 주술적인 힘을 발휘하기 위해 간결한 4구체의 형식 위에 호격과 명령형의 어법을 사용하고 있다. 4구체는 시적 언술이 갖는 미학적 측면이 절제된 대신, 단순 간결한 어법을 통한 강렬한 전달로 고대 사회에서 언어가 갖는 주술성을 십분 성취하고 있다.

8구체의 향가로는 〈모죽지랑가慕竹旨郎歌〉와 〈처용가處容歌〉 두 편이 전해진다. 작품 수로는 가장 빈약하다. 〈모죽지랑가〉를 예로 들어 본다.

去隱春皆理米	간봄 그리매
毛冬居叱沙哭屋尸以憂音	모둔 것사 우리 시름
阿冬音乃叱好支賜烏隱	아룸 나토샤온
兒史年數就音墮支行齊	즈싀 살쯈 디니져
目煙廻於尸七史伊衣	눈 돌칠 스이예
逢烏支惡知作乎下是	맛보옵디 지소리
郎也慕理尸心米行乎尸道尸	郎여 그릴 모슨미 녀올길
蓬次巷中宿尸夜音有叱下是	다봊굴허에 잘밤 이시리.

(간 봄 그리매 / 모든 것이 울 이 시름 / 아름다움 나타내신 / 얼굴 주름살을 지니려 합니다. / 눈 돌이킬 사이에나마 / 만나 뵙도록(기회를) 지으리 / 낭이여, (당신을) 그리워하는 마음의 가는 길 / 다북쑥 우거진 구렁텅이에 잘밤 있으리.)

4구체에서와는 달리 구체적인 시적화자의 감정전달이 이루어지고 있다. 4구체에서 8구체로의 확장은 곧 집단의 노래, 공동의 노래에서 개인의 노래로의 전이를 의미하기도 한다.

단정할 수는 없지만, 8구체 형식은 그리 중요한 범주는 아니었던 듯 하다. 단형의 민요체 시가형식인 4구체 향가가 통시대적 특성을 지녀 긴 생명력을 지속했다면, 4구체의 배수로 된 8구체는 보다 복잡해진 사회 현상 속에서 배태된 자연스러운 표현 욕구에 부응한 결과라고 볼 수 있다. 10구체가 현전 향가의 가장 보편적 형태라는 사실은 곧 8구체가 10구체로 이행되는 과정에서 나타난 것임을 뜻한다. 보다 완성된 형태인 10구체의 출현 이후 8구체 향가의 창작은 자연스럽게 위축되었던 것으로 보인다.

10구체 향가에는 〈혜성가彗星歌〉·〈원왕생가願往生歌〉·〈원가怨歌〉(결사結詞인 9, 10구는 망실)·〈제망매가祭亡妹歌〉·〈안민가安民歌〉·〈찬기파랑가讚耆婆郞歌〉·〈도천수대비가禱千手大悲歌〉·〈우적가遇賊歌〉 등 8편과 〈보현십원가普賢十願歌〉 11수 등 모두 19편의 작품이 전해진다. 예로 〈찬기파랑가〉를 들어 본다.

咽嗚爾處米	열치매
露曉邪隱月羅理	나토얀 드리
白雲音逐于浮去隱安支下	힌구룸 조초 떠가는 안디하
沙是八陵隱汀理也中	새파른 나리여히
耆郎矣貌史是史藪邪	耆郎이 즈싀 이슈라
逸烏川理叱磧惡希	일로 나리ㅅ 지벽히
郎也持以支如賜烏隱	郎이 디니다샤온
心米際叱肹逐內良齊	무수미 궁홀 좇누아져
阿耶 栢史叱枝次高支好	아으 잣ㅅ가지 노파
雪是毛冬乃乎尸花判也	서리 몯누올 花判여.

(열치고 / 나타난 달이 / 흰구름 쫓아 떠가는 것 아닌가 / 새파란 냇물 속에

/ 기랑耆郞의 모습이 있어라 / 이로 냇물의 조약돌이 / 낭이 지니신 / 마음의 끝을 좇과저 / 아으 잣가지 높아 / 서리 모르올 화판花判이여.)

 8구체에서 10구체로의 이행은 외면적으로는 단 두 행만을 첨가한데 불과하지만, 이것이 갖는 의미는 매우 크다. 통상 두 구 또는 네 구 씩을 하나의 단위로 이해하면 4구체나 8구체는 모두 짝수단위이다. 이러한 짝수단위의 병렬적 파생은 민요에서 흔히 볼 수 있다. 그런데 10구체는 홀수단위가 되어 민요에서는 보기 힘든 형식이 된다. 이러한 10구체의 특성은 이미 많은 학자에 의해 주목되어 왔다. 조윤제趙潤濟는 10구체의 특성을 노래의 대체적 의미는 전 8구에서 마무리되고, 나중 2구에서 앞서의 주의主意를 반복 강조하는데 있다고 보고, 10구체 형식의 특색과 묘미가 바로 결사結詞인 후 2구에 있다고 하였다.[12] 후구後句의 존재 때문에 전체가 완전히 전후로 구분되어, 뒷부분은 앞부분의 여운적 역할을 하여 전체시가를 보다 은근하고 끈기 있게 이끌어 주게 된다고 보았기 때문이다. 그런가 하면 정병욱鄭炳昱은 10구체 향가는 모두 3장으로 구성되었다고 보았다. 즉 전 4구, 후 4구와 끝의 2구로 나누어지는데, 제 3장은 '낙구落句' 혹은 '격구隔句'로 불리며, 그 첫머리는 '아야阿耶' 또는 그밖의 감탄사로 시작되고 있음을 특징으로 들었다. 이밖에 첫 구절이 다른 구절에 비해 짧은 점과, 전편은 대체로 80에서 90자 안팎의 길이로 되어 있음을 지적한 바 있다.[13] 특히 결사結詞의 첫 부분이 감탄사로 시작되는 것은 문학적으로 볼 때 매우 중요한 기능을 한다. 이는 곧 앞 8구까지에서 전개되어 온 시상을 비약시켜 전체를 마무리 짓는 기능을 갖는다. 특히 이는 후대 고려가요나 시조의 종장 첫 구에서도 문학적 관습으로 계승되고 있어, 우리나라 고전시가 발달사

---

12) 趙潤濟, 《國文學槪說》, 東國文化社, 1959, 81쪽.
13) 정병욱, 앞의 책, 83쪽.

에서 매우 중요한 의미를 갖는다. 말하자면 신라인들은 10구체 향가 형태를 발견함으로써 그들의 정서와 생각을 충분히 예술적으로 표현할 수 있게 되었던 것이다.

4. 작자와 산문기록의 문제

향가를 생산해 낸 문학담당층은 어떤 계층이었을까? 흔히 향가를 화랑이나 승려의 노래라고 한다. 그것은 현전 향가의 작자 중에 화랑의 무리이거나 혹은 승려가 많기 때문이다. 그러나 향가 전체를 두고 보면 반드시 그렇다고 말할 수는 없다. 대개 민요이거나 민요적 속성을 지니고 있는 4구체 작품의 문학 담당층이 하층민을 포함하여 광범위한 분포를 보이고 있고, 또 개인의 서정을 담아 노래한 8구체, 10구체의 경우도 화랑과 승려 등 상층 신분에 속한 이들이 상대적으로 다수를 점하고 있는 것이 사실이나 그렇지 않은 경우도 있기 때문이다.

양주동은 향가의 작자를 '화랑 2인 2수, 승려 4인 6수, 여류 2인 2수'로 보았고[14], 정병욱은 ≪균여전≫의 11수까지 합쳐서 승려가 지은 것이 17수, 화랑이 지은 것 3수, 여류 2수, 민요 2수, 그리고 실명이 1수라고 정리하였다.[15] 통계에 서로 차이가 생기는 것은 향가의 작자 중 승려이면서 화랑에 속해 있던 인물들을 어느 편에 포함시키느냐에 따른 결과이다.

≪삼국유사≫에 실려 있는 향가 14수 가운데 작자의 이름을 알 수 있는 노래는 〈풍요〉와 〈헌화가〉를 제외한 12편이다. 이 가운데 월명사와 충담사가 각기 두 편씩을 남기고 있으므로, 향가의 작자는 모두 10명이 된다. 이들 작가의 이름을 살펴보면 매우 흥미로운

---

14) 梁柱東, 앞의 책, 52쪽.
15) 鄭炳昱, 〈鄕歌의 歷史的 形態論 試考〉, ≪국어국문학≫ 2호, 1952, 23쪽.

현상이 발견된다. 향가 작자의 이름이 노래의 내용과 대부분 일치한다는 점이다. 혜성이 나타난 변괴를 〈혜성가〉를 지어 물리친 융천사融天師, 달 밝은 밤에 피리를 불며 큰 길을 지나 다녔던 월명사月明師, 〈안민가〉를 지어 충성스런 말을 임금께 올렸던 충담사忠談師, 천수대비전에 눈 먼 자식의 득명得明을 빌었던 〈천수대비가〉의 희명希明, 그밖에 신의를 믿고 충성을 다했던 〈원가〉의 신충信忠, 노래로 도적을 감명시킨 〈우적가〉의 영재永才 등의 경우가 모두 그러하다.

향가는 다른 노래와 달리, 노래를 짓게 된 경위를 밝힌 산문기록들을 지니고 있다. 산문기록의 존재는 노래의 배경과 주제를 이해하는 데 결정적인 단서를 제공해 준다. 앞서 작자의 이름과 노래의 내용이 일치하는 현상을 두고 문화인류학적 견지에서 이들 향가의 작자를 설화상의 가공인물 또는 상징적 인물로 보려는 견해가 있다.16) 이 경우 한걸음 더 나아가 산문기록의 설화적 성격에 주목하여 아예 향가를 산문기록에 종속된 삽입가요로 보기도 한다. 그러나 이름이 노래의 내용과 동일하다 하여 이들을 가공인물로 돌려버리는 것은 〈안민가〉나 〈모죽지랑가〉 등 역사적 사실과 거의 일치되는 작품들의 경우를 보아서도 온당치 않다. 오히려 이들 이름이 향가 작자의 원명이기 보다는 일연이나, 혹은 그 이전 사람들이 노래와 연관된 사적事蹟에 부합되게 지은 가명으로 보는 것이 옳을 것이다.17) 또한 ≪삼국유사≫에 실린 이야기들이 비록 설화적 성격을 지녔다 하더라도, 그 뿌리는 여러 작품들에서 입증되는 대로 어디까지나 사실과 사건에 두고 있음을 잊어서는 안된다. 즉 일연은 ≪삼국유사≫를 통해 '역사의 설화화說話化'를 시도하려 했던 것이다. 더욱이 향가를 산문기록 속에 내포된 삽입가요로 볼 수 없는 것은 진성여왕 때 향가만을 따로 모아 엮은 ≪삼대목≫의 존재를 통해서도

---

16) 崔喆, 〈新羅歌謠(鄕歌)와 그 作者硏究〉, ≪인문과학≫ 27·28 합집, 1972.
17) 朴魯埻, 〈新羅歌謠 作者에 대한 一論議〉 ≪新羅歌謠의 硏究≫, 悅話堂, 1982, 24~33쪽, 참조.

증명된다. 다양한 내용과 성격을 지닌 향가의 관련 산문기록도 노래만큼이나 다양한 내용으로 되어 있을 터이므로, 접근 태도 또한 역사학적, 불교학적, 민속학적, 문예학적 제 측면에서의 포괄적 안목이 요구된다.[18]

5. 작품 세계

내용면에서 향가는 매우 포용력 있는 시가장르이다. 〈풍요〉와 같이 노동의 현장에서 불린 소박한 집단노래나 〈서동요〉와 같은 민요에서부터, 〈제망매가〉나 〈찬기파랑가〉와 같은 고도의 상징성을 갖춘 개인 창작의 서정시가에 이르기까지 다양한 내용과 성격을 아우르고 있다. 주술적 신비의 세계가 그려지는가 하면, 가장 인간적인 현실세계의 모습이 펼쳐지기도 한다. 이를 통해 향가의 생산자였던 신라인들의 감성이 매우 폭넓고 깊이 있었다는 사실을 알 수 있다. 향가의 작품 세계는 확실히 사랑이나 이별의 정한(情恨)이 주류를 이루는 고려가요나, 교술적 지향과 강호한정 편중의 조선시대 양반 사대부 계층의 시가 문학과는 구분된다. 작품의 성향에 따라 몇 갈래로 나누어 개관하기로 한다.

1) 민요로서의 향가

예전부터 구전되어 오던 민요나 민요적 성격의 노래가 문자로 정착되어 전해지는 작품으로 〈서동요薯童謠〉와 〈풍요風謠〉가 있다.

〈서동요〉는 현전 향가 중 가장 오래된(진평왕대, 6세기 이전) 노래이다. 《삼국유사》 권2 '무왕'조에 실려 있다. 단순한 4구체의 형식에다 민요조의 가락을 얹어 두 남녀의 교합을 놀리고 이 염문을 사실인 양 소문내려는 내용이다. 기록을 보면 뒤에 백제 30대 무왕

---

18) 박노준, 앞의 책, 15~23쪽.

(재위 600~641)이 된 서동이 신라 26대 진평왕(재위 579~632)의 셋째 딸 선화공주를 아내로 얻기 위해 이 노래를 지어 아이들에게 퍼뜨려 마침내 뜻을 이루었다고 되어 있다. 이 노래의 작자와 성격에 대해서는 여러 학설이 있다. 이들 연구들은 대부분 서동과 무왕, 선화공주 등 역사적 인물과의 결합은 우연적 결합에 지나지 않는다고 이해한다.19) 이 노래는 오래전부터 신라의 아이들에게 불리던 동요임이 분명하다. 즉 서동의 실체가 무왕이든 무강왕이든, 혹 동성왕이든 혹은 원효나 아예 이야기 속의 한 사나이였던 간에 이 노래는 원래 구전되던 가사에 '선화공주니믄'과 '맛둥바'의 대목만 바꾸어 넣은 노래임이 확실하다.

〈풍요〉는 ≪삼국유사≫ 권4 '양지사석良志使錫'조에 실려 있다. 선덕여왕(재위 632~647)때 양지良志라는 비범한 승려가 영묘사靈妙寺에 장육존상丈六尊像을 조성할 때에 그에게 감화된 온 성안의 사녀士女들이 다투어 흙을 운반하면서 불렀다는 노래이다.

來如來如來如	오다 오다 오다
來如哀反多羅	오다 서럽다라
哀反多矣徒良	서럽다 의내여
功德修叱如良來如	功德 닷ᄀ라 오다

(오다 오다 오다 / 오다 서럽더라 / 서럽더라 우리들이여 / 공덕닦으러 오다.)

온 성안의 남녀들이 군창群唱하였고, 3음보 4구체로 되어 있으며,

---

19) 池憲英,〈薯童說話研究評議〉, ≪新羅時代의 言語와 文學≫, 형설출판사 ; 史在東,〈薯童說話研究〉, ≪藏菴池憲英先生華甲記念論叢≫ ; 李丙燾,〈薯童說話에 대한 新考察〉, ≪歷史學報≫ 1집, 1953 ; 金善琪,〈향가의 새로운 풀이, 쇼뚱노래〉, ≪現代文學≫ 151호 ; 宋在周,〈薯童謠의 形成年代에 대하여〉, ≪藏菴池憲英先生華甲記念論叢≫ 薯童의 정체를 李丙燾는 東城王, 金善琪는 元曉로 각각 추정한 바 있다.

무엇보다 '풍요'란 명칭이 항간에 전해지던 노래를 뜻하고 있는 점 등으로 보아 이 노래는 작자를 알 수 없는 민요였음이 분명하다.[20] 노래는 매 구절이 서로 꼬리 따기와 같이 연쇄되는 단순 반복 구조로 되어 있다. 그러나 가사는 인생사의 서러움을 공덕을 닦아 극복하려는 불교의 무상관념無常觀念과 공덕관념功德觀念을 강조하는 내용으로 되어 있어, 처음에는 노동과는 무관한 불교계통의 민요였던 것이 점차 노동요로 용도가 바뀌어 불리게 되었음을 알 수 있다.

2) 敍情詩로서의 향가

개인의 감정을 담은 서정시의 출현은 공동체 의식에 기초한 부족적 사회 체제의 붕괴와 함께 자아의 각성과 세계관의 변모를 의미한다. 이에 해당하는 작품을 순서대로 꼽자면 〈모죽지랑가〉·〈헌화가〉·〈원가〉·〈제망매가〉·〈찬기파랑가〉 등을 들 수 있다. 이들 작품은 주로 8세기 삼국통일 이후에 창작되었다. 이 가운데 〈모죽지랑가〉와 〈찬기파랑가〉는 화랑을 기린 노래이다.

〈모죽지랑가〉는 효소왕대(재위 692~702) 죽지랑의 낭도였던 득오得烏가 지은 8구체의 작품이다. 권2 '효소왕대 죽지랑竹旨郎'조에 실려 있다. 삼국통일에 위업을 이루었던 대 화랑 죽지랑의 낭도였던 득오가 일개 아간阿干에 불과한 문관 익선益宣에게 끌려가 부산성富山城 창직倉直으로 고역을 치르면서, 죽지랑의 높은 인격을 사모하여 그리워하는 마음을 곡진하게 노래한 내용이다. 학자에 따라서는 죽지랑의 사후, 그를 추모하여 부른 노래라고 보기도 하나,[21] 관련기록의 전후문맥을 자세히 검토해 볼 때, 이미 권력의 중심에서 밀려나 수모와 굴욕을 당하는 노화랑老花郎의 실세한 모습을 안타까워하는

---

20) 〈풍요〉의 성격 이해는 金鍾雨의 《鄕歌文學論》, 硏學文化社, 1975와 尹榮玉의 《新羅歌謠의 硏究》, 형설출판사, 1980를 참조할 것.
21) 金善琪, 〈다기마로 노래〉, 《現代文學》 13권 2호 ; 金東旭, 〈新羅鄕歌의 佛敎文學的 考察〉, 《韓國歌謠의 硏究》, 을유문화사, 1961, 22~23쪽.

노래로 봄이 옳을 듯하다.22)

〈헌화가〉는 성덕왕대(재위 702~737) 견우노옹牽牛老翁23)이 지은 작품으로 권2 '수로부인水路夫人'조에 실려 있다. 4구체이다. 소를 끌고 가던 늙은이가 바닷가 천 길이나 되는 절벽 위에 활짝 핀 철쭉꽃을 따다가 절세의 미모를 지닌 수로부인에게 바치면서 불렀다는 노래이다. 관점에 따라서는 민요적 성격의 노래로 이해할 수도 있다. 앞선 연구들에서는 견우노옹의 정체가 주로 쟁점이 되어 왔는데, 지나친 확대해석 보다는 단순하게 우연히 만난 수로부인의 아름다움에 도취된 시골 늙은이가 자신의 처지도 잠시 잊고 수로부인을 짝사랑하면서 부른 노래쯤으로 이해하는 것이 무난하다.

〈원가〉는 효성왕(재위 737~742) 즉위 초에 신충信忠이 약속을 어긴 임금을 원망하여 지은 작품이다. 권5 '신충괘관信忠掛冠'조에 실려 있다. 원래는 10구체였으나, 일연 당시에 9, 10구는 망실되어 현재 8구까지만 전해온다. 효성왕이 잠저潛邸에 있을 때에 신충과 잣나무 아래에서 바둑을 두다가 뒷날 그대를 잊지 않겠다는 맹세를 하였었다. 그런데 왕으로 등극한 뒤에 약속을 잊고 신충을 등용치 않으매, 이 노래를 지어 잣나무에 붙였더니 나무가 시들어 버렸다. 뒤늦게 이 사실을 안 왕이 신충을 불러 벼슬을 주자 잣나무가 소생하였다. 이런 산문기록을 통해 볼 때 이 노래에는 주술의도呪術意圖가 다분히 내포되어 있음을 짐작할 수 있다.24) 동시에 이는 신라인들의 가요

---

22) 박노준, 앞의 책, 119~128쪽 ; 화랑을 기린 노래인 〈모죽지랑가〉와 〈찬기파랑가〉의 올바른 이해를 위해서는 花郞團의 변천사를 검토할 필요가 있다. 洪淳昶 〈新羅花郞道의 硏究〉, 《新羅伽耶文化》 3집 ; 李基東 〈新羅花郞徒의 起源에 對한 一考察〉, 《歷史學報》 69집 ; 〈花郞徒의 社會學的 考察〉, 《歷史學報》 82집 등을 참조할 것.
23) 牽牛老翁의 정체에 대해서는 여러 견해가 제기되어 있다. 金鍾雨는 禪僧으로(앞의 책, 28쪽), 金善琪는 道家의 신선으로(〈곧받틴 노래〉, 《現代文學》 통권 153호), 尹榮玉은 村老로(앞의 책, 170~174쪽) 이해하였다. 이밖에 農神이라는 주장도 있다.

관가諸觀의 반영이기도 하다. 그러나 노래 자체에는 주술적 요소는 찾아볼 수 없고, 탄식으로 시작하여 체념으로 마무리 지어진 노래일 뿐, 제목처럼 임금을 원망한 내용도 담겨있지 않다. 고려 속요 〈정과정곡鄭瓜亭曲〉의 경우와도 일맥상통한다.

〈제망매가〉는 경덕왕대(재위 742~765) 월명사月明師가 죽은 누이의 49재를 지내면서 부른 10구체의 노래이다. 권5 '월명사 도솔가'조에 실려 있는데 표현기법과 적절한 어휘구사의 탁월성이 돋보인다.

生死路隱	生死路는
此矣有阿米次肹伊遣	예 이샤매 저히고
吾隱去內如辭叱都	나는 가는다 말ㅅ도
毛如云遣去內尼叱古	몯다 닏고 가느닛고
於內秋察早隱風未	어느 ᄀᆞ술 이른 ᄇᆞᄅᆞ매
此矣彼矣浮良落尸葉如	이에 저에 ᄠᅥ딜 닙다이
一等隱枝良出古	ᄒᆞᄃᆞᆫ 가재 나고
去奴隱處毛冬乎丁	가논곧 모ᄃᆞ온뎌
阿也 彌陀刹良逢乎吾	아으 彌陀刹애 맛보올 내
道修良待是古如	道닷가 기드리고다

(生死의 길은 / 여기 있으니 두려워하고 / 나는 간다는 말도 / 못다 이르고 가느냐 / 어느 가을 이른 바람에 / 여기저기 떨어 지는 나뭇잎처럼 / 한 가지에 나고서도 / 가는 곳을 모르는구나 / 아으, 미타찰彌陀刹에 만날 나 / 도道 닦아 기다리리.)

월명사가 이 노래를 지어 부르자 갑자기 회오리바람이 일어나 지전紙錢(소지燒紙인듯)을 서쪽으로 날려가게 했다고 ≪삼국유사≫에

---

24) 〈원가〉를 呪歌의 측면에서 고찰한 논문으로는 金烈圭의 〈원가의 樹木象徵〉, ≪국어국문학≫ 18집을 참조할 것.

기록되어 있다. 처음 누이의 죽음을 통해 느끼는 슬픔과 두려움을 제시하고, 다시 인생의 무상감無常感과 허무감虛無感을 자연 이법理法을 통해 재확인한 뒤, 영탄을 발하면서 종교적 초극을 통해 인생의 무상감을 극복하는 불교적 발원發願으로 승화시켜 끝맺은 잘 짜인 짜임새를 갖춘 작품이다. 결사結詞의 불교적 색채로 불교가요로 인식하는 것이 일반적 경향이지만,25) 전체적으로 순수 서정적 성격이 두드러지므로 서정시의 범주에서 다루었다.

〈찬기파랑가〉는 경덕왕대의 낭승이었던 충담사忠談師가 기파랑耆婆郞을 찬모하여 부른 10구체의 향가이다. 월명사의 〈제망매가〉와 함께 문학성이 가장 뛰어난 작품으로 꼽힌다. 권2 '경덕왕 충담사 표훈대덕表訓大德'조에 실려 있다. 다른 향가와는 달리 이 노래의 경우 직접 관련되는 산문기록이 없다. 기파랑도 그 존재가 문헌에 보이지 않는다. 그러나 왕이 익히 이 노래를 들어 알고 있었던 것을 본다면, 당시에 이미 널리 불렸던 노래였음이 분명하다. 작품은 정서 표출 양식이나, 구조의 긴밀성, 어휘의 적절한 구사와 비유법의 효과적인 활용 등 모든 면에서 흠잡을 데 없이 뛰어난 서정시이다. 화랑단의 급격한 쇠퇴로 요약되는 역사상황을 십분 고려할 때, 이 노래는 기파랑의 드높은 정신을 숭모하는 찬가讚歌에 가탁하여 화랑단의 쇠퇴를 애통해하는, 혹은 시에서나마 화랑의 정신을 앙양시켜 보려는 충정에서 지어진 것으로 보인다.26)

3) 佛敎詩로서의 향가

불교는 신라의 국교였다. 따라서 향가에는 당연하게 불교 계통의 노래가 많다. 더욱이 일연이 승려였고, ≪삼국유사≫의 편찬에 있어서도 불법 교화의 의도가 십분 작용했을 것을 고려한다면 이러한

---

25) 李在銑, 〈新羅鄕歌의 語法과 修辭〉, ≪鄕歌의 語文學的 硏究≫, 서강대, 1972, 166쪽.
26) 박노준, 앞의 책, 217~231쪽.

현상은 자연스러운 결과라 할 수 있다. 우선 〈원왕생가願往生歌〉·〈도천수대비가禱千手大悲歌〉·〈우적가遇賊歌〉 등 세 작품을 꼽을 수 있겠고, 그밖에 앞서 본 〈풍요〉와 〈제망매가〉 또한 불교적인 정감이 짙게 투영된 작품이다. 또한 균여의 〈보현십원가〉 11수는 본격적인 불찬가佛讚歌이다.

〈원왕생가〉는 문무왕대(재위 661~681) 광덕廣德[27]이 지은 10구체 향가이다. 권5 '광덕암장廣德嚴莊'조에 실려 있다.

月下伊底亦	둘하 이뎨
西方念丁去賜里遣	西方신장 가샤리고
無量壽佛前乃	無量壽佛前에
惱叱古音多可支白遣賜立	닏곰다가 솗고샤셔
誓音深史隱尊衣希仰支	다딤 기프샨 尊어히 울워리
兩手集刀花乎白良	두손 모도호솗바
願往生 願往生	願往生 願往生
慕人有如白遣賜去	그릴 사롬 잇다 솗고샤셔
阿邪 此身遣也置遣	아으 이몸 기텨두고
四十八大願成遣賜去	四十八大願 일고살까.

(달아 이제 / 서방까지 가시겠습니까 / 무량수불 전에 / 일러다가 사뢰소서 / 다짐(誓) 깊으신 존尊을 우러러 / 두 손을 모두와 / 원왕생願往生 원왕생願往生 / 그릴 사람 있다고 사뢰소서 / 아으 이몸 남겨두고 / 사십팔四十八 대원大願 이룰 수 있을까.)

〈원왕생가〉는 가사에서 보듯 서방정토에의 왕생을 염원한 기원

---

27) 〈원왕생가〉의 작자는 그간 주로 廣德說과 廣德 妻說 등 兩說이 제기되어 논의를 거듭해 왔다. 일반적으로 廣德이 지은 것으로 보는 것이 보통이다. 金東旭의 〈新羅淨土思想의 展開와 願往生歌〉, 《新羅歌謠硏究》, 정음사, 1979와 박노준, 앞의 책, 52쪽 각주 5 참조.

가이다. 강한 종교적 색채에도 불구하고 생경한 종교적 관념의 나열에 빠지지 않고 서정성을 조화시킨 작품이다. 미타신앙을 사상적 배경으로 하고 있는 이 노래는 종래 현세적인 기복불교에서 탈피하여 내세지향적인 왕생극락의 신앙 모습을 잘 보여주고 있다.

〈도천수대비가〉는 경덕왕대(재위 742~765) 희명希明이라는 아낙이 다섯 살 난 눈먼 자식을 분황사의 천수대비千手大悲 화상畵像 앞에 데리고 가 눈을 뜨게 해 달라고 빌면서 아이에게 부르게 한 10구체 향가이다.[28] 권3 '분황사천수대비맹아득안芬皇寺千手大悲盲兒得眼'조에 실려 있다. 이 노래에는 6세기 말 신라에 유입되어 신앙의 대상으로 존숭되었던 관음신앙觀音信仰이 잘 반영되고 있다. 가사는 일상어를 구사하여 담담한 무기교의 진술 속에서 오히려 종교적 경건성을 느끼게 해 준다. 불교적인 의식과 아울러 한 여인의 지극한 모성애가 주는 뭉클한 감동이 진하게 배인 노래다.

〈우적가〉는 원성왕대(재위 785~798) 영재永才라는 아흔 가까운 노승이 속세를 떠나 지리산을 향해 가던 중 60여 명의 도적떼와 만나 이들의 청에 따라 지어 부른 노래이다. 역시 10구체이다. 권5 '영재우적永才遇賊'조에 실려 있다. 이 노래는 현전 향가 가운데 독해가 가장 난해한 작품이다. 문맥이 난해할 뿐 아니라, 이 노래의 성격에 대해서도 심가心歌 또는 선가禪歌,[29] 예술작품으로만 높은 것이 아니라 길닦음에도 그 공로가 큰 노래,[30] 죽음보다도 더 강한 정토淨土(새집) 희구의 뜻을 읊은 관음력 표상의 가요,[31] 혹은 영재 자신에

---

[28] 《삼국유사》 원문에는 '아이로 하여금 노래를 지어 빌게 하였다'(令兒作歌禱之)라 하여, 아이가 노래를 지은 것으로 서술하고 있다. 그러나 이 노래를 다섯 살 밖에 안된 어린아이의 노래로 보는 것은 상식 밖의 일이 아닐 수 없다. 따라서 이 노래는 希明이 짓고 아이에게 따라 부르게 한 것으로 보는 것이 가장 합리적인 풀이로 보인다.
[29] 池憲英, 《鄕歌麗謠新譯》, 正音社, 1947, 27쪽.
[30] 김선기, 〈도둑만난 노래〉, 《現代文學》 통권 177호.
[31] 김동욱, 〈鄕歌와 佛敎文化〉, 《韓國思想》 3호, 115쪽.

겐 자경자각自警自覺의 과정을 묘사한 자경가自警歌이고, 수도인에게는 증도가證道歌이자 선가禪歌32)라는 등 여러 갈래의 이해를 보여주고 있다. 불교적 철리哲理를 담은 고차원의 인생철학을 설파하고 있는 이 노래에 감화되어 도적들은 영재의 무리가 되었다고 산문기록은 적고 있다.

이밖에 ≪균여전≫에 실린 〈보현십원가〉 11수는 본격적인 불찬가佛讚歌로, 앞선 작품들과는 성향을 달리한다. 예경제불가禮敬諸佛歌·칭찬여래가稱讚如來歌·광수공양가廣修供養歌·참회업장가懺悔業障歌·수희공덕가隨喜功德歌·청전법윤가청전법윤가청전법윤가請轉法輪歌·청불주세가請佛住世歌·상수불학가常隨佛學歌·항순중생가恒順衆生歌·보현회향가普賢廻向歌·총결무진가總結無盡歌 등으로 구성되어 있다. 작자인 균여(917~973)가 보현보살의 십대원十大願에 얹어 노래한 작품으로, 보살정신에 입각한 중생 교화의 목적으로 지어진 불찬가·전도가傳道歌이다. 수사적인 기교면에서는 상당한 수준에 이르렀으나, 문학성의 측면에서는 ≪삼국유사≫ 소재 향가에 훨씬 미치지 못한다. 종교적 계도성과 목적성에 말미암은 한계이다. 작품은 전편에 걸쳐 부처에 대한 찬양과 기원, 참회와 공양, 선행, 중생제도, 청불, 불학佛學에 대한 끊임없는 매진, 시들어가는 중생을 제도하여 그들과 생사를 함께 하겠다는 다짐, 부처 세계의 건설과 서방정토에의 왕생을 염원하는 내용으로 이루어져 있다.

4) 呪歌 및 治理歌로서의 향가

일연은 향가가 "천지와 귀신을 감동시킨 일이 한두 번이 아니었다"고 적고 있다. 이는 노래가 갖는 주술성과 그 효험에 대해 신라인들이 깊은 신뢰를 갖고 있었음을 의미한다. 향가의 여러 작품들에서 우리는 언어와 음악이 갖는 주술성을 통해 천상계나 인간 세

---

32) 김종우, 앞의 책, 114~115쪽.

계에 조성된 변괴를 물리치려 한 이들의 노력과 만나게 된다.[33] 엄밀히 따진다면 정도에 따라 구분이 가능하겠지만, 주가呪歌는 대부분 치리가적治理歌的 속성을 공유하고 있다. 목전의 변괴를 노래의 주술적 힘을 빌려 다스리려 할 때, 주가와 치리가는 명확히 구분되지 않는다. 주가와 치리가의 성격을 공유한 작품으로 〈혜성가彗星歌〉·〈두솔가〉를 들 수 있다. 이밖에 전형적 치리가인 〈안민가安民歌〉와 후대 무가적巫歌的 성격을 부여받게 되는 〈처용가處容歌〉도 한데 묶어 살피기로 한다.

〈혜성가〉는 진평왕대(579~632)의 낭승인 융천사融天師가 지은 노래이다. 10구체이다. 거열랑居烈郞·실처랑實處郞·보동랑寶同郞 등 세 화랑이 낭도들을 거느리고 풍악에 놀러가려 하였는데 갑자기 혜성彗星이 심대성心大星을 침범하므로 융천사가 이 노래를 지어 불렀더니 혜성은 즉시 없어지고 아울러 침범하였던 일본병까지 되돌아갔다고 관계 기록은 전하고 있다. 권5 '융천사 혜성가彗星歌'조에 실려 있다. 노래의 힘을 빌어 하늘과 땅의 변괴를 물리쳤으므로 주가呪歌임이 분명하고, 동시에 하늘의 변괴를 노래로 다스렸다는 점에 주목하면 치리가治理歌로 볼 수도 있다. 낭승의 작품임에도 불교적인 성향은 찾아볼 수 없다. 신라인들의 가요관을 엿볼 수 있는 작품이다.

〈도솔가〉는 경덕왕대(재위 742~765) 월명사가 하늘에 두 개의 해가 나타나 열흘이나 사라지지 않는 변괴를 물리치기 위해 왕명에 의해 지은 노래이다. 권5 '월명사 도솔가'조에 실려 있다.

今日此矣散花唱良　　　　오늘 이에 散花 블어
巴寶白乎隱花良汝隱　　　샬 술본 고자 너는
直等隱心音矣命叱使以惡只　고둔 모ᅀᆞ민 命ㅅ 브리옵디

---

33) 林基中의 《新羅歌謠와 記述物의 硏究》, 二友文化社, 1981은 향가를 呪歌的인 측면에서 총체적으로 고찰한 저작이다.

彌勒座主陪立羅良　　　　　　　彌勒座主 뫼셔롸
(오늘 이에 산화散花를 불러 / 뿌리온 꽃아 너는 / 곧은 마음의 명命을 부리
옵기에 / 미륵좌주彌勒座主를 모셔라.)

   4구체의 간결한 시적 진술은 명령형의 어법으로 되어 서정적 미 감을 일으키기에는 다소 거리가 있다. 가사에 나오는 '산화散花블어'·'미륵좌주彌勒座主 뫼셔롸' 등에 주목하여 〈도솔가〉를 불교가요 혹은 낭불郎佛 습합의 노래로 파악하는 견해도 있다.34) 이 노래는 제화초복除禍招福을 위해 지어진 미륵청불彌勒請佛의 주사呪詞이므로 제의적 테두리 안에 머물러 있다. 노래의 가사를 보면 미륵불에 대한 신라인의 신앙이 얼마나 강했던가를 알 수 있다. 주사의 성격 외에 〈도솔가〉는 치리가와 서사적 성격도 함께 지니고 있다. 태양의 변괴를 노래로 다스리고 있고, 또 이름을 알 수 없는 인도승引導僧에 의해 후창後唱된 〈산화가散花歌〉를 유도키 위해 선창先唱된 노래이기 때문이다. 〈도솔가〉와 〈산화가〉를 같은 노래로 보려는 견해도 있으나 이 두 노래는 구분되는 서로 다른 노래이다.35)

   〈안민가〉는 경덕왕대(재위 742~765) 충담사忠談師가 지은 노래이다. 권2 '경덕왕 충담사 표훈대덕表訓大德'조에 실려 있다. 10구체이다. 이 노래는 경덕왕이 귀정문歸正門에 거동하였을 때 충담사를 시켜 짓게 한 노래로, 당시 왕당파·반왕당파로 양분된 신라 권력층 내부의 갈등을 해소키 위해 다분히 정치적 의도에 의해 제작되었다. 서정적 요소가 배제된 참여시 성향의 교술성이 두드러지게 표출된 이 노래는 군·신·민 상호관계와 각자가 지켜야 할 본분을 밝히고, 경제적 위기 등의 난국 타개를 위한 방책을 제시하고 있어 다른 향

---

34) 김동욱은 불교가요로, 김종우는 郎佛 습합의 노래로 보고 있다.
35) 이는 一然이 이미 밝히고 있다. 김종우는 앞의 책, 〈도솔가와 散花歌〉章에서, 金雲學은 《新羅佛敎文學硏究》(玄岩社, 1976)의 〈佛敎文學으로서의 鄕歌文學〉장에서 양자를 별도의 노래로 단정한 바 있다.

가와는 성격상 판연히 구분된다. 전형적인 치리가에 해당되는 노래이다. 무너진 정치질서 속에서 임금과 신하 사이의 반목이 위험수위에 이를 정도였던 당시의 정치 현실이 역설적으로 잘 반영되어 있는 작품이다.36)

헌강왕대(재위 875~886) 처용의 〈처용가〉는 역신疫神이 자기 아내와 사통私通하는 광경을 보고 불렀다는 노래이다. 8구체이다. 권2 '처용랑處容郞 망해사望海寺'조에 실려 있다. 현전 향가 14수 가운데 가장 뒷 시기의 작품이다. 처용가의 성격과 그 관계기록에 대한 해석은 워낙 다양한 견해가 제출되어 있어 어느 하나를 정설이라 꼬집어 말할 수 없을 정도이다. 이는 〈처용가〉 및 관련기록이 포함하고 있는 복합적 성격 때문이다. 순수문학적 측면,37) 불교적 측면,38) 민속학적 측면,39) 역사사회학적 측면40) 등 다양한 시각을 통해 〈처용가〉를 이해하려는 노력들이 시도되어 왔다. 예컨대 역사사회학적인 접근을 통해 보면, 동해 용은 울산 지방의 토호이고 처용은 지방 토호의 아들로, 처용을 경주로 데리고 온 것은 지방세력 무마견제책의 일환이 된다. 혹 처용을 아라비아 상인으로 보는 견해도 있다. 그런가 하면 주술적 무속적 입장에서는 처용의 노래와 춤을 역귀疫鬼를 쫓는 구나의식驅儺儀式의 형태로 이해한다. 아무튼 처용가는 후대 고려 처용가나 처용희處容戱·처용무處容舞 등으로 이어져 벽사진경의 무가적 성격을 확고하게 부여받게 된다. 〈처용가〉는 신라 말엽 극에 달한 도덕적 문란과 타락으로 흐른 만 망국적 사회현상을

---

36) 〈안민가〉의 당시 권력구조 내의 갈등양상과 경제적 위기 측면에서의 실증적 검토는 박노준, 앞의 책, 232~255쪽을 참조할 것.
37) 黃浿江, 〈處容歌考〉, ≪국어국문학≫ 26집 ; 〈處容歌의 美意識〉, ≪國文學論文選≫Ⅰ, 民衆書館, 1977.
38) 金思燁, ≪鄕歌의 文學的 硏究≫, 啓明大出版部.
39) 玄容駿, 〈處容說話考〉, ≪국어국문학≫ 39·40 합호 ; 김열규, 〈鄕歌의 文學的硏究一斑〉, ≪鄕歌의 語文學的 硏究≫, 서강대, 1972.
40) 李佑成, 〈三國遺事所載 處容說話의 一分析〉, ≪金載元博士回甲記念論叢≫, 1969.

고발하고 있기도 하다.

6. 정 서

향가의 정서 표출은 어떠한가? 다른 갈래의 시가와는 어떻게 다른가? 향가만의 독특한 정서의 특이성은 어디에서 비롯된 것인가? 이제 이런 물음에 답할 차례가 되었다.

```
物叱好支栢史                물횟 자시
秋察尸不冬爾屋支墮米         ᄀ슬 안둘 이우리 디매
汝於多支行齊敎因隱           너 엇뎨 니저 이신
仰頓隱面矣改衣賜乎隱冬矣也   울월던 ᄂ치 겨샤온ᄃᆡ
月羅理影支古理因淵之叱       ᄃᆞᆯ 그림제 녯 모샛
行尸浪 阿叱沙矣以支如支      녈 믈결 애와티ᄃᆞᆺ
皃史沙叱望阿乃              ᄌᆞᅀᅡ ᄇᆞ라나
世理都 之叱逸烏隱第也        누리도 아쳐론 뎨여
後句亡
```
(무릇 잣이 / 가을에 안 이울어지매 / 나 어찌 잊으려 하시던 / (그리하여 감격해서)우러러 뵙던 (임금님의) 얼굴이 (내 마음 속에) 계시온대 / 달 그림자, 옛 못에 / 가는 물결 원망하듯이 / 얼굴을 바라보나 / 누리도 싫구나)

신충이 지은 〈원가怨歌〉이다. 앞의 장에서 설명한 바와 같이 약조를 지키지 않은 왕에 대한 서운함과 원통함을 함께 나타내고자 하는 의도에서 지은 노래다.

그가 품고 있던 억울한 감정들은 비록 문자화의 과정을 거친다 하더라도 쉽게 걸러지지 않고 원통함으로 남아 있기가 쉬운 것들이다. 그러나 신충은 처음부터 그렇지 않았다. 감정이 아닌 정조情操를 바탕으로 직설을 피해 돌려 진술하여, 밖으로 터뜨리기보다는 안으

로 끌어들여 담담하게 소화하는 길을 택하였다. 결코 흥분하지 않고 스스로를 제어하면서 감정을 정서로 바꾸어 진술하였다.

결국 〈원가〉는 망각과 체념으로 마무리 된다. 다른 결론으로 빠질 수도 있었는데 사정은 그렇지 않았다. 제목과는 달리 농도 짙은 원망도 없고 애소나 동정을 바라지도 않았다. 변화무쌍한 염량세태를 개탄하는 것으로 화자는 만족한다. 감정의 절제가 있었기에 원가는 담담한 정서에 바탕한 조용한 푸념에 머물 수 있었다.

앞에서 인용한 〈모죽지랑가〉의 경우도 사정은 마찬가지이다. '간 봄'은 과거이다, 죽지랑의 화려했던 시절이다. 반면 득오가 서 있는 현재는 〈모든 것이 울 이 시름〉에서 보듯 처연하고도 비통한 시간으로 고착되어 있다. 조락의 계절인 지금 화려한 과거를 돌이켜 보는 시적 화자의 심경은 구슬프고 처량하다. 이 노래의 정서는 그래서 격정적인 비장미를 드러낸다.

그러나 비감한 심정, 음울한 감정은 결코 무질서하게 분출되지 않는다. 내면화되고 정화되어 정돈된 정서로 표출된다. 5·6행에서 접할 수 있는 만남의 간절한 소망은 마침내 끝에 가서는 영원의 시간으로까지 확장, 승화된다. 그리하여 이 노래는 격정성을 극복하고 정신적인 평화의 세계를 지향한다.

살펴 본 두 편의 작품만으로도 향가 전반의 보편적인 정서를 이해하는 데 부족함이 없다. 예외가 없지 않지만, 대부분의 향가는 간절하되, 격정적이지 않고, 감정을 조절하고 여과시켜 안온하고 담백함을 유지하려는 노력이 작품에 뚜렷이 나타나 있다. 향가의 이와 같은 평온한 정서는 고려 속요와 견주어 보면 확연한 차이를 느끼게 된다. 〈정과정곡鄭瓜亭曲〉을 비롯하여 남녀간의 연정을 주제로 한 여러 편의 노래를 상기하면 이 점 자명해진다. 고려 속요는 정서가 아닌 감정의 폭발, 격정의 연속, 극단적인 언술을 통한 의지의 표현, 감추거나 걸러냄이 없는 원초적인 장면의 생생한 노출로 일관하고 있다. 이런 노래들을 접하다가 향가를 읽게 되면 감정의 절제에서 오는 정서의 평담성平淡性이 유난스레 다가온다.

  향가에서 접할 수 있는 삶의 태도, 세상을 대하는 관점과 전망은 과연 어떤 것이었을까? 한 마디로 요약하면 현재와 미래에 대하여 신라인들은 낙관적이었다. 궁지에 처하거나 일이 잘 풀리지 않을 때 그들은 낭패감에 빠져들기보다는 낙관적이고 진취적인 세계관과 인생관을 지니고 있었다. 쉽게 풀리지 않을 듯 한 일, 또는 비관적인 상태에 놓여 있으면서도 초연하거나 짐짓 묵살할지언정 절망하거나 포기하는 일은 없었다. 그들은 자신들의 삶과 세상의 일에 대해서 긍정적이면서도 대범한 자세를 보여준다. 〈원왕생가〉와 〈제망매가〉만 하더라도 결코 작자는 극한의 상황 속에서도 끝까지 마음의 안정을 잃지 않고 있다. 그들의 진술에서 슬픔과 초조 또는 절박함이 짙게 드리워 있음에도 불구하고 그들은 내면의 평정을 깨뜨리는 파국으로까지 치닫지는 않았다. 어려움 속에서도 마음의 안정을 유지하는 것, 그것은 곧 인생과 세상을 비관적으로 전망하지 않는다는 뜻이다. 노래에는 답답하고 어두운 국면이나 사연이 투영되어 있으되 전후의 이야기, 곧 산문기록에는 어김없이 완미完美한 해결의 길이 열리고 있다.

  현재와 미래에 대한 이와 같은 낙관적인 전망에서 비롯된 시가의 감응과 정서가 어디로 귀착될 것인지는 자명하다. 그들은 과도하게 흥분하거나 혹은 격정적이지 않았고, 심각하고 초조한 삶의 문제에 직면해서도 내면의 평정과 여유를 잃지 않고 있다.

  이와 비교할 때 고려 속요의 인생관과 세계관은 향가와 전혀 다른 성향을 보여준다. 속요의 화자들은 자신들의 삶과 세상살이에 비관적인 자세로 대응하였고, 미래에 대한 전망을 세우기보다는 현재의 당면한 문제에 집착하고 또 그로 인해 좌절하는 모습을 보여주었다. 그들에게는 현실에 대한 희망과 기대는 찾아볼 수 없고, 닥쳐 올 미래의 불행에 예비하는 대신 현재의 찰나적 쾌감에만 탐닉하였다. 속요에는 일관하여 감정과 격정의 일렁임이 느껴진다. 고려가요가 격랑이 이는 계곡의 물살이라면, 향가는 일렁임 없이 잔잔한 깊은 호수의 세계이다.

朴魯埻 / 한양대

◇ 참고문헌

• 著 書

金東旭, ≪韓國歌謠의 硏究≫, 乙酉文化社, 1961.
金思燁, ≪鄕歌의 文學的 硏究≫, 啓明大學校, 1979.
金承璨, ≪韓國上古文學硏究≫, 제일문화사, 1978.
＿＿＿, ≪鄕歌文學論≫, 새문社, 1986.
金烈圭, ≪三國遺事와 한국문학≫, 학연사, 1983.
金完鎭, ≪鄕歌解讀法硏究≫, 서울대출판부, 1980.
金雲學, ≪신라불교문학연구≫, 현암사, 1976.
金鍾雨, ≪鄕歌文學硏究≫, 이우출판사, 1980.
金學成, ≪韓國古典詩歌의 硏究≫, 원광대 출판부, 1980.
＿＿＿, 〈鄕歌의 장르 體系〉, ≪鄕歌文學硏究≫, 일지사, 1993.
朴魯埻, ≪新羅歌謠의 硏究≫, 열화당, 1982.
徐在克, ≪新羅鄕歌의 語彙硏究≫, 啓明大出版部, 1979.
梁柱東, ≪增訂 古歌硏究≫, 一潮閣, 1977.
尹榮玉, ≪新羅詩歌의 硏究≫, 형설출판사, 1982.
李雄宰, ≪鄕歌에 나타난 庶民意識≫, 백문사, 1990.
李在銑·金烈圭·鄭然粲 공저, ≪鄕歌의 語文學的 硏究≫, 서강대 인문과학연구소, 1972.
林基中, ≪新羅鄕歌와 記述物의 硏究－呪力觀念을 中心으로≫, 이우출판사,

　　　　　1981.
張珍昊, ≪新羅鄕歌의 硏究≫, 형설출판사, 1993.
鄭琦鎬, 〈鄕歌의 形式論〉, ≪鄕歌文學硏究≫, 일지사, 1993.
鄭尙均, ≪韓國古代詩文學史硏究≫, 한신문화사, 1984.
崔聖鎬, ≪新羅歌謠硏究-背景과 思想을 중심으로≫, 문현각, 1984.
崔　喆, ≪향가의 문학적 해석≫, 연세대 출판부, 1990.
玄容駿, 〈兜率歌考〉, ≪三國遺事의 문예적 硏究≫, 새문사, 1982.
홍기문, ≪향가해석≫, 驪江出版社, 1990.
華鏡古典文學硏究會 編, ≪鄕歌文學硏究≫, 일지사, 1993.

● 論 文

金起東, 〈新羅歌謠에 나타난 佛敎의 誓願思想〉, ≪佛敎學報≫ 第1輯, 1963.
金東旭, 〈鄕歌 歌唱의 '場'에 대하여〉, ≪新羅文學의 新硏究≫ 第七輯, 新羅
　　　　文化宣揚會, 1986.
金承璨, 〈遇賊歌 연구〉, ≪新羅文化≫ 제7집, 동국대학교, 신라문화연구소 1990.
金烈圭, 〈원가의 樹木(栢) 象徵〉, ≪국어국문학≫ 제18집, 국어국문학회, 1957.
朴魯埻, 〈월명사론〉, ≪羅孫先生追慕論叢 韓國文學 作家論≫, 現代文學社, 1991.
徐大錫, 〈處容歌의 巫俗的 考察〉, ≪韓國學論集≫ 第2輯, 啓明大學校, 1975.
신동흔, 〈慕竹旨郞歌와 죽지랑 이야기의 재해석〉, ≪冠岳語文硏究≫ 第15輯,
　　　　서울대 국어국문학과, 1990.
楊熙喆, 〈祭亡妹歌의 意味와 形象〉, ≪국어국문학≫ 102호, 국어국문학회, 1989.
柳孝錫, ≪風月系 鄕歌의 장르 性格 硏究≫, 성균관 대학교 박사학위논문, 1993.
이도흠, ≪新羅鄕歌의 文化記號學的 硏究-華嚴思想을 바탕으로≫, 한양대
　　　　박사학위논문, 1993.
李姸淑, ≪新羅鄕歌의 雜密的 性格硏究≫, 부산대 박사학위논문, 1991.
李佑成, 〈三國遺事 所載 處容說話의 一分析〉, ≪金載元博士 回甲紀念論叢≫,

同刊行委員會, 1969.

趙東一, 〈彗星歌의 창작연대〉, ≪백영 정병욱 선생 회갑기념논총≫, 신구문화사, 1982.

趙芝薰, 〈新羅歌謠硏究論攷〉, ≪民族文化硏究≫ 제1집, 高大 民族文化硏究所, 1964.

許英順, 〈수로부인 설화에 나타난 가요의 신고찰〉, ≪국어국문학집≫ 제2집, 부산대학교, 1961.

黃浿江, 〈'獻花歌'에 대한 一考察〉, ≪石靜 李承旭先生 回甲紀念論叢≫, 同刊行委員會, 1991.

_____, 〈兜率歌硏究〉, ≪新羅文化≫ 제6집, 동국대학교, 신라문화연구소, 1989.

제4장

高麗歌謠

1. 머리말

　국문학개론은 형식이나 기능면에서 공통성을 지닌 특정 시가군을 공시적으로 다룬다는 점에서, 여러 갈래(장르)의 시가군들이 발생하고 상호 교섭하며 소멸해 가는 현상을 통시적으로 다루는 국문학사와는 성격이 다르다. 고려가요는 현재 전하는 작품의 수가 많지 않다. 그리고 형식이 일정치 않을 뿐만 아니라, 기능이나 속성면에서도 뚜렷한 공통점을 추출하기가 쉽지 않다. 바로 이같은 사정으로 말미암아 작품의 범위나 장르의 성격, 명칭 등 지극히 기본적인 사항에 대해서도 학자들 사이에 이견이 적지 않은 실정이다.
　이 글에서는 고려가요의 작품을 폭넓게 다루려 한다. 이는 현존하는 문학 현상이 논자가 마련한 이론의 잣대에 우선한다는 평범한 사실을 존중하려는 취지이다. 그리고 대학의 국어국문학과 교과 과정의 편성 현황을 보더라도 국문학개론이 대부분 저학년에 설강되어 있어, 여기서 가급적 많은 작품을 대하여야 앞으로 국문학사나 향가·고려가요·시조 등의 전문 교과를 접했을 때, 연계 학습이 더욱 효과적으로 이루어질 수 있다고 믿기 때문이다. 이는 독립 장르인 민요에서 다루어야 할 〈풍요〉나 〈헌화가〉를 향가편에서 다루는 것과 같은 논리이다.
　그리고 고려가요가 많은 문제점을 안고 있는 점을 고려하여 학계의 일반적 견해를 중심으로 기술하되, 때로는 상이한 주장을 나란히 제시하여 학생들이 흥미를 갖고 연찬할 수 있는 동기를 제공하려 한다. 이를 위해 학생들이 참고문헌에 제시한 자료들을 폭넓게 활용하기를 권한다.

2. 명칭과 개념

고려시대에 우리말로 불린 노래에는 어떤 것들이 있었을까? ≪고려사≫ 악지에 의하면 "나라는 비록 망했지만 신라·백제·고구려의 노래가 고려시대에도 불렸다"고 했다. 그밖에 균여의 〈보현십원가〉와 같은 향가도 있었다. 경기체가로 〈한림별곡〉과 안축의 두 작품도 있었고, 고려 말에는 시조와 가사가 발생했다. 이처럼 고려시대에는 다양한 장르의 시가들이 시대를 달리하거나 혹은 비슷한 시기에 존재하였다. 이밖에 언제 누가 지었는지 알 수 없는 〈청산별곡〉이나 〈서경별곡〉 등도 창작·가창되었다. 이 가운데 삼국의 속악은 대부분 작품이 전하고 있지 않아 국문학사나 국문학개론에서 제 자리를 찾지 못하고 있는 실정이며, 나머지 향가·경기체가·시조·가사는 그들이 비록 고려시대에 창작·가창되었지만 각기 독립된 장르로 다루고 있으므로 논외로 하고, 〈청산별곡〉처럼 고려시대에 불린 우리말 노래들을 일단 〈고려가요〉라 통칭하고 고찰하기로 한다.

고려시대의 노래(청산별곡 류)를 무엇이라 불러야 할지, 명칭을 둘러싼 논란이 아직도 진행 중이다. 당시 이러한 노래를 지어 부른 분들이나 그 후의 가집 편찬자들이 이에 대한 명칭을 기록으로 남기지 않았고, 또 이들을 집약할 만한 공통적 속성이 드러나지 않는 것도 한 이유가 될 것이다. 이 같은 사정으로 학자에 따라 장가·별곡·속악가사·속요·고속가·고려속요·려가·고려가요 등 다양한 이름으로 불려왔다. 그렇지만 대다수 학자들은 각자가 부여한 명칭에 대해 만족스런 것이 못됨을 스스로 인정하고 있는 실정이다.

기존의 여러 명칭에 대해 그것이 어떠한 근거에서 명명된 것이 며, 문제점이 어디에 있는가를 간단히 살펴보기로 한다. 이를 통해 선학들이 고려가요의 성격을 어떻게 파악하였던가를 간접적으로 이해할 수 있으며, 앞으로 적합한 명칭을 모색해야 한다는 당위성을 인식하자는 것이다.
　'장가長歌'는 고려가요의 길이가 길다는 사실에 착안한 명칭이다. 그러나 이 용어는 옛 문헌에서 짧은 시형인 단가에 비해 긴 형식의 가사歌辭를 지칭할 때 흔히 사용되었으므로 고려가요에만 쓰일 용어가 아니므로 적합하지 못한 것으로 판명이 된 상태이다. '별곡別曲'은 고려가요 작품 명칭에 〈청산별곡〉·〈서경별곡〉·〈한림별곡〉처럼 '별곡'이라는 용어가 붙어 있는 작품이 있음에 착안한 발상이다. 이는 〈한림별곡〉의 형식이 고려가요의 그것과 다르지 않다는 점을 논거로 주장한 것이지만, 학계에서는 〈한림별곡〉을 독립된 장르인 경기체가로 보고 있을 뿐만 아니라, 한편 조선조의 가사 작품에서도 〈관동별곡〉처럼 '별곡'이라는 용어의 작품이 적지 않으므로 고려가요의 특성을 드러냄에는 적합하지 못하다.
　'속악가사俗樂歌詞'는 《고려사》 악지에 속악조가 있으므로 거기에 수록된 노랫말이라는 점에서 역사성을 띤 용어라는 강점은 있으나, 《고려사》의 속악에는 '삼국속악'과 한문 표기의 속악뿐만 아니라, 경기체가인 〈한림별곡〉도 포함되므로 범주면에서 난점이 있다. '속요俗謠'는 민속 가요의 줄임말이다. 고려시대의 것과 후대의 것을 구분하기 위해 '고속가古俗歌'라는 말도 사용했다. 두 학설의 근저에는 고려가요의 대다수가 개인 창작품이 아니라 본래 민요였던 것을 궁중악의 필요에 의해 속악가사로 개편된 것이라는 주장이 내재해 있다. 고려가요 가운데 민요가 많은 것은 사실이지만, 적지 않은 개인 창작품이 엄연히 존재하고 있으며, 게다가 최근 개별 작품에 대한 연구가 심화되면서 종래에 민요로 취급하여 왔던 작품 가운데 개인 창작품으로 보려는 주장이 제기되고 있는 학계의 추세도 주목할 필요가 있다. 더구나 속요라는 말뜻에서 '비속하다'는 가치 폄하의 어감이 느껴져 거부감을 갖게 하는 약점도 있다.

또한 고려시대에 주로 불리어진 우리말 노래이면서 문학적으로 가장 아름다운 노래라는 뜻에서 '려麗'자를 사용하여 '려가麗歌'라고 부르자는 주장도 제기되었다. '아름답다'는 뜻과 '고려'라는 나라 이름을 중의적으로 표현한 점에서 묘미가 있어 보이나, 고려가요가 다른 시가 장르에 비해 어떤 면에서 한층 아름다운지 그 근거가 먼저 밝혀져야 한다. 만약 이 점에서 설득력을 얻지 못한다면 고려가요를 지나치게 미화한 용어라는 비판을 면하기 어려울 것이다.

위에서 살펴본 바와 같이 기왕의 용어들은 정도의 차이는 있으나 각기 논거가 취약하다. 그렇다면 이제 이 글에서 '고려가요高麗歌謠'라는 용어를 취하게 된 이유를 밝힐 차례이다. 고려가요는 형태·기원·작자·기능 등 각종 성격 면에서 이질적인 점이 많다. 그럼에도 불구하고 고려의 전시대에 걸쳐 우리말로 불린 노래 가운데 주류를 이루며 가창되어 왔다. 이 점에서 고려 초기의 향가나, 말기의 시조·가사, 그리고 조선 초기에 꽃피운 경기체가와는 존재 양상이 다르다. 그리고 현재 전하는 작품과 출전을 볼 때, 고려가요는 속악가사로서 또는 민요로서 존재해왔다. 이렇듯 창작 가창된 시대성을 살려 '고려'를 취하고, 속악가사와 민요를 통칭하는 뜻으로 '가요'라는 단어를 결합하여 이들 가요군을 '고려가요'라 부르는 것이 비교적 합리적이라 생각한다. 그러면 고려가요는 고려시대에 창작 가창된 우리말 가사로서 독립 장르인 향가·경기체가·시조·가사를 제외한 작품이라 개념을 정의할 수 있다. 따라서 고려가요가 현재 어떠한 문자로 표기되어 있는가는 문제가 되지 않는다. 물론 국문으로 표기된 작품이 가장 바람직한 자료이긴 하지만, 〈도이장가悼二將歌〉처럼 향찰로 표기된 것도 여기에 포함된다. 그리고 〈한송정〉이나 〈소악부〉처럼 한역시로 번역되어 전하는 작품들은 번역의 방식에 따라 원가原歌와의 거리가 있을 수 있으나 원칙적으로 고려가요의 범주에 포함시키려 한다. 한편 필자의 견해로는 〈정읍사〉를 삼국의 가요로 다루는 것이 타당하다고 여기나, 이 책의 편제상 이 곳이 아니면 거론할 지면이 없으므로 제5장 내용 편에서만 간단히 언급하겠다.

3. 작품의 성격

1) 고려가요의 작품들

앞에서 고려가요를 고려시대에 창작 가창된 우리말 가사로서 향가·경기체가·시조·가사를 제외한 작품이라 정의하였다. 이에 의거하여 고려가요의 작품을 실존 여부와 표기 문자에 따라 정리하면 다음 네 가지 유형으로 나눌 수 있다. 각각의 유형에 따라 해당 작품을 살펴보겠다.

(1) 향찰 표기 작품

예종의 〈도이장가〉가 이에 해당된다. 어떤 학자는 이 작품을 향가에 포함시키기도 하나 이것은 무리이다. 〈도이장가〉는 〈보현십원가〉에서 보이는 바와 같은 차사 사뇌형의 엄정성도 깨졌을 뿐 아니라, 시대적으로 보더라도 고려가 건국한 지 180여 년 뒤의 창작품이다. 또 향찰 표기를 들어 향가로 말하는 분도 있으나 그것은 향가의 필수 요건이 못된다. 이는 현재 가사가 전하고 있는 고려가요는 고려 시대의 악보에서 향찰로 표기되었다가 훈민정음 창제 이후 국문으로 전사轉寫된 것으로 보아야 하기 때문이다.

(2) 국문 표기 작품

고려가요를 다룬 개론서 중에는 고려가요가 입에서 입으로 구전되어 오다가 훈민정음이 창제된 뒤에 국문으로 기록 정착된 것처럼 논단한 예가 있으나, 이는 잘못된 견해이다. 앞으로 '고려가요의 전승' 항목에서 구체적으로 밝히겠지만, ≪고려사≫의 악지 편찬자들은 향찰로 쓰인 악보를 보고 속악조를 찬술하였던 것이다. 이러한 관점에서 볼 때 고려가요의 가사가 구전으로 인해 변모가 심했을 것이라는 추측도 근거가 박약함을 알 수 있다. 그렇다면 백제시대부터 불린 〈정읍사〉가 고려조에 들어와 좋은 작품이라 하여 속악으로 선발되어 악보에 수록되었을 것으로 짐작할 수 있고, 일단 악보에 수록 정착되었다면 후렴 정도의 미세한 변모는 혹 있을 수 있겠으나, 본래의 노랫말을 굳이 개찬할 이유가 없었으리라 본다. 따라서 〈정읍사〉는 ≪고려사≫의 삼국 속악조에 기록된 대로 백제의 노래로 돌려주고 고려가요에서는 배제하는 것이 합리적이라 생각한다. 〈정과정〉을 향가에 포함시켜 논하는 분도 있으나 앞서 〈도이장가〉에서 언급한 바와 같이 고려 시대에 창작되었고, 차사 사뇌가의 형식에서 벗어나 있으므로 고려가요에 포함시켜야 한다고 본다. 그렇다면 여기에 해당하는 주요 작품은 〈동동〉·〈처용가〉·〈정과정〉·〈정석가〉·〈청산별곡〉·〈서경별곡〉·〈쌍화점〉·〈이상곡〉·〈가시리〉·〈만전춘별사〉·〈사모곡〉·〈유구곡〉·〈상저가〉 등이다. 이들 작품은 국문으로 기록되어 있어 고려가요의 내용이나 형식을 이해하는데 가장 소중한 자료로 활용된다.

(3) 가사 부전의 속악가사

≪고려사≫ 악지 속악조에는 〈동동〉을 포함하여 24편의 우리말 노래 이름이 실려 있다. ≪고려사≫가 순한문으로만 기록된 정사正史이므로 거기에는 우리말 가사가 실리지 못했고(사리부재詞俚不載), 다만 노래의 이름·작자·창작 배경·내용·한역시 등을 소개하는 데 그쳤다. ≪고려사≫ 속악조에 수록된 속악가사의 이름을 원문의 순서에 따라 적어보면 다음과 같다.

동동·서경·대동강·오관산·양주·월정화·장단·정산·벌곡조·원흥·금강성·장생포·총석정·거사련·처용·사리화·장암·제위보·안동자청·송산·예성강(전·후 두 편)·동백목·한송정·정과정

이들 24편은 모두 우리말로 지어진 작품들이다(기동동급서경이 其動動及西京以 하이십사편下二十四篇 개용리어皆用俚語). 이 가운데 〈동동〉·〈처용〉·〈정과정〉 3편은 다른 문헌을 통해 작품이 현재 전하고 있고, 예종이 지은 〈벌곡조〉를 ≪시용향악보≫에 전하는 〈유구곡(비두로기)〉으로 보는 학자들이 있는데 그 주장이 타당하다고 본다.

(4) 한시 번역 작품

〈한송정〉은 향찰로 적힌 노래를 장진공張晉公이 한시로 번역한 것이다. 고려가요를 한시로 가장 많이 번역한 분이 이제현이다. 그는 직역·의역·발췌역 등 다양한 방법으로 〈장암·거사련·제위보·사리화·소년행·처용·오관산·정석가·정과정·수정사·북풍선〉 등 11편을 〈소악부〉로 남겼고, 그와 가까이 지냈던 민사평은 6편을 남겼다.

이밖에 ≪시용향악보≫에 실린 〈군마대왕〉·〈나례가〉·〈성황반〉 등 무가 계통의 작품을 고려의 노래로 보는 경향이 있으므로 이를 따르기로 한다. 그러나 〈무애〉·〈관음찬〉 등 불가 계통의 노래는 사정이 다르다. 〈무애〉는 ≪고려사≫에서 순수 우리말 가사가 아님을 밝히고 있고, 〈관음찬〉도 한시 현토 체이므로 고려가요에서 제외될 수밖에 없다.

이상을 종합하여 보면 고려가요의 작품수는 중복된 것을 감안하더라도 40여편에 이른다. 이들 모두가 소중한 자료이겠으나 특히 국문으로 온전히 전하는 13편이야말로 고려가요 중의 보배라 하겠다.

2) 국문 작품의 주요 출전의 특성

고려가요가 수록된 주요 자료로는 ≪악장가사≫·≪악학궤범≫·≪시용향악보≫·≪고려사≫ 악지 등이 있다. 앞으로 주로 거론될 13편의 국문 고려가요가 어느 문헌에 어떠한 양상으로 수록되어 있는가를 도표를 통해 알아본다.

번호	문헌명 작품명	악장가사	악학궤범	시용향악보	고려사 악지	비 고(한역시)
①	정 석 가	○		○		이제현, 제5장
②	청산별곡	○		○		
③	서경별곡	○		○		이제현, 제2장
④	사 모 곡 (엇노리)	○		○		
⑤	쌍 화 점	○		○	△ 삼장	민사평, 제2장
⑥	이 상 곡	○				
⑦	가 시 리 (귀호곡)	○		○		
⑧	처 용 가	○	○		△	이제현, 의역
⑨	만전춘별사	○				
⑩	동 동		○		△	
⑪	정 과 정		○		△	이제현, 전반부직역
⑫	유 구 곡 (비두로기)			○	△ 벌곡조	
⑬	상 저 가			○		

(○ 국문가요, △ 한시)

≪악장가사≫에 9편, ≪악학궤범≫에 3편, ≪시용향악보≫에 8편이 각각 실려 있고, ≪고려사≫ 악지에는 5편의 번역 한시가 수록되어 있다. 이 중에는 〈정석가〉와 〈청산별곡〉처럼 중복 수록된 작품이 여러 편 있다. 그런데 문헌에 따라 상이한 특징이 있으므로 이 점을 살펴보겠다.

≪악장가사≫는 명칭 그대로 궁중 연악에 쓰인 악장의 가사집이

다. 그것의 편찬자나 편찬 시기에 대해서는 알 수 없으나, 고려가요 자료집으로서의 가치는 어느 것보다 크다. 작품 전체가 수록되어 있으며, 가사가 한자어인 경우에는 한자와 국문을 병기하고 있어 의미 파악에 도움이 된다는 점과, 각개의 장이 엄격하게 구분되어 있어 본래의 형태를 여실히 볼 수 있다는 사실에서 그 가치가 인정되기 때문이다.

≪악학궤범≫은 성종 24년(1493)에 예조판서 성현이 중심이 되어 왕명으로 편찬한 악서樂書이다. 특히 권5의 「시용향악정재도의時用鄕樂呈才圖儀」에는 〈동동〉·〈정읍(사)〉·〈처용가〉·〈진작(정과정)〉이 국문으로 실려 있다. 이 중 ≪악학궤범≫에만 〈동동〉과 〈정읍사〉가 유일하게 수록되어 있어 문헌적 가치가 높다.

≪시용향악보≫는 편자·연대 미상의 악보로서 총 26편의 고려와 조선조의 노래 가사가 수록되어 있는데 다른 가집에 수록되어 있지 않은 작품이 많다. 그러나 책의 성격이 악보 위주이므로 범례에 따라 가사의 제1장만 수록한 점이 아쉽다. 가사의 표기 내용을 보면 〈청산별곡〉의 경우 ≪악장가사≫의 그것과 몇 군데에서 차이를 보이고 있으나 내용상으로는 큰 차이가 없다. 특히 주목되는 것은 노래의 이름이 세속에서 달리 불리는 경우에는 그것을 첨기하고 있다는 사실이다. 예컨대 〈사모곡思母曲〉(속칭 〈엇노리〉), 〈쌍화곡雙花曲〉(속칭 〈쌍화점雙花店〉), 〈유구곡維鳩曲〉(속칭 〈비두로기〉), 〈귀호곡歸乎曲〉(속칭 〈가시리〉) 등이 그러하다. 그리고 〈상저가相杵歌〉가 이 곳에만 수록된 점도 특기할 만하다.

≪고려사≫는 세종 31년(1449)에 편찬하기 시작하여 2년 뒤인 문종 1년(1451)에 완성되었는데, 제70·71권이 악지이다. 여기서는 악지 중에서도 '속악조'만이 논의의 대상이 되므로 이를 중심으로 살펴본다. ≪고려사≫의 속악가사는 노래 제목·창작자(혹은 가창자)·창작 배경·노래의 내용 등에 대한 해설이 중심을 이루고, 때로는 이제현의 한역시를 첨부 수록하는 방식을 취하였다. 그러나 ≪고려사≫ 속

악조는 고려가요의 작품을 가장 많이 거론하고 있음에도 불구하고, 우리말 가사를 전혀 싣고 있지 않아 아쉬움이 있다. 그리고 악지의 편찬자가 악樂의 개념을 "풍속의 교화를 수립하고 공덕을 나타내는 것(부악자夫樂者 소이수풍화所以樹風化 상공덕자야象功德者也)"으로 한정시킴으로써 이 기준에 벗어난 고려가요 작품들이 다수 제외되었을 것으로 추측된다. 인륜세교人倫世敎에 맞는 것을 정풍正風이라 하고, 남여상열男女相悅이나 인륜에 떳떳치 못한 것을 변풍變風이라 구분하면서, 정풍 계열을 월등하게 많이 수록하였다. 뿐만 아니라 작품을 정풍의 입장에서 견강부회로 해설해 놓기도 하였는데, 〈제위보〉가 그 한 예이다. 이제현은 〈제위보〉를 한시로 번역하기를,

> 시냇가 빨래터 수양버들 곁에서 / 손을 마주잡고 속마음 나누던 백마탄 사나이 / 비록 처마물 끊임없는 석 달 비가 내린다 해도 / 손가락에 어린 임의 향내 어찌 차마 씻으리

라 하여 여인의 사랑 노래로 보았다. 그런데 ≪고려사≫에서는 "죄를 지어 부역에 나간 어느 여인이 외간 남자에게 손을 잡히자, 그 치욕을 씻을 길이 없어 자신을 원망하며 이 노래를 지었다"고 해설해 놓았다. 이제현이 원가를 창의적으로 의역한 것이 아니라면, ≪고려사≫ 편찬자들이 세교적世敎的 편찬관에 따라 작품의 내용을 의도적으로 왜곡시킨 예라 하겠다.

위에서 살펴본 바와 같이 고려가요가 실린 문헌에는 각각 특징이 있다. 사전에 이같은 사실을 정확히 파악하였을 때, 작품을 더욱 효과적으로 이해할 수 있을 것이다.

3) 고려가요의 발생·전승·존재 양상

고려가요를 지은 이들은 누구며, 그것이 어떤 과정을 거쳐 전승

되었고, 또 여하한 양상으로 존재하고 있는가? 고려가요의 발생 문제부터 차례로 살펴보겠다.

(1) 고려가요의 발생

고려가요의 작가나 창작 배경을 비교적 상세하게 전하는 자료는 ≪고려사≫ 악지 뿐이다. 여기에 수록된 작품 24편을 개관할 때, 고려가요는 창작 작품, 민요화한 창작 작품, 순수 민요 등 세 부류로 나뉜다. 부류에 따라 ≪고려사≫ 악지의 해설 내용과 해당 작품을 알아본다.

① 창작 고려가요 : ≪고려사≫ 속악조에는 〈벌곡조伐谷鳥〉를 다음과 같이 해설하였다.

> 벌곡은 새 중에서도 잘 우는 놈이다. 예종이 자신의 허물이나 정치의 잘잘못을 듣고 싶어 널리 언로를 열어 놓고도 오히려 아랫사람들이 말을 해주지 않을까 걱정하여 풍유의 기법을 써서 이 노래를 지었다.

이밖에 작자를 분명히 밝힌 것으로는 정서鄭敍의 〈정과정〉, 기철奇轍의 〈총석정〉, 문충文忠의 〈오관산〉이 있다. 그리고 채홍철이 창작한 것인지, 전래하던 노래를 빌어 자신의 정회를 읊은 것인지, ≪고려사≫ 악지 편찬자들조차 단정 짓지 못했던 〈동백목〉을 추가할 수 있다. 이 가운데 문충 한 사람만 ≪고려사≫ 열전에서 세계가 불분명하다(미상세계未詳世系)고 지적하였을 뿐, 나머지 세 사람은 별도의 열전으로 취급될 만큼 높은 벼슬을 지낸 실존 인물들이다. 이로써 24편 가운데 〈동백목〉을 포함하여 5편이 개인 창작 가사임을 알 수 있다. 여기에 작자는 비록 전하지 않으나 비파판에 향찰로 쓰여 표류하다가 중국에서 발견되었다는 〈한송정〉도 한역된 작품 내용으로 보거나, 풍류객의 악기에 쓰인 점을 고려할 때 창작 가요로 보는 것이 합리적이라 생각된다. 현전하는 이 작품은 고려 제4대 광종 때 중국에 사신으로 갔던 장진공이 중국인들의 요청에 의해 5언 절구로 한역한 것이다.

② 민요화한 창작 작품 : 본래는 특정인이 지은 작품인데 시간이 지나고 널리 불리는 과정에서 민요로 변한 것이 이 부류에 해당한다. 〈장암長巖〉의 노래 배경은 다음과 같다. "평장사 두영철杜英哲이 장암으로 유배되었는데, 그 곳에서 한 노인과 친하게 지냈다. 소환되는 그에게 노인은 구차하게 정계에 진출하는 것을 경계하였고 영철은 이를 수긍했다. 영철이 후에 평장사에 이르렀으나 또 죄를 지어 내침을 당하게 되었다. 이에 노인이 이 노래를 지어 그를 꾸짖었다. 이제현은 이를 한시로 번역하였다." 두영철은 평장사까지 지낸 인물이다. 그러나 그의 행실은 떳떳치 못했던 것 같다. 노래 배경담에는 작자를 유배지에서 사귄 어느 노인으로 막연하게 소개하였지만, 실제로는 그와 가까이 지냈던 구체적인 성명을 지닌 인물이었을 것이다. 그러나 그가 혁혁한 역사적 인물이 못되고, 미미한 시골의 인물이고 보니 그가 〈장암〉을 지었다 하여 노래에 무게를 실어 주는 구실을 못하였음은 자명한 이치이다. 그러다 보니 정작 그 노래를 지은 작자는 어느 노인으로 막연하게 기술되고 노래는 민요처럼 널리 불린 것이 아닌가 추측된다. 이러한 유형의 작품으로는 어느 工人이 지었다는 〈장단〉을 또한 들 수 있다.

다른 예로 〈장생포〉의 배경담을 소개한다. "시중 유탁柳濯(1311~1371)이 전라도만호로 있을 때에 위엄과 은혜를 겸비하여 군사들이 그를 아끼고 두려워했다. 왜구가 장생포를 침범하자 탁이 구원하러 갔는데, 왜적이 그를 바라보고서는 두려워하여 곧 철수했다. 군사들이 크게 기뻐하며 이 노래를 지었다." ≪고려사≫ 악지에서는 〈장생포〉의 작자를 군사들로 소개하였다(군사대열軍士大悅 작시가作是歌). 그러나 ≪고려사≫ 열전에는 유탁이 손수 지은 것으로 적혀 있어(자제장생포등곡自製長生浦等曲 전악부(傳樂府) 상이한 양상을 드러내고 있다. 작품 〈장생포〉가 전하지 않는 상황에서 성급하게 논단할 수는 없지만, 추측컨대 ≪고려사≫ 열전 편찬자가 '악부에 전한다'는 사실을 첨기한 점으로 보아 작품을 목도한 것이 분명한 터이므로, 이 기록에 신빙도를 부여한다면, 이 노래는 유탁이 병영에서 지은 것을 군사들이 널리 부르게 되는 과정에서 군사 제작설로 둔갑하여 민요처럼 불린 것이 아닌가 생각된다. 이 부류에는 사록司錄 위제만이 기생에 빠져 아내를 죽게 하자 진주읍 사람들이 그의 아내를 추모하여 지었다는 〈월정화〉 등이 해당될 수 있겠다. 그러나 '민요화한 창작작품'의 유형은 가설일 수밖에 없는 한계가 있다.

③ 민요 : 〈서경西京〉에 대해서는 다음과 같이 설명하고 있다. "서경은 고조선 때 기자가 다스리던 땅이다. 그 곳 백성들이 예의에 익숙하고 임금을 존경하고 어른을 섬기는 도리를 알아 이 노래를 지었다. 이 노래에는 '인은仁恩이 가득하여 초목에까지 미쳐, 비록 꺾인 버들가지라도 삶의 의욕을 갖게 한다'는 내용이 담겨 있다." 〈서경〉에 대해서는 그 곳에 사는 백성이 지었다고만 하였을 뿐, 창작 시기가 전혀 밝혀져 있지 않다. 이처럼 작자가 구체적으로 거명되지 않은 작품이 ≪고려사≫ 악지에는 많다. 예를 들면 주인州人〈양주〉, 현인縣人〈정산〉, 국인國人〈금강성〉, 민民〈사리화〉처럼 다수인으로 막연하게 표기되어 있거나, 처·노인·부인·부부처럼 개인으로 기록된 것이 있다. 아무튼 ≪고려사≫에 수록된 고려가요 24편 중 10편 이상이 민요에 해당하므로 이 유형이 주류를 이루고 있다 하겠다.

이밖에 민요가 궁중 속악으로 편입되는 과정에서 편사編詞된 것으로 추정되는 몇몇 작품이 거론되고 있으나 유형으로 분류하는 것은 보류한다. 이에 대해서는 앞으로 '고려가요의 전승'항에서 거론하겠다.

(2) 고려가요의 전승

고려에는 음악을 전담한 관서로서 대악서大樂署(충렬왕 때에 전악서로 개칭)가 있었다. 여기에는 종7품의 영令 2인을 비롯하여 10인의 관원과 260인의 공인工人이 있었다. 이들은 궁중의 예식이나 잔치에 참여하면서 재래의 삼국 속악과 당시의 속악을 사용하다가, 예종대에 중국에서 신악新樂과 대성악이 들어오고, 공민왕 때에 명나라에서 아악이 들어오자 이것들을 섞어 사용하였던 것이다. 엄연히 음악을 전담하던 국가의 전문 기관이 있었고 이들이 종묘나 조정의 공식 행사에 참여하여 연주하고 노래하였던 사실을 상기할 때, 이같은 전례典禮에 필요한 악보가 있었음은 자명한 이치이다. 그래서 ≪고려사≫ 악지의 편찬자는 악지의 앞부분에서는 "속악은 노래 가사가 대부분 우리말로 되어 있어 심한 것은 다만 그 노래의 이름과 노래를 지은 의도만을 기록한다(속악칙어다비리俗樂則語多鄙俚 기심자其甚者 단기기가명但記其歌名 여작가지의與作歌之意)"하였고, 속악조의 첫머리에서 "고려의 속악은 여러 악보를 참고해서 실었다(고제악보재지考諸樂譜載之)"고 밝혔다. 고려 전래의 악보를 대본으로 삼아 ≪고려사≫ 악지, 특히 속악조를 찬술했음을 언명했던 것이다.

악보는 ≪시용향악보≫에서 알 수 있는 바와 같이 악곡과 노랫말이 필수 요소이다. 그렇다면 악서 편찬자들이 자료로 이용했던 악보는 어떤 문자로 표기된 노랫말이었을까? 국어의 문자 발달사적 입장에서 볼 때, 고려시대의 우리말 가사 표기 수단으로서는 향찰 이외의 것을 상상할 수가 없다. 훈민정음이 창제되기 전인 세종 13년의 ≪세종실록≫의 기사에는 "관습도감에서 아뢰기를 〈원흥곡元興曲〉과 〈안동자청조安東紫青調〉를 다시 쓰기를 청합니다. … 두 곡이 악부에 실려 있지만 쓰지 않은 지가 오래 되었습니다. 이제 그 가사를 보니 … 〈원흥곡〉은 〈거사련〉과 표리를 이룹니다"라는 내용이 보인다. 여기서 거명된 〈원흥곡〉·〈안동자청〉·〈거사련〉 세 편은 모두 ≪고려사≫ 속악조에 수록되어 있는 작품들이다. ≪고려사≫ 악지 편찬자들은 전래하던 악보에서 이들 가사를 보았다고 분명히 밝혔다. 그런데 훈민정음 창제 이전에 우리말 노래의 가사를 표기함에 있어서는 ≪삼국유사≫의 향가에서 보는 바와 같이 향찰 이외에 다른 표기 수단이 전혀 없었다. 그렇다면 그들은 향찰로 표기된 고려의 악부(보)를 자료로 삼아 ≪고려사≫ 속악조를 찬술했다고 보아야 한다. 따라서 ≪고려사≫ 악지의 자료로 쓰인 고려의 향찰 악보는 언제 누가 편찬하였으며, 그 전승 과정이 어떠했는지, 문헌에 기록된 내용이 전혀 없고 악보조차 전하고 있지 못한 실정이므로 그 소종래를 알 길이 없으나, ≪고려사≫를 편찬할 당시에 악보가 전래되었음은 분명한 사실이다.

세종 때에 아악을 정리했던 박연이 40여 편의 노래가 전하고 있음을 언급한 사실이 있고, 산일된 악보를 널리 수집할 것을 임금께 요청한 기록이 있는 것으로 보아, 이후 악보의 수집과 더불어 속악의 작품수도 늘어났을 것으로 추측된다. 이렇게 해서 확보된 작품이라 하더라도 이들 모두를 ≪고려사≫ 악지에 수록한 것은 아니다. ≪고려사≫가 정사인 만큼 악지 편찬자들의 음악관에 기초한 찬술 기준에 따라 엄격하게 선별 수록했을 터이기 때문이다. 그러므로 정풍의 작품이 ≪고려사≫ 악지의 속악조에 주로 수록되고, 조선조에 들어와 가사 내용이 음비淫鄙하다고 비판받은 작품들은 여기서 제외되었다가, ≪악장가사≫·≪악학궤범≫·≪시용향악보≫ 등에 수록되어 전하게 된 것으로 생각된다.

가사가 전하지 않는 작품은 알 수 없지만, 국문으로 현재 전하고 있는 작품 중에는 내용이 부드럽게 연결되지 못한 듯이 보이거나, 군더더기 말이 부자연스럽게 끼어 들어간 것들이 눈에 띈다. 전자의 예로 〈서경별곡〉이 거론되며, 후자의 예로는 임과의 이별을 주제로 한 〈가시리〉에서 내용과 전혀 어울리지 않는 '위 증즐가 대평성대大平盛大'라는 후렴구가 들어 있다거나 '나는'이라는 어법상 어울리지도 않는 투식어가 끼어 있는 것 등이 해당된다. 이처럼 의미가 긴밀하지 못한 작품과 군더더기 말이 끼어 들어간 작품들이 나타나게 된 이유는 무엇일까? 전자는 민요를 궁중 속악가사로 개편함에 있어 담당자의 문학적 창의성이 결여된 데서, 그리고 후자는 길이가 다른 민요를 기존의 속악곡에 맞추기 위해 가사를 채워 넣는 과정에서 나타난 현상으로 설명한다. 이것이 소위 고려 속악가사의 '민요편사설'로서 학계에서 많은 호응을 얻고 있는 실정이다. 그러나 현재 전하는 민요 중에 고려가요의 수준에 이르는 작품이 없음을 근거로 민요 수용설을 반박하는 주장도 있다.

민요편사설의 입장에서 〈만전춘별사〉를 서로 다른 사설들이 묶여서 된 작품으로 보거나, 〈서경별곡〉을 '서경에 관련한 전승민요'와 '〈정석가〉의 6연에 보이는 당대의 유행 민요', 그리고 '대동강에 관련한 전승민요'가 합성되었을 것이라는 견해도 있으나 이는 무리가 아닌가 생각된다. 관점에 따라서는 〈만전춘별사〉나 〈서경별곡〉을 의미의 통일성이 짙은 작품으로 해석할 수 있는 여지가 얼마든지 열려있기 때문이다. 그러나 국문으로 전하는 고려가요 중에 〈동동〉이나 〈정석가〉처럼 임금을 송도하는 가사를 후에 덧보탠 것으로 추측되는 작품이 있다. 이러한 개작이 고려대에 이루어진 것인지, 조선조에 들어와 행해진 것인지는 단정할 수가 없다. 다만 중종대에 〈만전춘별사〉와 〈이상곡〉의 가사 내용이 '남녀상열'을 이유로 개작된 사실이 있었음을 미루어 볼 때, 고려조는 물론 조선 전기에도 가사의 개작이 이루어졌던 것으로 보인다. 이로써 오늘날 전하는 국문 고려가요가 얼마나 기구한 과정을 겪어 전승된 것인가를 짐작할 수 있겠다.

(3) 고려가요의 존재 양상

고려가요는 창작 여부·문자 표기·장르·용도 등을 감안하여, 창작가요·민요계 부전가요·국문가요·향찰가요·한역가요·사뇌가계 가요·무가계 가요 등 7종으로 나눌 수 있다. 이처럼 상이한 여러 요소를 기준으로 분류하는 방식은 작품이 중복 거명되는 흠은 있으나, 고려가요의 다양한 존재 양태를 이해한다는 점에서 도움이 될 것이다.

① 창작가요 : 예종의 〈벌곡조〉, 문충의 〈오관산〉, 기철의 〈총석정〉, 채홍철의 〈동백목〉, 정서의 〈정과정〉을 들 수 있다. 이밖에 민요화된 창작가요 가운데 여기에 포함되는 작품도 있을 것이다.

② 민요계 부전가요 : 〈서경〉·〈대동강〉·〈양주〉·〈정산〉·〈원흥〉·〈금강성〉 등 ≪고려사≫ 속악조에 거명된 많은 부전 작품들이 여기에 해당된다.

③ 국문가요 : 현재 전하고 있는 고려가요 가운데 〈정석가〉·〈청산별곡〉·〈서경별곡〉·〈상저가〉 등이 이에 해당된다.

④ 향찰가요 : 왕건을 위해 목숨을 바친 신숭겸과 김낙 두 장수를 추모하여 1120년에 예종이 지은 〈도이장가〉가 있다. 이밖에 8대 현종이 현화사를 창건하고 낙성식에서 손수 향풍체가를 짓고, 이어서 신하 11명이 따라 지었다는 가사 부전의 작품도 향찰가요에 포함시켜야 할 것 같다.

⑤ 한역가요 : 민요와 개인 창작가요를 한시로 번역한 작품이 한역가요이다. 장진공의 〈한송정〉을 필두로 이제현과 민사평의 한역가요 17편이 이에 해당된다.

⑥ 사뇌가계 가요 : 차사 사뇌가(10구체 향가)의 엄격한 형식을 취하고 있는 작품은 보이지 않는다. 이에 근접하거나 8구체형 향가와 흡사한 것으로 〈정과정〉·〈도이장가〉·〈이상곡〉이 거명되고 있다.

⑦ 무가계 가요 : 고려 〈처용가〉가 무가계 가요의 대표적인 작품이다. 그밖에 ≪시용향악보≫에 수록된 〈나례가儺禮歌〉·〈성황반城皇飯〉·〈내당內堂〉 등이 있으나 정체가 불분명한 점이 많다.

이밖에 고려가 불교를 국교로 삼은 나라였으므로 불가계 가요가 많이 있었을 것으로 추측되나, 조선조에 들어와 배불숭유 정책으로 인해 배제된 듯, 전하는 작품이 없어 아쉽게 생각된다.

위에서 살핀 바와 같이 고려가요는 민요가 주류를 이루는 가운데 창작가요도 적지 않고, 또 창작가요에서 민요화한 것으로 추측되는 작품도 있음을 알게 되었다. 한편 작자를 보더라도 임금으로부터 고관이나 일반 서민에 이르기까지 그 층이 결코 엷지 않았다. 그리고 창작 시기 면에도 어느 특정 기간에 한정된 것이 아니라, 고려 초기인 광종대로부터 예종·충렬왕·공민왕 등 고려 전시대에 걸쳐 간단이 없었다. 또한 작품들도 다양한 양상으로 전해 내려왔다는 여러 가지 사실들을 확인하였다. 다만 대부분의 작품들이 현재 전하고 있지 못하다는 사실이 아쉬움으로 남는다.

4. 작품의 형식과 표현

고려가요는 현재 확인할 수 있는 것 이상으로 다양한 형식과 고도한 표현 기법이 활용되었을 것으로 짐작되나 현전하는 작품만으로 그 경계를 고찰해야 하는 제약이 있다.

1) 고려가요의 형식

고려가요는 존재 양상이 다양한 만큼 시형도 단순치가 않다. 향가를 대표하는 차사 사뇌가형과 맥이 닿는 〈정과정〉·〈이상곡〉이 있고, 후기에 창작된 것으로 보이는 〈만전춘별사〉에는 평시조의 시형도 보이기 때문이다. 뿐만 아니라 〈처용가〉는 등장인물들의 대화와 해설자가 등장하여 노래를 이끌어 가는 독특한 형식으로서 희곡적 성격을 띠고 있다. 여기서는 이처럼 다양한 고려가요의 형식에 대해 章의 구성 방식, 행의 구성 방식, 여음의 양상에 촛점을 맞추어 살펴보겠다.

(1) 連章形과 單章形

≪악장가사≫에 수록된 작품들만 장의 구분이 분명하게 표시되어 있다. ≪악장가사≫는 장과 장 사이에 ○(동그라미) 표시를 하여 장을 구분하였다. 따라서 연장형과 단장형을 손쉽게 구별할 수가 있다. ≪악장가사≫에 수록된 작품들을 연장형과 단장형으로 나누어 보면 다음과 같다.

① 연장형 가요 : 〈정석가〉 11장, 〈청산별곡〉 8장, 〈서경별곡〉 14장, 〈쌍화점〉 4장, 〈가시리〉 4장, 〈만전춘별사〉 6장.

② 단장형 가요 : 〈사모곡〉, 〈이상곡〉, 〈처용가〉 연장형의 작품에서 장의 수를 보면 〈서경별곡〉이 14장으로 가장 많고, 〈쌍화점〉이나 〈가시리〉는 4장으로 적은 편이다. 그렇다고 하여 장의 수와 작품의 길이가 비례하는 것은 아니다. 장을 이루는 행의 수가 각기 다르기 때문이다.

  서경西京이 아즐가 / 서경西京이 셔울히마르는 /
  위 두어렁셩 두어렁셩 다링디리 (제1장)
  닷곤 듸 아즐가 / 닷곤 듸 쇼셩경 고요 마른 /
  위 두어렁셩 두어렁셩 다링디리 (제2장) 〈서경별곡〉

  쌍화점雙花店에 쌍화雙花 사라 가고신된 / 회회回回아비 내 손모글 주여이다 /
  이 말숨미 이 점店 밧긔 나명들명 / 다로러 거디러 /
  죠고맛감 삿기 광대 네 마리라 호리라 /
  더러둥셩 다리러디러 다리러디러 다로러거디러 다로러 /
  그 자리에 나도 자라 가리라 / 위위 다로러 거디러 다로러/
  그 잔 듸ᄀ티 덦거츠니 업다 (제1장)〈쌍화점〉

〈서경별곡〉의 제1·2장을 보면 말이 중복되거나 여음구가 있어,

실제 의미를 갖는 가사는 '西京이 셔울히마르는'과, '닷곤 딕 쇼셩경 고요 마른'처럼 각 장에서 단 1행에 불과하다. 반면 〈쌍화점〉은 전체 장의 수가 4개에 지나지 않지만, 의미를 갖는 행의 수는 여섯 개나 되어, 장을 이루는 행의 수가 일정한 것이 아님을 알 수 있다.

단장형으로 길이가 가장 짧은 작품은 〈사모곡思母曲〉이다.

    a. 호미도 놀히언마르는 / 낟ᄀ티 들리도 업스니이다
    b. 아바님도 어이어신마르는 / (위 덩더둥셩) / 어마님ᄀ티 괴시리 업세라
    c. 아소 님하 어마님ᄀ티 괴시리 업세라

〈사모곡〉은 통사 구조가 동일한 a와 b가 병치되고, c는 b의 뒤 행을 반복한 단순 구조의 작품이다. 그렇지만 '아소 님하'를 써서 주제를 강화하고, b의 중간에 여음구 '위 덩더둥셩'을 끼워 넣어 지극히 단조로운 내용에 변화를 준 점이 주목된다.

고려가요가 단장형과 연장형으로 구분되고, 연장형에서 각 장의 행의 수나 길이가 일정하지 않은 이유는 그것이 악곡에 얹혀 가창된 노랫말이었기 때문에 신축이 비교적 자유로웠던 데에 기인된다.

(2) 행의 구성과 율격

≪악장가사≫ 등의 고려가요 문헌은 말할 것도 없거니와 심지어 조선조에 편찬된 각종 시조집조차 시행을 어절이나 음보 단위로 구분하여 표기한 문헌은 보이지 않는다. 이렇듯 ≪악장가사≫에 줄글로 기록된 〈청산별곡〉과 〈정석가〉를 현대시처럼 어절 단위로 행을 정리하면 다음과 같다.

    살어리 살어리랏다 / 청산靑山애 살어리랏다 /
    멀위랑 ᄃᆞ래랑 먹고 / 청산靑山애 살어리랏다 (제1장)
    우러라 우러라 새여 / 자고 니러 우러라 새여 /

널라와 시름 한 나도 / 자고 니러 우니로라 (제2장) 〈청산별곡〉

딩아 돌하 당금當今에 계샹이다 /
딩아 돌하 당금當今에 계샹이다 /
션왕先王 셩대聖代예 노니ᄋᆞ와지이다 (제1장)
그 바미 우미 도다 삭나거시아 /
그 바미 우미 도다 삭나거시아 /
유덕有德ᄒᆞ신 님믈 여히ᄋᆞ와지이다 (제3장) 〈정석가〉

향가와 마찬가지로 고려가요도 행을 이루는 어절의 수나 음절의 수가 고정된 것은 아니다. 우리의 고시가 가운데 가장 정형성을 띤 평시조조차 음절수가 일정치 않다. 위에서 보면 한 행을 이루는 어절의 수가 2개로부터 5개까지 다양한 모습을 보이고 있어, 음수율을 거론하는 것은 의미가 없어 보인다. 다만 행을 기준으로 몇 음보가 주류를 이루는가를 두고 학자들 사이에 3음보설과 4음보설이 맞서 있다. '멀위랑 / 다래랑 / 먹고, 우러라 / 우러라 / 새여, 그 바미 / 우미 도다 / 삭나거시아'를 3음보격으로 보는 데는 이의가 있을 수 없다. 그러나 '살어리 살어리랏다'를 '살어리 / 살어리 / 랏다'의 3음보격으로 보느냐 '살어리 / 살어리 / 랏 / 다' 혹은 '살어리 / 살어리랏다 / 청산靑山애 / 살어리랏다'의 4음보격으로 볼 것인가에 대한 판단은 쉽지가 않다.

고려가요가 본래 음절수의 제약을 받지 않는 가창용 가사였다는 사실과, 율격이 가창용 음곡과는 거리가 먼 낭송용 용어라는 사실 사이에는 적용상의 난점이 가로 놓여 있다. 원론적 입장에서 보면 음수율이나 음보율이 고려가요의 시행 구조를 설명하는 기준이 못 된다는 말이다. 다만 고려가요의 가사를 현대식으로 낭송할 경우에는 어떻게 할 것인가라는 문제라면 한 음보의 음절수를 시조나 가사의 경우처럼 2 내지 5음절을 기준으로 하여 조절하되, 낭송할 때에 작품의 의미를 효과적으로 전달할 수 있도록 배려하면 될 것이다. 이에 따르면 〈청산별곡〉의 첫행은 낭송자의 취향에 따라 '살어리 / 살어리랏다'의 2음보로, 혹은 '살어리 / 살어리 / 랏다'의 3음보로도 볼 수 있겠다. 그리고 〈정석가〉의 경우 제1행은 '딩아 돌하'의 분리 여부에 따라, 3음보 또는 4음보로도 볼 수 있으며, 제3행 '노니아와지이다'는 한 음보로서는 음절수가 지나치게 많으므로 단어를 두 음보로 나누되, 의미의 파괴가 최소화되도록 '노니아와 / 지이다'로 나눌 수 있는데, 이것은 여러 음절의 한자어가 시조 중장의 첫 음보에 오는 경우처럼, 대개 두 음보가 되는 현상에 따라 '선왕先王 / 성대聖代'로 나눌 수 있으므로 4음보 격으로 보면 무리가 없을 것이다. 이런 방식으로 볼 때 고려가요는 3음보 격이 우세함을 알 수 있다.

(3) 餘音과 後斂句

고려가요에는 노랫말의 의미와 관계없이 노래의 감흥을 돋구고 율조의 격식을 맞추기 위한 어절이나 구절이 첨가된 것이 있는데, 이를 여음이라 한다. 특히 연장형의 고려가요에는 각 장의 끝에 여음구, 즉 후렴구를 쓴 것이 많아 형식상의 특징을 이루고 있다.

고려가요에 사용된 여음의 종류는 대개 세 가지로 나뉜다. 유형별로 여음과 해당 작품을 열거하면 다음과 같다.

① 악기의 구음口音이나 의성어 : 악기의 구음이란 '따따따 따따따 나팔붑니다'라는 노랫말에서 나팔 소리를 '따따따'로 표기하듯, 악기의 소리를 말로 나타내는 일종의 의성어이다.

얄리얄리얄라셩얄라리얄라〈청산별곡〉, 즁즐가〈가시리〉, 아즐가·두어렁셩두어렁셩다링디리〈서경별곡〉, 덩더둥셩〈사모곡〉, 다로러거디러·더러둥셩다리러디러다리러디러다로러거디러다로러〈쌍화점〉, 다롱디우셔마득사리마득너즈세너우지〈이상곡〉, 동동다리〈동동〉, 히해히야해〈상저가〉

② 본사本詞와 무관한 유의어有意語 : 나는 〈정석가·서경별곡·가시리〉, 대평성대大平盛代〈가시리〉
③ 감탄사 : 아소〈사모곡·이상곡·만전춘별사·정과정〉, 위〈서경별곡·사모곡·가시리〉, 위위〈쌍화점〉, 어와〈처용가〉, 아으〈처용가·동동·정과정〉

이들 여음은 단독으로 쓰인 경우도 있으나, '아으 동동다리'나 '위 증즐가 대평성대大平盛代'처럼 두 유형 이상이 동시에 사용된 경우도 있다.

여음의 위치는 일정치 않다. ①유형에 속한 긴 형식의 여음들은 대개 장이나 작품의 끝에 오지만, ②의 '가시리 가시리 잇고 나는'처럼 행의 끝에 오거나, ③의 '아소, 위, 어와'처럼 행의 머리에 오는 것도 있다. 그리고 〈사모곡〉의 '위 덩더둥셩'과 같은 것은 작품의 가운데에 놓이기도 한다. ③유형의 감탄사는 차사 사뇌가의 징표로 쓰인 이래 현재까지도 널리 쓰이고 있으나, ①유형은 고려가요에서만 쓰인 특유의 여음(후렴)이다.

요컨대, 고려가요는 평시조처럼 일정한 격식이 있는 것은 아니지만 대체로 연장형連章形이 많고, 한 행은 3음보격이 주류를 이루며, 거의 모든 작품에 여음이 있음을 알 수 있다.

2) 표현 기법

고려가요는 작품의 주제를 어떠한 방식으로 표현했던가? 대부분은 직서법을 써서 주제를 표현하였다. 그런데 ≪고려사≫악지에 실린 편찬자의 해설에 따르면 아래 몇 작품은 비유적으로 표현된 것임을 알 수 있다.

○ 대동강大同江을 황하수에 비유하고, 영명 고개를 호산에 비유하여 임금을

송도했다 〈대동강〉
- ㅇ (예종은) 신하들이 직언을 하지 않을까 걱정하여 이 노래를 풍유의 기법으로 지었다 〈벌곡조〉
- ㅇ 까치 소리에 의탁하여 남편이 돌아오기를 바랬다 〈사리화〉
- ㅇ 읍 사람들이 위제만의 비행을 풍자하는 노래를 지었다 〈월정화〉

현재 국문으로 전하는 고려가요는 대개의 작중 화자가 여성으로 등장한다. 여성이 읊은 사랑의 애정 가요는 속성상 임금에 대한 신하의 송도성 노래와 맥이 통한다. 조선조 '사미인곡'류의 가사에서 보듯 임은 언제든지 임금으로 전용될 수 있기 때문이다. 고려가요에는 어구나 행의 반복형 작품이 많다. 〈정석가〉나 〈쌍화점〉은 동일한 구조의 다수 연이 반복된 작품이다. 그리고 〈쌍화점〉이나 〈처용가〉에서 보듯 대화로 구성된 작품도 있다. 이처럼 반복이나 대화의 기법이 빈번하게 쓰인 까닭은, 궁중 연악에 다수의 음악인들이 동참하여 가창하게 되므로 흥을 돋구고 극적인 효과를 거두기 위한 조처가 아니었던가 한다. 그밖에 작품의 표현 기법으로 병치·역설·은유 등의 수사법이 다양하게 구사되었음을 작품을 통해 알 수 있다. 〈처용가〉에서 직접 고려가요의 형식을 살펴보겠다.

〈처용가〉는 고려가요 가운데 특이한 형식을 취하고 있다. 〈처용가〉는 ≪악장가사≫에 단장형으로 표기되어 있고, ≪악학궤범≫에는 악조와 더불어 노랫말이 실려 있다. 장황한 감이 있으나 설명의 편의를 위해 ≪악학궤범≫에 수록된 작품을 옮겨 본다.

A. ① (전강前腔)　　신라성대新羅盛代 소성대昭盛代 천하대평天下大平
　　　　　　　　　　나후덕羅候德
　　　　　　　　　　처용處容아바
　　　　　　　　　　이시인생以是人生애 상불어相不語ᄒ시란ᄃᆡ
　　　　　　　　　　이시인생以是人生애 상불어相不語ᄒ시란ᄃᆡ

②	(부엽附葉)	삼재팔난三災八難이 일시一時 소멸消滅ᄒᆞ샷다
③	(중엽中葉)	어와 아븨 즈ᅀᅵ여 처용處容아븨 즈ᅀᅵ여
④	(부엽附葉)	만두삽화滿頭揷花 계오샤 기울어신 머리예
⑤	(소엽小葉)	아으 수명장원壽命長願ᄒᆞ샤 넙거신 니마해
⑥	(후강後腔)	산샹山象 이슷 깃어신 눈섭에
		애인상견愛人相見ᄒᆞ샤 오ᅀᆞ러신 누네
⑦	(부엽附葉)	풍입영정風入盈庭ᄒᆞ샤 우글어신 귀예
⑧	(중엽中葉)	홍도화紅桃花ᄀᆞ티 븕거신 모야해
⑨	(부엽附葉)	오향五香 마ᄐᆞ샤 웅긔어신 고해
⑩	(소엽小葉)	아으 천금千金 머그샤 어위어신 이베
⑪	(대엽大葉)	백옥유리白玉琉璃ᄀᆞ티 히여신 닛바래
		인찬복셩人讚福盛ᄒᆞ샤 미나거신 툭애
		칠보七寶계우샤 숙거신 엇게예
		길경吉慶계우샤 늘의어신 ᄉᆞ맷길혜
⑫	(부엽)	셜믜 모도와 유덕有德ᄒᆞ신 가ᄉᆞ매
⑬	(중엽)	복지구족福智俱足ᄒᆞ샤 브르거신 ᄇᆡ예
		홍정紅鞓 계우샤 굽거신 허리예
⑭	(부엽)	동락대평同樂大平ᄒᆞ샤 길어신 허튀예
⑮	(소엽)	아으 계면界面 도ᄅᆞ샤 넙거신 바래
B. ①	(전강)	누고 지ᅀᅥ 셰니오
		누고 지ᅀᅥ 셰니오
		바늘도 실도 어ᄲᅵ
		바늘도 실도 어ᄲᅵ
②	(부엽)	처용處容아비를 누고 지ᅀᅥ 셰니오
③	(중엽)	마아만 마아만 ᄒᆞ니여
④	(부엽)	십이제국十二諸國이 모다 지ᅀᅥ 셰온
⑤	(소엽)	아으 처용處容아비를 마아만 ᄒᆞ니여
⑥	(후강)	머자 외야자 녹리綠李야

		뿔리 나 내 신고홀 미아라
⑦	(부엽)	아니옷 미시면 나리어다 머즌 말
⑧	(중엽)	동경東京 불긴 두래 새도록 노니다가
⑨	(부엽)	드러 내 자리를 보니 가루리 네히로새라
⑩	(소엽)	아으 둘혼 내해어니와 둘혼 뉘해 어니오
⑪	(대엽)	이런 저긔 처용處容아비 옷 보시면
		열병신熱病神이사 회膾ㅅ가시로다
		천금千金을 주리여 처용處容아바
		칠보七寶를 주리여 처용處容아바
⑫	(부엽)	천금千金 칠보七寶도 말오
		열병신熱病神를 날 자바 주쇼서
⑬	(중엽)	산山이여 미히여 천리외千里外예
⑭	(부엽)	처용處容아비를 어여려 거져
⑮	(소엽)	아으 열병대신熱病大神의 발원發願이샷다

〈처용가〉는 일반적으로 처용의 힘을 빌어 재앙을 물리치기 위한 연극의 대본적 성격을 띤 가요로 보고 있다. 그러면 〈처용가〉의 형식과 표현은 어떠한가? 첫째, 악조명의 배열을 주목할 때 A와 B는 맞선형으로 순서가 동일하다. 따라서 〈처용가〉는 악곡상으로 볼 때, ≪악장가사≫에 단장형으로 표시된 것과는 달리 본래는 두 장으로 구성되지 않았던가 생각된다. 둘째, A와 B의 맞선 악조는 행 수가 서로 같다. 다만 ⑫와 ⑬에서 차이를 보이고 있는데, 이는 B의 두 행이 긴밀하게 연결된 점으로 미루어, A의 ⑬ '중엽' 표시가 한 행 올려 잘못 표기된 듯하다. B의 ⑩에 향가 〈처용가〉의 '본디 내해다마 ㄹ는 아사늘 엇디ᄒ릿고'가 생략된 이유에 대해 학계에서 논란이 있으나, 이는 A와 B가 맞선형이라는 사실에서 B의 ⑧·⑨·⑩을 A의 ⑧·⑨·⑩에 맞추기 위해 불가피하게 생략한 것으로 보인다. 셋째, '소엽小葉'에는 반드시 '아으'가 첫머리에 온다. 소엽이 놓이는 위치

도 A의 ⑤·⑩·⑮와 B의 ⑤·⑩·⑮에 일정하게 배열하여 연극을 진행하는 사람의 간절한 요구가 효과적으로 표출될 수 있었던 것으로 보인다. 이밖에 문장의 표현 기법을 볼 때 〈처용가〉에는 감탄·설의·명령·돈호·가정·직유·도치·인용·원망願望·예찬·회유 등의 어법이 다양하게 구사되었음을 알 수 있다. 그럼으로써 극적 대본으로서의 기능을 극대화하고, 처용의 마음을 움직이는 과정을 묘미 있게 표출할 수 있었던 것으로 생각된다.

5. 작품의 내용

≪고려사≫ 악지의 편찬자들은 고려의 속악가사를 수록하면서 작품의 창작 동기와 내용을 간단히 밝혀놓았다. 그러므로 악지에 수록된 고려가요의 내용은 쉽게 파악할 수가 있다. 그러나 국문으로 전하는 고려가요 중에는 학자에 따라 내용 파악에 차이를 보이는 것도 적지 않다. 먼저 ≪고려사≫ 악지의 부전 가사의 내용을 살핀 뒤 현전하는 작품으로 넘어 가기로 한다.

1) ≪고려사≫ 속악조의 부전가요

악지에 수록된 속악가사는 〈총석정〉이나 〈한송정〉처럼 개인 창작 작품도 있으나, 대부분 임금과 신하·남편과 아내·부모와 자식·친구 사이의 관계로 맺어진 내용을 담고 있어 오륜五倫을 연상케 한다. 〈총석정〉은 기철이 강릉의 총석정에 올라가 사선四仙의 자취와 망망한 바다를 읊은 작품이며, 장진공의 번역시인 〈한송정〉은 달 밝은 가을 밤, 파도 잔잔한 경포의 한송정에서 나그네의 쓸쓸한 심회를 그린 작품이다.

오륜을 연상케하는 속악가사를 네 유형으로 나누고 해당 작품을 표시하면 다음과 같다.

(1) 君臣(民)의 가요

〈서경·대동강·양주·장단·정산·벌곡조·금강성·장생포·사리화·송산·동백목〉

〈대동강〉처럼 "나라에 근심거리가 없고 백성들이 즐거워 임금을 송도했다"고 해설한 내용이 분명한 작품을 비롯하여 임금을 보필하는 신하, 임금의 명을 받은 관료의 직무 내용, 그리고 정치로 인해 빚어지는 백성의 애환을 담은 작품 등이 이 부류에 포함된다. 가령 〈정산〉은 "복록을 송도했다" 했고, 〈양주〉는 "고을 남녀들이 봄을 맞아 즐기며 이 노래를 불렀다" 했으니 그 제작 동기가 막연해 보이나, 태평성세를 누리고 있음을 표방했다는 점에서 군신의 가요로 볼 수가 있다.

(2) 父子의 가요

〈오관산〉 한 편이 유일한 예이다. 문충은 효자로서 어머니를 봉양하기 위해 벼슬을 하였으며, 매일 30리 길을 출퇴근하면서 지극한 정성으로 섬겼다. 이 노래는 어머니가 늙어 감을 탄식하여 지었다.

(3) 夫婦의 가요

부부유별은 남편과 아내의 직능상의 구별뿐만 아니라, 한 번 맺은 남편과 아내는 다른 사람과는 엄격히 분별이 있어야 한다는 뜻을 내포한다. 모범적인 사례와 도리에 벗어난 내용이 작품에 나타난다. 먼저 모범적인 사례로서, 배를 타고 장사 나간 남편이 돌아오자 기뻐서 불렀다는 〈원흥〉, 부역나간 자의 아내가 남편이 속히 돌아오기를 읊은 〈거사련〉, 부역 나간 어느 여인이 외간 남자에게 손목을 잡히자 이를 한탄하며 불렀다는 〈제위보〉, 한 남자에게만 정절을 바쳐야 한다는 〈안동자청〉, 목숨을 걸고 남편을 되찾은 절부의 노래인 〈예성강〉후편 등을 들 수 있다. 반대로 도리에 벗어난 남편의 비행을 원망한 것으로 〈월정화〉와 〈예성강〉전편이 있다. 〈월정화〉는 진주 기생에 미혹되어 아내를 죽게 한 위제만을 고을 사람들이 풍자한 노래이고, 뒤의 것은 중국 상인의 꼬임에 빠져 내기 바둑으로 아내를 빼앗긴 사내의 회한을 그린 작품이다.

(4) 朋友의 가요

평장사인 두영철이 한 때 귀양가서 사귄 노인의 충고를 받아들이지 않아, 끝내 불행하게 되었음을 풍자한 노래로서 〈장암〉한 편이 여기에 해당된다.

이렇듯 인륜에 관련된 노래로서 특히 교훈적인 작품이 악지에 많이 수록된 것은 정사로서의 ≪고려사≫가 지닌 특징이요 한계라 생각된다.

2) 현전 가요

현전하는 고려가요에는 향찰이나 국문으로 표기된 작품이 많다. 그 내용을 몇 가지 부류로 나누어 살펴보겠다.

(1) 〈도이장가〉·〈정과정〉·〈이상곡〉

위의 세 작품은 향가형의 잔영이라는 공통점이 있다. 향찰로 표기된 〈도이장가〉는 궁지에 몰린 태조 왕건을 구하기 위해 목숨을 바쳐 건국을 도운 신숭겸과 김낙 두 장수의 충절을 추모하여 지은 예종의 작품이다.

    님을 온전케 하온 / 마음은 하늘 끝까지 미치니, /
    넋이 가셨으되 / 몸 세우시고 하신 말씀 /

직분職分 맡으려 활 잡는 이 마음 새로와지기를 /
좋다, 공신功臣이여. / 오래 오래 곧은 자최는 나타내신저.
(김완진 해독)

〈정과정〉은 의종 때 정서가 지었다. 정서는 인종의 총애를 받았는데 의종이 즉위하자 조정의 여론에 밀려 고향인 동래로 쫓겨갔다. 의종은 이모부가 되는 정서에게 곧 소환할 것을 약속했지만, 오래도록 부르지 않자 이 노래를 지었다. 고립무원의 처절한 자신을 한 맺혀 우는 봄날의 접동새로 비유하고, 자신의 무고함을 알아주는 것은 오직 새벽 별과 달 뿐이라며 속히 불러줄 것을 애소한 작품이다. 조선조에서는 이 노래를 충신연주忠臣戀主의 작품으로 이해했다. 이제현이 소악부에서 번역한 것은 본 노래의 전반부에 해당된다.

임금 생각에 하루인들 눈물로 옷깃을 적시지 않는 날 없으니 /
봄 날 산에서 우는 자규의 신세와 꼭 같습니다 /
저에 대한 시비일랑 남들에게 묻지를 마소서 /
저를 아는 것은 새벽 달과 별 뿐입니다.

〈이상곡〉은 성종 때에 음탕하다 하여 개작을 거친 작품이다. 여성 화자가 '내님과 년뫼(타산他山, 다른 남자)' 사이에서 어느 사람을 따를까 번민하다가 결국 '내님'을 선택하는 것으로 끝을 맺는다. 도덕적인 당위와 육체적인 현실에서 다른 남자를 따르는 것이 얼마나 어려운 길인가를 제1·2행에서 실감 있게 묘사하였고, 임을 따를 수밖에 없는 표면적인 이유로 '고대셔 싀여질 몸'으로써 부정한 길을 걸었을 때 무간지옥에 떨어진다는 무서움을 내세웠다. 그러나 그같은 표면상의 명분 이면에는 육체적 번민으로 한숨짓는 여인의 신음 소리가 들리는 듯하다.

(2) 〈유구곡〉·〈사모곡〉·〈상저가〉

　이들은 가장 짧은 시형들이다. 〈유구곡〉만 예종이 지었고 나머지는 민요로 본다. 학계에서는 〈유구곡〉을 〈벌곡조〉로 보는데 현대말로 풀면 '비둘기는 비둘기는 울음을 울지만 나는 뻐꾹새를 뻐꾹새를 더욱 좋아해'가 된다. 간단하지만 간과할 수 없는 것은 속으로 우는 비둘기와 거침없이 크게 울어대는 뻐꾹새의 속성을 대조시켜 우의적으로 표현했다는 점에서 예종의 문학적 안목과 세심한 애민정신을 느낄 수 있다는 사실이다.

　〈사모곡〉은 농경 사회에서 손쉽게 대하는 호미와 낫의 속성을 빌어 아버지보다는 어머니를 더욱 사랑한다는 내용을 담고 있다. 이것을 신라의 효녀 작품인 〈목주가〉의 후신으로 보는 견해도 있으나, 《고려사》악지에 실린 효녀의 행실을 보면 〈사모곡〉의 화자와는 전혀 다르다. 목주의 효녀는 아버지와 계모를 집에 모셔다가 온갖 정성을 다하여 봉양했다. 계모에 대한 편견도 전혀 없었다. 그럼에도 불구하고 부모가 즐거워하지 않았으므로 자신의 정성이 부족함을 원망하여 〈목주가〉를 지었던 것이다. 이러한 배경담과 〈사모곡〉의 내용을 비교해 볼 때 동일 작품으로 보기는 어렵다.

　〈상저가〉는 '히얘·히야해'의 여음이 반복된 4행의 노동요이다.

　　듥긔동 방해나 디히히얘 / 게우즌 바비나 지서 히얘 /
　　아바님 어마님끽 받줍고 히야해 / 남거시든 내 머고리
　　히야해 히야해

　비록 거친 밥이지만 열심히 방아를 찧어 부모님께 먼저 봉양하겠다는 효행심이 소박한 표현으로 그려져 있다.

(3) 〈가시리〉·〈만전춘별사〉·〈서경별곡〉

　위의 세 작품은 여성 화자가 등장하여 임과의 사랑과 이별을 주제로 하고 있다는 점에서 공통점이 있다.

〈가시리〉는 임과의 이별을 노래했다. 화자는 임이 떠나가면 홀로 살아가기 어려운 여인이다. 그토록 사랑하는 임이었기에 떠남을 강력하게 만류할 수도 있었건만, 임이 오히려 토라질까 걱정하여 마음속으로만 아픔을 삭이며 겉으로는 태연한 채 떠나보내면서 곧 돌아오기만을 소망하는 여심女心이다. 이러한 정한은 한국 여인의 전통적 정서로서 김소월의 〈진달래꽃〉에 맥이 이어진다.

〈만전춘별사〉의 화자는 다소곳한 〈가시리〉의 화자와는 달리 불처럼 뜨겁고 적극적이다.

어름 우희 댓닙 자리 보와 / 님과 나와 어러 주글만뎡 /
(반복) / 정情 둔 오눐 범(밤) 더듸 새오시라 더듸 새오시라
(제1장)

임과 함께 자리하는 밤이라면 얼어 죽어도 좋다는 목숨을 건 사랑의 선언이다. 그런데 둘 사이의 사랑은 한시적限時的이다. 임이 떠난 뒤 홀로 있자니 봄바람에 활짝 웃고 있는 복사꽃마저 부럽기만 하다. 사랑하는 임을 자신에게서 빼앗아 간 사람을 원망하다가, 오리가 여울을 찾아오듯, 여울인 나는 당신을 기다리겠다고 한다. 끝 장은 첫 장의 악조건에 비해 이상적인 공간으로 설정되어 있다. 현실 상황은 비참하지만, 그러한 이상理想 공간에서 임과 영원히 함께 살기를 소망하고 있는 것이다. 이 장에서는 남산·옥산·금수산·사향 등의 소재를 적절히 배합하여 성유희로 볼 수 있는 저속한 장면을 교묘하게 승화시킨 표현 기법이 돋보인다.

〈서경별곡〉의 화자 역시 사랑에 불같이 뜨거운 맹렬 여성이다. 임이 자기를 사랑하기만 한다면 고향이나 생업을 모두 포기하고 감격하며 울면서 따라가겠다는 정도이다. 화자는 임에 대해 천년을 혼자 살아간들 신의를 변치 않겠다고 단언한다. 그러나 임은 떠나

야 하는 처지에 있고 그것이 현실로 드러나자 원망이 사무친다. 그러나 그러한 원망을 임에게 직접 퍼붓는 것이 아니라, 엉뚱하게도 대동강 건너편으로 임을 태워 보낸 사공에게 돌린다. 자기의 사랑이 깨진 것처럼 사공의 가정도 파멸이 되도록 저주할 정도로 임에 대한 사랑이 그만큼 극진했다. 이 같은 내용으로 말미암아 성종 때에는 이 노래가 '남녀상열'의 비속한 노래라 하여 문제가 된 적이 있었다. 이 노래의 배경이 된 대동강은 예로부터 남녀의 이별 장소로 유명하다. 정지상의 〈送人〉도 대동강을 배경으로 하였다.

(4) 〈쌍화점〉·〈정석가〉·〈청산별곡〉

이들 세 작품은 모두 연장체이면서 시적 화자가 임금과 직접 간접으로 관련되어 있다.

〈쌍화점〉은 4장이 동일한 구조로 병치되어 있다. ≪고려사≫ 속악조에 수록된 〈삼장三藏〉은 〈쌍화점〉 제2연과 내용이 같다. 기록에 의하면, 충렬왕이 연악宴樂을 즐겼으므로 측근들이 왕의 비위를 맞추기 위해, 남자로 분장시킨 여성 노래패들에게 이 노래를 지어 가르쳤는데, 이때의 분위기는 너무도 난잡하여 임금과 신하의 구분이 없을 정도였다 한다. 〈쌍화점〉에는 두 사람의 여성 화자가 등장한다. 주동화자는 만두 가게의 서역인 주인·삼장사의 주지·우물의 용(임금)·술집 사내와 육체적인 관계를 맺는다. 그리고는 불미스런 소문이 퍼질까 걱정하여 목격자에게 발설치 못하도록 위협한다. 그러나 소문은 퍼지고 그것을 들은 다른 화자가 등장하여 자기도 돈과 명예와 권력을 가진 그러한 사람들과 동침하고 싶다며 본능적인 독백을 한다. 그리고는 자신이 잠시 잘못된 생각에 빠졌음을 후회하여, 그러한 행위가 가장 더러운 짓이라며 도덕적인 자세로 돌아오는 내용이다. 주동화자가 관계를 맺은 인물들이 권력과 도덕의 정상인 임금과 주지, 그리고 돈을 가진 외국인과 마음껏 즐길 수 있는 술집 사내였다는 점에서 당시의 퇴폐적인 사회 기풍을 짐작할 수 있다. 그러나 외설스런 놀이용 노래로서는 제재의 배합이 적합하다고 느껴진다. 그리고 다수인이 참여한 노래인 만큼, 두 사람의 화자를 등장시켜 극적인 효과를 노린 기법도 범상치 않아 보인다. 이 작품은 결국 도덕성의 확인으로 끝났지만, 그것은 표면적 명분일 뿐, 그 이면에는 본능적 욕망과 그것을 균형 잡게 하는 도덕률의 두 속성이 인간에게 공존하고 있음을 여실히 보여주고 있다.

〈정석가〉는 ≪악장가사≫에 11장으로 되어 있지만 내용상으로는 6단락이다. 이 가운데 10·11장은 〈서경별곡〉의 내용과 동일하다. 이처럼 같은 구절이 다른 작품에 쓰인 현상은 고려 시단에서 유행한 용사用事나 집구시集句詩의 활용으로 설명이 가능하다. 〈정석가〉는 제1단락과 끝 단락만 다르고, 나머지 2·3·4·5 네 단락은 동일한 구조로 병치 반복되어 있다. 이 작품의 주제는 '유덕有德하신 임과 결코 이별할 수 없다'는 것이다. 임을 너무나 사랑하기 때문에 어떠한 난관이 닥치더라도 약속은 파기될 수 없고, 설령 천년을 홀로 산다 해도 믿음은 결코 변하지 않겠다고 결연한 자세를 보였다. 임과 결코 헤어질 수 없다는 단호한 자세를 표현한 기법이 특이하다. 현실적으로 해결이 불가능한 사실을 전제로 내걸고, 그것이 해결된 뒤라면 임을 떠나보내겠다는 표현법을 4단락에 걸쳐 반복하여 썼다. 그 같은 전제로 구운밤에서 싹이 나고, 옥을 바위에 접붙이어 많은 연꽃이 피고, 무쇠로 지은 관복이 다 닳고, 무쇠로 만든 소가 쇠풀을 먹음을 들었다. 이는 효자였던 문충이 〈오관산〉에서 어머니의 연로함을 한탄하며 "나무로 깎아 만든 닭이 홰를 치며 울을 때에 가서야 어머님이 늙으셔야 합니다"라고 읊은 것과 같은 표현법이다.

결코 헤어질 수 없다는 임의 정체는 누구인가? 첫장에 주목하면 개인적인 임이 아니라 임금으로 보아야 하겠다. 개인적인 사랑이 배경이라면 '선왕성대先王聖代'라는 말이 어울리지 않는다. 더구나 '딩아 돌하'가 단순히 징과 돌악기를 지칭한 것이 아니라, 형식을 갖춘 음악을 총칭한 말로서 음악이 있는 세상, 곧 태평성세를 나타내기 때문이다. 옛부터 완전히 구비된 악기로서 금·석·사·죽·포·토·혁·목金石絲竹匏土革木 8音을 들었다. 음악을 처음 시작할 때엔 금속악기를 사용하고, 끝맺을 때엔 돌(옥)악기를 사용하게 되어 있었다. 그러므로 〈정석가〉의 첫 행에서 '딩[鉦과 돌[磬]'이 있는 세상이 되게 해달라는 의미는, 임금의 덕화로 풍악이 있는 태평성세에 살고 싶다는 소망이고, 그렇게 덕이 있는 임금과는 결코 떨어져 살 수 없다고 하였으므로 이 노래는 임금에 대한 송도의 노래라 하겠다.

〈청산별곡〉은 고려가요를 대표하는 8장으로 구성된 작품이다. 학자들 사이에 작자(화자)의 정체나 내용에 대해 다른 주장들이 너무 많아 일일이 거론할 수 없을 정도이다. 논자에 따라 하층민·평민·지식인·예능 여인·기생 등 다양하게 작자를 추정하고 있으므로 내용 또한 각기 다르게 파악되고 있는 실정이다. 이는 〈청산별곡〉과 관련된 자료가 전혀 없고 작품에 난해어가 많기 때문이다. 의미의 통일성을 찾지 못해 민요편사설도 등장한 바 있다. 여기서는 창작설의 입장에서 살펴본다.

이 작품은 여음의 밝은 음조에 반해 내용이 어둡다. 화자가 억울하다며 울고 있기 때문이다. 우는 이유는 제5장에 밝혀져 있다. 자신은 미운 사람도 고운 사람도 없이 처신했다고 믿었는데, 투석자가 오해하여 자신을 응징했다는 것이다. 그런데 억울하면서도 투석자에게 감히 대항한 흔적이 작품에는 보이지 않는다. 그만큼 투석자는 화자에 비해 월등하게 높은 존재로 보인다. 갈등하는 두 집단, 그들의 조정역을 맡은 화자, 높은 존재인 투석자, 이러한 내면 구조를 종합할 때, 임금·고관·갈등하는 두 집단과 소속원들을 유추할 수 있다. 좀더 구체적으로 보면 〈청산별곡〉은 임금이 두 집단의 갈등을 해결하지 못한 책임을 물어 화자를 고관의 자리에서 파직시켰고, 이에 승복할 수 없는 화자가 억울해 하고 있는 내용의 작품으로 보인다. 여기서 청산과 바다는 궁궐의 대조어로서 낙향해야 할 자연, 즉 시골(고향)을 의미한다. 요컨대 〈청산별곡〉은 임금으로부터 갈등하는 두 당파를 조절하도록 위임받은 어느 고관이 직무를 편파적으로 수행했다는 오해로 인해 파직당하고, 자신의 억울한 심정을 〈귀거래사〉의 형식을 빌어 지은 작품이라 하겠다.

(5) 〈동동〉·〈처용가〉

위의 두 작품은 길이가 길고 형식도 다른 작품에 비해 독특하다. 〈동동〉은 서사를 제외하고도 정월부터 12월까지를 달거리 형식으로 썼고, 〈처용가〉는 극가劇歌 형식을 취하고 있다.

〈동동〉은 《악학궤범》에 동동 놀이 절차와 함께 가사가 수록되어 있다. 장의 구별 표시는 없으나 내용으로 보면 13단락으로 명확히 구분된다. 《고려사》 악지에 의하면 "동동 놀이는 그 가사에 송도頌禱하는 말이 많으며, 대체로 선어仙語를 본받았다"고 적혀 있어, 주제가 송도임을 알 수 있다. 그러나 '선어'에 대한 해석에는 이견들이 있다. 선仙을 국선 곧 화랑으로 보고 이들이 팔관회 등을 거행할 때 임금의 덕과 복을 송축하는 관습이 있었는데, 이 같은 전통에서 볼 때, 서사인 첫 장은 신령님과 임금님께 덕과 복을 바치러 나온다는 뜻으로 보기도 하고, 한편 주제나 제재가 중국의 〈십이월상사十二月相思〉 작품과 유사한 점으로 보아, 본래는 남녀가 이별하고 서로 그리워하는 작품인데, 이것이 궁중에 채용되면서 서사의 '송도지사'가 첨가되었을 것이라는 주장도 있다. 그렇다 하더라도 임의 정체를 두고 '죽은 임·살아 있는 임·원초적인 영상으로서의 우리 임' 등 다양한 주장이 있듯이 작품의 통석에도 막히는 곳이 적지 않다. 그렇지만 사별이건 생이별이건 임으로부터 버림받은 어느 여인이 임을 절절히 사랑한 내용을 담은 노래로 보는 데는 이의가 있을 수 없다. 〈동동〉에는 여러 장에서 화합하는 자연 현상이나 사람을 풍요하게 하는 세시 명절의 풍속이 제시되어 있다. 버림받은 여인으로서는 남들이 명절을 맞아 기쁨을 누릴수록 자신은 더욱 슬프고 외롭기 마련이다. 〈동동〉은 이러한 심리 효과를 잘 포착하여 대조적 수사에 성공한 작품으로 생각된다.

〈처용가〉는 대화와 해설로 구성된 독특한 시형으로서 열병신을 물리치기 위한 벽사진경의 노래이다. 내용을 보면, 극의 진행자가 나서서 그들이 당면하고 있는 문제(재앙)를 해결하기 위해 온갖 방법을 동원하여 처용을 부추겨 그에게서 확약을 얻어내는 과정으로 꾸며져 있다. 즉, 처용의 위대한 과거 예찬, 처용의 뛰어난 용모 찬양, 처용의 훌륭한 의상 칭찬, 진행자의 위상 과시, 처용의 막강한 위력 환기, 물질로 처용 유혹, 처용의 역신 퇴치 약속, 역신의 도주, 진행자의 확인 선언 등으로 복잡하게 구성되어 있다. 이밖에 무가계 작품으로 ≪시용향악보≫에 실린 〈나례가〉·〈성황반〉·〈내당〉 등이 있으나 주목할 만한 내용이 보이지 않고, 여러모로 불분명한 점이 적지 않다. 악기의 구음이나 주문으로 보이는 여음이 많이 쓰인 점이 특이하다.

〈정읍사〉는 행상나간 남편이 오래도록 집에 돌아오지 않자, 불안해진 아내가 달에게 남편의 무사함을 기원한 작품이다. ≪고려사≫ 악지의 해설에 의하면 "그의 남편이 밤에 다니다가 해를 범할까 걱정하여 진흙탕물의 더러움에 의탁하여 이 노래를 지었다"고 했다. 따라서 남편이 객지에서 당할지 모르는 위험을 걱정했다기보다는 남편이 저지르는 일, 즉 다른 여자와의 관계를 걱정한 것으로 볼 수 있다. 그렇다면 '어느 이다 노코시라'를 '(당신과)함께 있는 사람이 어느 사람(여인)입니까, 제발 놓으십시오(관계를 끊으십시오)'로 해석할 수 있다. 그래야만 객지에 오래 머무는 남편을 걱정하는 아내의 보편적인 정서(걱정)로서도 자연스럽고, '진 곳을 밟는다'는 것이 비유어라는 ≪고려사≫의 해설과도 부합될 것이다.

3) 한역가요

한역가요는 본래 우리말로 불린 노래를 한시로 번역한 것이다.

이 경우, 한역시가 원가와 어떠한 관계에 있는가를 먼저 고려해야 하겠다. 가장 일반적인 것은 원가를 충실히 직역한 부류일 것이다. 그러나 ≪소악부≫의 〈처용〉은 관극시의 성격을 띠고 있어 원가와는 거리가 멀고, 〈정과정〉은 전체를 직역한 것이 아니다. 나아가 〈제위보〉처럼 원가를 다른 각도에서 번역하는 경우도 있을 수 있다. ≪고려사≫ 속악조에서는 이 작품을 정절의 여인으로 해설하였으나 이제현의 ≪소악부≫에서는 절절한 연모의 시로 그려져 있어 전혀 다른 양상을 보이고 있기 때문이다. 이처럼 원가와 번역시 사이에는 내용면에서 거리가 있을 수 있다. 그러므로 한역시를 통해 고려가요의 내용을 살핌에는 일정한 한계가 있음을 먼저 고려해야 하겠다.

한역가요의 최초의 작품은 광종 때 장진공이 번역한 〈한송정〉이다. 이것은 달밤에 경포대에서 객수客愁를 읊은 작품이다. 그 뒤 한역가요가 보이지 않다가 이제현과 민사평에 이르러 몇 작품이 등장한다. 이들의 번역시 중 앞서 거론하지 않은 몇 편을 살펴보겠다.

이제현의 ≪소악부≫ 가운데 〈소년행〉을 들어 본다.

　　봄 옷 벗어 어깨에 걸치고 / 친구 불러내어 채마밭에 들어가 /
　　이리 뛰고 저리 뛰며 나비 잡던 일 / 어제의 놀이인 듯 눈에 선하네.

어린 시절의 즐거웠던 추억을 동요처럼 눈에 선하게 그린 작품이다.

〈북풍요〉 또는 〈탐라도〉라 불리는 작품에는 빈번하게 찾아오는 내륙의 관리를 뒷바라지하기에 생업조차 제쳐두고 궁핍하게 살아가는 제주도 백성들의 아픔이 서려있다.

　　쓰러진 보리를 그대로 놓아두고 /
　　잔 가지 생긴 대로 삼대조차 방치했네 /

청자와 백미를 가득 싣고서 /
북풍선 오기만을 기다린다오.

이제현은 이 작품에 대해 "농토의 개간이 없는 데다가 관리들이 자주 드나들어 전송과 영접에 시달려 백성들이 불행했다"며 동정적인 해설을 붙였다.

민사평의 ≪소악부≫ 6편 중, 제2편의 노래는 다음과 같다.

물 위에 뜬 거품을 건져내여 /
굵고 성근 베주머니에 부어 담고는 /
어깨에 짊어지고 오는 그 모양 /
세상 일 황당함과 흡사하구려.

세상살이를 마치 물거품을 지고 가는 것으로 비유하여 인생의 황당함을 실감있게 표현하였다. 제6편은 진주 사록 위제만이 기생 월정화에 빠져 그 아내를 근심으로 죽게 했다는 〈월정화〉를 한역한 것으로 추측된다.

거미여, 거듭 거듭 정중하게 청하노니 /
꼭 앞 길목에 그물을 쳐두어 /
멋대로 날 버리고 꽃으로 날아가는 저 나비를 /
붙잡아 매어두고 허물을 반성케 해주게나.

기녀 월정화를 꽃에, 그녀에 빠진 남편을 나비로 비유하고, 거미에게 그물을 쳐서 남편이 허물을 반성하도록 해달라는 버림받은 여인의 눈물겨운 애소가 잘 나타난 작품이라고 생각한다.

한편, 한역가요에는 참요를 번역한 작품도 있다. 한역 참요로는 ≪증보문헌비고≫ 등에 〈보현찰요普賢刹謠〉·〈호목요瓠木謠〉·〈만수산요

萬壽山謠〉·〈아야요阿也謠〉·〈우대후요牛大吼謠〉 등이 있으나, 여기서는 〈묵책요墨冊謠〉를 소개한다.

　　가는 베로 만든 도목都目 /
　　책이 온통 까맣게 되었구료 /
　　(도목이 헐어) 기름을 먹일까 하였더니만 /
　　올해는 삼씨조차 수확이 적어 기름도 못 얻겠네.

　27代 충숙왕 때에 김지경金之鏡이 인사를 맡아 보았는데, 인사 명부인 도목都目에 기준도 없이 멋대로 지우고 다시 썼으므로, 그 책이 온통 붉은 글씨와 먹 글씨로 알아 볼 수 없을 정도였다. 당시 사람들이 이같이 주견 없는 인사 정책을 비꼬아 묵책정사墨冊政事라 했다고 한다. 〈묵책요〉는 '삼씨조차 수확이 적어 더 이상 도목을 보수할 수 없다'고 풍자하여, 그 당시 인사 정책이 얼마나 무원칙했던가를 짐작할 수 있다.

金善祺 / 충남대

◇ 참고문헌

　• 著書

권경순,〈고려속요는 민요인가〉,《한국문학사의 쟁점》, 집문당, 1986.
김대행,〈고려가요의 계통문제〉,《고려시대의 가요문학》, 새문사, 1982.
김대행 외,《高麗詩歌의 情緖》, 개문사, 1986.
김명호,〈고려가요의 전반적 성격〉,《고전시가론》, 새문사, 1984.
김선풍,〈고려가요의 형태적 고찰〉,《고려시대의 가요문학》, 새문사, 1982.

김열규 외, ≪高麗時代의 가요문학≫, 새문사, 1982.
김준영, ≪韓國古典詩歌硏究≫, 형설출판사, 1990.
김학성, 〈고려가요연구의 연구사적 비판〉, ≪고려시대의 가요문학≫, 새문사, 1982.
_____, ≪國文學의 探究≫, 성균관대 출판부, 1987.
김흥규, ≪韓國文學의 理解≫, 민음사, 1986.
려증동, 〈고려노래에 있어 잘못 들어선 점에 대하여〉, ≪한국시가연구≫, 형설출판사, 1981.
박노준, ≪高麗歌謠의 硏究≫, 새문사, 1990.
성기열, 〈고려가사 중 부전가요의 문제〉, ≪고려시대의 가요문학≫, 새문사, 1982.
성호주외, ≪國文學新講≫, 새문사, 1985.
양태순, 〈정읍사는 백제노래인가〉, ≪한국문학사의 쟁점≫, 집문당, 1986.
윤영옥, ≪高麗詩歌의 硏究≫, 영남대 출판부, 1991.
간행위원회, ≪한국고전시가작품론≫ 1, 집문당, 1992.
이임수, ≪麗歌硏究≫, 형설출판사, 1988.
정병욱, ≪한국고전시가론≫, 신구문화사, 1980.
조동일, 〈고려가요의 갈래 시비〉, ≪고려시대의 가요문학≫, 새문사, 1982.
간행위원회, ≪한국문학통사≫ 2, 지식산업사, 1983.
최동원, 〈고려가요의 향유계층과 그 성격〉, ≪고려시대의 가요문학≫, 새문사, 1982.
최미정, 〈별곡에 나타난 병행체에 대하여〉, ≪한국시가문학연구≫, 신구문화사, 1983.
최정여, 〈고려의 속악가사〉, ≪한국고시가연구≫, 계명대 출판부, 1989.

- 論 文

김갑기, 〈고려가요의 계통문제〉, ≪국어국문학≫ 82, 1980.
김선기, 〈고려속요의 소위 구전설에 대한 비판〉, ≪어문연구≫ 25, 1994.

_____, 〈청산별곡의 해석적 고찰〉, ≪모산학보≫ 7, 모산학술연구소, 1995.
김영일, 〈별곡의 형성과 여음고〉, ≪가라문화≫ 1, 경남대 가라문화연구소, 1982.
김준영, 〈경기체가와 속가의 성격과 계통에 관한 연구〉, ≪한국언어문학≫ 13, 1975.
박준규, 〈고려속악 31편에 대하여〉, ≪한국언어문학≫ 3, 1965.
이능우, 〈고려가요의 성격〉, ≪고려가요연구≫, 국어국문학회, 1985.
조종업, 〈처용가고〉, ≪모산학보≫ 7, 모산학술연구소, 1995.
최미정, 〈고려가요와 역해악부〉, ≪우전 신호열선생 고희기념논총≫, 창작과 비평사, 1983.

제5장

景幾體歌

1. 명칭과 연구현황

경기체가 장르에 대한 명칭은 경기체景幾體(안확), 경기체가景幾體歌(조윤제), 경기하여가景幾何如歌(이명선, 구자균), 경기하여가체景幾何如歌體(우리어문학회 국문학개론), 별곡別曲(김태준), 별곡체別曲體(이병기, 양주동), 별곡체가別曲體歌(김기동, 김창규), 한림별곡체翰林別曲體(김사엽, 정병욱), 경기체별곡景幾體別曲(박성의) 등 실로 다양하게 불려지기도 하는데 지금까지 학계에서 가장 많이 쓰여진 '경기체가景幾體歌'란 이름을 사용하기로 한다. 경기체가란 명칭도 작품 속에 '-경-景 긔 엇더 ᄒ니잇고'나 '경기하여景幾何如' 등의 구절이 있기에 붙여진 이름이다.1)

장르명칭의 예를 들면, 정병욱님은 속요(여요, 고려가요, 려가)를 '청산별곡류'로, 경기체가를 '한림별곡류'라 하고 전체를 '별곡別曲'이란 이름으로 불렀으며, 조윤제님은 청산별곡류를 '장가長歌', 한림별곡류를 '경기체가'라 이름했고, 이병기님은 청산별곡류만을 '별곡'으로, 한림별곡류를 '별곡체'라 했으며, 이명구님은 청산별곡류를 '속요'로, 한림별곡류를 '경기체가'로, 전체를 '고려가요'라 이름했다.

---

1) 경기체가의 운율을 가진 〈미타경찬〉, 〈미타찬〉, 〈안양찬〉 등의 작품에는 '景'이란 자구가 없고, 특수한 句節이나 字句의 사용으로 장르이름을 붙이거나, 특수한 자구를 '-體'라고 부르는 것 등에 문제가 없는 것은 아니지만 학계에서 통용되어온 명칭을 일단 사용하기로 한다.

그러므로 학자들의 논문을 읽을 때 그 명칭이 지칭하는 장르가 무엇인가를 정확히 알아야만 올바른 이해가 가능하다.

경기체가의 성격을 조윤제님은 단가短歌에서 장가長歌로 변천하는 과도기의 소산으로 사詞와 사륙문四六文을 모방한 특권계급의 기형적이고 퇴폐적인 문학이라 하였고, 정병욱님은 청산별곡류와의 동질성을 들어 별곡이라 이름하고 전통적 시가형식을 계승한 문학으로, 이명구님은 송사와 당악의 영향을 받은 신흥사대부의 발랄하고 활기찬 문학으로 보았다.

경기체가의 장르에 대하여 서정시가抒情詩歌·서경시가敍景詩歌·교술시가敎述詩歌, 서정과 교술의 혼합 등 여러 가지로 성격을 규명하고 있다. 그러나 경기체가는 서구적인 3분법이나 조동일교수의 4분법에 합당한 단순한 장르로 보이지는 않는다. 김흥규교수의 견해와 같이 "교술과 서정이 대조적인 범주로 준별될 수 없는 사고방식과 지향을 가진 문화의 소산이며, 조동일교수의 개념을 빌어서 말한다면 그것은 서정과 교술의 중간에 있는 장르이며, 전통적 3분법의 틀을 참조한다면 서정의 가장자리에 있는 주변 장르이다"라고 한 견해[2]는 타당한 설명이라 생각된다.

문헌자료에 대한 연구로는 최정여, 김창규, 이상보, 김문기님, 장르론으로는 조동일, 김학성, 김흥규님, 일반론으로는 이명구, 김창규, 김준영, 김택규, 김문기, 성호경님 등 여러 학자들의 연구업적이 있다.

2. 작품개관

경기체가는 고려 고종 때인 13세기부터 조선 선조 때인 16세기

---

[2] 김흥규, 〈장르론의 전망과 경기체가〉, 〈한국시가문학연구〉, 《백영 정병욱선생 환갑기념논총》 2, 신구문화사, 1984, 244~245쪽.

사이에 주로 창작되어졌는데, 최후의 작품으로 발굴된 19세기의 〈충효가忠孝歌〉까지를 합하면 이제까지 모두 25편3)의 경기체가 작품들이 전해져 오고 있다. 이들 작품들의 개관을 도표로 정리해 보면 다음과 같다.

경기체가의 작품현황

작품이름	작자	년도	장(聯)수	내용
1. 한림별곡 翰林別曲	한림학사	고려 고종조	전8장	신흥사대부들의 호기스런 모습
2. 관동별곡 關東別曲	안축安軸	고려 충숙왕 17 (1330년)	전9장,서사(1장) +관동8경	관동8경의 모습
3. 죽계별곡 竹溪別曲	〃	〃	전5장	고향 순흥順興 죽계의 승경勝景과 미풍을 노래
4. 상대별곡 霜臺別曲	권근權近	조선 정종~태종 (1400년 전후)	전5장 (5장만 4행)	조선 신흥국가 관원들의 호기스런 기상
5. 화산별곡 華山別曲	변계량 卞季良	세종7년(1425)	전8장	조선의 창업과 수도 한양, 세종의 선정등을 찬양
6. 연형제곡 宴兄第曲	미상	세종14년(1432)	전5장	형제간의 우애
7. 구월산별곡 九月山別曲	유영柳潁	세종 5년(1423)	전4장	유씨柳氏문중이 일어난 구월산과 문중의 기풍을 찬양
8. 오륜가五倫歌	〃	세종조	전6장	오륜五倫과 도덕을 노래
9. 성덕가聖德歌	예조禮曹	세종11년(1429)	전6장	중국황제와 우리 왕조의 번 영을 기림(모화주의적 작품)
10. 축성수 祝聖壽(성수 가聖壽歌)	예조禮曹	〃	전10장, 각장2행,파격형	〃
11. 미타경독 彌陀經讀	기화己和	세종조	전10장	불교에 귀의할 것을 노래
12. 미타찬彌陀讚	기화己和	세종조	전10장	불교에 귀의할 것을 노래
13. 안양찬安養讚	〃	〃	〃	〃
14. 서방가西方歌	의상화상 義相和尙	〃	〃	〃
15. 기우목동가 騎牛牧童歌	석지은 釋智訔	세조조	전12장	불교에 정진할 것을 노래

---

3) 김문기교수는 祝聖壽 작품을 頌禱詩로 보아 24편으로 보았는데 제 2행에 '偉-景何如'란 구절이 있으므로 주세붕의 작품들과 마찬가지로 파격적인 경기체가로 보아야 하겠다.

16. 불우헌곡 不憂軒曲	정극인 丁克仁	성종3년(1472)	전7장, (7장만 3행)	임금에 대한 감사와 향리생활에 自足함을 노래
17. 금성별곡 錦城別曲	박성건 朴成乾	성종11년(1480)	전6장, 각장이 5-9행	금성산金城山 금성포 나주인들의 과거급제를 찬양
18. 배천곡配天曲	미상 (예조?)	성종23년(1492)	전3장	성종의 덕을 칭송한 공자의 제사에 사용한 악장
19. 화전별곡 花田別曲	김구金絿	중종14년-25년 (1519-31)	전6장	유배지 해남의 풍경과 풍류
20. 도동곡道東曲	주세붕 周世鵬	중종조(1541)?	전9장, 각장2-5, 파격형	우리나라의 유학을 칭송
21. 육현곡六賢曲	〃	〃	전7장, 각장2,3행 파격형	정이천程伊川 등 중국 6현賢을 칭송
22. 엄연곡儼然曲	〃	〃	전7장, 각장2,3행, 파격형	현자賢者에 대한 칭송과 도덕을 찬양
23. 태평곡太平曲	〃	〃	전5장, 각장2,3행, 파격형	유자儒者가 본받아야 할 몸가짐
24. 독락팔곡 獨樂八曲	권호문 權好文	명종16-선조20 (1561-1587)	전7장만 전함, 행수가 길어짐	자연 속에 묻혀사는 풍류를 노래함
25. 충효가忠孝歌	민규閔圭	철종11년(1860)	전6장	충효의 도덕을 선양함

* 이밖에 가사가 전하지 않는 작품으로 변효문卞孝文의 〈완산별곡完山別曲〉과 반석평潘碩枰의 〈관산별곡關山別曲〉이 있었다 함.

3. 장르형성 및 기본형

원순문元淳文 인로시仁老詩 공로사육公老四六
이정언李正言 진한림陳翰林 쌍운주필雙韻走筆
충기대책冲基對策 광균경의光鈞經義 양경시부良鏡詩賦
위 시장試場ㅅ경景 긔 엇더 ᄒᆞ니잇고
금학사琴學士의 옥순문생玉笋門生 금학사琴學士의 옥순문생玉笋門生
위 날조차 몃부니잇고(한림별곡 제1장)

경기체가의 첫 작품으로는 고려 고종 때의 〈한림별곡〉을 들 수 있다. 그러나 근자에 〈한림별곡〉의 창작시기를 안축의 〈관동별곡〉 및 〈죽계별곡〉과 비슷한 14세기로 보고자 하는 견해[4]도 있으나 '고종시한림제유소작高宗時翰林諸儒所作'이란 기록이나 '금학사琴學士의 옥순문생玉筍門生 위 날조차 몃부니잇고'라고 한 내용으로 보아 최소한 금의琴儀의 문하생들에 의한 창작으로 생각된다. 문하생들이 선생에 대한 추앙과 자신들의 당당함을 노래했기에 '나'라는 대명사를 직접 사용한 것으로 보인다. 금의는 1230년 고종 17년에 타계했으므로 그의 문하생들이 살아서 추앙하던 시기는 적어도 13세기 중엽, 고종대(1214~1259)를 넘지는 않을 것으로 짐작된다.

이러한 새로운 양식의 작품은 완전히 새로운 독창적 창조물은 아니다. 어디에서 주된 영향을 받아 양식의 형태가 완성되었느냐의 문제는 있겠지만 한 장르에서 그대로 답습한 것이라고 할 수는 없다. 경기체가의 양식 또한 전래의 향가문학이나, 〈정과정곡〉 등 초기 속요작품, 민요 등에 외래적인 한시나 사륙문四六文, 송사宋詞, 악부樂府 등의 영향, 음악적으로 당악의 향악화의 한 과정으로 한자가사의 사용 등 다양한 영향들로 이루어진 특이한 양식이라 할 수 있다.

장르의 변화나 발달은 동질성에서부터 이질성으로, 하나에서 여럿으로 다양한 변화를 추구하는 것이기에 경기체가 또한 하나의 개별 속악곡에서 출발하였으나 〈관동별곡〉과 〈죽계별곡〉 등의 유사한 모형이 만들어지고, 조선 초에 이르러 조선 조정의 필요에 의하여 여러 작품들이 창작되어 악장으로 사용됨으로써 비로소 하나의 장르군을 형성하게 된 것이다.

조선의 음악정신은 예악禮樂사상이다. 모든 음악을 통하여 통치이념을 구현하고 백성을 교화하여 치자治者로서의 왕도를 실현하고자 하였다. 조선을 건국한 뒤 나타난 음악의 경향을 보면 예악정신을 이루기 위한 몇 가지의 방법이 엿보인다. 그들은 새로운 유교이념에 입각하여 조선을 건국하고 건국이념에 합당한 새로운 음악을

---

4) 성호주, 《경기체가의 형성연구》, 제일문화사, 1988, 101~104쪽 ; 성호경, 《한국시가의 유형과 양식연구》, 영남대 출판부, 1995, 121~136쪽.

통해 조선의 기반을 굳건히 하고 싶었다. 그러나 새로운 음악의 창작이 여의치 않았다.

우선 가장 손쉬운 방법이 고려음악을 답습하되 그 가사만을 조선적인 것으로 바꾸는 방법이다. 첫째는 속요(려가)의 음악을 그대로 사용하며 가사만을 바꾸어(한자가사) 사용한 〈납씨가納氏歌〉, 〈정동방곡靖東方曲〉, 〈횡살문橫殺門〉5) 등이 있고, 둘째는 속요(려가)의 형태를 빌어 새로운 우리말 가사를 짓고 음악을 창작한 〈유림가儒林歌〉, 〈신도가新都歌〉, 〈감군은感君恩〉 등이 있으며, 셋째는 속요 중에서 특별히 〈한림별곡〉의 형식을 빌어 악장으로 사용한 작품(한림별곡의 음악을 그대로 사용하고 한림별곡의 문학양식에 맞추어 가사만 변경)이 여러 편 창작되었는데 여기에는 〈상대별곡〉, 〈화산별곡〉, 〈연형제곡〉, 〈오륜가〉, 〈성덕가〉 등이 있다.

이들 중에서 유학자들의 성정性情에 가장 합당한 방법이 〈한림별곡〉의 형식을 빌리는 것이었다. 그 까닭은 〈한림별곡〉의 형식은 한자로 가사를 만들기에 유학자들이 손쉽게 지을 수 있었으며, 장형長型의 연장체(첩연)이기에 그들의 의도를 충분히 표현하여 전달하기에 용이했으며, 정제된 형식이 그들의 취향에 맞았기 때문이다.

〈한림별곡〉은 속악俗樂(향악鄕樂)의 개별 악곡인 속요의 한 작품으로 창작되었다. 그러므로 운율이나 리듬에 있어 다른 속요작품들과 크게 다르지 않다. 한 예로 〈쌍화점〉과 〈정석가〉의 한 장씩만을 보면 경기체가와 결코 다른 리듬이라고 할 수 없으며6) 〈한림별곡〉

---

5) 장사훈님은 청산별곡의 곡에 납씨가를, 서경별곡의 곡에 정동방곡을, 자하동곡에 횡살문의 가사를 사용하였다고 함(장사훈, 《국악논고》, 69~72쪽).
6) 쌍화점에 쌍화사러 가고신딘
회회아비 내손모글 쥐여이다
이말스미 이점밧긔 나명들명
(다로러거디러)죠고맛감 삿기광대 네마리라 호리라
(더러둥셩 다리러디러 다리러디러 다로러거디러 다로러)
긔자리예 나도자라 가리라

과 〈관동별곡〉, 〈죽계별곡〉의 우리말이나 이두를 보면 속요의 운율들과 크게 다르지 않다.7) 이러한 유사성 때문에 정병욱교수는 같은 별곡의 범주에 포함시킨 것이다. 속요와의 공통점을 찾아보면, 각 장(연)이 연장체(첩연)이고, 각 장이 전절前節과 후절後節로 구분되며, 6행연이 많고, 음보와 음수율이 서로 비슷하다. 그러나 조선 초기 동일한 형태의 악장이 〈한림별곡〉의 형태를 취하여 창작됨으로써 경기체가는 속요와는 차별적인 정형성을 획득하게 되었다.

고려시대의 이들 경기체가는 엄격한 형태의 정형문학은 아니다. 〈한림별곡〉에서조차 일정하지 않던 장르양식이 조선초기에 이르러 그 정형성을 의식하였음을 알 수 있다. 〈화산별곡〉, 〈연형제곡〉, 〈오륜가〉, 〈성덕가〉, 〈구월산별곡〉이 다섯 작품의 음수율은 다음과 같은 동일한 정형을 지니고 있다. 〈구월산별곡〉은 개인의 창작이나, 작가 유영柳潁이 태조에서 세종시까지 중앙에서 벼슬(대사헌, 예조참판)을 한 관료로 당대의 경기체가에 정통하였던 것으로 생각된다.

    화산남華山南 한수북漢水北 조선승지朝鮮勝地

    (위위 다로러거디러다러러)
    긔 잔듸가티 덤거츠니 업다 (쌍화점 1장)

    삭삭기 셰몰애 별헤나는
    삭삭기 셰몰애 별헤나는
    구은밤 닷되를 심고이다
    그바미 우미도다 삭나거시아
    그바미 우미도다 삭나거시아
    有德ᄒ신 님믈 여히ᄋᆞ와지이다 (정석가 1장)

7) 위 내 가논듸 놈 갈셰라   (8장 4행) 〈한림별곡〉
   爲 古溫貌 我隱 伊西爲乎伊多   (4장 4행)
   爲 鷗伊鳥 藩甲豆斜羅   (7장 6행) 〈관동별곡〉
   爲 千里相思 又奈何   (4장 6행)
   爲 四節 游是沙伊多   (5장 6행) 〈죽계별곡〉

백옥경白玉京 황금궐黃金闕 평이통달平夷通達
봉치용상鳳峙龍翔 천작형세天作形勢 경위음양經緯陰陽
위 도읍都邑ㅅ경景 긔 엇더 ᄒᆞ니잇고
태조태종太祖太宗 창업이모創業貽謀 태조태종太祖太宗 창업이모創業貽謀
위 지수持守ㅅ경景 긔 엇더 ᄒᆞ니잇고 (화산별곡 제1장)

3, 3, 4 / 3, 3, 4 / 4, 4, 4 /
위 -경景 긔엇더 ᄒᆞ니잇고(전절)
4, 4, 4, 4 /
위 -경景 긔엇더 ᄒᆞ니잇고(후절)

 형식의 변화에 따른 종류로 기본형, 변격형, 파격형으로 나누기도 하는데, 기본형을 어떻게 설정하고 무엇을 변형變形이나 파형破形으로 보느냐의 문제는 그 관점에 따라 달라질 수 있다. 위의 형식을 경기체가 장르의 기본형[8]으로 하고 경기체가 문학이 갖는 공통적인 형식을 정리해 보면 다음과 같다.

① 모두가 연장체聯章體(첩연疊聯)로 이루어졌다.
② 한 장章이 6행行으로 전절 4행, 후절 2행으로 구성되어 있고,
③ 제 1, 2, 3행은 3음보이고 주로 '3, 3, 4 / 3, 3, 4 / 4, 4, 4'의 음수가 많으며,
④ 제5행은 '4, 4, 4, 4' 또는 '4, 4'의 음보(4음보 또는 2음보)와 음수로 구성되었고,
⑤ 제4행과 제6행은 '-경景 긔엇더 ᄒᆞ니잇고'의 형태이나 우리말로의 변형도 있다.

---

[8] 기본형의 설정에는 제4행과 제6행의 '위'와 '-景 긔 엇더 ᄒᆞ니잇고'를 어떠한 음수율로 계산하느냐에 따라 학자들마다 다양한 형태를 제시하기도 하다.

4. 작품 및 시대적 특성

1) 고려시대의 작품들

(1) 한림별곡

당당당唐唐唐 당추자唐楸子 조협皁莢남긔
홍紅실로 홍紅글위 미요이다
혀고시라 밀오시라 정소년鄭少年하
위 내 가논되 눔 갈셰라
삭옥섬섬削玉纖纖 쌍수雙手길헤 삭옥섬섬削玉纖纖 쌍수雙手길헤
위 휴수동유携手同遊ㅅ경景 긔 엇더 ᄒᆞ니잇고(한림별곡 제8장)

〈한림별곡〉은 1장에서 문인들의 과거보는 풍류를, 2장은 서책을 읽는 풍류를, 3장은 서예하는 풍류를, 4장은 명주名酒를 마시는 풍류를, 5장은 아름다운 꽃들이 피어 있는 모습을, 6장은 아름다운 음악의 연주 모습을, 7장은 명산과 호반湖畔의 정자에 꾀꼬리가 우는 정경을, 8장은 미인과 함께 그네를 타는 황홀한 정경을 노래한 서경과 서정의 문학이다. 어떤 관념이나 목적을 문학을 통하여 보급하거나 설득하려는 교술 문학의 내용과는 거리가 있다.

서정문학이냐 서사문학이냐 하는 갈래는 작품자체가 인간의 정서를 어떤 양식에 담아 자신을 표현하고자 하는가, 아니면 자신의 생각을 객관적 이야기를 통하여 효과 있게 전달하고자 하는가 하는 문학의 표현방식과 효용사이에서 결정되어야 한다. 그러므로 교술문학의 개념도 어떤 관념, 곧 도덕이나 종교 등 특정한 목적을 실현하기 위한 일종의 문학양식이라고 해야만 그 존재의의가 있다.

〈한림별곡〉의 작품은 훌륭한 문장가들, 좋은 서책, 멋있는 글씨, 좋은 술, 아름다운 꽃들, 아름다운 음악, 아름다운 자연의 정경에서

아름다운 미인과 함께 즐기려는 이상향의 서정을 노래한 것이다. 이러한 서정은 려가의 보편적인 서정과 일치한다.9) 현실에의 고통과 비애를 덮어두고 모든 것이 조화된 영원한 이상향을 추구하려는 고려인들의 염원이 나타나 있다.

이와 같이 고려속악의 한 개별악곡으로 창작된 〈한림별곡〉형식은 다른 속요들이 우리말가사로 노래할 뿐 기록할 수 없었음에 비해 기록을 통하여 읽을 수 있다는 장점과, 한자를 가사로 사용한 점, 사물의 나열이라는 손쉬운 구성양식 등으로 인하여 신흥사대부들의 흥미를 끌어 안축에 의해 〈관동별곡〉과 〈죽계별곡〉이라는 개인창작이 이루어진다.

이 두 작품은 관동과 죽계의 자연의 풍치를 노래한 유람 기행문학이며 풍류문학인 셈이다. 이들 고려시대의 경기체가 작품들에서 호기나 자랑풍의 교술적 성격은 별로 보이지 않고 다만 '날조차 몇 부니잇고'나 '경景 긔 엇더ᄒ니잇고'의 상투적인 어투가 조선에 와서 자랑풍의 호기를 노래하는 문학으로 발전할 가능성을 잠재하고 있었다고 보아야 하겠다.(≪악장가사樂章歌詞≫, ≪악학궤범樂學軌範≫, ≪고려사≫ 악지)

(2) 관동별곡, 죽계별곡

이 두 작품은 모두 안축安軸의 작인데, 〈관동별곡〉은 고려 충숙왕 17년(1330) 안축이 강원도 존무사存撫使로 있다가 돌아오는 길에 관동의 절경을 보고 읊은 것이고, 〈죽계별곡〉은 그의 고향인 순흥 죽계竹溪에 돌아와 죽계의 승경과 미풍을 노래한 것이다. ≪근재집謹齋集≫과 〈죽계지竹溪志〉에 실려 있다.

해천중海千重 산만첩山萬疊 관동별경關東別境

---

29) 이임수, ≪려가연구≫, 형설출판사, 1988, 151~159쪽.

벽유당碧油幢 홍연막紅蓮幕 병마영주兵馬營主
옥대경개玉帶傾蓋 흑삭홍기黑朔紅旗 명사로鳴沙路
위爲 순찰경巡察景 기하여幾何如
삭방민물朔方民物 모의기풍慕義起風
특特 왕화중흥경王化中興景 기하여幾何如 (관동별곡 제1장)

2) 조선초기의 작품들

신흥사대부들에 의하여 조선의 역성혁명이 성공하자 조정에서는 음악을 통하여 새로운 조선 창업의 당위성을 홍보할 필요가 절실했다. 여기에 〈한림별곡〉의 형식이 가사를 만들거나 의미를 전달하기에 다른 려가작품들보다 훨씬 손쉬웠음에 틀림없다. 단순한 형식에다 한자가사의 구성이 쉽고, 조선건국에 대한 자랑과 당위성을 노래하고, 권력을 장악한 호기를 구가하기에 가장 적합한 양식이었던 것이다. 더불어 예악사상을 실현하기 위해 국가적인 忠이나 유교적 도덕을 노래함으로 교술적인 장르의 특색을 띠게 되었다.

□ 忠을 노래한 작품 〈4편〉

(1) 화산별곡華山別曲 : 세종 7년(1425) 변계량卞季良이 조선의 창업과 聖王 世宗에 대한 찬양. (악장가사, 악학편고, 세종실록)

(2) 상대별곡霜臺別曲 : 권근權近이 태종조에 지은 송도가頌禱歌, 신흥관료들의 호기스런 기상을 노래. (악장가사, 악학편고)

(3) 성덕가聖德歌 : 예조에서 지은 악장으로 중국황제와 우리 왕조의 번영을 기원한 모화주의慕華主義적 악장. (세종실록)

(4) 축성수祝聖壽 : 예조에서 지은 성덕가와 비슷한 악장이나 각 장이 2행의 파격적인 형식. (세종실록)

□ 도덕을 노래한 작품 〈2편〉

(5) 연형제곡宴兄弟曲: 작자는 모르나 세종 14년(1432)에 지어진 형제간의 우애를 노래. (악장가사, 악학편고)

(6) 오륜가五倫歌 : 작자 미상, 삼강오륜 즉 도덕을 노래함. (악장가사, 악학편고)

> 부생아父生我 모육아母育我 동기연지同氣連枝
> 면강보免襁褓 저반란著斑斕 죽마희희竹馬嬉戲
> 식필동안食必同案 유필공방遊必共方 무일불해無日不偕
> 위 상애相愛ㅅ경景 긔 엇더 ᄒ니잇고
> 양지양능良智良能 천부사연天賦使然 양지양능良智良能 천부사연天賦使然
> 위 솔성率性ㅅ경景 긔 엇더 ᄒ니잇고 (연형제곡 제1장)

이 시대(조선 개국에서부터 세조 때까지)의 다른 작품으로는 포교를 위한 불교적 경기체가와 개인의 가문을 자랑한 구월산 별곡이 있다.

□ 불교를 선양한 작품 〈5편〉

(7) 미타경찬彌陀經讚, 미타찬彌陀讚, 안양찬安養讚 : 기화己和스님에 의해 지어진 불교적 경기체가. (함허당어록涵虛堂語錄, 함허집涵虛集)

(8) 서방가西方歌 : 의상화상義相和尙이 지은 불교에 귀의할 것을 노래한 작품. (염불작법念佛作法)

(9) 기우목동가騎牛牧童歌 : 지은스님의 작으로 불도에 정진할 것을 권유한 노래. (적멸시중론寂滅示衆論)

> 생생세세生生世世 돈탈사견頓脫邪見 원리사마遠離邪魔
> 세세생생世世生生 절탐진치絶貪嗔癡 제멸아만除滅我慢
> 위爲 회향삼처경回向三處景 기여하위니이고幾如何爲尼伊古
> 회향삼처回向三處 실상도만實相圖滿 회향삼처回向三處 실상도만實相圖滿

위爲 졔미윤경졔미륜경諸迷淪景 아호하我好下亽 아미타불阿彌陀佛 (기우목동가 제1장)

□ 문화유씨文化柳氏 가문을 자랑한 작품⟨1편⟩

(10) 구월산별곡九月山別曲 : 세종 5년(1423) 문화유씨 족보를 만들면서 구월산에서 가문이 일어난 것을 자랑하고 대대로 가문의 복록이 끊이지 않기를 기원함. (문화유씨세보文化柳氏世譜)

구월산九月山 삼지강三支江 유주승지儒州勝地
후양말後梁末 전기초前期初 유씨기가柳氏起家
문간문정文簡文正 진신장경員愼章敬 대대봉공代代封公
위爲 적선유방경積善流芳景 기하여위니시질고幾何如爲尼是叱古
계지술사繼志述事 무첨조풍無忝祖風 계지술사繼志述事 무첨조풍無忝祖風
위爲 아종량我從良 기질분시고幾叱分是古 (구월산별곡 제1장)

작품 1에서 6은 조선 개국에 따른 충忠과 예禮를 노래하였는데 이러한 교술적 기능은 승려들로 하여금 작품 7, 8, 9 등의 불교적인 작품을 창작하게 하였다. 세종 때에 기화스님의 ⟨미타경찬⟩, ⟨미타찬⟩, ⟨안양찬⟩이, 의상화상에 의해 ⟨서방가西方歌⟩, 세조 때에 지은智늘스님의 ⟨기우목동가騎牛牧童歌⟩ 등이 불교의 포교를 목적으로 지어졌다. 그리고 악장으로 사용되지는 않았으나 개인 창작으로 세종 때 유영이 지은 유씨문중을 찬양한 ⟨구월산별곡九月山別曲⟩이 있다. 이 시대의 작품들은 ⟨구월산별곡⟩을 제외하고는 모두 특정한 관념이나 목적을 실현하고자 하는 교술적 문학으로 창작되었다고 말할 수 있다.

3) 후기의 작품들

성종대 이후에 지어진 모든 경기체가 작품들은 개인의 창작이다. 이들을 내용별로 정리해보면 다음과 같다.

□ 개인의 서정을 노래한 작품 〈4편〉

(1) 불우헌곡不優軒曲 : 정극인丁克仁이 벼슬을 사양하고 향리鄕里에 머물던 성종 3년(1472) 왕으로부터 특가삼품特加三品 산관散官의 벼슬을 받자 임금에 대한 감사와 향리생활에의 自足함을 노래한 전7장의 작품 (불우헌집不憂軒集).

(2) 금성별곡錦城別曲 : 박성건朴成乾이 나주고을 교수로 재임하던 성종11년(1480) 제자 10명이 소과에 급제 하자 그 감격을 자랑하고 금성포 나주에 대한 찬양 (성양박씨오한공파세보成陽朴氏五恨公派世譜).

(3) 화전별곡花田別曲 : 김구金絿가 기묘사화己卯士禍로 남해에서 유배생활을 하던 중종 14~15년(1530~1531)경에 지어졌다. 유배지인 해남의 풍경과 풍류를 노래한 전6연의 작품 (자암집自菴集).

(4) 독락팔곡獨樂八曲 : 자연 속에 묻혀사는 즐거움을 노래한 풍류 문학으로 권호문權好文의 작품인데 8곡이라 하였으나 실제로는 7곡만 송암속집松巖續集에 실려 있다.

> 태평성대太平聖代 전야일민田野逸民 태평성대太平聖代 전야일민田野逸民
> 경운록耕雲麓 조연강釣煙江이 이 밧긔 일이 업다
> 궁통窮通이 재천在天ᄒ니 빈천貧賤을 시름ᄒ랴
> 옥당금마玉堂金馬ᄂᆞᆫ 내의 원願이 아니로다
> 천석泉石이 수역壽域이오 초옥草屋이 춘대春臺라
> 어사와於斯臥 어사와於斯臥 부앙우주俯仰宇宙 유관품물流觀品物 ᄒ야
> 거거연居居然 호호연浩浩然 개금독작開襟獨酌
> 안책장소경岸幘長嘯景 긔 엇더 ᄒ니잇고 (독락팔곡 제1장)

□ 도덕을 노래한 작품 〈6편〉

(5) 配天曲 : 성종 23년(1492) 왕이 성균관에 거동하자 성종의 덕을 기

리는 뜻으로 공자의 제사에 사용하는 악장으로 지은 곡이다. (成宗實錄)

(6) 道東曲, 六賢曲, 儼然曲, 太平曲 : 중종 36년(1541년) 주세붕이 풍기 군수로 있으면서 지은 4편의 도덕가이다. 〈도동곡〉은 우리나라 유학의 근원인 안향을 기렸으며, 〈六賢曲〉은 정이천, 장횡거, 소요부, 사마공, 한위공, 범문정 등 송나라의 도학자 여섯사람의 육현을 칭송하였고, 〈儼然曲〉은 君者에 대한 칭송과 도덕의 중요함을, 〈太平曲〉은 공자의 덕과 儒者의 몸가짐에 대한 칭송을 노래한 작품들이다. (武陵雜稿, 竹溪志)

(7) 忠孝歌 : 1860년에 閔圭에 의해 忠孝를 주제로 지어졌으나 파격적인 형식과 타작품과의 엄청난 시간적 간격으로 볼 때 경기체가의 후대 模作으로 보인다.(高興柳氏世譜)

　　복희신농伏羲神農 황제요순皇帝堯舜 복희신농伏羲神農 황제요순皇帝堯舜
　　위 계천위극繼天位極 긔 엇더 ᄒ니잇고 (도동곡 제1장)

　　인심유위人心惟危 도심유미道心惟微 유정유일惟精惟一 윤집궐중允執厥中
　　위 주거니 받거니 성인聖人의 심법心法이 다믄 잇분니이다 (도동곡 제2장)

　도덕이나 관념을 목적으로 한 작품들은 교술 문학으로 보아도 좋으나 개인의 서정을 노래한 작품은 서정문학으로 봄이 더 좋을 듯하다. 개인의 독자적인 체험을 노래(금성별곡, 독락팔곡)하였거나, 지명이나 인명, 또는 사실들을 나열(금성별곡, 화전별곡)했지만 관념의 전달보다는 자신의 감정 표현을 일차적인 목적으로 하였다면, 비록 서정성이 빈약할지라도 서정문학으로 보아야 하겠다. 기행 문학의 경우 단순히 기행한 사실들의 전달이나 교육에 목적이 있다면 교술 문학이라 할 수 있지만 짧은 시문학의 형태 속에 자신의 감정을 표출하였다면 그를 교술 문학이라 하기는 어렵다.
　경기체가의 성격을 통틀어 교술 문학이라는 용어를 많이 사용하고 있으나 형성과정을 보면, 고려시대에 지어진 〈한림별곡〉은 문학양식이 한자가사를 사용한 특이성이 있긴 하나 다른 여가작품들과 마찬가지로 궁중의 잔치음악으로 사용되었으며, 집단에 의한 공동 창작일 가능성이 많고, 연주형식에 따른 전후절의 구성이며, 현실의 고통과 비애를 덮어두고 모든 것이 조화된 영원한 이상향을 추구하려는 여가작품들과 공통된 서정을 가졌기에 서정문학으로 보아야 하겠다.

경기체가 장르가 교술 문학으로 비치게 된 까닭은 조선 초기에 지어진 많은 작품들이 유교적 관념이나 도덕, 종교 등 특정한 목적을 실현하기 위한 교술의 문학으로 창작되었기 때문이다. 그러나 조선 성종 이후에 와서는 도덕을 선양한 교술 문학적 작품과 풍류를 노래한 서정문학적 작품이 공존하고 있다. 조선 세종 때 한글이 창제되고 중기에 이르러 한글시가가 꽃피자 한글이 없던 시대에 기록할 수 있다는 장점조차 없어지고, 경기체가의 음악적인 매력마저 소실되어 더 이상 장르로서 지속하기가 어려워졌다.

예를 든 권호문의 〈독락팔곡〉이나 주세붕의 〈도동곡〉을 보면 후대의 작품들은 음악의 소실로 정형의식이 약해지고 각 장의 행수行數와 각 행의 리듬이 파괴되어 멀지 않아 소멸의 길을 걷게 될 것을 짐작할 수 있다. 주세붕의 다른 작품들도 각 장이 2, 3행으로 구성되어 '―경景 긔 엇더 ᄒ니잇고'만 남아 겨우 그 명맥을 유지하고 있는 모습이다.

곧 고려속악의 하나로 출발하여 여말 선초의 신흥사대부들에 의해 고려의 잔치음악이나 조선의 예악(악장)으로 사용되던 경기체가의 기능은 조선 중기를 맞으면서 시대의 변화에 따라 그 필요성이 약화되어 경기체가의 서정 문학적 기능은 시조문학과 가사문학에 흡수되고, 교술 문학적 기능은 주로 가사문학이 담당하게 되었다.

李壬壽 / 동국대

◇ 참고문헌

• 著 書

금기창, ≪한국시가의 연구≫, 형설출판사, 1982.
김문기, 〈경기체가의 종합적 고찰〉, ≪고전시가론≫, 새문사, 1984.
성호경, 〈경기체가의 장르〉, ≪한국문학사의 쟁점≫, 집문당, 1986.
_____, ≪한국시가의 유형과 양식연구≫, 영남대출판부, 1995.
성호주, ≪경기체가의 형성연구≫, 제일문화사, 1988.
양주동, ≪여요전주≫, 을유문화사, 1947.
이명구, ≪고려가요의 연구≫, 신아사, 1980.
이임수, ≪려가연구≫, 형설출판사, 1988.
장사훈, ≪국악논고≫(5판), 서울대출판부, 1982.
정병욱, ≪한국고전시가론≫, 신구문화사, 1977.
조동일, ≪한국문학통사≫ 2 (제2판), 지식산업사, 1989.
최진원, 〈독락팔곡, 한거십팔곡의 隱求〉, ≪한국고전시가의 형상성≫, 성균관대 대동문화연구원, 1988.
황패강·윤원식, ≪한국고대가요≫, 새문사, 1986.

• 論 文

권영철, 〈불우헌가곡연구〉, ≪국어국문학 연구≫ 제2집, 효성여대, 1969.
김동욱, 〈한림별곡의 성립연대〉, ≪연세대 80주년 기념논문집≫, 인문과학, 1965.
김문기, 〈의상화상의 西方歌연구〉, ≪동양문화연구≫ 제5집, 경북대 동양문화연구소, 1978.
_____, 〈기우목동가연구〉, ≪어문학≫ 제39집, 한국어문학회, 1980.
김창규, 〈경기체가형식고〉, ≪국어교육연구≫ 제5집, 경북대, 1973.
_____, 〈구월산별곡고〉, ≪어문학≫ 제42집, 1982.
_____, ≪별곡체가연구≫, 효성여대 박사학위논문, 1987.

김흥규, 〈장르론의 전망과 경기체가〉, ≪한국시가문학연구≫, ≪백영 정병욱 선생 환갑기념논총≫ 2, 신구문화사, 1983.
박노춘, 〈경기체가작품 금성별곡에 대하여〉, ≪도남 조윤제박사 고희기념논총≫, 형설출판사, 1976.
이명구, 〈경기체가의 역사적 고찰〉, ≪대동문화연구≫ 제1집, 1963.
이상보, 〈박성건의 금성별곡연구〉, ≪명지대논문집≫ 제8집, 1975.
이임수, 〈경기체가에 대한 문학사적 검토〉, ≪어문학≫ 제57집, 한국어문학회, 1995.
이종출, 〈경기체가의 형태적고구〉, ≪한국언어문학≫ 제12집, 1974.
조동일, 〈경기체가의 장르적 성격〉, ≪학술원 논문집≫ 제15집, 1976.

제6장

時調

1. 시조의 개념

　시조는 우리 고유의 정형시이다. 우리의 고전 시가는 신라 향가로부터 시작하여 시대의 변천에 따라 여러 시형詩型이 기몰起沒하였지만 가장 오랜 동안을 우리 선민先民들과 함께 해 온 시형은 오직 시조밖에 없으며, 시조는 그 형식 그대로 지금까지도 널리 지어지고 있다.
　시조는 질량면으로 보더라도 다른 시가에 비하여 월등한 위치에 놓이며 따라서 우리 고전 시가중에서 가장 대표적인 시가형詩歌型이라고 단언할 수 있겠다.
　신라 향가가 널리 지어졌다고 하지만 주로 상류 지식층에서 즐긴 시가였을 것으로 여겨진다. 왜냐하면 향가를 지으려면 고도의 지식을 요하는 것이기 때문에 전 사회계층이 즐길 수 없는 시가형이었다. 고려시대의 시가인 고려가요와 경기체가도 그 당대의 일정한 사회 계층의 시가일 뿐이었다. 또 고려시대부터 널리 지어진 한시는 짓기가 어려워서 상당한 상류 지식층만이 즐긴데 그쳤을 뿐이었다. 시조는 그 시형이 간단할 뿐만 아니라 인간의 감정 정서를 진솔하게 옮기기에 매우 쉬운 시형이어서 위로는 군왕 사대부로부터 아래로는 초동樵童 급부汲婦 천기賤妓에 이르기까지 그들의 정감을 쉽게 시조에 담을 수 있었다. 따라서 우리의 고전시가는 시조에 와서야 비로소 전 사회계층이 다 함께 즐길 수 있는 시가가 되었던 것이다.
　시조가 일단 우리 선민들의 의취에 맞아서 정착된 이후로는 모든 사상이나 감정을 이 그릇에 담아서 즐겨 읊었으니 고시조 작자만 하더라도 근 300여 명에 이르며 시조 작품의 수수도 5000여 수에 이르고 있고 그의 내용만 하더라도 다른 시가 형들에 견주어 가장 다양하게 지어졌으니 시조에 와서야 전 국민이 참여할 수 있게 되었던 것이다.

저들은 시조에서 나라에 위태로운 일이 있을 때에는 우국을 읊었고 군왕에 대한 충성을 읊었으며 자손이나 백성들을 교화하기 위하여는 훈육적인 도덕을 읊었고 애정 취락 자연 한정 등을 읊었다.

우리는 선민들이 지은 시조를 봄으로써 그분들이 겪었던 시대적 상황을 여실히 알 수 있고 또 시조를 봄으로써 그분들의 관념과 이념을 알 수 있으며 또 시조는 생생한 역사의 기록이 되기도 하였다.

시조에 와서야 비로소 우리의 시가는 언문일치言文一致의 시가가 되었으니 문학사적인 입장에서 볼 때에 시조의 가치는 그 어느 시가보다도 가장 큰 것이었고 시조형태의 형성은 문학사상 그 의의가 가장 큰 것중의 하나가 되었다.

시조는 한국인의 정조情調에 가장 알맞으면서 한국인의 정신이 빚어낸 유일한 시형이었으니 그것은 한국인이 가장 오랜 동안을 갈고 닦아온 시형이었으며 우리는 선인들의 시조에서 한국적인 향토성과 멋과 그의 본질을 얼마든지 찾을 수 있다고 믿는다.

시조는 한국 시가의 가장 핵심적인 요체가 되었으니 만약 시조가 없었다면 우리의 시가문학사는 보잘 것 없는 것이 되고 말았을 것이며, 우리의 것이 아닌 남의 시가문학사가 되고 말았을 것이다.

육당 최남선崔南善은 그의 《시조유취詩調類聚》[1] 서문序文에서 〈시조는 조선문학의 정화며 조선문학의 본류〉라고 하였는바 시조는 한국 시가 문학의 가장 빛나는 꽃이며 또 한국 고전시가에서 가장 근본된 흐름이라고 하였으니 시조의 개념을 가장 적절히 표현한 것이

---

[1] 崔南善, 《時調類聚》 初版, 漢城圖書株式會社, 1928.

라고 믿는다.

시조라는 시형은 현대에만 이어질 뿐 아니라 먼 훗날 아니 우리 민족의 역사와 함께 영원토록 우리의 본질적 시형으로서 그 맥박이 쉬지 않고 이어질 것은 틀림없다고 믿는다.

2. 시조의 명칭

시조는 한국 시가형의 이름이다. 시조라는 명칭은 시조라는 시가 형식이 이루어질 때부터 불리웠던 것은 아니고 여러가지 이름으로 불리워져 오다가 조선 숙종대에 와서 시조라는 명칭으로 부르기 시작한 것으로 여긴다.

지금까지 알려진 시조 명칭에 관한 가장 오랜 기록은 영조대 사람인 석북石北 신광수申光洙(1712~1775)의 문집인 ≪석북집石北集≫에서 〈관서악부關西樂府〉에

初唱聞皆說太眞 초창문개설태진	처음에 노래를 듣고서 모두들 太眞(楊貴妃)을 말한다.
至今如恨馬嵬塵 지금여한마외진	지금도 馬嵬 언덕에서 죽은 太眞을 恨하는 것 같다.
一般時調排長短 일반시조배장단	일반으로 時調는 長短을 얹어서 부르는 것인데
來自長安李世春 내자장안이세춘	長安(서울)에 사는 李世春으로부터 시작된 것이다.

란 기록이 있어 시조에 장단을 배排한 사람은 서울에 사는 이세춘李世春으로부터 시작되었다고 했으니 시조의 명칭은 적어도 그 선대인 숙종대로 봄이 어떨까 한다.

백거역白居易의 장한가長恨歌에는

迴眸一笑百媚生   눈동자를 돌이켜 한 번 웃으매 백가지 아름다움이 생
회모일소백미생   겨나니

六宮粉黛無顏色   六宮에 있는 허구많은 궁녀들은 낯빛을 잃고 말았다.
육궁분대무안색

란 시구가 있고 ≪석북집≫과 〈장한가〉의 내용과 관계되는 다음의 시조가 있으니 이세춘은 다음의 시조에 장단을 배하였음을 알 수 있다.

일소백미생一笑百媚生이 태진太眞의 여질려질麗質이라
명황明皇도 이럼으로 만리행촉萬里行蜀하엿느니
지금至今의 마외방혼馬嵬芳魂을 못닉슬허ᄒᆞ노라 (海樂 692)

정조대 사람인 낙하생洛下生 이학달李學達의 낙하생고洛下生稿 고불고시집觚不觚詩集에

　　…
誰憐花月夜   누가 꽃피고 달 밝은 이 밤을 아끼는지
수련화월야

時調正悽懷   時調가 참으로 구성지구나.
시조정처회

라는 기록이 있고 또, 그의 주에는 "시조時調 역명亦名 시절가조時節歌調 개려항리어皆閭巷俚語 만성가지曼聲歌之"라고 했다.

다음으로 단가短歌라는 기록을 살피면 철종대 사람인 간송거사澗松居士 유만공柳晩恭의 ≪세시풍요歲時風謠≫에

寶兒一隊太癡狂   妓生 한 무리가 매우 흥에 겨워서 길을 가로 막고서
보아일대태치광

截路聯衫小袖裝	짧은 소매의 웃옷을 입고서
절로연삼소수장	
時節短歌音調蕩	時節短歌를 音調가 호탕하게 부르는데
시절단가음조탕	
風冷月白唱三章	바람은 시원하고 달빛은 밝은데 三章을 부르더라.
풍냉월백창삼장	

란 기록이 있고 ≪성종실록≫ 권122 성종 11년 10월조에 정극인丁克仁의 상서문上書文과 농암집聾巖集 생일가生日歌 서문序文, 송강 정철의 훈민가訓民歌 주기註記 허두虛頭, 김수장金壽長의 해동가요海東歌謠 서序 등에 나오고 있다.

다음에 "시조"라는 명칭이 ≪동국통감≫ 권40 충렬왕 22년 7월조에는 다음과 같은 기록이 있다.

以注薄 金元祥 爲通禮門祗候 內侍 朴允材 爲權務 梁州妓謫仙來者 得幸於王 元祥允材 與妓同里閈相往來 元祥製詩調曰太平曲 令妓習之 一日內宴 歌其詞 王妤變色曰 此非能文者 不能 誰爲之耶 妓對曰 妾之兄第 元祥允材所製也 王喜曰 有才如此不可不用遂除之 (주박主薄 김원상金元祥은 통례문지후通禮門祗候가 되었고 내시內侍 박윤재朴允材는 권무權務가 되었다. 양주기생梁州妓生으로 적선래謫仙來라는 기생妓生은 왕王의 사랑을 받고 있었다. 원상元祥와 윤재允材는 그 기생妓生과 한 마을에 살았는데 원상元祥은 시조時調를 짓고 태평곡太平曲이라고 이름하여 기생妓生으로 하여금 이를 익히게 하였는데 어느날 내연內宴에서 그 가사를 노래하니 王은 놀라면서 변색하여 이르기를 이것은 문文에 능能한 자者가 아니라면 지을 수 없는 것이니 누가 지은 것이냐고 물으니 기생妓生은 대답하여 이르기를 첩妾의 형제兄弟 원상元祥 윤재允材가 지은 바라고 하니 왕王은 기뻐하면서 재주가 있음이 이와 같으니 쓰지 않을 수 없어 드디어 이에 임명한다고 하였다.)

다음에 '신성新聲'이란 명칭이 ≪동국통감≫ 권40 충렬왕 25년 5월

조에는

> 又選城中 官婢及巫善歌者 籍置官中 衣羅綺戴馬毛笠 別作一隊 稱爲男粧 敎以新聲
> (또 성중城中의 관비官婢와 무당중巫堂中 노래를 잘 하는 사람을 뽑아서 궁중宮中에 소속시키고 비단옷을 입히고 말털로 만든 모자를 씌우고 따로 일대一隊를 만들어서 남장男粧이라 이르고 신성新聲으로써 가르쳤다.)

김수장金壽長은 ≪해동가요海東歌謠≫에서 김천택金天澤의 시조후時調後에

> 金君伯涵以善唱鳴國中一洗下里之陋而能自爲新聲瀏亮可聽又製新曲數十闋
> (김천택金天澤은 창唱을 잘 하기로 이름이 높아 속俗된 음악音樂의 누陋를 씻어서 능히 스스로 신성新聲을 이루어 가히 들을 만 하였고 또 신곡新曲 수십결數十闋을 지었다.)

고 하여 여기에는 '신성新聲', '신곡新曲'이란 명칭을 썼다.

또 정윤경鄭潤卿의 ≪청구영언靑丘永言≫ 서에는 '신번新飜'이란 명칭을 썼고 김천택은 ≪해동가요≫에서 주의식朱義植 시조후時調後에서도 '신번'을 썼다.

위에서 열거한 바, 시조와 관계있는 각 명칭들을 고찰하여 보면 ≪동국통감≫에서의 '시조', '신성'은 시조와 직접 관련된 명칭이라고 볼 수 없고 오직 그 당시에 새로 지은 노래였다고 보겠다. 그러나 '시조'時調'는 현대에 와서도 '시조時調'와 '시조詩調'를 혼용하여 쓰는 경향도 있으나 이는 한시에 바탕을 두었다는 의미에서 생긴 말일 뿐 '시조時調'를 '시조詩調'라고 씀은 잘못이다.

'단가短歌'라는 명칭은 ≪성종실록≫·농암집·송강가사·훈민가주기訓民歌註記·김수장의 〈해동가요〉서 등에 나오고 있으니 단가는 장가에 대한 말이며 이 단가는 바로 지금의 시조를 지칭한 것이라고 볼

수 있다. 즉 장가는 가사와 가까운 사설체辭說體를 일컬었고 단가는 단형시가短型詩歌인 시조를 일컬은 것이었다.

≪청구영언≫에서 "신번" 해동가요에서의 '신번', '신곡' 등의 명칭이 쓰였는데 ≪청구영언≫이 편찬될 때만 하더라도 '시조'라는 명칭으로의 통일을 보지 못하고 다른 명칭들로 혼용되었던 모양이다.

그러면 위에서 단가·신번·신성 등의 명칭은 음율 가곡면歌曲面에 치우쳐진 명칭으로 불리워진 것이었다.

오늘에 와서 '시조'의 명칭은 다만 가곡면으로만 쓰이지 않고 시조를 이루고 있는 가사의 내용면으로도 비중이 크기 때문에 음악적인 면과 문학적인 면의 양면성을 지니고 있다. 그러나 영·정조때에는 가사의 내용보다는 창곡적唱曲的인 비중을 크게 두었다고 믿는다.

현대에는 '시조'를 창명唱名으로 쓸 때에는 시조라 하지 않고 시조창時調唱이라고 부르며 국악國樂을 전문으로 하는 사람들은 그대로 시조라고 부른다.

안자산2)은 그의 ≪시조시학時調詩學≫에서 재래在來하는 명칭인 '시조'에 '시'자를 가하여서 '시조시時調詩'라는 명칭을 부르기를 주장하였으니 이는 시조에는 문학과 음악의 양면적인 의미가 담겨 있으므로 음악과 구분하기 위하여 붙인 명칭이었을 것이다.

3. 시조의 기원

시조는 그 기원을 어디에 두고 있는가에 관하여 여러 학자들의 說이 분분하여 왔다.

이병기3)는 ≪시조원류론時調源流論≫에서 시조와 같은 형식을 가진 것이 향가 중에 있었으리라고 보았고 처용가處容歌·사모곡思母曲·

---

2) 安自山, ≪時調詩學≫, 敎文社, 1949.
3) 李秉岐, 〈時調源流論〉, ≪新生≫ 3~6호, 新生社.

만전춘滿殿春·청산별곡靑山別曲의 일절一節을 들어 시조형식과의 유사성을 주장한 바 있다.

이광수는 ≪백팔번뇌百八煩惱≫[4])의 발문인 〈육당과 시조〉에서 "… 시조는 멀리 삼국적, 아마 더 멀리서 발원한 국풍이다. 한시인漢詩人들이 이 체體를 빌어 한시적 표현을 썼기 때문에 한시에서 온 것이 아닌가 하는 이도 있다. 시조詩調라고 쓰인 것은 이 때문이다. 그러나 신라향가나 무당의 노랫가락이 모두 시조체時調體인 것을 보아 시조時調는 가장 오랜 우리 민족 특유인 시가체詩歌體라고 보는 것이 마땅할 줄 믿는다."라고 하여 삼국시대부터 발원한 국풍이라고 하면서도 또 무당의 노랫가락과의 관계를 논하였다.

조윤제[5])는 ≪한국시가사강韓國詩歌史綱≫의 〈시조의 발생〉에서 "… 시가의 형식은 시대의 정신에 따라 때때로 변동하는 것은 할 수 없는 일이나, 또 일시가一詩歌의 형식이 성립되는 것은 일조一朝 돌발적突發的 사실이 아닌 이상 그 형식적 발생은 훨씬 전대에 있었을 것이다. 이병기씨는 극히 막연히 시조의 원시형은 신라의 향가에 있으리라 하였으나 혹은 그 추측이 우합偶合할지도 모를 것이다. … 향가의 사구체四句體가 팔구체八句體로 발전하는 도중에는 육구체六句體라는 일 단계를 밟은 듯하나. 그것이 즉 지금 말하는 육구체일 것이니 시조가 아닌 육구체가의 실례를 백제의 정읍사井邑詞에서 볼 수 있다 하겠다."라고 하여 시조의 기원을 역시 향가로 보았다.

이희승[6])은 ≪시조 기원에 대한 일고≫에서 "가요의 최고 기원은 두 가지로 분류하여 생각할 수 있으니 그 하나는 자연과 인사현상으로부터 어떠한 감명을 받아 그 느낀바 그대로가 절주節奏를 가진 성음聲音으로 나타나는 것이니 이른바 민요가 그것이다. … 또 한가지는 종교적 의식을 거행할 때에 부르는 노래 즉 신가神歌니 이 종

---

4) 崔南善, ≪百八煩惱≫, 東光社, 1926.
5) 趙潤濟, ≪韓國詩歌史綱≫, 乙酉文化社, 1957, 117쪽.
6) 李熙昇, 〈時調起源에 對한 一考〉, ≪學燈≫2號.

교적 찬가讚歌는 종교의 기원이 원시후대에 있는 것인 만큼 그 노래도 상당히 오랜 유사 이전부터 있었던 것이요, 또 어느 종교를 물론하고 찬가讚歌가 없는 것은 없었던 듯하다."라 하여 시조의 기원을 우리의 원시종교原始宗敎였던 살만교薩滿敎의 신가神歌로 보았다.

고정옥7)은 그의 《국어국문학요강》의 〈시조의 기원과 그 형식상 특질〉에서 "시조의 기원에 관해서 전항 고려가요에서 언급하였음과 같이 초기 가사의 한 장이 분리해서 독립된 한 노래를 이룬 것이 곧 시조의 최초의 형태라고 생각한다. 즉 수장數章이 합해서 긴 노래를 구성하고 그 각장 끝에는 후렴이 붙은 것이 고려 시가의 일반 특징인데 후렴後斂이 없어지고 각장各章이 한데 붙어버린 것이 후대後代 가사歌詞 형식形式의 전형典型이고 한 분장分章이 분리 독립해서 한 개의 노래를 형성한 것이 시조란 것이다."라고 하여 시조의 기원을 고려가요로 보았다.

김사엽은 그의8) 《이조시대의 가요연구》의 〈단가론短歌論〉에서는 향가의 형식상 특질을 후렴구로 보았고 자세한 설명을 부연하여 이병기의 시조향가기원설에 동조하였고 향가 후렴과 고시조 종장 기구起句와의 관계를 밝혀놓았다.

이태극은9) 《시조개론時調槪論》의 〈시조의 연원〉에서 "시조時調 형식形式의 배시胚始는 위에서도 언급한 바가 있는 것과 같이 벌써 오랜 옛날부터 민요와 무가에 있었으리라고 보나 그 형태적인 직접적 영향은 향가와 별곡에 있다고 본다."라고 하여 시조의 기원을 향가에 두었다.

이상은 시조의 기원을 우리의 전통 시가에 두고 있다는 학설들인데 이와는 달리 시조의 기원을 외래적인 것으로 다루고자 하는 다음과 같은 학설을 주장한 분도 있다.

---

7) 高晶玉, 《國語文學要綱》, 大學出版社, 1949, 388쪽.
8) 金思燁, 《李朝時代의 歌謠研究》, 大洋出版社, 1956, 228쪽.
9) 李泰極, 《時調槪論》, 새글社, 1959, 262쪽.

안곽은 그의 논문10) 〈조선 시가의 조리條理〉에서 "가사假使 조선 고유의 시법詩法이 있을지라도 그것을 마르재어 한시漢詩의 성조聲調 와 합合하게 한 것은 불문가지不問可知의 것이다. 그런데 한시의 어떤 율조律調가 시조와 같다 하기는 미가필未可必이나 한가사漢歌詞의 단 가체短歌體와 시조와는 서로 비슷한 성조聲調로 된 것이라 함이 가하 다. 또한 시조 2자二字의 어원으로 말하여도 역시 한시의 당의 율시 를 시조라 한 바 맹교孟郊의 〈권선음勸善吟〉에도 고여매시조顧余昧時調 거지다소용擧止多疎慵이라 한 것이 있다. 고로 시조는 한의 단율短律 절구의 조자調子를 본받아 성형된 것으로 상상된다."라고 하여 시조 의 기원을 한시에 두고자 하였다.

정래동은 그의 《중국민간문학개설中國民間文學槪說 독후감讀後感》11) 에서 "조선에서 고유하다는 시조도 그 명사名詞까지가 중국의 것이 아닌가 하고 의아疑訝하는 중이다. … 그 조자調子만은 중국 불곡佛曲 에서 나온 것이 사실인 것 같다. … 물론 시조가 있은 후 그 시형으 로 한시를 번역 못할 바는 아니지만 이 역시 확실한 고증이 없는 때에는 어떻다 말하기가 어렵다."라고 하여 시조의 기원을 중국의 불곡과 한시에 두려고 하였다.

위의 정래동의 설에 대하여 천태산인天台山人 김태준은12) 《중국 시조소론》에서 "중국의 시조를 보면 그 명칭이 문헌에 오르지 못 하고 또 노래가 안휘 강소 절강에 국한된 듯하다. 명 청 이후의 중 국 문화가 절강 강소를 중심으로 하여 이것이 조선에 流傳된 바 아 님은 아니나 명칭을 그대로 집어썼다는 의논은 수긍하기 어려울 것 같다."라고 하여 정래동의 의견에 대하여 반대의견을 폈다.

위에서 시조 기원에 관한 여러분의 설을 들어보았다.

필자의 견해를 펴 보자면 우선 위에서 시조의 기원을 전통 시가

---

10) 安 廓, 〈朝鮮詩歌의 條理〉, 《東亞日報》 1930년 9월 24일.
11) 丁來東, 〈中國民間文學槪說讀後感〉, 《東亞日報》 1931년 12월 27일.
12) 金台俊, 〈中國時調小論〉, 《東亞日報》 1932년 1월 11일.

기원설과 외내 기원설로 나누어 보았는데 필자는 전자에 동의한다.

시조의 기원은 적어도 향가에서 발원하여 여요麗謠를 거쳤다고 본다. 시조에 중국고사와 지명, 인명 등이 많이 나오고 있지만 이는 시조에만 국한된 일이 아니고 고대소설에서도 중국 배경이 흔히 나오고 있음으로 보아 시조와의 관계라고만 볼 수 없다. 다만 시조는 선인들이 느낀 성정을 표현하기에 여러가지 편리한 점이 있었으므로 산문에서보다 더욱 중국 배경이 영향을 주었다고 본다. 또 〈용비어천가〉에서도 보인 바와 같이 사대적으로 중국의 것을 인용함으로써 감회를 더욱 짙게 굳혀보려는 의도가 있었으므로 시조에서도 상투적으로 중국 배경을 인용했던 것이니 시조를 지음에 크나큰 영향을 끼친 바는 있으나 시조의 기원에 작용했다고 보지 않는다.

형식면에서는 가장 두드러진 확증은 역시 향가에 쓰여진 감탄사와 시조 종장기구終章起句와의 관계에 있다고 본다.

완성형의 십구체 향가에서 아야阿也 아야阿耶 아사야阿邪也 탄왈嘆曰 병음病吟 성상인城上人 타심打心 후언後言 등구等句가 여음餘音으로 쓰이기 시작하여 이 여음이 고려 속요와 경기체가를 거쳐 시조에 이어진 점으로 보아서 시조의 기원은 향가까지 소급한다고 확언할 수 있다.

또 고려 속요 중 사모곡思母曲은 시조의 형식과 매우 유사하고 백제가요라는 〈정읍사井邑詞〉도 시조의 형식과 유사하여 여음구餘音句만을 하면 시조의 형식으로 돌변함을 알 수 있다.

시조는 순수한 우리의 고유문학이므로 발생 초기부터 한시와 관계를 맺은 것은 아니라고 보며 시조와 같은 정연한 시가의 형태가 단기간에 발생했을 리는 없고 오랜 동안을 두고 그 틀이 이루어졌을 것이므로 적어도 향가에까지 소급한다고 본다.

4. 시조의 형성

시조의 형성기에 관하여도 각 학자에 따라 학설이 분분하여 왔다.
학자에 따라서 고려 중엽, 고려 말엽, 이조 초엽, 이조 중엽으로 등으로 보고 있어 주관에 따라 각기 다르다.

먼저 고려 중기의 형성설을 주장한 것을 보면 조윤제[13]는 그의 ≪국문학개설≫에서 "시조는 고려때에 성립한 시가문학이라고 보는 것이 가장 타당할 것이며 고려 말기에는 이미 완성된 시조를 가지고 있으므로 그 완성된 시조형은 그 때에 돌발적으로 성립된 것이 아닐 것이고 그 이전에서부터 점진적으로 발달하여 온 것일 것이니 그것은 아마 중기로부터 시작되었으리라 하여도 좋을 것이다."라고 하여 시조의 형성기를 고려 중엽으로 보았다.

안곽은 그의[14] ≪시조시학≫에서 "단가체短歌體는 서정抒情을 중심 삼아 가장 발달하다가 고려 중엽에 내급來及하여는 고래 각체가 쇠하여지고 신체 즉 시조체時調體로 집중되어 그것이 일반시의 표본이 되니 기 창시의 원조는 고증키 불능하나 태종 이방원의 하여가何如歌와 포은 정몽주의 단심가丹心歌와의 2수二首가 가장 현조품顯祖品으로 인식認識하여 온 것이다."라고 하여 고려 중기를 형성기로 보면서 또 한편 고려 말기로도 보아 좀 모호한 주장을 하였다.

이태극은 그의[15] ≪시조개론≫에 "향가와 민요 등에 연원을 둔 시조는 향가의 형식이 사라지고 별곡이 왕성하던 고려 중엽기에 이르러서 그 영아기嬰兒期를 맞이하였고 그 형태가 별곡과 넘나들고 있다가 여말에 와서 완성되었다고 보겠다."라고 하여 고려 중엽에 영아기를 맞았다고 하였다.

---

13) 조윤제, ≪국문학개설≫, 동국문화사, 1955, 110쪽.
14) 安 廓, ≪時調詩學≫, 敎文社, 1949, 6쪽.
15) 李泰極, ≪時調槪論≫, 새글社, 1959, 266쪽.

다음으로 고려 말엽설을 주장한 것을 보면 우리어문학회의16) ≪국문학개론≫에서는 "시조는 고려 말엽에 성립되었고 그 성립을 전대로부터 전래하여 오던 시가에서 구한다면 고려 가사의 분화 발전으로 설명할 수 있다."

이능우는17) ≪이조시조사≫에서 시조의 형성을 조선 중기로 보았다.

고시조집古時調集을 보면 백제의 성충成忠, 고구려의 을파소乙巴素의 시조가 있으나 시조라는 문학형식이 구구 전승할 수 있는 민요가 아니므로 고시조집의 기록을 액면 그대로 받아들이기는 무리라고 본다.

또 고시조 집에는 고려 말의 사람인 원천석, 길재, 정몽주, 이방원 등의 작품에 그 시대의 역사적 배경이 그대로 나타나 있으며 조선으로 접어들자 개국공신인 정도전을 비롯하여 면면히 시조 작품이 이어졌으므로 필자는 고려 중엽을 준형성기로 여말을 형성기로 봄이 타당하다고 본다.

물론 시조가 활발하게 지어진 것은 〈훈민정음〉의 반포 이후라고 확언할 수 있으며 그 때에 와서야 비로소 시조는 언문일치言文一致의 시가가 되었을 것이다.

5. 시조의 형식

시조를 크게 나누면 문학적인 면과 음악적인 면의 양면으로 분리해서 볼 수 있다.

여기에서는 문학적인 형식상의 분류만을 살펴보겠다. 시조는 워낙 정형된 시가 형태로서 시조가 처음 형성될 때는 그 형식이 단형

---

16) 우리어문학회, ≪國文學槪論≫, 一成堂書店, 1949, 206쪽.
17) 李能雨, ≪李朝時調史≫, 1956, 以文堂, 9쪽.

의 것이었는데 시대의 변천에 따라서 그 형식이 바뀌어 지기도 하였다. 그러나 시조의 형식들은 서로 공시적으로 작자의 취향에 따라서 지어지기도 하였다. 평시조(단형시조), 엇시조旕時調(중형시조), 사설시조(장형시조)로 나누어진다.

1) 평시조

평시조는 시조로서 가장 기본적인 것이며 최초의 시조형식이었다.
평시조는 3장 6구로 되었고 총자수는 43자~46자로 이루어졌고 각 구各句는 7자 중심이고 종장 제1구만이 3자로 고정되어 있다.
현존하는 고시조 가운데에는 평시조의 형식으로 된 작품이 가장 많고 주로 유명씨有名氏 작품은 거의가 평시조로 되었다. 고려 말엽 이조 초엽에 지어진 시조는 거의가 평시조다.

2) 엇시조

엇시조는 평시조의 기본적 형식에서 3장 중 어느 한 장의 자수가 다소간 늘어난 시조를 엇시조라고 한다.
엇시조의 '엇旕'자는 한국에서만 쓰여지는 한자로서 '어於'와 '질叱'이 합쳐진 자이다. 이독吏讀에서 '질'의 음가音價는 'ㅅ'이므로 엇시조라고 할 때에 편의상 쓰게 된 것이다. 대체로 숙종대 이후에 지어진 작품이 많고 평민 작가와 무명씨의 작품이 많은 것으로 알려져 있다.

3) 사설시조

사설시조는 평시조나 엇시조에 비하여 자수상의 제약을 벗어난 형식의 시조로서 평시조의 규격에서 2장이 각기 그 자수가 10여자 이상으로 늘어난 시조다. 사설시조는 율조律調의 제한을 벗어나 어조語調가 사설체辭說體로 되었고 초중종장의 구분이 가능한 시조를 말하는데 영·정조 이후에 생겨난 것으로 알려져 있다.

6. 시조의 내용

문학은 인간 생활과 감정의 반영이며 시가는 그것을 단적으로 표현하고 있다. 인간의 생활은 시대의 변천에 따라서 점차로 바뀌어지며 인간의 사고와 지혜와 생활은 서로 불가분리의 관계에 있는 것이다.

우리는 고시조에 담겨진 내용을 살펴봄으로써 그 시대의 역사적 배경, 그 시대민의 생활상, 그 시대민의 가치관 사회상 등을 살필 수 있다. 우리나라는 자고로 중국문화의 영향을 많이 받았고 그 사례들은 여러 부면部面에서 찾을 수 있지만 시조를 봄으로써 얼마나 큰 영향을 입었는지 알 수 있다.

또 우리는 시조에서 선인들이 지녔던 지혜의 샘을 찾을 수 있으며 그들의 이상과 집념을 뚜렷이 돌이켜 알 수도 있다. 우리는 시조의 내용을 고찰함으로써 선인들의 관념과 그들의 맥박을 역력히 알 수 있다.

고시조 집에서 내용을 분류한 것을 보면 《동가선東歌選》에서는 인명별로 작품을 쓰고 235수의 시조 작품 끝에 그 시조의 내용을 뜻하는 한자를 다음과 같이 26항목으로 나누어서 부기하였다.

"유의遺意·의의·탄탄嘆·충忠·회고懷古·고고·은일隱逸·은隱·사思·문답問答·문問·제개帝慨·술述·노老·장壯·영咏·효孝·승昇·호豪·경景·흥興·비比·별別·주酒·춘春·횡橫(악시조樂時調 만횡蔓橫)"으로 분류했다.

《고금가곡》에서는 단시조 294수를 다음과 같이 내용을 19항목으로 분류해서 기록했다.

"인륜人倫·권계勸戒·송축頌祝·정조貞操·연군戀君·개세慨世·우풍寓風·회고懷古·탄로嘆老·절서節序·심방尋訪·한적閑適·연음讌飮·취흥醉興·감물感物·염정艶情·규원閨怨·이별離別·별한別恨으로 나누었는데 정조·연군·염정·규원·이별·별한 등은 모두 애정으로 볼 수 있으니 애정류 시조를 가장 많게 보았음을 알 수 있다."

육당 최남선은 그의 ≪시조유취時調類聚≫에서 고시조 1,400수를 21종으로 분류하였으니 "시절류時節類 46수·화목류花木類 39수·금충류禽蟲類 45수·노소류老少類 54수·남녀류男女類 154수·이별류離別類 47수·상사류相思類 124수·유람류遊覽類 26수·회고류懷古類 19수·호기류豪氣類 28수·군신류君臣類 37수·송축류頌祝類 42수·효도류孝道類 12수·수양류修養類 58수·애상류哀傷類 51수·기탁류寄托類 72수·한정류閑情類 280수·취락류醉樂類 132수·사관류寺觀類 9수·인물류人物類 63수·잡류雜類 62수"로 分類했다.

이희승은 ≪역대국문학정화歷代國文學精華≫에서 고시조를 기其 1~12까지 12가지로 내용을 분류하였으니 "산촌수곽山村水郭·충성초색蟲聲草色·설니홍과雪泥鴻瓜·행운유수行雲流水·한운야학閑雲野鶴·애모사연愛慕思戀·천석고황泉石膏肓·고정신미古情新味·단심여석丹心如石·토운생풍吐雲生風·사군자四君子·설월화조雪月花鳥"로 나누었는데 한정류閑情類와 자연류自然類를 많은 것으로 보았다.

이태극은 ≪시조개론≫에서 다음과 같이 20항목으로 나누어 내용을 분류하였으니 "충효지상忠孝至上·애신부익愛信扶翼·사정개결邪正介潔·우국개세憂國慨世·도피체념逃避諦念·무상탕일無常蕩逸·취락퇴폐醉樂頹廢·안빈낙도安貧樂道·자연심잠自然沈潛·무위자연無爲自然·범속애농凡俗愛農·자유협동自由協同·진취호방進取豪放·면학수덕勉學修德·사대자모事大自侮·내방원소內房怨訴·별리애상別離哀傷·인간유정人間有情·애정무한愛情無限·유불선儒佛仙"등으로 나누었다.

필자는 심재완의 ≪역대시조전서歷代時調全書≫에서 비교적 내용

분류가 분명한 시조를 가려서 뽑아보니 다음과 같았다.

애정류愛情類 443수·취락류醉樂類 223수·한정류閑情類 216수·자연류自然類 203수·도덕류道德類 185수·회고류懷古類 160수·유흥류遊興類 151수·충군류忠君類 124수·탄로류嘆老類 124수·어부류漁父類 122수·탈속류脫俗類 117수·안빈류安貧類 90수·수양류修養類 74수·권농류勸農類 51수·송축류頌祝類 33수.

1) 愛情類 時調 (443首)

애정은 인간이 가지는 가장 기본적인 것의 하나이며 또 애정은 사회에서 인간관계의 발원점이기도 하다.

일찍이 고구려 유리왕이 지었다는 〈황조가〉가 있음으로써 애정 시가가 가장 일찍부터 지어졌음을 알겠고 신라 향가에서는 〈서동요〉, 〈헌화가〉, 〈원왕생가〉, 〈처용가〉 등에서 애정을 읊었고 특히 고려 속요에서는 진솔하고 적나라한 감정을 아무 거리낌 없이 노래로 지어 불렀으니 가시리, 서경별곡西京別曲, 만전춘滿殿春 별사別詞 등이 가장 두드러진 애정요라고 할 수 있겠다. 이와 같이 애정 시가는 어떤 주제의 시가보다도 가장 일찍이 싹텄음을 알 수 있고 우리 고전시가의 시작은 애정요로부터 시작되었다고 해도 과언이 아닐 것이다.

고려시대까지만 해도 그처럼 애정을 읊은 노래가 많았다가 조선시대로 접어들어 고려 말엽에 수입된 유교에 입각한 남녀유별의 엄한 도덕율道德律로서 남녀간의 애정을 억압하게 되었다. 따라서 귀족, 양반, 사대부들은 애정을 주제로 한 시조를 읊기를 주저하게 되었고, 이와 같은 관념은 근대에까지 그대로 내려오게 되어 수원지방에 기독교회가 처음 생길 때에 목사를 앞에 두고 남신도, 여신도 사이에 칸막이를 치고 예배를 보았다고 한다.

≪시조유취≫에서 애정시조 327수 중에 유명씨 작품은 겨우 59首

에 불과함을 볼 때 애정시조는 주로 평민층이나 기녀층에서 널리 지었음을 알 수 있다. 고시조에서 흔히 '사랑'을 '사랑思郞'으로 표기하였는데 이 말을 넣어서 지은 사람은 아마도 여성일 것이며 남성으로서는 '사랑'이라는 말을 할 수도 없었을 것이다. 따라서 애정시조는 남성보다는 여성이 많이 지은 것으로 볼 수 있겠다.

"님"으로 시작한 시조는 별한別恨을 읊은 것이 많고 노골적으로 애정을 읊은 엇시조와 사설시조가 많은 것도 하나의 특징이다.

애정시조로서 가장 일찍이 지어진 작품은 이조년의 시조로부터 시작되고 유명씨 작품으로서는 황진이의 시조가 가장 뛰어나며 평시조의 형식으로서 애정을 읊은 시조는 대체로 점잖게 읊었고 엇시조와 사설시조에서는 노골적이며 외설적으로 읊었다. 다수의 애정시조는 시조 창작의 주체가 평민으로 옮겨지기 시작한 숙종 이후에 지어진 작품이 많을 것으로 본다.

평시조에서 수작으로 여겨지는 작품을 들겠다.

　　마음이 지척咫尺이면 천리千里라도 지척咫尺이오
　　마음이 천리千里오면 지척咫尺도 천리千里로다
　　우리는 각재천리各在千里나 지척咫尺인가 ᄒᆞ노라 (청육靑六 288)

　　세世上에 약藥도 만코 드는 칼이 잇다ᄒᆞ되
　　정情버힐 칼이 업고 님 이즐 약藥이 업네
　　두어라 잇고 버히기는 후천後天에 가 ᄒᆞ리라 (청육靑六 949)

엇시조에서 수작으로 여겨지는 1수를 들면

　　늬가 죽어 이져야 오르냐 네가 사라 평싱에 그리워야 올타ᄒᆞ랴
　　죽어잇기도 어렵ᄭᅥ니와 사라 싱니별 더욱 셜쎠
　　차라로 늬 먼져 죽어 도라갈께 네 날 그리워라 (남태南太 112)

사설시조에서 수작으로 여겨지는 1수를 들면

　사랑사랑思郞思郞 고고이 미친 사랑思郞 왼 바다를 두로 덥는
　그물ᄀᆞ치 미친 사랑思郞
　왕십리往十里 답십리踏十里라 춤외너출 슈박너출 얼거지고
　트러져서 골골이 버더가는 사랑思郞
　아마도 이님의 사랑思郞은 긋 간듸를 몰나 ᄒᆞ노라 (병가甁歌 948)

2) 醉樂類 時調

　술은 고래로 문학과 깊은 관계를 가지고 있다. 이태백도 두주斗酒를 불사不辭하여 시주詩酒로써 일관하였고 정송강鄭松江도 술을 매우 즐겼으며 그의 작품인 〈장진주사將進酒辭〉는 이백의 〈장진주將進酒〉와 서로 통하는 작품이며, 신흠申欽의 한문으로 된 〈장진주將進酒〉작품도 있다. 송강은 술을 너무 지나칠 정도로 좋아하였으므로 선조로부터 절주하라는 의미로 옥배와 은배를 하사 받기도 하였다 한다.

　술의 역사는 석기시대로 보고 있으며 우리나라에서도 벌써 부여·고구려 등의 사서에서 술에 관한 내용을 찾을 수 있으니 술은 인유 역사와 함께 있어 왔다고 할 수 있다.

　향가와 고려속요에서는 취악醉樂을 주제로 한 작품은 없고 경기체가인 〈한림별곡〉 제3장에서 "황금주黃金酒 백자주栢子酒 송주松酒 예주醴酒 죽엽주竹葉酒 이화주梨花酒 오가피주五加皮酒 앵무잔鸚鵡盞 호박배琥珀盃예 ᄀᆞ득 브어 …."로써 비로소 술이 나타난다.

　선인들이 취락시조를 즐겨 읊은 것은 어지러웠던 현실적인 관념을 일시적이나마 망각하고 술로써 도취하여 무아의 경지에 빠지려는 의미도 컸으며 또 소동파의 〈적벽부赤壁賦〉가 수입된 이래로 다수의 선인들은 〈적벽부〉를 너무나도 즐겼고 그의 여파로써 조선시조나 가사에 〈적벽부〉의 영향을 입은 작품이 많다.

취락을 읊은 시조 223수중 유명씨 작품이 90首이니 취락시조는 사회적인 계층의 차가 없이 널리 지어졌음을 알겠다. 작가로 본다면 숙종 이후의 작가가 많은 것도 특징이다.

취락시조는 사계절 중 춘절에 많이 지어졌고 엇시조와 사설시조가 20여수가 된다. 시조사상 취락시조를 최초로 지은 사람은 맹사성으로서 〈강호사시가江湖四時歌〉 중 제1수가 취락을 읊었고 황희도 취락을 읊었다.

취락시조를 읊은 작가로는 김천택이 8수로 가장 많고 김수장과 안민영이 함께 7수, 정철이 6수, 이정보의 5수가 많은 편이다.

취락시조 2수를 다음에 들겠다.

일뎡빅년 산들 긔 아니 초초훈가
초초훈 부싱이 무스 일을 ᄒ랴ᄒ야
내 자바 권ᄒ는 잔을 덜 먹으려 ᄒ는다. 정철鄭澈 (송이松李 28)

옷 버셔 아희 주어 술집이 볼모ᄒ고
청천靑天을 우러러 돌더러 무른말이
어즈버 천고이백千古李白이 날과 엇더ᄒ던뇨. 김천택金天澤 (병가甁歌 471)

3) 閑情類 時調

선인들은 부귀·공명·영욕의 어려움을 알면서 이에서 벗어나 임천林泉을 집을 삼고 학과 백구白鷗를 벗하며 달빛 아래에서 고기를 낚으며 구름 속에서 밭을 갈며 속세를 초탈한 생활을 하기를 퍽이나 소망하였다. 초당에서 임자 없는 청풍 명월을 마음껏 즐겼으며 농가의 꾸밈없는 생활에서 청정한 맛을 찾으려 했고 산가에서 개개조성喈喈鳥聲을 벗 삼고 만정낙화滿庭落花에 한가히 누워 맑은 맛을 구하려고도 했다.

그들은 송풍을 거문고 소리로 들었으며 두견성杜鵑聲을 노랫소리로 들으면서 한정閑情을 즐겼고 나그네는 길을 걷다가 원촌遠村에서 들리는 계명성鷄鳴聲 소리를 들으면서 목적지가 가까워진 것을 아는 여유작작餘裕綽綽한 생활을 하였던 것이다. 맛들인 강호생활에 심잠沈潛하면서 그들은 강산의 주인으로 자처했고 또 무사안일로써 산수를 즐기면서 읊은 시조중에 한정시조閑情時調가 많다. 선인들은 한정 생활을 하면서 그 덕을 군왕에 돌려 태평을 누림을 언제나 군왕에게 감사할 줄을 잊지 않았다.

고려의 경기체가 작품군이 대체로 한정閑情적인 의미를 지니고 있고, 조선 초기 황희로부터 시작되어 면면히 한정시조가 지어졌다. 한정閑情 태평시조太平時調는 216수인데 그 중에서 95수가 유명씨 작품이다. 한정 태평시조를 가장 많이 지은 작자는 권호문權好文·이퇴계李退溪·이율곡李栗谷·윤선도尹善道·김천택金天澤 등이다. 특히 연시조連時調인 한거십팔곡閑居十八曲·도산십이곡陶山十二曲·고산구곡가高山九曲歌·오우가五友歌에서 한정을 읊은 것도 특색이라고 본다.

수작으로 여겨지는 시조 2수를 들겠다.

　　다만 한間 초당草堂에 젼통箭筒걸고 책상冊床놋코
　　나안고 님 안즈니 거문고란 어듸둘고
　　두어라 강산풍월江山風月이니 한듸 둔들 엇더리. (원육 273)

　　그린듯흔 산수간山水間의 풍월風月노 울鬱을 삼고
　　연하烟霞로 집을 삼아 시주詩酒로 벗지 되니
　　아마도 악시유거樂是幽居을 알니 격어 흐노라. 신희문申喜文(청육靑六 564)

4) 自然類 時調

자연은 인간에게 모든 것을 가르쳐 주었고 인간의 정서는 자연

속에서 길러졌고 자연의 변이는 인간의 생활에 지혜와 섭리를 안겨 주기도 하였다.

특히 시가는 인간의 감성을 단적으로 표현하는 것이기에 서사시이든 서정시이든 주제는 각기 다르다 하더라도 그의 소재는 어느 것이나 자연과의 관계에서 밀접한 영향을 입었던 것이다.

자연을 여러 가지로 분류해서 살필 수 있겠지만 여기에서는 자연경치·조류·화목류만을 택하여 자연류로 보았다.

자연은 인간을 낳아 준 어버이이자 인간은 언제나 자연에서 위무를 받게 되니 자연의 신비는 인간에게 가장 큰 것이며 으뜸가는 것이었다. 자연은 항상 움직이지 않고 변하지 않으면서 그대로 있지만 그것을 마주하는 인간들의 감정은 형편에 따라 여러 가지로 느껴질 수 있었다. 자연류 시조는 169수인데 자연 경치를 읊은 것이 61수, 조류를 읊은 것이 62수, 화류를 읊은 것이 46수이다.

자연 경치를 읊은 시조를 들겠다.

> 말업슨 청산靑山이오 태態업슨 유수流水로다
> 갑업슨 청풍淸風과 임ᄌ업슨 명월明月이로다
> 이둥에 일업슨 닉몸이 분별分別업시 늙그리라. 성혼成渾(병가甁歌 106)

> 이롱耳聾과 목고目瞽홈을 웃지 마소 벗님네야
> 청산靑山에 눈열리고 녹수綠水에 귀가 붉에
> 암아도 곳치기 쉽기는 이 병病인가 ᄒ노라. 김진태金振泰(청요靑謠 41)

5) 道德類 時調

조선시대에 있어 유교관념은 모든 것에 앞서는 우선적인 것이었다. 삼강오륜은 인간생활에 있어 가장 기본적으로 지켜야 할 계율이었고 사회기조의 터전을 여기에 두었었다. 도덕시조에서는 시조가 교훈적인 의미로 쓰였고 작자들은 자손이나 백성들을 교화하고 훈육할 목적에서 지은 것이 많았다.

선인들은 의를 위하여 지조를 지킬 줄 알았고 교우에 신의를 지켰으며 형우제공兄友弟恭과 장유유서·부부유별 등을 시조로 널리 읊었다.

유교를 읊은 시조중 충군을 읊은 시조는 다른 유교시조에 견주어 가장 두드러지게 많으므로 따로 논하고자 한다. 충군 이외로는 효도를 읊은 작품이 제일 많고 훈민訓民·형제의兄弟誼·공자 등을 읊고 있다. 효를 읊은 시조에서는 왕상王祥의 이어鯉魚와 맹종孟宗의 죽순竹筍과 육적陸積의 회귤懷橘과 노래자老萊子의 춤을 가장 큰 효의 모범으로 읊었고 혼정신성昏定晨省을 효자가 지켜야 할 기본적인 도리로써 읊었다.

효를 읊은 시조를 들면

> 옥상玉祥의 이어鯉魚잡고 맹종孟宗의 죽순竹筍 썩어
> 검던 멀리 희도록 노래자老萊子의 오솔 입고
> 일생一生애 양지성효養志誠孝를 증자曾子 ㄱ치 ᄒ리이다. 박인로朴仁老(노계집蘆溪集)

다음으로 백성들을 교화하기 위하여 정철은 훈민가 16수를 지었고 김상용은 자손을 훈도하기 위하여 오륜가를 지었고 박인로와 주세붕도 오륜가를 지었다.

교화를 읊은 시조를 들면

> 마을 사람들아 올흔 일 ᄒ쟈스라
> 사름이 되야나셔 올치옷 못ᄒ면은
> ᄆ쇼를 갓 곳갈 씌워 밥먹이나 달으랴. 정철鄭澈(청진靑珍 46)

형제의 의를 매우 중요하게 여겼으니 형제는 분형동기지인分形同氣之人으로 형제간의 불목을 경계하면서 다정한 형제간의 사랑을 읊은 작품이 많다.

형제의를 읊은 시조를 들면

> 쟁재爭財에 실성失性ᄒ야 동기불목同氣不睦 마라스라
> 전지田地와 노비奴婢ᄂᆞᆫ 갑슬 주면 살련이와
> 아모려 만금萬金인들 형제兄弟 살듸 잇ᄂᆞ냐. 박인로朴仁老(노계집蘆溪集)

> 강원도江原道 백성百姓들아 형제兄弟송ᄉᆞ ᄒᆞ디마라
> 종쥐 밧쥐ᄂᆞᆫ 엇기예 쉽거니와
> 어듸가 ᄯᅩ 어들 거시라 흘긋할긋 ᄒᆞᄂᆞ다. 정철鄭澈(송성松星 17)

다음은 유교의 창주자인 공자의 덕을 여러 시조에서 읊었으니 공자의 가르침과 그의 사상을 흠모함에서 비롯되었다고 말할 수 있겠다. 시조에서는 공자를 가장 큰 성인으로 읊었다.

> 공부자孔夫子 ᄂᆡ오심은 하늘이 입을 빌어
> 어득흔 인사人事를 의리義理로 붉키신이
> 엇덧타 천지인天地人 3자三字는 지중지대至重至大ᄒ도다. 김수장金壽長(해주海周 464)

6) 懷古類 時調

우리 선인들은 일찍부터 중국문물의 영향을 크게 받아 모화사대의 관념이 두터워서 무엇이나 중국의 것이면 제일인 것으로 여겼으므로 미인이면 양귀비를, 장사면 항우를, 부자면 석숭을, 효자면 맹종을, 은자라면 백이숙제를 최고의 인물로 여겼었다.

향가나 고려속요·경기체가에서는 중국 배경의 영향이 그리 큰 영향을 주지 않았으나 조선 중엽 이후의 가사와 시조에서는 두드러지게 중국의 인물·지명·산명 등을 즐겨서 인용하였으니 이는 유교 관념이 점차 깊어져가면서 빚어진 현상이라고 본다.

시조에서는 인명 위주로써 많은 회고적인 현상을 드러냈으니 강태공·굴원·조자룡·백이숙제·복희신농씨·엄자릉·소동파 등이 널리 읊어졌다.

회고시조는 160수인데 93수가 유명씨 작품이다. 임진난 이후부터 널리 인용되었으니 마치 고대소설에서 소설의 배경을 중국으로 잡은 것이 많듯이 임진난 이후에는 중국에 대한 모화의 염念이 더욱 두터워졌던 것으로 믿어진다.

회고시조 1수를 다음에 들겠다.

  관운장關雲長의 만고충절萬古忠節 생각生覺ᄒᆞ니 더욱섧다
  천추의기千秋義氣를 뉘게 전傳고 도라간고
  지금至今에 전傳ᄒᆞᆯ듸 업스니 글을 슬허ᄒᆞ노라. (동국東國 256)

7. 시조의 특질

(1) 시조는 고전 시가 형태중 가장 오랜 동안을 우리 겨레와 함께 하고 내려온 시가 형태이다. 시조는 고전문학으로 시작되어 그의 기본 형태를 그대로 유지하면서 현대에까지 이어져 오고 있는 우리 고유의 시가 형태이다.

(2) 우리의 고전시가 중 양적으로 가장 두드러지고 또 작가면으로도 가장 많은 사람들이 이 시조로써 그들의 감정과 정서를 읊었다.

(3) 고전시가 중 가장 단형의 시가이며 시대의 변천에 따라서 엇시조와 사설시조로 발전되면서도 처음 형성된 기본형이 그대로 존

속되었다.

　(4) 신라 향가로부터 시작된 감탄구는 여요麗謠과 경기체가를 통하여 후대로 연속되었고 또 그것은 시조에 와서도 종장 기구에서 그의 자취를 살필 수 있다. 즉 완성형의 향가인 십구체 향가에서 쓰인 감탄사는 시조에 와서 아희야, 어즈버, 아마도, 두어라 등의 句로 다양하게 쓰였다. 물론 이들의 구句는 허사虛辭와 실사實辭의 양면적인 의미로 볼 수 있지만 아무튼 전통시가여음傳統詩歌餘音의 계승임은 누구나 인정해야 할 것이다. 위의 네 구 이외로도 종장기구에 빈번하게 쓰인 구가 있는데 "지금에" 구는 회고시조에 자주 쓰였고 "우리도" 구는 여인동락與人同樂의 유여시조遊與時調에 "엇더타" 구는 인생무상시조에, "진실로" 구는 도덕시조에 자주 쓰인 점도 시조의 특징이다.

　(5) 고전문학 형태 중 그 시대의 전 사회계층이 총망라된 시가였다. 다른 시가형태는 대체로 일정한 사회계층에만 국한된 문학이었으나 비로소 시조에 와서야 온 백성이 참여할 수 있는 국민문학이 되었다.

　(6) 시조의 주제상의 특징은 애정, 취락, 한정, 자연을 흔히 읊어 우리 선인들의 사상과 관념을 가장 잘 드러내 주었고 우리 민족의 전통과 향토성이 가장 듬뿍 담긴 시가라고 말할 수 있겠다. 사설시조에서는 그 당시가 유교적인 도덕률이 엄존하던 시대였는데도 남녀 간의 애정을 적나라하게 읊어 평인 사회의 단면을 사실적으로 노출시켜 표현한 점이 특징이다.

　(7) 향가, 여요, 경기체가에서는 유교적인 관념의 농도가 짙은 노래는 거의 보이지 않는데 비하여 시조에서는 유교이념이 상당히 드러나 보이고 있다. 시조가 단형의 시가이었기 때문에 교훈적인 내용을 전달함에 효과가 컸던 것이다.

　(8) 향가는 한자의 훈과 음으로써 표기된 시가요, 경기체가는 한문구의 나열로써 이룬 시가며, 고려속요는 오랜 동안 구구 전승되

어 오다가 훈민정음 창제 뒤에야 비로소 문자에 정착된 것이기 때문에 얼마나 원질성을 지녔는지 의심이 간다. 그런데 시조는 여말 작품과 훈민정음 창제 이전의 이조 초기 작품이 좀 거리감은 있지만 다수의 시조작품은 훈민정음 창제 이후에 지어진 것이기 때문에 우리의 시가 문학은 시조에 와서야 언문일치의 시가문학이 이루어질 수 있었다.

(9) 시조에는 그 시대적인 역사적 사건과 그 배경을 쉽게 담을 수 있었다. 고려 망국의 개탄을 읊었고 이조 건국의 송축을 읊었으며, 사육신의 울분과 임진란, 병자란 등을 시조에 담은 것도 시조문학의 특징이라 할 수 있다.

秦東赫 / 단국대

◇ 참고문헌

• 著書

金東俊, ≪時調文學論≫, 進明文化社, 1972.
林仙默, ≪時調文學叙說≫, 青字閣, 1974.
朴乙洙, ≪韓國時調文學全史≫, 成文閣, 1978.
徐元燮, ≪時調文學研究≫, 螢雪出版社, 1977.
沈載完, ≪時調의 文獻的研究≫, 世宗文化社, 1972.
李能雨, ≪李朝時調史≫, 以文堂, 1956.
李泰極, ≪時調概論≫, 새글社, 1959.
秦東赫, ≪古時調文學論≫, 螢雪出版社, 1976.
_____, ≪李世輔時調研究≫, 集文堂, 1983.

崔東元, ≪古時調硏究≫, 螢雪出版社, 1977.

- 論 文

金大幸, 〈時調의 構造的 特性〉, ≪先淸語文≫ 제7집, 1976.
金東俊, 〈古時調의 現代的 批判〉, ≪時調文學≫ 통권 3집, 1975.
金相善, 〈時調의 文章構造와 修辭〉, ≪中大論文集≫ 제8집, 1963.
金重烈, 〈時調와 唐詩와의 比較硏究〉, 高大碩士論文, 1967.
金智勇, 〈時調終章의 硏究〉, ≪淸大春秋≫ 9집, 1961.
金興圭, 〈平時調 終章의 律格·統辭的 定型과 그 機能〉, ≪朴晟義博士 回甲論文集≫, 1977.
朴魯埻, 〈사설시조에 나타난 에로틱한 장면에 대하여〉, ≪趙容郁博士 古稀論文集≫, 1971.
朴魯春, 〈古時調作家의 信憑性 問題〉, ≪思想界≫ 10월호, 1962.
林仙默, 〈時調의 本質에 關한 硏究〉, ≪檀大大學院論文集≫, 1967.
朴晟義, 〈近世 三大 詩歌人의 作品對比論〉, ≪亞細亞硏究≫, 제9~10호, 1962.
朴乙洙, 〈古時調硏究〉, 高大 碩士論文, 1967.
朴喆熙, 〈辭說時調의 構造와 그 背景〉, ≪국어국문학≫ 72·73합병호, 1976.
徐元燮, 〈時調의 音數律硏究〉, ≪慶北大語文論叢≫ 8호, 1973.
蘇在英, 〈辭說時調에 나타난 '임'의 변용〉, ≪沈在完博士 回甲論文集≫, 1978.
沈載完, 〈時調의 類似歌 硏究〉, ≪省谷論叢≫ 제1집, 1970.
尹海玉, 〈敬亭山歌壇硏究〉, ≪首都師大碩士論文≫, 1977.
李能雨, 〈時調의 律性〉, ≪趙潤濟博士 回甲論文集≫, 1964.
李相寶, 〈女流時調作家論〉, ≪국어국문학≫ 제14호, 1955.
李鍾出, 〈古時調에 나타난 國文學의 自然觀〉, ≪語文學≫ 9호, 1963.
張師勛, 〈旕時調와 辭說時調의 形態〉, ≪白性郁博士 回甲論文集≫, 1959.

鄭炳昱,〈李朝時調의 形態的 特徵〉,≪檀大東洋學≫ 3호, 1973.
_____,〈海東歌謠 編纂過程小考〉,≪一石先生 頌壽紀念論叢≫, 1957.
鄭在鎬,〈平時調의 一考察〉,≪高大語文論集≫ 14·15합집, 1973.
趙潤濟,〈時調 終章 第一句 硏究〉,≪成均≫ 제4집, 1953.
秦東赫,〈漁父의 生活을 읊은 時調와 歌辭〉,≪首都師大論文集≫ 제5집, 1971.
黃忠基,〈李鼎輔의 辭說時調考〉,≪국어 국문학≫ 55·57합병호, 1972.

‖ 제7장 ‖

歌 辭

1. 가사의 개념

가사의 개념이 무엇인가에 대한 풀이는 여러 측면에서의 접근이 가능하다. 우선 문자적인 풀이에서 생각해 볼 수 있다. 그 때는 '가사'라는 한자 표기를 어떻게 하는 가부터 문제가 된다. '가'는 '가歌'라는 한자임은 분명하다. 따라서 가사는 노래라는 말과 연관 지어 그 뜻을 생각해 볼 수 있다. 다음 '사'에 대하여서는 '사辭'를 사용한 것과 '사詞'를 사용한 것이 있어, 두 글자 다 맞는 것인지 아니면 어느 것은 맞고 어느 것이 틀리는지 궁금해진다.

지금까지의 용례로 보아서는 두 글자가 다 사용되었으므로 어느 것이 맞고 어느 것은 틀린다고 주장하기는 어렵지 않은가 한다. 다만 '가사歌詞'라 할 때, 일반적인 '노랫말'이라는 의미로 널리 쓰이므로 문학 장르로서의 명칭과 혼란이 있을 수 있으니 이보다는 '가사歌辭'가 좋다는 주장이 있었다. 그러나 그에 대하여 분명한 반대의 뜻을 밝히지 않으면서 이병기[1]같이 굳이 '가사歌詞'로만 사용한 학자도 있었다. 그러나 그럴 것이 아니라 노래로 불려지던 임진왜란 이전의 가사는 '가사歌詞'로, 그 이후 노래로 불려지기 보다는 읊어진 가사는 '가사歌辭'로 구분하여 사용하자는 주장도 있다.[2]

그러나 두 가지 한자 표기가 병용되어 온 것이 사실이고, 그 의

---

[1] 李秉岐·白鐵, ≪國文學全史≫, 新丘文化社, 1957, 107쪽.
[2] 李慧淳, 〈歌詞·歌辭論〉, 서울대 석사논문, 1967, 25쪽.

미도 오늘날 우리가 묵시적으로 인정하는 가사를 뜻한 것만은 아니다. 다시 말하여 '가사歌詞' 또는 '가사歌辭'라는 말로 우리가 오늘날 일반적으로 생각하는 문학 장르로서의 가사를 표현하기도 하였지만, 그렇지 않은 것을 표현한 예도 얼마든지 있다는 것이다. 이승휴의 ≪제왕운기≫에서 신라시대의 화려한 놀이 풍경을 노래하면서 '별곡가사수의제別曲歌詞隨意製'라 하였을 때,[3] 그 '가사歌詞'가 오늘날 우리가 뜻하는 가사가 아님은 분명하다. 그 때 이미 가사가 유행하였다고 보기는 어렵기 때문이다. 그리고 시조를 가사라 한 것도 있다. 그것은 ≪농암집≫에 보이고 있고, ≪고산유고≫에서 고산의 시조들도 가사라 한 데서도 볼 수 있다.[4]

오늘날 우리는 가사와 시조를 구분하지만 그것을 짓고 즐겼던 당대는 이러한 구분에는 그렇게 신경을 쓰지 않고 오히려 그 두 장르를 포괄하는 상위 장르와 구분하기 위하여 두 장르의 경계선은 무시한 것이 아닌가 한다. 그런 것을 오늘날 우리는 그 장르의 해석이나 설명상 편의를 위해 경계선을 그어 놓은 것이라 할 수 있다

이러한 용어상의 문제가 아니라, 가사라는 구체적인 장르에 소속되는 작품들을 살펴보고 그 공통점을 찾아 가사의 개념을 추출할 수도 있다.

우선 가장 특징적인 가사장르의 모습은 그 형태에서 나타난다. 가사는 4음보의 율조를 가지고 있다. 이는 가사를 가사답게 하는 유일한 특성이라 할 수 있다. 그러나 이러한 형식적인 특성의 지적에도 또한 여러 가지 문제가 있다. 가장 큰 문제는 4음보격의 율조를 가지면 모두 가사라고 할 수 있다지만 그렇게 4음보의 율격을 지닌 모든 것들이 다 문학의 범주에 들어갈 수 있느냐 하는 문제다. 그것은 조선조인들은 이러한 4음보의 율조를 여러 모로 활용하고 있기

---

3) "士女熙熙分路行 行不賚糧門不閉 花朝月夕携手遊 別曲歌詞隨意製"(李承休, ≪帝王韻記≫ 卷下, 新羅條).
4) "歌辭 산山듕中신新곡曲"(≪孤山遺稿≫ 卷6 下, 別集).

때문이다. 즉 관상 보는 법이라든가 편지, 제문, 기타 필요한 경우 어떠한 것에서나 가사체를 활용하고 있기 때문이다.

다른 하나는 4음보의 율조를 활용하였으되, 다른 형식과 복합하여 사용한 장르들이 있는데 이들과의 구분은 어떻게 하는 것이 좋은가 하는 문제다. 이 점에 있어 가사와 다른 장르와의 차이점을 살펴보는 것은 가사의 개념 이해에 매우 중요한 것이라 생각된다.

우선 시조와의 구분이다. 앞서 말한 바와 같이 조선조에는 시조나 가사를 다 같이 가사라 하였다. 이 둘을 따로따로 가사라 한 것은 앞에서 본 바와 같거니와, 이 둘을 합쳐서도 가사라 하였으니 송강가사가 그 좋은 예이다. 송강가사에는 〈관동별곡〉과 같은 가사가 있는가 하면, 〈훈민가〉 같은 시조도 포함되어 있다. 그러나 오늘날 우리 학계에서는 시조와 가사를 엄연히 구분하고 있다. 그것은 두 장르 사이에는 그만큼 차이가 있기 때문이다.

그렇다면 가사와 시조가 어떻게 다른가. 우선 평시조와 가사의 구분은 간단하다. 그 길이가 가사와 시조와는 현격하게 다르기 때문이다. 가사는 적어도 3행 이상의 긴 것인데 비하여 시조는 3행으로 끝난다. 따라서 다 같이 4음보의 율조를 취하지만 시조와 가사의 구분은 쉽게 된다. 그러나 평시조가 아닌 사설시조의 경우는 좀 복잡하다. 〈장진주사〉로 예를 들어보자.

> 흔 잔盞 먹새 그려 쏘 흔 잔盞 먹새 그려
> 곳 것거 산算 노코 무진무진無盡無盡 먹새 그려
> 이몸 주근 후後에 지게 우희 거적 더퍼 주리혀 미여가나
> 뉴소流蘇 보장寶帳에 만인萬人이 우러예나
> 어욱새 속새 덥가나무 백양白楊수페 가기곳 가면
> 누른 히 흰 둘 ᄀᆞ눈비 굴근 눈 쇼쇼리 ᄇᆞ람 불 제 뉘 흔 잔盞 먹쟈 홀고
> ᄒᆞ믈며 무덤 우희 잔나비 ᄑᆞ람 불 제 뉘우츤들 엇지리
> ≪진본珍本 청구영언靑丘永言≫

여기서 보면 제 1행과 제 2행의 경우는 4음보가 제대로 지켜져 가사의 4음보격의 율조와 닮은 데가 있다. 그러나 문맥을 의미대로 읽어 내려가다 보면 이러한 4음보의 규칙적인 율조가 깨뜨려져 있다. 제 3행의 2·4·4·4·3·4음절로 구성된 6음보의 율조와 제 4행의 2·3·3·4음절로 구성된 4음보의 율조는 그 촉급함이 가사의 분위기와는 사뭇 다르다. 이러한 현상은 그 다음에도 보인다. 곧 제 5행의 "어욱새 속새 덥가나무 백양白楊수페 가기곳 가면"의 율조와 제 7행의 촉급한 율조도 가사의 일상적인 율조는 아니다. 그리고 또한 전체적인 의미를 총괄하고 형식적인 완결을 갖춘 종행도 가사의 형식과는 다르다. 그래서 우리는 이러한 양상의 시가를 사설시조라 하여 가사와의 구분은 물론 평시조와도 다르게 나누고 있는 것이다.

다음 판소리와 가사는 어떻게 구분되는가. 가장 분명한 차이는 판소리는 이야기 구조를 가지고 있다는 점이다. 즉 판소리는 처음이 있으며, 전개가 있고, 절정이 있으며, 종결이 있는 이야기의 구조를 가졌다는 점에서 가사와 확연히 구분된다. 그러나 판소리의 사설 가운데는 가사의 율조를 그대로 활용한 것이 있다. 보기를 들면 다음과 같은 것이다.

놀보 심사 볼작시면 술 잘 먹고 쌈 잘하기
대장군방 벌목시켜 오귀방에 이사 권코
삼살방에다 집 짓기고 남의 노적에 불 지르고
불 붙는 듸 부채질 새 초분으도 불 지르고
상인 잡고 춤추기와 소대상으 주정 내여
남의 젯상 깨뜨리고 질 가는 과객 양반
재울 듯이 붙들었다 해 다 지며는 내어 쫓고 〈홍보가〉[5]

---

5) 뿌리깊은나무 편, ≪판소리다섯마당≫, 한국브리태니커회사, 1982, 123쪽.

그러나 판소리는 처음부터 끝까지 다 이런 율조로 이루어지는 것은 아니다. '아니리'라 하여 노래가 아니라 이야기하는 대목이 있는 것이 가사와 다른 점이다. 따라서 판소리는 가사의 율조를 활용했으나 전부가 아니고 어느 부분에 이용한 것인데 비하여, 가사는 처음부터 끝까지 4음보의 율격으로 형성된다는 점에서 서로 다른 것이다.

민요와 가사와의 구분도 애매한 대목이 없지 않다. 어떤 민요는 처음부터 끝까지 4음보의 율조로 형성되어 있기 때문이다. 예를 들면 다음과 같은 것이다.

> 만복무량 소원성취 금년신수가 좋을시구
> 서제도령 공치기가 널뛰기만 못하리라
> 규중생장 우리 몸은 설노름이 널뛰기라
> 널뛰기를 마친 후에 떡국노리를 가자세라 〈널뛰기 노래〉6)

그래서 때로는 민요가 가사 가운데 포함되는 경우도 없지 아니하다. 그러나 민요와 가사도 구분이 안 되는 것은 아니다. 가사는 구비口碑로가 아니라 문자에 의하여 전승되고 민요는 구비로 전승되기 때문에 자연이 그 차이가 나게 마련이다. 〈맷돌노래〉7)로 예를 들어 보자.

> 하나둘이 가라도 둘너주소 둘너주소
> 열스물이 가는듯이 둘너주소 둘너주소
> 먼데사람 듣기좃케 둘너주소 둘너주소
> 겻혜사람 보기좃케 둘너주소 둘너주소
> 인삼록용 먹은듯이 둘너주소 둘너주소

---

6) 任東權, ≪韓國民謠集≫, 集文堂, 1961, 498~499쪽.
7) 金素雲, ≪朝鮮口傳民謠集≫, 東京 : 第一書房, 1933, 601쪽.

〈맷돌노래〉는 구비로 전승되기 때문에 반복이 자주 나타나고 그 어휘들이 문자에 의하여 전승된 것과는 달리 속어가 많은 편이다. 이는 민요를 향유하는 계층이 서민들이기 때문에 자연히 그 가운데는 그들이 일상생활에서 사용하는 어휘들이 많아질 수밖에 없는 것이다.

다음은 잡가와 가사와의 구분이다. 잡가 가운데는 12가사에 들어가는 것도 있어 가사와 가장 유사한 것 같으나 자세히 보면 그 가운데도 구분이 된다. 잡가는 분절되거나 후렴을 가진 것이 많은데 가사는 잡가와 같은 분절은 이루어지지 않는다. 그리고 잡가의 경우는 내용상 유기적 통일성이 없는 것이 많은데, 가사에는 그런 작품이 없다.

따라서 가사는 이들 장르와 스스로 구분되는 4음보의 율조로 구성되는 율문으로 조선조인들의 정서를 표현한 장르라 할 수 있다.

2. 가사의 출현

가사가 그 이전의 어떤 문학 장르에서 발생되었는가 하는 문제는 한국고전문학의 맥락을 밝힐 수 있다는 중대한 의미가 있다. 그리하여 많은 학자들에 의해 이 문제가 여러 모로 논의되었다. 그 중 중요한 몇 가지를 들면 다음과 같다.

첫째, 고려장가高麗長歌에서 발생하였다는 설이다. 이러한 주장을 한 학자로는 김태준·조윤제·고정옥·박성의·정익섭·이동영[8] 등이

---

8) 김태준, 〈별곡의 연구〉, 《동아일보》 1932년 1월15일 ; 조윤제, 《한국시가사강》, 을유문화사, 1954, 240~243쪽 ; 고정옥, 《국어국문학요강》, 대학출판사, 1949, 400쪽 ; 정형용, 《국문학개론》, 일성당서점, 1949, 174쪽 ; 박성의, 《한국시가문학론과사》, 선명문화사, 1974, 398~399쪽 ; 정익섭, 〈가사형식의 연원적 고찰〉, 《한국어문학》 6, 1969, 57~74쪽 ; 이동영, 〈가사발생설에 대하여〉, 《논문집》 4, 청구대병설공전, 1967, 39쪽.

있다. 이들은 대체로 장가의 분장·분절 의식이 사라지게 되면서 장형의 가사가 성립했다고 보았다. 그리고 그 근거로 고려 장가의 소멸시기와 가사의 발생시기가 근접하며, 그 내용과 담당 층이 공통점을 지닌다는 점을 들었다. 그러나 이러한 논의는 고려장가의 형태적 특징 중의 하나인 분장·분절 의식이 왜 소멸되었는가에 대한 해명이 없다는 것과, 3음보 위주의 연장체였던 고려장가가 쉽게 4음보 연속체로 바뀔 수 있었을까 하는 것이 문제로 남는다.

둘째, 시조에서 가사가 발생했다는 주장이다. 이는 김기동·이능우·김사엽·이태극[9] 등이 주장한 것으로, 가사의 각행이 시조 초·중장과 같이 4음보 1행으로 되어 있으며, 사대부 가사의 마지막 행이 시조의 종장과 같다는 발견에서 나온 것이다. 그러나 이러한 주장이 설득력을 갖기 위해서는 우선 시조가 가사보다 선행된 장르라는 것이 전제가 되어야 하며, 설사 그렇다 하더라도 4음보 3행의 정형시인 시조가 형성되자마자 곧 4음보의 무제한 연속체인 가사로 변형된 이유가 설명되지 않는다.

셋째, 악장체樂章體에서 발생했다는 주장이다. 이러한 견해는 정형용[10]이 처음 밝혔고, 그 후 김동욱·유창균[11] 등이 이에 동조하였다. 이들의 주장은 〈용비어천가〉, 〈월인천강지곡〉 같은 악장체의 분장형식이 파괴되면서 사설형식의 가사문학이 발생했다고 보는 것이다. 그 근거로 악장이 가사처럼 긴 노래이고, 그 내용이 연결되며, 향유층이 신흥사대부로 동일하다는 점을 들었다. 그러나 악장樂章은 궁중행사나 연향宴享에 편리하게 선택·생략할 수 있도록 각장의 내

---

9) 김기동, 〈가사문학의 형태적 고찰〉, 《조윤제박사회갑기념논문집》, 1954, 147쪽 ; 이능우, 《입문을 위한 국문학 개론》, 이문당, 1950, 125~126쪽 ; 김사엽, 《이조시대의 가요연구》, 대양출판사, 1956, 301~309쪽 ; 이태극, 〈가사개념의 재고와 장르고〉, 《국어국문학》 27, 국어국문학회, 1964, 80~81쪽.
10) 정형용, 《국문학개론》, 176쪽.
11) 김동욱, 《국문학개설》, 민중서관, 1962, 54쪽 ; 유창균, 〈한국시가형식의 기조〉, 《이병기박사 송수기념논문집》, 1966, 268~269쪽.

용이 독립된 연장체인데, 비련시非聯詩인 가사 형식으로 이행될 수 있을까 하는 의문이 생긴다. 그리고 또한 가사와 악장은 율격면에서도 상이하다.

넷째, 한시에서 발생되었다는 주장이다. 이는 이병기[12]가 주장한 것으로, 그는 이규보의 〈동명왕편〉, 이승휴의 〈제왕운기〉, 오세문의 〈역대가〉 등의 장편 한시에 토吐를 달아 읽는 과정에서 가사체가 발생했다고 보았다. 그러나 한시와 가사는 표현 언어가 다르므로, 그것에 吐를 달아 가사와 같은 율조를 느낀다고 하더라도 한시에서 가사가 발생했다는 것은 논리의 비약이라고 할 수 있다.

다섯째, 교술민요에서 가사가 발생했다는 주장이다. 이는 조동일이 주장한 것이다. 그는 가사 문학의 기원은 '국어문학 장르 중 교술에 속하며, 4음보 연속체'에서 찾아야 한다고 하고, 가사의 기원을 기록문학 가운데서는 찾을 수 없으므로 구비문학 중 교술민요敎述民謠가 그 기원이 된다고 하였다.[13] 조동일의 논의는 가사 기원의 탐구에 있어서 시야를 넓혔다는 의의가 있으나, 가사와 구비문학인 민요는 표현구조와 향유방식이 다르다는 점과 민요를 부르는 서민계층과 분명한 차이가 있는 사대부 계층이 어떻게 해서 교술민요에서 영향을 받아 가사 장르를 완성시켰는지가 의문으로 남는다.

이상에 논한 것들을 살펴볼 때 우리는 재미있는 사실을 발견하게 된다. 그것은 가사 이전의 장르치고 가사의 기원으로 동원되지 아니한 것이 거의 없다는 사실이다. 그렇다면 그 어느 것도 가사의 기원이 될 수 없는 것이 아닌가 하는 생각을 가질 수도 있다. 그리고 이미 있었던 것이 좋다면 그것을 그대로 쓸 것이지 굳이 새로운 장르를 만드는 노력을 들일 필요가 있었을까. 여기에 착안하여 필자는 가사가 전기 장르에서 기원된 것이라기보다는 새로운 사조에

---

12) 이병기, ≪국문학전사≫, 신구문화사, 1957, 107~108쪽.
13) 조동일, 〈가사의 장르규정〉, ≪어문학≫ 21, 어문학회, 1969, 85쪽.

의하여 그 필요성이 생겨 생성된 것이 아닌가 하는 생각을 가지게 되었다.14) 그것은 곧 전기 장르를 버리고 새로운 필요에 의하여 형성되었다는 생성의 측면에서 고찰하는 것이 가사의 기원을 밝히는 데 오히려 낫다고 보기 때문이다. 그렇다면 가사 앞에 존재하는 장르는 무엇인가. 그것은 크게 보아 고려가요라 할 수 있다. 가사는 고려가요의 어떤 점을 버리고 새로운 형태를 취하였는가.

첫째, 분절을 거부하였다. 고려가요는 분절이 되는데, 분절되는 것은 창唱을 할 때 편리하기 때문이다. 그러나 읊거나 읽을 때 분절이 된다는 것은 호흡을 끊어 좋지 않다. 읊거나 읽고 싶은 장르를 만들려면 어떻게 하여야 할까. 그에 필요한 형식을 만들 수밖에 없다.

둘째, 후렴이 없다. 이것도 노래 부르는 것과 관련이 있다. 시를 노래로 부를 때는 부르는 이에게 분절이 필요하다. 그래서 후렴이 들어가게 마련이다. 그러나 노래 부르지 않을 때는 이것이 필요 없다.

셋째, 3음보 격을 거부하였다. 고려조 시가의 주된 음보는 3음보 격이다. 이는 3박자로 읽을 수 있는 것으로 안정성이 부족하고 무도舞蹈에 적합한 율조이다. 이에 비해 4음보는 4박자의 리듬으로 안정성이 있으며 보행步行에 맞는 율격이다. 고려인들이 이러한 3음보격의 율조를 즐긴 반면, 조선조인들은 그것을 경박한 것으로 기피한 것이 아닌가 한다.

넷째, 영탄을 거부하였다. 단형의 시가에서는 고조된 영탄이 동원될 수밖에 없다. 대개의 고려가요는 이러한 영탄이 들어있다. 그러나 가사에서는 생활 속의 잔잔한 정서를 노래하며, 지나친 흥분이나 감동은 오히려 자제하는 편이다.

다섯째, 단형을 거부하였다. 고려인들은 분절된 시형이나 10행 내외의 단형에서 그들의 정서를 충분히 표현할 수 있었으나, 조선

---

14) 정재호, 〈歌辭文學 生成論〉, ≪민족문화연구≫ 20, 고대 민족문화연구소, 1987, 117~148쪽.

조인들은 잔잔하고 유장한 흐름을 즐기면서 감정을 베풀었다.

　이렇게 가사와 고려가요는 다른 것이다. 이렇게 된 이유로서는 우선 작자 층의 변화를 들 수 있다. 서민들의 공동작으로 이루어진 민요의 성격을 띠고 있는 고려가요는 사대부 층의 개인 창작인 가사와는 확연이 다르다. 또한 고려 시대와 조선 시대는 가치관이 다르다는 점이다. 고려가 불교적인 가치관의 세계라면 조선조는 유교적인 가치관의 세계라 할 수 있어 그 이데올로기가 서로 다른 것이다. 그리고 그 소재에 있어, 고려가요는 이른 바 남녀상열男女相悅의 것이 많았다면, 조선조는 그것보다는 유학적 이상과 강호자연江湖自然을 많이 다루었다. 이러한 것을 표현하기 위해 새로운 장르가 필요했고, 그리하여 만들어진 것이 가사 장르라 할 수 있다. 그러면 이러한 성격을 지닌 가사가 성립될 수 있었던 요인은 무엇일까. 우선 4음보의 율조가 종래부터 우리 가락에 있었기에 가사의 형성은 쉬웠다고 본다. 또한 그 내용이나 분량은 중국 사부辭賦의 영향으로 형성된 것이 아닌가 한다.

　이와 같은 점에서 종래의 설을 동질론으로 묶을 수 있다면, 필자의 주장을 이질론이라 하고자 한다. 이러한 주장은 가사만이 아니라 시조에 있어서도 역시 가능하리라 본다.

3. 가사의 장르

　문학은 그 성질이 모두 같은 것일까. 이렇게 묻는다면 누구나 서로 다른 것이 있음을 쉽게 알 수 있다. 우선 소설과 시가 다름을 우리는 알고 있다. 그 차이가 무엇인가는 다소 논의를 진전시켜야겠지마는 그것이 다름을 이해하는 데는 별 문제가 없으리라고 본다. 그러면서 우리는 서사·서정·희곡을 말하며 그것의 시대적 변화와 지역적 차이까지 생각할 수 있다. 그렇다면 가사는 이러한 문학의 장르 가운데 어떤 것에 소속될 것인가. 이러한 물음들에 대한 대답이 바로 이 장르론이라 할 수 있다.

국문학에서 가사를 시가詩歌로 다루는 것에 대하여 처음으로 이의를 표명했던 사람은 조윤제이다. 그는 '가사는 형식상으로는 시가이지만 내용상으로는 문필이며 이는 우리나라의 독특한 것'이라고 주장하고, 가사문학이라는 것을 따로 확립할 것을 제안하였다.[15]

가사를 시가로 규정하는 것에 대한 반성은 고정옥에게도 이어졌다. 고정옥은 "광의의 수필의 장르를 풍성하게 하려면, 앞서 내가 '중세기의 산문'이라고 한 가사를 수필 속에 집어넣어야 할 것이다."[16]고 하여, 음악과 결별한 가사를 수필·기행문 속에 포함시켰다. 이렇게 가사를 수필로 규정한 것은 이능우의 ≪국문학개설≫에도 보이며, 그는 그 근거로서 가사는 行이 무한히 길어질 수 있다는 점을 들었다.[17]

가사에 대한 이러한 논의를 보다 구체적으로 발전시켜 체계화시킨 이는 장덕순이다. 장덕순은 조윤제의 견해에 대해, 어떤 한 작품이 한 쪽은 시가詩歌(서정적抒情的 양식樣式)요, 한 쪽은 문필文筆(서사적敍事的 양식)이라는 것은 무리라고 하고, 고정옥·이능우등의 견해에 대해서도 모든 가사가 수필이라는 것은 과단過斷이라고 비판한 다음, 주관적이며 서정적인 가사는 시가로, 객관적·서사적 가사는 수필로 크게 구별하였다.[18]

서구의 전통적 장르구분법(서사·서정·극양식)만으로는 가사의 복합적 성격을 밝힐 수 없다는 점을 중시하여 새로운 장르 설정을 모색한 사람은 조동일이다. 그는 가사의 전반적 특징은 '있었던 일을 확장적 문체로, 일회적으로, 평면적으로 서술해, 알려 주어서 주

---

15) 趙潤濟, ≪朝鮮詩歌의 硏究≫, 乙酉文化社, 1948, 127쪽.
16) 우리어문학회, ≪國文學槪論≫, 一成堂書店, 1949, 29쪽.
17) 이능우, ≪入門을 위한 國文學槪說≫, 국어국문학회, 1954, 117~119쪽.
18) 張德順, ≪國文學通論≫, 신구문화사, 1963, 181쪽.

장'하는 것이므로, 가사는 희곡·서정·서사의 어느 장르류에도 속하지 않고 제 4의 장르류(교술)에 속한다고 하였다.[19] 이는 가사 작품이 서정 양식이나 서사 양식의 한 쪽에만 예속될 수 없는 복잡한 성격을 지닌 양식임을 간파한 견해라고 할 수 있다. 그러나 '있었던 일'을 소재로 한 작품은 서정이나 서사가 아니라는 견해에는 여러 가지 문제점이 있다. 체험한 사건을 재구성해서 문학적으로 형상화한 것이 서사가 아니라고 할 수 없다. 그리고 가사는 '알려 주어서 주장한다'고 하였는데, 모든 문학작품은 알려 주지 않는 것이 없으며, 곧 표현이 아닌 것이 없으며, '주장한다'는 것은 교훈적인 가사나 종교가사 등 특정한 가사에만 국한될 뿐이다.

주종연은 W. Kayser와 E. Staiger의 이론을 원용하여, 문예작품이 지니는 외적 형태에 의한 개념설정이 어떤 모순성을 지닌다면, 그것의 내용적인 것에 의한 새로운 유개념類槪念(Gattung)의 정의가 필연적이라고 하며, 가사 장르를 유개념에 있어서 서정적인 것, 서사적인 것, 교시적인 것으로 삼분하고 종개념種槪念(Art)에 있어서는 수필이라고 하였다.[20]

문학의 본질 파악이라는 점에 근거한 가사의 분할 귀속의 견해는 김병국에 의해서도 표명되었다. 그는 Northrop Frye의 수사론적 장르체계와 언어의 진술방식에 의한 장르체계의 개념을 소개하여, 장르 구분이 분류를 위한 도식이 아니라 문학적 텍스트 속에 작용하고 있는 어떤 다원적 원리를 설명해 주는 기준이어야 한다고 주장하였다. 그리하여 그는 이러한 기준에 따라 송강가사를 주제적 양식 〈성산별곡〉, 극적 양식 〈속미인곡〉, 서사적 양식 〈관동별곡〉, 서정적 양식 〈사미인곡〉에 속하는 것으로 나누었다.[21]

김학성은 '가사는 4음 4보격의 율문표출이라는 율격적 통제만 존

---

19) 趙東一, 〈가사의 장르규정〉, 《어문학》 21, 어문학회, 1969, 72쪽.
20) 주종연, 〈가사의 장르考Ⅱ〉, 《국어국문학》 62·63집, 1972, 275~279쪽.
21) 金炳國, 〈장르論的 關心과 歌辭의 文學性〉, 《현상과 인식》, 1977, 겨울.

재할 뿐, 그 밖의 어떠한 장르상의 제한 조건도 필요로 하지 않는 것으로 공시적으로는 복합성을 지니며 통시적으로는 개방성을 지닌다'는 사실을 중시하고, 이러한 성격은 삼분법이나 사분법의 틀에 맞추는 장르론만으로는 해명이 불가능함을 역설하였다. 그리하여 그는 문학적 형식(Form)과 정신(Spirit)을 구분하여 서정적·서사적·극적·교술적 정신이 각각 서정·서사·희곡 형식의 옷을 입고 나타날 수 있다고 보아 12개의 개념체계로 가사의 장르적 성격을 파악하고자 하였다.[22]

김홍규는[23] 가사 작품들의 다양한 성향에 주목하여 그것을 여러 종류의 경험·사고 및 표현 욕구에 대하여 폭넓게 열려 있는 혼합갈래로 파악하였다. 그러나 그의 주장은 가사 장르 자체가 혼합적이라는 것인지, 하나의 작품 속에 여러 가지 장르적 특성이 다 들어 있다는 것인지 분명하지 않다.

이렇게 가사 장르에 대한 논의가 분분한 원인의 하나는 가사내용이 복잡하게 이루어져 있는 데서 말미암은 것이라 할 수 있으며, 다른 하나는 가사가 애초에 서사니 서정이니 하는 분명한 서구적 장르의식에 의해 창작된 것이 아닌 데에 그 이유가 있지 않은가 한다. 아직 그 윤곽이 확실히 밝혀지지는 않았으나 종래에 가사를 '가사'라는 장르로 의식하고 창작하였는데, 이를 서구문학의 장르론에 의하여 분석한 때문에 이러한 여러 장르론이 나온 것이라 할 수 있다.

그러면 가사는 표현양상에 의하여 장르를 논할 때 어느 장르에 속할까.

첫째, 가사는 서정 장르인가. 가사를 시가 곧 서정 양식으로 본 것은, 명칭 때문이 아니라 그 내용 자체가 시가일 수밖에 없다고 생각했기 때문이다. 사실 〈상춘곡〉을 비롯하여 송강의 여러 가사와

---

22) 金學成, 〈歌辭의 장르 性格再論〉, 《백영 정병욱선생 화갑기념논총》, 1982.
23) 김홍규, 《한국문학의 이해》, 민음사, 1986.

〈상사별곡〉등 상당히 많은 평민가사는 서정성이 풍부하여 마땅히 서정장르에 넣어야 할 것이다. 사적史的으로는 초기 가사 중에 여기에 속할 것이 많으며, 후기 가사 중에도 사랑을 주제로 한 가사가 여기에 속할 것이다. 그러나 모든 가사가 서정 장르에 소속될 수 있는 것은 아니다.

둘째, 가사는 서사 장르에 속하는가. 가사 가운데는 〈한양가漢陽歌〉·〈연행가燕行歌〉·〈일동장유가日東壯遊歌〉등 한 시대를 노래하거나 긴 여행담을 서술한 장편이 있다. 이들 작품은 하나의 이야기를 들려 주고 있으나 구성이 너무나 평면적이고 허구성이 적어 서사 장르에서 제외시키려는 주장이 있다. 그러나 〈거사가居士歌〉·〈우부가愚夫歌〉·〈백발가白髮歌〉·〈용부가庸婦歌〉같은 가사는 이와는 달리 완전히 한 토막의 이야기로 이루어진 것으로 서사 장르에 속한다. 그러나 역시 모든 가사가 서사 장르일 수는 없고 일부의 가사가 서사 장르에 속한다.

셋째, 가사는 희곡장르인가. 희곡의 특성은 대화와 행동과 플롯이라고 할 수 있다. 가사로 대화를 이룬 것은 일찍부터 있었다. 〈속미인곡〉은 두 여인의 대화로 되어 있다. 이를 조금만 윤색하면 희곡으로 발전할 가능성이 충분히 있다. 이 외에도 대화체로 된 가사가 더러 있다. 그러나 이러한 대화체는 그 등장인물이 너무 단조롭고 플롯이 희미하여 희곡으로 발전하지 못하고 말았다. 이렇게 된 이유는 판소리의 등장·발전이 가사의 희곡화를 저지했기 때문이 아닌가 한다.

넷째, 가사는 교훈(교술敎述 혹은 교시敎示) 장르인가. 교훈 장르를 설정한다면 역시 가사 가운데 여기에 소속될 것이 많다. 〈오륜가五倫歌〉·〈도덕가道德歌〉·〈권선지로가勸善指路歌〉·〈계녀가誡女歌〉등 많은 가사들이 곧 그것이다. 그러나 역시 모든 가사가 교훈 장르에 드는 것은 아니다.

다섯째, 가사는 수필인가 할 때, 수필은 다시 서사·서정 어디에 속하는가 하는 물음이 제기될 수 있어 첫째, 둘째의 물음으로 되돌아갈 수밖에 없다.

우리는 다시 위의 물음을 뒤집어 가사는 서사·서정·교훈의 3개 장르류로 완전히 분류할 수 있는가 묻는다면 다소 주저하지 않을 수 없다. 제문祭文이라든가 기타 생활에 관계된 실용적인 가사가 있기 때문이다. 이들을 한 묶음으로 묶어 비문학으로 몰아붙인다면 모르지만 이것들을 가사로 인식하고 창작하였다는 당시의 상황을 생각할 때, 그렇게 제외시키는 것만이 능사는 아니라고 할 수 있다. 혹은 이들을 그 내용에 따라 제문가사祭文歌辭는 서정에, 편지는 어디에 넣을 수도 있으나 이러한 분류가 어떤 의미를 가질 수 있는지 의문이다.

이렇게 볼 때 가사는 서구적 문예이론에 따른 한 장르에 귀속시키는 것은 사실 불가능한 것이 되고 만다. 그 이유는 무엇일까. 그것은 앞에서도 말했지만 서구적 장르 의식에 의하여 작품이 창작되고 향유되지는 않았다는 전통과 환경에서 말미암았음이 첫째 이유이고, 둘째는 가사 자체가 조선조 일대 중에서도 시대의 변천에 따라 여러 종류의 정서를 기술하는 데 동원되었기 때문이라 하겠다. 그리고 서구적 장르론에 따라 한 장르로 나누어지지 않는 것은 가사만이 아니며, 민요나 무가 역시 그러하여 여러 장르류와 종으로 나누어지고 있다. 따라서 가사장르는 서정·서사·교훈 등의 장르로 크게 분류되며 그 외 이러한 분류로 나누기 어려운 가사가 있음을 지적하고, 결국 가사는 가사일 수밖에 없지 않은가 하는 동일률의 논리를 상기시키면서 앞으로 그 장르 규정을 위한 새로운 모색을 다시 하지 않을 수 없다.

4. 가사의 형식

시조의 경우는 잣수율에 의한 형식이 거의 확정되는 듯하였다.

이른바 3·4·3(4)·4의 두 행에 3·5·4·3의 종행이 맞추어지면 시조가 형성될 수 있다는 것이다. 그러나 이에 대한 반론도 많이 일어나 이제 이러한 잣수율에 의한 형식은 상당한 비판을 받았지만 가사에는 애초에 이러한 형식의 발견이란 것이 없었다. 그것은 가사가 3·4조나 4·4조로 엮어 가기만 하면 되기 때문이다. 그리하여 조윤제는 가사의 형식을 4·4조의 연속체라 하였다. 그러나 가사를 자세히 보면 이러한 잣수율로 묶어 보기 보다는 음보율로 보는 것이 한결 편리하다. 그것은 잣수율로 볼 때 2·3조 2·4조 등 변격이 너무 많고 그것들의 차이조차 분명하지 않기 때문이다. 그리하여 가사는 흔히 4음보격의 연속체라 하게 되었다. 그러나 4음보 격이라 하여도 가사의 흐름을 자세히 살펴보면 그 안에는 이질적이라 할까, 변격이라 할 만한 것이 많이 있다는 사실을 알게 된다.

1. 운근雲根을 베쳐 내고 소정小亭을 브쳐셰어
2. 모자茅茨을 부전不剪ᄒ니 이거시 엇던 집고
3. 남양南陽애 제갈려諸葛廬인가 무이武夷예 와룡암臥龍庵인가
4. 고쳐곰 살펴보니
5. 필굉畢宏 위언韋偃의 그림엣 거시로다
6. 무릉도원武陵桃源을 예 듯고 못 밧더니 이제야 아래와라
7. 이진짓 거괴로다 〈지수정가止水亭歌〉[24]

여기에서 볼 때 겉으로는 모두 4음보 같으나 사실은 다양한 변격이 있다.

우선 제 1, 2행은 정연한 4음보로 되어 있다. 그러나 제3행의 경우 4음 치고는 제 2음보의 음절수가 너무 많은 편이다. 그리고 제 4행과 제7행은 2음보로 되어 있다. 이것을 만약 2음보로 보지 않는다

---

[24] 金得硏, 《葛峰先生文集》.

면 제4행은 제5행과 합쳐 6음보로 보는 수밖에 없다. 그리고 제7행은 제6행의 후구와 합쳐 4음보를 만드는 수밖에 없다. 그러나 그렇게 되는 것은 율독을 위한 방편은 되겠으나 문맥상으로 따진다면 이렇게 분리해서 봐야 한다. 가사를 흔히 4음보의 연속체라 하지만 그 안에는 꼭 그렇게만 이루어지지 않는 것이 이렇게 많음을 알 수 있다. 그러나 재미있는 것은 의미상으로는 비록 이렇게 구분되나 읽을 때는 이것들이 연속으로 이루어져 4음보의 율독을 이룰 수 있는 것이 또한 가사이기에, 가사는 4음보의 연속체라 하여도 크게 무리는 아니라 할 수 있다.

둘째, 같은 4음보라 하여도 그 사용 여하에 따라서는 상당한 차이가 있다. 〈강촌별곡江村別曲〉과 같이 앞귀는 한자가 주를 이루고 뒷귀는 한글로 이루어진 것이 있는가 하면, 4음보 행을 여러 행 연속하여 문장을 길게 만든 것 등이 있어 같은 4음보라 하여도 그 안에는 서로 차이가 있다. 따라서 가사체를 활용하는 사람의 의사에 따라 얼마든지 효과 있게 쓸 수 있다. 이러한 연유로 말미암아 가사는 초기 가사의 점잖은 풍모에서부터 후기 가사의 시정잡배들의 사설까지 동시에 수용할 수 있게 된 것이다.

셋째, 가사에는 장단의 다른 종류가 있다는 것이다. 어떤 장르에서건 그 길이가 꼭 같으라는 법은 없으나, 가사의 경우 그 길이의 차가 너무 심하다. 초기 가사의 대부분이 100행 내외의 길이를 가지고 있었으나, 중기로 내려오면서 장편의 작품이 나타나기 시작한다. 〈일동장유가日東壯遊歌〉나 〈만언사萬言詞〉 같은 작품이 그것이다. 이렇게 되면 가사가 서정적인 분위기를 나타내기 보다는, 어떤 사건이나 사실을 장황하게 서술하는 것이 되고 말아 질적인 차이를 나타내게 된다. 그래도 그것들은 역시 가사라는 범주에 포함될 수밖에 없으며 다른 장르라 하기에는 아직 마땅하지 않다.

넷째, 분절되는 가사가 있다. 우리는 가사의 생성에서 고려가요와 가사의 가장 큰 차이는 분절의 유무라고 하였다. 그러나 가사도 후기로 내려오면서 분절되는 양상이 나타난다. 물론 이때도 고려가요와 같이 분절되는 것은 아니다. 고려가요는 노래를 부르다가 청중과 더불어 창자가 쉬는 것이 주목적인데 가사의 경우는 그렇지 않고 내용의 분절에 따라 분절되는 것이다. 〈농가월령가〉라든가 〈오륜가〉·〈목동문답가〉 같이 내용에 따라 분절되는 것이 그러한 예이다. 이는 읽는 데 휴지를 두기 위한 것이 아니라, 그렇게 분절하여 놓아야 의미의 구분이 보다 확실하게 되고 그 전달이 원만하게 되기 때문이라 할 수 있다.

다섯째, 종행이 시조와 같이 끝을 맺는 경우가 있다. 시조의 종행은 이른바 3·5·4·3의 음절로 이루어져 그 끝을 감동적으로 맺고 있다. 이는 다시 말하여 종행의 첫 귀에 감탄사를 가져다 놓아 그 종결을 감동적으로 맺으려는 것으로, 향가 이래 우리 시가의 한 특징이라 할 수 있다. 가사의 경우도 이렇게 종행의 첫 귀에 3음절의 감탄사를 놓거나 아니면 다른 3음절의 귀句를 형성하여 시조와 같이 종결을 맺은 작품들이 있다. 이러한 형태를 취하고 있기 때문에 가사의 발생을 시조에서 구하려는 주장까지 있었다. 그리고 이러한 가사를 정격가사正格歌辭라 부르자는 주장도 있으나 그만큼 비중을 가졌다고 보기는 어렵다. 그것은 그렇게 되어야 보다 가사적인 작품이 될 수 있다는 원칙 같은 것을 세우기 어렵기 때문이다. 그리고 그런 형태를 취하지 아니한 가사 중에도 훌륭한 가사들이 많이 있기 때문이다. 다만 이러한 형태를 취한 가사작품도 있음을 유의할 필요는 있다.

여섯째, 가사 형식에는 또한 댓귀對句 의식이 강함을 알아야 하겠다. 가사를 표기할 때 댓귀로 적는 경우가 많다. 시조나 다른 율문에서는 그러한 경우가 전혀 보이지 아니하는데 가사에서는 두 줄로 붙여 댓귀 형태로 표기한 것이 많이 있다. 이렇게 표기하였다는 것은 율문으로서 가사가 댓귀 형식으로 이루어질 수 있음을 나타낸 것이라 할 수 있다. 그러나 모든 가사가 이러한 댓귀 형식으로 표기되는 것은 아니다.

5. 가사의 내용

가사가 무엇을 노래하였는가 하는 것은 가사의 이해에 기본이 될 수 있다. 그것이야말로 가사 존립의 의미라고 할 수 있기 때문이다. 그리하여 일찍부터 가사의 내용에 대하여 많은 논의들이 있어 왔다. 이러한 가사 내용의 분류를 크게 나누면 다음과 같은 몇 가지 유형으로 정리할 수 있다.

첫째, 망라형網羅型이다. 이는 가사의 내용을 있는 그대로 망라한 분류다. 이에는 조윤제趙潤濟의 경우를 들 수 있다. 그는 가사의 내용을 풍경風景·절후節候·누태정각樓台亭閣·은일隱逸·회유會遊·이별離別·무상無常·도덕道德·교훈敎訓·지방문물地方文物·여행旅行 등 11개 분야로 나누었다.25) 그리고 김기동은 애정상사愛情相思·교훈경계敎訓警戒·서경기행敍景紀行·연사영물演史詠物·강호한정江湖閑情 등 5종으로 나누었다.26) 그러나 그는 애정·상사, 교훈·경계 등 서로 유사한 것을 한 곳에 묶어서 5종류이지 이를 분리하면 실은 10종류가 되는 것이다. 또한 그는 〈상춘곡賞春曲〉·〈성산별곡星山別曲〉·〈사제곡莎堤曲〉·〈독락당獨樂堂〉 등은 서경기행敍景紀行에 〈강촌별곡江村別曲〉·〈환산별곡還山別曲〉·〈누항사陋巷詞〉 등은 강호 한정에 넣어 그 분류의 기준이 어디에 있는지 자세히 살펴보게 만들었다.

그 밖에 서원섭徐元燮은 강호한정江湖閑情·연주충군戀主忠君·추모찬송追慕讚頌·복수송축福數頌祝·도덕교훈道德敎訓·기탁풍유寄托諷諭·유람기행遊覽紀行·풍류행락風流行樂·풍물서경風物敍景·연모상사戀慕相思·무상차탄無常嗟嘆·장부호기丈夫豪氣·고사회고古事懷古·회포술의懷抱述義·풍속권

---

25) 趙潤濟, ≪국문학개설≫, 東國文化社, 1955, 148쪽.
26) 김기동, ≪국문학개론≫, 대창문화사, 1957, 14~171쪽.

농風俗勸農·종교포덕宗敎布德의 16종으로 나누었다.27) 이 분류 항목명 역시 이중으로 되어 있어 이를 나누면 그 분류 항목은 배가 될 수 있다. 이상보李相寶는 은일隱逸·유배流配·기행紀行·전쟁戰爭·도덕道德·송양頌揚·상사相思·포덕布德 등 8종으로 나누었다.28) 최강현崔康賢은 주제·소재라 하여 1849편의 가사를 139종으로 나누었는데,29) 가사의 내용을 망라하여 나눈 것 중에서는 그 종류를 가장 많이 잡고 있다. 이러한 망라형 분류는 가사의 내용을 살펴보려는 의도에서 일차적으로 시도할 수 있는 것이다. 그러나 여기에는 항목 분류의 경계선이 명확하지 못한 경우가 많으며 연구자에 따라 그 기준이나 항목이 너무 다양하고 산만하다는 데 문제가 있다.

둘째, 작가형作家型이다. 이는 작가의 신분에 따라 가사의 내용을 구분한 것으로, 이는 우리어문학회의 ≪국문학개론≫에 보이는 것이다. 여기에서는 가사를 양반가사兩班歌辭, 내방가사內房歌辭, 평민가사平民歌辭의 3종류로 나누고 그 아래 내용을 분류한 것이다. 그리하여 양반가사에서는 부귀와 공명을 떨치고 강호에 묻혀서 자연을 벗 삼아 어부의 생활을 하는 것을 묘사한 것등 7종류로 나누고, 내방가사는 경계警戒·상사相思·화전花煎 등으로, 평민가사는 서사·서정·골계·불교 등으로 나누어 설명하였다.30) 가사가 허공중에 떠서 지어진 것이 아니라 구체적인 작가군에 의하여 창작되었다는 점에서 이렇게 작가군으로 나누어 그 내용을 살펴보려는 것은 의미 있는 일이라 생각한다. 이러한 분류는 그 뒤 김문기31) 윤석창32) 등에 의하여서도 진행되었다.

셋째, 장르형이 있다. 가사의 장르를 나눈 뒤에 이 장르의 하위

---

27) 서원섭, 〈가사의 내용과 형식고〉, ≪경북대논문집≫ 12, 1968.
28) 이상보, ≪한국가사문학의 연구≫, 형설출판사, 1974, 15~23쪽.
29) 최강현, ≪한국기행문학연구≫, 일지사, 1982, 359~406쪽.
30) 우리어문학회, ≪국문학개론≫, 173~191쪽.
31) 한국문학개론 편찬위원회, ≪한국문학개론≫, 혜진서관, 1991, 142~158쪽.
32) 윤석창, 〈가사문학의 형태 내용 고찰〉, 경희대 석사논문, 1976.

에 각 가사를 분류한 것이다. 이에는 최태호[33)]의 것이 있는데, 그는 다음과 같이 가사를 나누고 있다.

1. 교술가사敎述歌辭 : 가) 불교류佛敎類 나) 유교류儒敎類 다) 천주교류天主敎類 라) 동학류東學類 마) 개화계몽류開化啓蒙類
2. 서정가사抒情歌辭 : 가) 풍류류風流類 나) 송축류頌祝類 다) 탄식류嘆息類 라) 상사류相思類
3. 서사가사敍事歌辭 : 가) 사화류史話類 나) 기행류紀行類

이러한 장르류의 분류는 가사의 표현 양식이 어떻게 이루어졌는 가를 살피는 데 좋은 참고가 되리라 생각한다.

넷째, 수용형收容型이다. 가사가 당시에 어떻게 수용되었는가 하는 측면에서 살펴본 것이다. 이는 이능우에 의하여 시도된 것으로 그는 이를 세 부류로 나누었다. 하나는 가창물歌唱物로서의 가사다. 가사가 노래의 사설이면서 노래 부를 수 없는 것이 오히려 가사의 본질에 가깝지만 가사 가운데는 가창물로서의 가사가 존재하였다고 하고 이에는 12가사 같은 것들이 있다고 하였다. 또 하나는 음영물吟詠物로서의 가사다. 송강가사松江歌辭, 노계가사蘆溪歌辭 같은 것들이 이에 속한다고 하고 이들 가사는 거문고 반주에 의한 것이 아니고 음영만으로 정착된 것이라 하였다. 끝으로 다른 하나는 완독물玩讀物로서의 가사를 들었다. 노래도 음영도 아닌 가사의 내용에 흥미를 둔 가사로 이에는 〈고공문답가雇工問答歌〉·〈만분가萬憤歌〉·〈우부가愚夫歌〉·〈사친가思親歌〉 등을 예로 들었다.[34)]

이러한 가사의 내용 분류는 사실 여러 가지 문제를 안고 있다. 우선 분류의 기준이 문제가 되며 분류 항목의 명칭, 항목간의 비중,

---

33) 최태호, 〈가사의 분류적 고찰〉, 《목원대논문집》 4, 1981, 59~78쪽.
34) 이능우, 《가사문학론》, 일지사, 1977, 44~74쪽.

그리고 시대적인 반영 등 여러 가지 문제가 있다. 또한 가사 자체가 두 항목 이상의 내용을 포용하고 있는 것도 문제가 된다. 이러한 점을 감안하여 그래도 어느 정도 합리성을 추구하면서 그 내용을 분류하면 다음과 같이 할 수 있지 않을까 생각한다.[35]

□ 사대부가사士大夫歌辭
  1) 강호가사江湖歌辭 : 상춘곡賞春曲, 면앙정가俛仰亭歌, 성산별곡星山別曲, 노계가蘆溪歌, 사제곡莎堤曲, 누항사陋巷詞, 일민가逸民歌
  2) 교훈가사敎訓歌辭 : 권선지로가勸善指路歌, 금보가琴譜歌, 상저가相杵歌, 여손훈사女孫訓辭, 오륜가五倫歌, 훈가리담訓家俚談
  3) 기행가사紀行歌辭 : 관서별곡關西別曲, 관동별곡關東別曲, 금강별곡金剛別曲, 북정가北征歌, 독락당獨樂堂, 서정별곡西征別曲
  4) 류배가사流配歌辭 : 만분가萬憤歌, 사미인곡思美人曲, 속미인곡續美人曲, 별사미인곡別思美人曲, 북천가北遷歌, 만언사萬言詞
  5) 전란가사戰亂歌辭 : 남정가南征歌, 태평사太平詞, 선상탄船上嘆, 용사음龍蛇吟, 재일본장가在日本長歌, 대명복수가大明復讐歌
  6) 연군가사戀君歌辭 : 죽창곡竹窓曲, 명월음明月吟, 자도사自悼詞
  7) 송축가사頌祝歌辭 : 무인입춘송축가戊寅立春頌祝歌, 성주중흥가聖主中興歌
  8) 비판가사批判歌辭 : 고공가雇工歌, 고공문답가雇工問答歌, 고령진민선정가高靈鎭民善政歌, 영남가嶺南歌
  9) 기타가사其他歌辭 : 연정戀情, 역사歷史, 농가農歌, 남초가南草歌 등

□ 서민가사庶民歌辭
  1) 연정가사戀情歌辭 : 거사가居士歌, 고상사곡古相思曲, 과부가寡婦歌, 규수상사곡閨秀相思曲, 상사별곡相思別曲, 송녀승가送女僧歌
  2) 유흥가사遊興歌辭 : 권주가勸酒歌, 화유가花遊歌

---

35) 鄭在晧, 〈歌辭文學의 內容分類〉, ≪慕山學報≫ 제4·5집, 慕山學術研究所, 1993.

3) 풍수가사風水歌辭 : 금대영산가錦臺詠山歌, 지가서地家書, 최해운답산가崔海雲踏山歌, 도선답산가道詵踏山歌
4) 비판가사批判歌辭 : 갑민가甲民歌, 향산별곡鄕山別曲, 운가耘歌
5) 종교가사宗敎歌辭 : 불교佛敎 → 서왕가西往歌, 귀산곡歸山曲, 회심곡回心曲
   천주교天主敎 → 천주공경가天主恭敬歌, 십계명가十誡命歌
   동학東學 → 용담가龍潭歌, 교훈가敎訓歌, 안심가安心歌
6) 영사가사詠史歌辭 : 적벽가赤壁歌, 왕소군원가王昭君怨歌, 우미인곡虞美人曲
7) 교훈가사敎訓歌辭 : 우부가愚夫歌, 용부가庸婦歌, 로인가老人歌
8) 기타가사其他歌辭 : 상서가相書歌 등

이를 시대별로 살펴보면 다음과 같이 나눌 수 있다. 물론 시초의 가사의 창작 시대를 밝힌 것이며 그 이후 같은 내용의 가사가 지어진 경우는 많다.

시대 \ 계층	사대부	서민
15세기	강江	
16세기	교敎·기紀·유流	
17세기	전戰·비批	
18세기	연戀·송頌	연戀·종宗
19세기		비批·영詠·풍風·유遊·교敎
20세기		

물론 이에도 문제가 없는 것은 아니나 가사 내용을 전체적으로 조망할 수는 있으리라 생각한다.

6. 가사의 사적 전개 양상

가사는 시대의 변천에 따라 어떻게 변모되어 왔는가. 가사의 주제와 소재의 변천, 형식과 작가군의 변천양상에 따라 크게 6기로 나누어 고찰할 수 있다.

　제1기 : 여말에서 성종조까지로 가사의 발생기에 해당한다. 가사의 형성 시기는 여말 내지는 선초라 생각되며 그 효시작에도 논란이 있으나, 아직은 현재 발견된 것 중에 문헌적 근거가 있는 정극인의 〈상춘곡〉이 효시작이 아닌가 한다. 그것은 이때의 시조 가운데 〈강호사시가〉와 같은 것과 〈상춘곡〉의 내용이 강호생활을 노래하였다는 공통성이 있기 때문이다. 이는 곧 개국 후 태평시절을 누리며 자연미를 발견한 선초의 생활을 그대로 나타낸 것이라 볼 수 있기 때문이다. 그러나 〈상춘곡〉이 가사로서 그 형식이나 내용이 너무 완미完美한 것으로 보아 그 이전에 가사 효시작이 있을 가능성은 있다. 이를 나옹懶翁의 〈서왕가〈西往歌〉로 보는 이도 있으며 최근에는 이 서왕가설西往歌說이 더욱 활발하게 전개되나 원형과 현전본 간의 거리에 대한 고증이 좀더 필요하리라고 생각한다. 그리고 이 시기에 창작된 가사의 주제는 강호한정이라고 할 수 있다.

　제2기 : 제 2기는 성종조에서 임란전까지의 시기이다. 이 시기에는 전기 가사의 전통을 이어 자연미를 노래한 강호가사가 계속 창작되었다. 송순의 〈면앙정가〉, 이서의 〈낙지가〉, 정철의 〈성산별곡〉 등이 대표적인 작품이다. 강호가사는 사대부들이 실세하여 강호에 물러나서 살 때의 감회를 노래한 것으로, 서사에서는 강호에 머무르게 된 취지를, 전개에서는 생활환경과 생활양식을, 결사에서는 안빈낙도하겠다는 뜻이나 성은에 감사하는 내용을 노래하고 있다. 이러한 강호가사에서 조선조 선비들이 자연과 벗하며 스스로 수신제가에 힘쓰고, 치국평천하의 때를 기다리고 그 때를 위해 준비하는 모습을 엿볼 수 있다.

　또한 이 시기에 와서는 기행가사, 유배가사, 교훈가사가 새롭게 창작된다.

　기행가사는 대체로 관료들이 자기 임지의 승경을 노래한 것으로,

백광홍의 〈관서별곡〉과 정철의 〈관동별곡〉이 있다. 기행가사는 우선 그러한 자리를 마련해 준 성은에 감사하며 공무에 틈을 내어 자기 임지의 곳곳을 둘러보고, 군주에 대한 충성을 노래하면서 아울러 자신의 감흥과 선정을 읊고 다짐하고 있다.

선초에는 관료의 자리는 많았으나 오히려 지원자인 양반수가 적었으나, 그 뒤 한정된 관직수에 비하여 양반들의 수가 증가되면서 이에 따라 자리다툼이 일어날 수밖에 없어, 서로 상대방을 밀어내려는 관료들의 파벌 다툼의 결과로 유배가 생기고 이에 따라 유배가사가 지어졌다. 유배가사로는 조위의 〈만분가〉가 있으며, 실세 낙향하여 연군을 노래한 것으로는 정철의 〈양미인곡〉이 있다.

유학을 국시로 한 지배계급은 이것을 실제 생활에 옮기기 위하여 여러 가지로 계몽할 필요가 있었다. 그래서 ≪삼강행실도≫, ≪경민편≫ 등을 엮어 백성들이 실제 생활에서 어떻게 충과 효를 하며, 나아가 오륜의 여러 덕목들을 실천할 수 있는지를 가르쳤다. 그리하여 시조로는 〈훈민가〉나 〈오륜가〉 등이 창작되었으며, 가사에서도 교훈가사가 지어졌다. 그 중에는 이황이 지었다는 〈도덕가道德歌〉·〈권선지로가勸善指路歌〉·〈금보가琴譜歌〉·〈상저가相杵歌〉·〈효우가孝友歌〉 등이 있다.

제2기는 가사의 형식이 완성되었으며, 이에 대한 확인과 그 활용을 주로 한 시기이다. 율격에 있어서는 3·4조가 주조를 이루며, 작자들은 대부분 사대부들이었다.

제3기 : 제3기는 임란(1592)부터 ≪송강가사≫의 판본이 간행된 숙종 16년(1690) 이전까지이다. 제2기와 같이 강호가사, 기행가사, 유배가사 등이 계속 지어지는 한편, 전쟁을 소재로 한 가사가 새롭게 등장하였다.

이 시기에 지어진 강호가사로는 고응척高應陟의 〈도산가陶山歌〉, 박인로朴仁老의 〈사제곡莎堤曲〉·〈노계가蘆溪歌〉, 윤이후尹爾厚의 〈일민가逸民歌〉가 있으며, 기행가사로는 조우인曺友仁의 〈출새곡出塞曲〉·〈관동속별곡關東續別曲〉, 박권朴權의 〈서정별곡西征別曲〉, 유배가사로는 조우인曺友仁의 〈자도사自悼詞〉, 송주석宋疇錫의 〈북관곡北關曲〉이 전한다. 임란 후 새롭게 등장한 전쟁을 소재로 한 가사로는 박인로의 〈태평사太平詞〉·〈선상탄船上嘆〉, 최현崔晛의 〈용사음龍蛇吟〉, 백수회白受繪의 〈재일본장가在日本長歌〉 등이 있는데, 이들 작품에서는 전쟁의 비참함과 왜적에 대한 적개심, 조국에 대한 사랑과 충성을 노래하였다.

이 시기 역시 가사의 작가는 사대부들이었으며, 전기와 달리 박인로, 조우인, 정훈과 같이 개인 창작의 작품수가 많아졌다는 점이 특징이라고 할 수 있다. 또한 이 시기 가사는 4음보의 율조가 6음보가 되거나 2음보 혹은 3음보가 중간에 등장하는 것 같은 율조의 변격이 많이 나타나며, 서두에 산문적 사설을 삽입한 것이 있다. 이는 가사가 산문화 내지는 장형화할 소지를 보여 준 것이라고 할 수 있다.

제4기 : 제4기는 가사의 보편화가 본격적으로 전개되는 ≪송강가사≫(1690) 간행으로부터 최제우의 동학가사東學歌辭가 나타나기 전인 철종 10년(1859)까지이다. 이 시기에 이르러 가사는 향유층이 다양해지고 형식의 산문화·장형화, 내용의 다양화가 이루어진다. 이 시기에는 애정가사, 천주교가사, 현실비판가사가 새롭게 창작되었으며, 전대에 이어 강호가사, 교훈가사가 계속 창작되었다.

근엄한 양반들은 부부유별과 체면을 찾아 남녀간의 노골적인 사랑을 노래하는 것을 삼갔는데, 이 시기에 오면 남녀간의 사랑을 주제로 한 가사가 많이 등장한다. 〈상사별곡相思別曲〉·〈춘면곡春眠曲〉·〈사랑가〉·〈단장사斷腸詞〉·〈청루별곡靑樓別曲〉 등이 여기에 속한다. 이러한 분위기는 양반 사대부들에게도 영향을 주어 그들도 애정가사를 짓게 되었으니 민우룡閔雨龍의 〈금루사金縷辭〉가 대표적인 것이다.

병자호란 이후 중국에서 서학이 전래되었는데, 이들 서학은 서울 근교 남인 학자들에 의해 연구·신봉되었고, 그들에 의해 많은 천주가사天主歌辭가 지어졌다. 정약전의 〈십계명가〈十誡命歌〉, 이벽李蘗

의 〈천주공경가天主恭敬歌〉, 이가환李家煥의 〈경세가警世歌〉, 최양업崔良業 신부의 〈사향가思鄕歌〉·〈디옥가〉 등이 천주가사에 속한다.

현실비판이 가사의 소재로 등장한 것은 17세기에 창작된 최현의 〈용사음〉과 같은 작품에서 단초를 찾을 수 있지만, 모순에 찬 현실을 고발하고 비판하면서 강한 저항의지를 드러내는 작품들이 본격적으로 창작되기 시작한 것은 18세기에 와서이다. 이는 이 시기에 이르러 삼정의 문란이 극에 달하고 관료들의 학정이 심해졌기 때문이며, 대표적인 현실비판 가사로 〈갑민가甲民歌〉, 〈향산별곡鄕山別曲〉, 〈거창가居昌歌〉, 〈합강정선유가合江亭船遊歌〉 등을 들 수 있다.

이 시기 강호가사로는 남도진南道振의 〈낙은별곡樂隱別曲〉, 박이화朴履和의 〈낭호신사浪湖新詞〉가 있으며, 기행가사로는 이용李溶의 〈북정가北征歌〉, 구강具康의 〈북새곡北塞曲〉, 권섭權燮의 〈영삼별곡寧三別曲〉, 김인겸金仁謙의 〈일동장유가日東壯遊歌〉 등이 있다. 유배가사도 계속 창작되었는데, 김춘택金春澤의 〈별사미인곡別思美人曲〉, 안조환安肇煥의 〈만언사萬言詞〉, 김진형金鎭衡의 〈북천가北遷歌〉 등이 있다. 교훈가사로는 곽시징郭始徵의 〈권선징악가勸善懲惡歌〉, 정치업丁致業의 〈경몽가警夢歌〉, 배이도裵爾道의 〈훈가리담訓家俚談〉, 〈초당문답가草堂問答歌〉에 실려 있는 작자 미상의 〈우부가愚夫歌〉·〈용부가庸婦歌〉, 규방가사에 속하는 〈계녀가〉 등이 있다.

이 시기는 다작을 하거나 뚜렷한 작가가 있는 작품들보다 무명씨에 의해 많은 작품이 지어진 것이 특징이다. 뚜렷한 작가 없이 여러 사람이 한 두 편씩 가사를 지었다는 것은, 가사가 시조와 같이 보편화되어 누구나 붓을 들면 창작할 수 있는 장르로 발전되었음을 의미한다. 또한 이 시기의 중요한 사실은 규방가사가 등장했다는 것이다. 물론 그 전에도 여인들이 지은 가사 작품이 있었으나 이 시기에 와서 여성 작가들이 대거 등장하는데, 연안延安 이씨의 〈쌍벽가雙壁歌〉와 〈부여노정기夫餘路程記〉가 전하고 있다.

가사 형식은 이 시기에 와서 기본형 외에 두 가지로 변천하였다고 할 수 있다. 하나는 창을 위하여 단형화한 것이고, 다른 하나는 사실의 정확한 기록을 위하여 장형화한 것이다. 육당본 ≪청구영언≫에는 〈관동별곡〉이 36행만 실려 있는데, 이는 가사가 창을 위해 단형화된 대표적인 예에 속한다. 〈상사별곡相思別曲〉·〈춘면곡春眠曲〉 등은 단형화의 예이고, 〈만언사萬言詞〉·〈일동장유가日東壯遊歌〉 등은 장형화의 예이다.

제5기 : 제5기는 동학가사가 창작된 철종 11년(1860)부터 신체시가 등장한 1908년까지로, 동학가사와 개화가사가 등장하였다.

동학가사는 나라를 구하고 백성을 건지기 위해 동학을 창건한 최제우가 자신의 신비스런 체험을 알리고 자제와 부녀 등 가족과 교도들을 깨우치고 훈계하기 위해 지은 가사인데, 〈용담가龍潭歌〉·〈안심가安心歌〉·〈교훈가敎訓歌〉 등 8편의 작품이 ≪용담유사龍潭遺詞≫에 실려 전한다.

개화가사는 낡고 부패한 전날의 잔재를 벗어나 부국강병의 새로운 삶을 개척할 것을 노래한 가사이다. 개화를 가장 절실하게 노래한 것은 ≪독립신문≫에 수록된 애국가류이다. 또한 명성황후시해 사건 후 의병이 크게 일어나게 되는데, 그들에 의해 항일의병가사가 지어졌다. 의병가사로는 유홍석의 〈고병정가사告兵丁歌辭〉가 있다.

이 시기에도 제4기에 이어 강호가사·기행가사·애정가사·교훈가사·현실비판가사 등이 계속 지어졌으며, 형식면에서는 가사의 창가화唱歌化가 이루어졌다. 가사의 창가화는 ≪독립신문≫에 잘 나타난다. 초기의 가사는 4·4조의 정연한 것이었는데, 그 뒤 4·4조에 반복되는 어휘가 등장하고 다시 후렴이 등장하여, 가사가 분절되는 현상을 보인다.

제6기 : 제6기는 1908년 ≪소년≫지가 창간되어 신문학이 등장한 이후에서 현재까지로 가사가 종말을 고하는 시기이다. 신태식申泰植의 〈신의관창의가〉와 같이 국권회복을 주장하는 가사가 지어졌으며, 내방가사가 여전히 활발하게 창작되었다. 가사의 잔재로 현재까지도 가사를 짓고 있는 사람이 있다. 그러나 이제 가사는 그 종말을 고하였다고 볼 수 있으며, 설혹 가사를 짓는다고 하더라도 현대문학의 소설, 수필 등을 능가하고 다시 꽃피우기는 어려울 것 같다. 왜냐하면 문학 장르는 그 시대의 소산이기 때문이다.

7. 가사의 특질

이상 6개 항으로 나누어 가사의 면모를 살펴보았다. 이를 정리하여 그 특성을 밝히면 다음과 같다.

첫째, 시대적으로 보아 가사는 조선조에 번창한 문학이라는 것이다. 가사의 기원을 고려 말에 둔다 할지라도 가사가 크게 번성한 것은 조선조이며 조선조의 종말과 더불어 사라진 문학이라고 할 수 있다. 현재도 가사를 짓는 사람이 있으며 앞으로도 가사형식을 시험해 볼 작가가 있을지 모르나 조선조와 같이 한 시대의 대표적인 문학이 되기는 어려울 것 같다. 그것은 가사가 가지고 있는 유장한 가락이나, 거기에 담겨진 자연미의 발견이나, 유교적 교훈과 같은 내용이 현대생활과 거리가 있기 때문이다. 그리고 물론 앞서 살핀 바와 같이 조선조 내에서도 사회정세의 변천에 따라 가사도 변천되었으며 그것이 현대에 적응하지 못했기 때문에 사라진 것이다.

둘째, 작가층의 중심이 사대부였다. 가사를 많이 짓고 가사를 통해 그 감상과 교훈을 노래한 것은 조선조의 사대부였다. 시대의 변천에 따라 평민들이나 부녀자들이 가사를 지었다 하더라도 사대부들이 가사를 버린 것은 아니었다. 오히려 이들 사대부의 영향을 받아 평민이나 부녀자들이 가사를 지었다고 할 수 있다. 사대부들이 사회 중심에서 벗어났을 때 가사도 역시 사라졌다. 이렇게 볼 때 가사는 유학적 소양을 쌓은 사대부에 의해 개척되고 발전된 문학이라고 할 수 있다.

셋째, 형식은 3·4조나 4·4조를 기조로 4음보 격을 이루고 있으나, 그 안에도 여러 가지 질적인 차이가 있으며 파격도 있었다. 단조로운 것 같으면서도 내부에 일어나고 있는 잔잔한 변화가 그 단조로움을 이기며 전체의 안정된 율조로 노래된 것이 가사다.

넷째, 내용에 있어서는 조선조의 생활 전부를 노래하였다. 그러나 그 중심이 되는 것은 역시 자연미의 발견과 교훈적인 것이었다. 이는 조선조에 크게 떨친 유학의 영향과 정치제도에서 말미암은 것이라 할 수 있다. 사대부 중심의 정치제도는 그들이 태평을 누리거나 실세하여 강호에 있을 때 자연과 가까이 할 수 있는 여유가 생기며, 사회제도적으로도 생활에 여유가 있어 이러한 안빈 가운데 풍요로운 멋을 즐길 수 있었기 때문이다. 그런 한편 그들의 가치관이나 인생관에 중요한 역할을 한 유학의 교훈적인 내용을 노래하여 스스로 경계함과 아울러 후진을 지도한 것이다.

다섯째, 사상적인 면에서 볼 때 유학의 영향이 가장 컸다. 유교를 국시로 개국한 이래 조선조 일대는 거의 유학의 독무대였으며 기타의 이단을 배척한 때문에 가사에 크게 영향을 끼친 것은 유학이었다. 물론 불교가사와 시대의 변천에 따라 천주교, 동학, 기타 양명학, 기독교 등의 가사가 없는 것은 아니나 그것은 하나의 지류였고 역시 중심이 되는 사상은 유학이라 할 수 있다.

앞으로 가사연구는 숨은 자료의 발굴과 아울러 철저한 문헌적 연구를 토대로 새로운 방법론으로 그 미적 가치와 아울러 역사적 맥락을 살펴보도록 해야 하겠다.

鄭在晧 / 고려대

◇ 참고문헌

• 著書

고정옥, ≪국어국문학요강≫, 대학출판사, 1949.
권영철, ≪규방가사연구≫, 이우출판사, 1980.
김기동, ≪국문학개론≫, 대창문화사, 1957.
김동욱, ≪국문학개설≫, 민중서관, 1962.
김문기, ≪서민가사연구≫, 형설출판사, 1983.
김사엽, ≪이조시대의 가요연구≫, 대양출판사, 1956.
金素雲, ≪朝鮮口傳民謠集≫, 東京 第一書房, 1933.
김흥규, ≪한국문학의 이해≫, 민음사, 1986.
박성의, ≪송강·노계·고산의 시가문학≫, 현암사, 1966.
＿＿＿, ≪한국시가문학론과 사≫, 선명문화사, 1974.
뿌리깊은나무 편, ≪판소리다섯마당≫, 한국브리태니커회사, 1982.
서원섭, ≪가사문학연구≫, 형설출판사, 1978.
우리어문학회, ≪國文學槪論≫, 一成堂書店, 1949.
윤석창, ≪가사문학개론≫, 깊은샘, 1991.
이능우, ≪입문을 위한 국문학 개론≫, 이문당, 1950.
＿＿＿, ≪가사문학론≫, 일지사, 1977.
이동영, ≪가사문학논고≫(증보판), 부산대출판부, 1987.
이병기, ≪국문학전사≫, 신구문화사, 1957.
이상보, ≪한국가사문학의 연구≫, 형설출판사, 1974.
任東權, ≪韓國民謠集≫, 集文堂, 1961.
張德順, ≪國文學通論≫, 신구문화사, 1963.
정재호, ≪한국가사문학론≫, 집문당, 1982.
趙潤濟, ≪朝鮮詩歌의 研究≫, 乙酉文化社, 1948.
＿＿＿, ≪韓國詩歌史綱≫, 을유문화사, 1954.

_____, ≪국문학개설≫, 東國文化社, 1955.
崔康賢, ≪韓國紀行文學硏究≫, 일지사, 1982.
최강현, ≪가사문학론≫, 새문사, 1986.

• 論文

김기동, 〈가사문학의 형태적 고찰〉, ≪조윤제박사 회갑기념논문집≫, 1954.
_____, 〈가사문학의 형태적 고찰〉, ≪가사문학연구≫, 정음사, 1979.
김동욱, 〈임란 전후 가사연구〉, ≪진단학보≫ 25-27호, 1964.
金炳國, 〈쟝르論的 關心과 歌辭의 文學性〉, ≪현상과 인식≫, 1977.
김성배, 〈한국 불교가요연구〉, 동국대 박사논문, 1973.
김태준, 〈별곡의 연구〉, ≪동아일보≫, 1932.
金學成, 〈歌辭의 장르 性格再論〉, ≪백영 정병욱선생 화갑기념논총≫, 1982.
박연호, 〈19세기 오륜가사연구〉, ≪19세기 시가문학의 탐구≫, 집문당, 1995.
서원섭, 〈가사의 내용과 형식고〉, ≪경북대논문집≫ 12, 1968.
유우선, 〈가사에 나타난 사상적 영향에 대하여〉, ≪전남대 논문집≫ 14, 1968.
유창균, 〈한국 시가 형식의 기조〉, ≪이병기박사 송수기념논문집≫, 1966.
윤석산, 〈용담유사연구〉, ≪한양대 박사논문≫, 1987.
이경선, 〈歌辭와 辭賦의 비교연구〉, ≪중국학보≫ 6호, 1967.
이동영, 〈가사발생설에 대하여〉, ≪논문집≫ 4, 청구대병설공전, 1967.
_____, 〈가사의 발달사적 고찰〉, ≪도남 조윤제박사 고희기념논총≫, 형설출판사, 1976.
이병기, 〈송강가사의 연구〉, ≪진단학보≫ 5호, 1936.
이상보, 〈가사의 사적 고찰〉, ≪모산학보≫ 4·5집, 모산학술연구소, 1993.
이태극, 〈가사개념의 재고와 장르고〉, ≪국어국문학≫ 27, 국어국문학회, 1964.
이혜순, 〈歌詞 歌辭論〉, ≪서울대 석사논문≫, 1967.
정병욱, 〈이조후기 시가의 변이과정고〉, ≪창작과 비평≫ 31호, 1974 봄.

정익섭, 〈가사형식의 연원적 고찰〉, ≪한국어문학≫ 6, 1969.
정재호, 〈잡가고〉, ≪민족문화연구≫ 6, 고려대 민족문화연구소, 1972.
_____, 〈가사문학에 나타난 자연관〉, ≪국어국문학≫ 72·73호, 1976.
_____, 〈歌辭文學 生成論〉, ≪민족문화연구≫ 20, 고대 민족문화연구소, 1987.
_____, 〈고전시가 장르의 교섭양상〉, ≪사대논집≫ 17, 고려대학교, 1992.
_____, 〈근대문학과 동학가사〉, ≪한국문학연구≫ 14, 동국대 한국문학연구소, 1992.
_____, 〈가사문학의 내용분류〉, ≪모산학보≫ 제4·5집, 모산학술연구소, 1993.
尙山 鄭在晧博士華甲紀念論叢, ≪韓國歌辭文學硏究≫, 태학사, 1995.
정혜원, 〈가사의 장르적 성격〉, ≪한국문학사의 쟁점≫, 집문당, 1986.
조동일, 〈가사의 장르규정〉, ≪어문학≫ 21, 어문학회, 1969.
주종연, 〈가사의 쟝르考〉 Ⅱ, ≪국어국문학≫ 62·63집, 1972.
최강현, 〈서왕가 작자에 관한 연구〉, ≪아카데미논총≫ 2, 1974.
최 웅, 〈가사의 기원〉, ≪한국문학사의 쟁점≫, 집문당, 1986.
최태호, 〈가사의 분류적 고찰〉, ≪목원대논문집≫ 4, 1981.
홍재휴, 〈영남가사문학연구〉, ≪대구교육대논문집≫ 8, 1973.

제8장
民 謠

1. 민요의 개념

 민요는 민중에 의하여 창작되어 민중에 의하여 전승되어 오는 노래를 말한다. 민요의 창작자는 개인이거나 어떤 집단이거나 문제되지 않는다. 혹 최초에 어떤 한 사람이 창작하였다손 치더라도 민중의 공감을 받아 노래로 불려 질 때에만 민요로서 존립될 수 있는 것이기 때문에 작자의 개성이나 특수성은 소멸되어 버리고 만다. 어떤 하나의 노래가 민중의 공감을 기반으로 하여 민요로 성립되기까지에는 수많은 사람이 공동의 작자로 참여하는 과정이 따르기 마련이다. 그래서 민요의 작자는 민중이요, 민요는 집단의 소산이라고 할 수 있다.
 민요가 민중의 노래라고 할 때 민중의 개념을 보다 더 정확히 밝혀 둘 필요가 있다. '민요民謠'라는 명칭의 '민'은 백성, 평민, 서민 등의 뜻을 지니고 있는바, 현대적 감각의 용어로 말한다면 민중, 대중, 민간 등으로 바꿀 수 있을 것이다. '민중'이란 다중의 사람을 지칭하는 수의 개념뿐만 아니라, 특수한 계층이나 집단이 아닌 보다 평범한 계층의 사람들을 두루 가리키는 말이다.[1]

---

[1] 高晶玉은 '民'의 개념을 ①個에 대한 民, ②君, 官에 대한 民, ③國에 대한→ 민으로 나누어 설명하고, 민요는 개인이 아닌 집단의 공동작으로 통치계급이 아닌 민중의 노래요, 국가의 노래가 아닌 민족의 노래라고 하였다. ≪朝鮮民謠硏究≫, 10~13쪽.

그러므로 민요는 국민의 대다수를 차지하고 있는 민중의 노래요, 민족의 보편적 정서가 담겨 있는 진솔한 노래라고 할 것이다.

민요는 비전문적인 민중의 노래이다. 그래서 민요는 어떤 노래보다도 소박하고 단순하며 진솔하다. 특수한 수련을 거친 가객歌客이나 전문적 종교집단인 승려나 무당들의 노래와는 구별된다. 시조나 판소리, 12가사와 같은 것을 민요로 보지 않는 것처럼 무가巫歌나, 찬불가 같은 노래도 민요의 범주에 포함시키지 않는다. 그러나 향두가香頭歌, 성주풀이, 달구질소리와 같은 노래는 특수집단의 노래이면서도 널리 민간에 일반화된 노래이기 때문에 민요의 범주에 포함시킨다.

민요는 노래로 되어있다. 노래로 불려지지 않는 것은 민요가 아니다. 노래로 불려진다는 점에서는 판소리나 무가와 같은 구비문학이지만, 비전문적인 민중에 의해서 널리 불려지는 노래라는데 민요의 특성이 있다. 판소리나 무가는 전문적인 창자에 의해 불려질 뿐만 아니라, 악기의 반주를 동반하는 일정한 곡조나 창법으로 불려지는 노래이다. 이에 비해 민요는 일정한 곡조나 창법에 구속당하지 않을 뿐만 아니라, 아무런 악기의 반주가 없이도 자유롭게 불려지는 노래이다.[2]

민요는 청자를 필요로 하지 않는 자족적인 노래이다. 청자에 구애받지 않고 스스로 좋아서 부르는 노래이다. 판소리나 민속극, 무가 등은 청자를 의식하고 부르며, 청자를 위하여 부르는 노래이다. 청자의 반응과 그 분위기에 따라서 크게 영향을 받을 수 있다. 그러나 민요는 청자를 의식하고 부르는 노래가 아니고 생활의 필요에서 부르는 노래이기 때문에 청자의 유무나 그 반응의 여하에 별로 영향을 받지 않는다. 공감하는 청자들이 있어도 좋고 없어도 좋다. 일

---

[2] ≪詩傳≫에서 〈魏風園有桃〉 '我歌且謠'의 주에 '徒歌曰謠'라 한것은 민요의 이러한 특성을 지적한 말이다.

을 하거나 또는 의식을 집행하면서 민요를 부르고, 놀이를 하면서 부른다. 노래를 부르는 가운데 스스로 그 기쁨에 취하기도 하고 슬픔을 나누기도 한다. 그러므로 민요에는 숨김없는 민중의식이 반영된다.

2. 민요의 자료

민요가 수집된 역사는 상고시대까지 소급된다. 〈구지가〉, 〈공무도하가〉와 같은 노래는 상고시대의 민요임에 틀림없다. 삼국시대를 거쳐 고려, 조선시대까지도 민요는 여러 문헌에 수집되어 전하고 있다. 그러나 민요 그 자체에 대한 관심으로 수집된 예는 별로 없고, 민심의 동향을 파악하고자 하는 정치적 목적으로 수집되었거나 호사가들의 관심으로 한역된 것들, 단편적 역사기술의 자료들이 그 대부분이다.

1912년 조선총독부에 의해서 수집된 민요가 있으나[3], 수집 정리된 과정에서 변개 변조되었을 가능성이 있을 뿐만 아니라, 애당초 식민통치를 위한 기초자료로서 수집된 것이기 때문에 신빙성을 결하고 있다. 민요에 대한 본격적 관심을 가지고 수집된 자료가 민요집으로 출간된 것은 1930년대에 와서의 일이다. 그 동안 간행된 자료집 가운데 중요한 것들을 골라 개략적으로 들어보면 다음과 같다.

(1) 김소운 : 《한국구전민요집》, 동경 제일서방, 1933.

최초의 본격적 민요집이다. 신문사에 독자들이 투고한 총 2,375편의 민요를 전국 13개도(제주도는 전라남도에 포함되었음)로 나누어 수록하였다. 제보자의 주소 성명을 밝히고, 각편의 이해에 도움

---

3) 임동권의 《韓國民謠集》 Ⅵ권(1981, 집문당)으로 간행되었다. 1151수의 민요가 전국의 학교와 행정기관들을 통하여 수집되어 문서철의 형태로 보관되어 오던 것을 임동권이 민요집으로 출판한 것이다.

이 되는 내용이나 알아보기 어려운 사투리에 주석을 달았다.

(2) 김사엽·최상수·방종현 : ≪조선민요집성≫, 정음사, 1948.

세 사람이 직접 수집한 470편의 민요를 모은 것이다. 부요婦謠, 남여공요男女共謠, 남요男謠, 동요童謠, 기타요其他謠 등 7개 대항목으로 분류하여 수록하고, 별도로 영남내방가사 12편과 제주도 민요를 수록하고 있다.

(3) 고정옥 : ≪조선민요연구≫, 수선사, 1949.

최초의 본격적 민요연구서이다. 거의 직접 수집하다시피 한 364편의 자료를 창자의 성별에 의하여 남요와 부요로 분류하고, 내용, 형식, 기능 등의 기준에 의해 하위분류를 하였다. 민요의 성립, 발전, 형식, 한국문학과 민요와의 관계 등 깊이 있는 학문적 천착을 보여주고 있다.

(4) 임동권 : ≪한국민요집≫ Ⅰ~Ⅶ, 집문당, 1961-1992.

이미 간행된 민요집의 자료를 재정리하고 편자가 수집한 자료를 첨가하여 출간한 가장 방대하고 체계적인 민요집이다. 1만여 편이 넘는 자료를 창자의 장유長幼와 성별, 주제 및 내용 등을 기준으로 하여 분류하고 있다.

(5) 김영돈 : ≪제주도민요연구≫(상), 일조각, 1965.

저자가 직접 수집한 제주도 민요 1403편을 노동요, 타령, 동요의 세 항목으로 분류하였다. 편마다 창자를 밝히고, 제주도 특유의 어법과 단어들을 표준어로 대역하여 놓았다.

(6) 성균관대 국문학과 : ≪안동문화권학술조사보고서≫(민요편), 1967.

경북 안동군 및 봉화, 영주군 일부 지역의 민요 65편을 수집하여 마을별로 구분하여 수록하고 있다. 한정된 지역의 민요를 마을별로, 그리고 창자는 물론 채록상황까지 밝혀 놓은 최초의 본격적인 조사보고서이다.

(7) ≪한국민속종합보고서 전남편≫, 문공부 문화재관리국, 1969.

전남 민속에 관한 종합보고서의 일부로 168편의 민요를 유희요游

戱謠, 노동요勞動謠 등 13항목으로 분류 수록하였다. 전남의 민요에 대한 최초의 종합보고서이다.

(8) 조동일 : ≪서사민요연구≫, 계명대학교출판부, 1970.

한정된 지역에서 집중적으로 수집한 169편의 서사민요를 자료편에 수록하고 있다. 새로운 실험적 조사방법을 통하여 수집한 자료를 다각적으로 분석 고찰한 연구서이다.

(9) 한국정신문화연구원 : ≪한국구비문학대계≫, 1980~1987.

전문적 연구자들이 전국을 대상으로 조사한 82권의 보고서에 5000여 편의 민요가 수록되어 있다. 읍면을 단위로 각기 2개 마을을 택하여 집중적으로 조사하였고, 제보자들의 인적사항과 구연상황 등이 상세히 보고되어 있다.

(10) 이소라 : ≪한국의 농요≫ 1-5집, 1985~1992.

전국의 농요만을 대상으로 조사하여 군별로 정리한 보고서이다. 총 2154편의 민요를 악보로 옮겨 놓았을 뿐만 아니라, 가창방식이나 노래의 기능 등에 대해서도 상세히 기술하고 있다.

(11) 문화방송 : ≪한국민요대전≫, 1992~1995.

전국의 민요를 각 도별로 조사하여 체계적으로 정리 보존하기 위한 목적으로 만든 최초의 본격적 자료집이다. 제주도편을 필두로 하여 전남과 전북, 경남편이 간행되었다. 현지에서 녹음한 민요를 CD음반에 싣고, 노래의 사설과 악보 및 제반 참고자료를 수록한 해설집을 함께 간행하였다.

3. 민요의 분류

민요의 분류에는 단일한 기준이나 획일적인 공식이 있을 수 없다. 관점에 따라 다양한 방법과 기준이 제시될 수 있을 것이므로 굳이 어느 한두 가지만을 금과옥조처럼 주장할 일이 아니다.

1924년에 엄필진이 ≪조선동요집≫을 펴낸 이래 많은 민요집이 간행되어 왔다. 그 가운데 대표적인 민요집에 적용된 민요의 분류 방법을 살펴보면 다음과 같다.

김소운의 ≪한국구전민요집≫(제일서방, 1933)에서는 지역적 분류 방법을 취하고 있다.

당시 매일신보의 독자를 통하여 수집한 2,375편의 노래를 13도 129지방으로 분류하였다.

고위민은 민요집을 간행하지는 않았지만 〈조선민요의 분류〉(≪춘추≫ 2권 3호, 1941년 4월)라는 최초의 한국민요의 분류론을 발표하였으므로 그의 이론을 소개한다. 그는 '대체분류란, 입장 또는 기준에 따라 여러 가지로 가능하다'는 전제 아래 '내용, 요자의 성과 노약, 지역, 신고新古, 접촉되는 생활면, 형식, 곡조, 명칭, 언어의 귀천, 장단, 후렴의 유무, 요자수 등등'은 그 기준이 될 수 있다고 설명하고 요자의 성과 노약, 접촉하는 생활면, 명칭 등을 기준으로 삼아 다음과 같이 분류하였다.

(1) 남요男謠 : ①근로요 ②타령 ③양반노래 ④도덕노래 ⑤무상요 ⑥취락요 ⑦아리랑 ⑧민간신앙요 ⑨만가輓歌 ⑩경세요警世謠 ⑪생활요 ⑫정치요 ⑬전설요 ⑭어희요語戲謠 ⑮유희요游戲謠.

(2) 동남동녀童男童女 문답체요問答體謠 : ①상주함창공갈못계 ②잃은 댕기계 ③찢어진 쾌자계 ④네집내집계 ⑤주머니계 ⑥원정계 ⑦연담계戀譚系.

(3) 부요婦謠 : ①시집살이노래 ②작업요 ③모녀애련요 ④여탄가 ⑤정렬가 ⑥꽃노래.

(4) 동녀요童女謠 : ①채채요 ②감상요 ③치장요.

고정옥은 ≪조선민요연구≫에서 노래의 내용과 창자의 성, 노래와 민족생활의 결합면 등을 기준으로 하여 다음과 같이 분류하였다.

(1) 남요 : ①노동요 ②타령 ③양반노래 ④도덕가 ⑤취락가 ⑥근대요 ⑦민간신앙가 ⑧만가 ⑨경세가 ⑩생활요 ⑪정치 ⑫전설요 ⑬어희요 ⑭유희요 ⑮정가 ⑯동남동녀문답체요.

(2) 부요 : ①시집살이노래 ②작업요 ③모녀애련가 ④여탄가 ⑤열녀가 ⑥꽃노래 ⑦동녀요.

임동권은 가장 방대한 민요를 수집하여 전 7권에 이르는 ≪한국민요집≫을 간행한 바가 있거니와 창자의 연령, 주제 및 내용·가창과정 등 세 가지 조건을 기준으로 하여 아래와 같이 분류하였다.

1) 민요 165형
(가) 노동요
  A. 남성의 노동요 : 이앙요 등 20형
  B. 여성의 노동요 : 베틀요 등 9형
(나) 신앙성요
  A. 불교요 : 창세요 등 3형
  B. 민간신앙요 : 지신밟기요 등 9형
(다) 내방요
  A. 여탄요 : 청상요 등 3형
  B. 시집살이요 : 남편요 등 12형
  C. 찬유요 : 꽃노래 등 3형
  D. 생활요 : 치장요 등 3형
  E. 계절요 : 단오요 등 2형
(라) 정련요
  A. 문답요 : 목화따는 처녀노래 등 9형
  B. 정애요 : 상사요 등 9형

　　　　C. 정요 : 정요 1형
(마) 만가 - 만가 1형
(바) 타령
　　　　A. 짐승타령 : 소타령 등 5형
　　　　B. 조류타령 : 새타령 등 4형
　　　　C. 음식타령 : 떡타령 등 4형
　　　　D. 화초타령 : 도라지타령 등 10형
　　　　E. 기타의 타령 : 장타령 등 48형
(사) 설화요 - 배좌수딸요 등 11형

 2) **동요 197형**
(가) 동물요
　　　　A. 조류요 : 제비요 등 21형
　　　　B. 짐승요 : 소요 등 11형
　　　　C. 곤충요 : 잠자리요 등 18형
　　　　D. 어류요 : 자라요 등 7형
(나) 식물요
　　　　A. 나무노래 : 나무요 등 2형
　　　　B. 풀노래 : 박꽃요 등 4형
(다) 연모요 - 새야새야요 등 7형
(라) 애무자장요
　　　　A. 자장요 : 잘도잔다요 등 2형
　　　　B. 애무요 : 둥게둥게요 등 4형
(마) 정서요
　　　　A. 가족요 : 부모요 등 5형
　　　　B. 감상요 : 비요 등 8형
　　　　C. 정혼요 : 강실도령요 등 7형
(바) 자연요 - 바람요 등 7형

(사) 풍소요 - 결치요 등 36형
(아) 어희요 - 한글요 등 9형
(자) 수요 - 일이삼사요 등 3형
(차) 유희요 - 윷요 외 35형
(카) 기타요 - 추위요 등 6형

위에 열거한 민요 분류의 기준과 방법을 살펴볼 때, 김소운의 분류는 단순히 지역적으로만 나눈 것 이외에 아무런 원칙과 기준을 발견할 수 없다.

고위민의 〈민요분류론〉은 우리 민요 연구사에서 최초로 제시된 이론이라는 데 의의가 있을 뿐만 아니라 그가 서문에서 밝히고 있는 바와 같이 민요에 대한 학문적 접근을 위하여 체계적 분류의 한 모형을 보여 주었다는 데 의의가 있다.

고정옥의 분류는 고위민의 분류방법을 적극 수용하면서 보다 정치한 분류를 시도하였다. 상위분류는 성별을, 중위 분류는 내용을, 하위분류는 생활 기능을 기준으로 하였다. 그러나 성별 위주의 상위분류 기준을 적용하여 남요와 부요로만 나누었기 때문에 어휘요나 동남동녀문답체요 같은 노래가 남요로 분류되어 있으며, 어떤 분류기준에도 적용되지 않은 근대요가 하위분류에 나타나는 등 오류가 산견되고 있다. 그 외에도 서로 다른 기능과 성격을 가진 노래에 일률적인 기준을 적용함으로써 야기된 문제점을 지적할 수 있겠으나, 이는 초기 연구 단계에서 나타날 수 있는 현상이라 생각된다.

임동권은 민요수집에 있어서 타인의 추종을 불허할 정도로 방대한 업적을 쌓았을 뿐만 아니라, 수집된 민요를 체계적으로 분류하고 연구하는 데 있어서도 남다른 공적을 남겼다. 그는 한국민요를 총 362형으로 나누고 상위분류의 기준을 연령에 두어 민요와 동요로 구분함으로써 고정옥의 분류법에서 노정된 한계를 극복하고 있다. 그러나 민요와 동요로의 상위분류가 과연 타당한 것인지 의문이다. 동요는 분명 민요의 하위개념이기 때문이다. 또 중위분류의 항목에 노동요, 신앙성요, 내방요, 정련요, 등이 함께 배열되어 있어 노래의 기능과 내용, 창자의 성별 등 세가지의 기준이 동시에 적용됨으로써 분류상의 명료성이 저상되고 있다. 이는 수많은 민요를 총괄하여 종합적으로 분류하려는 데서 불가피하게 빚엇질 수밖에 없는 현상이라 하더라도 극복되어야 할 한계점이 아닌가 한다.

이밖에 조동일·정동화·김선풍·김무헌·박경수·최철·강등학 등의 민요분류안이 제시된 바 있거니와, 다음과 같은 기준에 의하여 보다 다양하고 명료한 분류를 수행할 수 있으리라 생각한다.

(1) **기능별 분류**
  가) 노동요 : 농업노동요, 수산업노동요, 임업노동요, 수공업노동요, 토건업노동요, 운반노동요, 가사노동요
  나) 의식요 : 세시의식요, 통과의식요,[4] 신앙의식요
  다) 유희요 : 무용유희요, 경기유희요, 도구유희요, 언어유 희요, 희롱유희요, 조형유의요[5]
(2) **장르별 분류** : 서정민요, 서사민요, 희곡민요, 교술민요[6]
(3) **시대별 분류** : 상고시대민요, 삼국시대민요, 고려시대민요, 조선시대민요, 근대민요,[7] 현대민요[8]
(4) **지역별 분류** : 각 도별 분류

---

4) 통과의식요의 개념은 姜騰鶴의 민요분류체계를 참고하였다. (≪韓國口碑文學槪論≫, 民俗苑, 1995, 197쪽.
5) 조형유희요의 개념은 朴庚守의 민요분류체계를 참고로 하였다.(〈민요분류의 일반문제와 기능별 분류〉, ≪국어국문학≫ 95, 국어국문학회, 284쪽)
6) 교술민요의 개념은 조동일의 분류체계를 참조하였다(≪口碑文學槪說≫, 一潮閣, 1971, 83쪽).
7) 조동일은 일제시대 항일문학으로서의 민요를 근대민요로 다루고 있다(≪구비문학의 세계≫, 새문사, 1980, 201~217쪽).
8) 정동화는 상고, 중고민요를 구분하여 상고민요에 삼국시대 민요를, 중고민요에 고려시대 민요를 포함시켰다(≪韓國民謠의 史的 硏究≫, 一潮閣, 1987).

(5) **창자별 분류** : 남요男謠, 부요婦謠, 동요童謠
(6) **율격별 분류** : 1음보격, 2음보격, 3음보격, 4음보격민요, 분련체민요, 연속체민요
(7) **가창방식별 분류** : 독창, 제창, 선후창, 교환창, 복창
(8) **창곡별 분류** : 가창민요, 음영민요

4. 민요의 기능

민요는 민중들의 삶의 현장에서 생활의 필요에 의해 불러온 노래이다. 힘든 일을 하는 노동현장에서 부르는 노래가 노동요이고, 의식을 집행하면서 부르는 노래가 의식요이며, 놀이를 하면서 부르는 노래가 유희요이다. 이와 같이 민중들의 생활과 밀착되어 뚜렷한 제 기능을 수행하고 있는 민요를 기능요라 하고, 본래의 제 기능을 상실하여 버린 민요를 비기능요라고 한다. 따라서 민요의 기능에 대한 논의는 먼저 기능요에 대하여 언급하는 것이 순서일 것이다.

첫째, 민요의 노동적 기능을 들 수 있다.

민요는 노동요에서 시작되었다고 보는 학자도 있거니와, 노동과 민요는 서로 떼어놓을 수 없는 밀접한 관련을 가지고 있다. 모든 생활양식이 기계화되어 가고 있는 현대에 와서야 꼭 그렇다고 볼 수 없지만, 몇 십 년만 거슬러 올라가도 인간의 육체노동은 삶의 필수요건이었다. 농사를 짓고, 짐승을 치며, 고기를 잡는 것과 같은 인간의 기본적 생존조건을 마련하는 일이 바로 노동 그 자체였던 것이다. 힘든 일을 할 때, 그리고 개별적인 일보다 집단적인 일을 할 때일수록 일에 더불은 노래가 불려진 것이다.

선창 : 이야 허허   선창 : 이내 손에
후창 : 이야 허허   후창 : 이야 허허

선창 : 땡기나 주소	선창 : 물집이 생기니
후창 : 이야 허허	후창 : 이야 허허
선창 : 늦차여서	선창 : 똑같이 땡기야
후창 : 이야 허허	후창 : 이야 허허
선창 : 땡겨야 됩니다	선창 : 가래밥이 올라간다.
후창 : 이야 허허	후창 : 이야 허허[9]

이 노래는 홍수로 터진 둑을 쌓아 올리거나, 보를 만들 때 가래질을 하면서 부르는 노래이다. 가래를 잡는 한 사람이 선창을 하면, 2명 또는 4명으로 짝을 맞춰 줄을 당기는 사람이 후창자가 된다. 이와 같이 일하는 동작과 리듬에 맞춰 부르는 노래는 노동으로 인한 육체의 수고로움을 잊게 해 줄 뿐만 아니라, 일의 능률을 높힐 수가 있는 것이다.

무거운 돌을 운반하면서 〈목도메기소리〉를 부르는 현장을 보면 실감할 수 있다. 목도꾼들은 무의미한 소리를 단순한 곡조로 일의 동작에 맞추어 반복적으로 부르면서 힘겨운 일을 해낸다.

집단노동에서 불려지는 노래는 일하는 순서와 절차에 따라 방법을 지시하고 질서를 바로잡기도 하며, 일꾼들을 격려하고 소망을 기원하기도 한다. 〈모심기소리〉나 〈김매기소리〉와 같은 논농사에서 불려지는 노래는 이러한 기능을 충실히 발휘하고 있다.[10]

둘째, 민요의 의식적 기능을 들 수 있다.

일정한 의식을 집행하면서 부르는 민요에는 세시민속이나 통과의례, 신앙행위 등과 관련을 지닌 주술적, 종교적 성격을 지닌 노래가 대부분을 차지하고 있다. 의식행위 자체가 초월적 존재와 인간의 교섭을 전제로 하는 것이기 때문에 주술적, 종교적 성격이 짙은

---

9) 경북 구미지방의 〈가래소리〉임. 《한국민요대전》, 경상북도편, 185쪽.
10) 이현수, 〈한국 농요의 연구〉, 《한국민요학》 3집, 民俗苑, 188~204쪽.

노래가 될 수밖에 없다.
 민요의 의식적 기능을 설명하기 위해서는, 우선 지신밟기나 서낭굿과 같은 세시의식을 거행할 때 불려지는 의식요를 살펴볼 수 있다.

어헐사 지신아	지신지신 올리자
이집 짓던	대목은
어느 대목이	지었노
각 성바지	중에서
그 중에서	한대목이 지었지
강남서	나온 제비
솔씨 한대	물어다가
조선 천지	헛텃드니
한 장목이	되었구나
(중략)	
굽은 나무	굽다듬고
자진 나무	잣다듬어
이집을	지었고나
사모에 단	풍경아
핑경소리	요란하다
이집 짓든	삼년만에
아들이 나면	효자가 나고
딸이 나면	열녀가 낳소
잡귀잡신	물알로
만복은	이집으로[11]

 이것은 동래지방에서 지신밟기를 하면서 부르던 노래인데 〈성주

---

11) 임동권, ≪韓國民謠集≫, 동국문화사, 1961, 93쪽.

풀이〉의 가사가 섞여있다. 이러한 민요는 언어가 지닌 주술적인 힘에 의해 인간과 영혼, 인간계와 초월계 사이의 의사소통이 가능하리라는 믿음에서 불려져온 노래라고 할 수 있다. 이런 민요에는 대부분 공동체의 안녕과 풍요를 기원하고, 재난과 잡귀를 물리치며, 가정의 평안과 무병장수를 비는 인간의 간절한 기원과 소망이 나타나 있다. 민요는 민중의 종교적 신앙심의 표출구로서 의식적 기능을 수행하여 온 것이다.

또 어떤 의식을 행할 경우 흐트러진 순서를 바로 잡아 일정한 순서대로 의식을 집행하기 위하여 노래를 부른다. 이 때 부르는 노래에는 그것이 진행되는 순서에 맞추어서 노래의 사설을 구성함으로써 의식의 진행에 결정적인 구실을 하는 경우가 많다. 왜냐하면 의식의 과정에는 일정한 의식행위와 더불어 그것에 맞는 노래가 없으면 의식을 수행할 수 없다고 사람들은 믿었기 때문일 것이다.

셋째 민요의 유희적 기능을 들 수 있다.

인간이 삶을 살아가는 과정에서 놀이를 하는 가장 큰 이유는 노동으로 인해 피로해진 몸을 쉬게 하고 노동력을 재생산하기 위해서이다. 그러므로 놀이는 단순히 쉰다는 의미를 떠나서 노동력 재생산을 위한 필수적인 과정으로 이해되어야 한다. 아울러 놀이는 공동체 구성원 간의 거리를 좁히고 화합을 다지기 위해서도 반드시 필요한 것이기도 하다.

놀이에서는 이러한 효과를 극대화하기 위하여 민요를 부르게 되는데 놀이를 하면서 부르는 노래는 공동체 구성원간의 갈등을 해소시키고 화합을 이루게 하는 기능이 적지 않다.

영어의 Recreation이 놀이의 의미와 더불어 재창조의 의미를 가지고 있으며, 우리나라의 '놀이', '노래'라는 말이 '놀다'에서 파생된 말이라는 것은 시사하는 바가 크다 하겠다.

  얌진타 얌진타 몬메느리가 얌진타

이방 저방건네댕기다
씨압씨 붕알을 톡 걸쳤구나
덩기 둥당애 둥당애덩
(후렴)둥당애덩 둥당애덩
덩개둥당애 둥당애덩

놈아놈아 처남놈아
느그 누님은 멋하드냐
앙졌드나 누웠드냐
신든 버신볼 걸드냐
입든 적삼등 받드냐
덩개 둥당애 둥당애덩[12]
(후렴)

 이것은 전남 남해안 및 일부 도서지방에서 명절때 부녀자들이 방안에 모여 놀면서 부르는 유희요이다. 각 소절은 한 사람의 선창자가 생각나는 대로 선창을 하면 다수의 부녀자들이 후렴을 부른다. 이 놀이의 특징은 물을 채운 함지박에 바가지를 엎어놓고 목화를 타는 활을 대고 튕겨 나는 소리(활방구소리)를 장단 삼아 부르고 노는 노래이다. '둥당애덩'이라는 소리는 활방구의 의성어로 보인다. 매우 유쾌하고 발랄한 분위기 속에서 이루어지는 놀이이기 때문에 리듬도 경쾌하고 가사도 밝고 해학적인 것이 많다.
 이렇게 놀이를 하면서 박자를 정확하게 유지하고 놀이의 흥미를 돋구기 위해서 노래를 부르기도 하고, 놀이의 내용을 말하면서 창자의 정서를 덧붙이기도 한다.
 유희요는 어른만이 아니고 아이들도 즐기기 때문에 동요가 포함된다. 그러나 노동요나 의식요에는 동요가 포함되지 않는다. 노동

---

12) ≪한국민요대전≫, 전라남도편, 674쪽.

과 의식의 주체는 성인이기 때문이다.

　민요를 부름으로써 신명과 흥취를 느끼고 이를 통하여 심신이 건강한 삶을 누릴 수 있을 것이다. 예술적 창작기능이 없는 사람들이 자기표현의 욕구를 만족시키고 싶을 때, 민요를 부름으로써 어느 정도 그러한 욕구를 해소할 수 있었을 것이다.

　넷째 민요의 정치적 기능을 들 수 있다. 태평성대가 지속될 때에 민중은 정치적 상황에 구태여 관심을 갖지 않는다. 그들은 타인을 지배하거나 거느릴 수 있는 권력 같은 것에는 애당초 인연이 없기 때문이다. 그러나 사회 질서가 혼란하거나 비리가 난무하여 살기가 힘들어지면 언제까지나 참고 견디고만 있지 않는 것이 민중의 속성이다. 노래를 통하여 부당한 현실을 비꼬아 풍자하기도 하고, 도래할 미래사를 예언하기도 한다. 이와 같은 정치적 역할을 했던 민요를 과거의 역사에서 흔히 발견할 수 있다. 조선조의 건국을 '목자木子가 득국得國하리라' 예언한 〈목자요木子謠〉, 희빈 장씨가 축출되고 인현왕후 민씨가 복위될 것을 예언한 〈미나리요〉와 같은 노래는 그 좋은 예이다.

　최 철은 정치민요의 내용으로 예언, 사회 비판, 여론 형성, 선전 선동 등 네 가지를 들고 있다.[13] 예언, 여론 형성, 선전 선동의 기능은 근대 이전의 민요에서 흔히 발견할 수 있던 것이지만 현대 민요에서 찾아보기 어렵다. 다만 사회의 비리를 비판하는 노래는 고대 민요나 현대 민요를 가릴 것 없이 많이 발견할 수 있다.

　민중들은 언제나 정치현실에 직접 참여할 수 있는 기회를 가지기 어려웠다. 그러나 개인적인 통로로는 불가능한 의견제시를 작자 불명인 민중의 노래를 통해서는 익명으로 전달할 수 있었던 것이다. 민요를 통해서 지주와 양반들에 대한 반항심을 표현하고, 부당한 현실의 개선을 모색하였으며, 잘못된 정치에 대한 비판의 소리

---

13) 최　철, ≪韓國民謠學≫, 연세대학교 출판부, 1992, 265~270쪽.

를 낼 수 있었던 것이다.

이러한 비판의 목소리는 원망으로 나타나기도 하였고 심한 경우에는 위정자들에 대한 야유로 나타나기도 하였다. 민중들은 이러한 뜻이 직접 드러나는 것을 피하기 위하여 은유나 상징과 같은 비유를 운용하였다.

반드시 정치적인 내용이 아니라고 하여도 민요를 통해서 쌓인 감정을 풀어냄으로 거기서 카타르시스를 맛보고 어디엔가 토로하고 싶은 내용을 드러냄으로써 의사를 전달할 수 있었던 것이다.

5. 민요의 가창방식

민요는 혼자 부르는 독창과 여럿이 어우러져 함께 부르는 제창이 있으며, 메기고 받는 소리로 나누어지는 선후창, 주고받는 교환창, 똑같은 사설을 반복해 부르는 복창 등으로 나눌 수 있다.

1) 독 창

혼자 노래 부르는 형식으로 일정한 곡조로 부르는 가창 민요나 정해진 곡조가 없이 적당히 감정을 넣어 읊조리는 음영민요도 있다. 또 혼자 일을 하면서 부르는 〈밭매는 소리〉와 같은 노동요도 독창으로 부르지만, 〈장타령〉이나 〈각설이타령〉과 같은 타령조의 노래도 대개 독창으로 부른다.

2) 제 창

여러 사람이 같은 가사와 선율을 함께 가창하는 방식이다. 한 사람이 노래를 부르기 시작하면 바로 이어 모두 같이 부르는 경우가 많지만, 때로는 주도적인 한 사람이 한 소절을 선창한 다음에 여러 사람이 함께 부르기도 한다. 이 때 먼저 부르기 시작한 사람이 계속

해서 뒤에까지 함께 노래를 부르면 제창이 되고, 앞의 한 소절만 부르고 그 다음을 노래하지 않을 경우 선후창식의 제창이 된다.
　제창으로 부르는 노래는 후렴이 있는 것도 있고 없는 것도 있다.

3) 선후창

　선후창에는 먼저 부르는 선창자와 나중에 부르는 후창자가 있다. 선창자가 가사를 먼저 부르면 후창자가 이어 받아서 후렴을 부르는 방식이다. 선후창으로 민요를 부르는 방식은 가장 보편적인 가창방식으로서 메기는 소리와 받는 소리로 나누어지는데 받는 소리는 후렴구로 이루어진다.

　　선창 : 달떠온다 달떠온다
　　후창 : 강강술래
　　선창 : 동개동창 달떠온다
　　후창 : 강강술래
　　선창 : 술래소리 어디갔다
　　후창 : 강강술래
　　선창 : 내방찾아 잘도온다
　　후창 : 강강술래14)

　선창자는 대개 한 사람이지만 경우에 따라서는 여러 사람이 한 패가 되어서 선창을 하기도 한다. 후창자는 여러명으로 이루어진다. 거의 대부분 노래의 첫 시작은 선창자가 먼저 후렴구를 한번 불러 후창자가 따라 부르게 하지만, 간혹 후렴구를 부르지 않고 바로 선창으로 들어가기도 한다.
　선후창을 할 때 사설의 선택권은 선창자에게 있다. 그러므로 그

---

14) ≪韓國口碑文學大系≫, 6-5, 583쪽(이하 '대계'라 약칭).

는 자유롭게 사설을 선택하여 노래할 수 있다. 전승되는 사설을 그대로 노래할 수도 있고, 선창자의 기분이나 상황에 따라서 사설을 즉석에서 지어서 부를 수도 있다. 따라서 선후창의 민요는 가사가 일정하지 않고 그 장르적 성격도 다양하며 내용이 개방되어 있다고 할 수 있다.

그러나 선창자의 역할이 쉬운 것은 아니다. 선창자는 선도적 진행자로서 함께 참여한 사람들의 흥취를 유발시켜야 하는 책임을 가지고 있다. 또 주어진 상황에 맞게 즉흥적으로 가사를 지을 수 있어야 하며, 전승되는 사설일 경우에는 누구보다도 먼저 그 내용을 잘 알고 있지 않으면 안된다.

선창자는 한 사람이고 후창자는 여러 사람인 경우가 보통이지만 때로는 선창자나 후창자가 모두 한 사람인 경우가 있다. '강강술레', '상여소리', '달구질소리'와 같은 노래에서는 여러 사람의 후창자가 따르지만 멧돌노래를 부를 때는 후창자가 한 사람이다.

4) 교환창

교환창은 창자들이 두 패로 나뉘어져 번갈아 노래하되 두 패 모두 사설을 부르는 일에 참여하는 가창방식이다. 선후창에서는 선창자와 후창자의 역할에 경중의 차가 있지만, 교환창에 있어서는 선후창자가 대등한 입장에서 노래하게 된다.

    선창 : 이 물끼 저 물끼 헝헐어 놓고 주인네 양반은 어들 갔노
    후창 : 문어야 대전복 손에 들고 첩으 방에 놀러 갔네
    선창 : 이 논빼미 모를 숨어 장잎이 넓어도 장할레라
    후창 : 우리야 부모님 산소등에 솔을 숨어도 정잘레라
    선창 : 사래야 질고 장찬 밭에 목화 따는 저 큰아가
    후창 : 목화야 순이사 좋건마는 큰아기 얼굴이 더욱 좋다[15]

교환창에는 하나의 사설을 선창과 후창으로 나누어서 부르는 방식이 있고, 서로 다른 별개의 사설을 번갈아 가며 부르는 방식이 있다. 전자의 경우에는 사설을 분절하여 부르기 때문에 후렴이 없는 경우가 대부분이다. 그러나 후자의 경우에는 사설 전체를 교환하여 부르는 방식과 부분적으로 교환하여 부르는 방식이 있다. 위에 예시한 노래는 전자의 경우에 해당되는 교환창의 방식이다.

선창하는 사람의 수와 후창하는 사람의 수는 구연상황에 따라 일정하지 않다.

교환창으로 부를 수 있는 노래는 〈논매는 소리〉(호남지방), 〈모심는 소리〉, 〈놋다리 밟는 소리〉(영남지방), 〈술레잡는 소리〉, 〈맷돌가는 소리〉(제주도) 등을 들 수 있다.

5) 복 창

복창은 문자 그대로 선창자가 부른 노래의 가사를 후창자가 그대로 따라서 부르는 가창방식이다. 이런 경우 선창자는 한 사람이지만 후창자는 혼자일 수도 있고 또 여럿일 수도 있다. 복창은 선창자의 뜻에 의하여 좌우되므로 후창자는 선창자의 노래만 따라 반복할 뿐이다.

복창은 선창을 조건 없이 그대로 받아 부른다는 점에서 선후창과 구별된다. 만일 복창의 후창자가 선창자를 그대로 따라하지 않는다면 독창과 다를 바 없을 것이다.

복창은 주로 제주도의 〈노젓는 소리〉, 〈도리깨질하는 소리〉와 같은 일부 지방 민요의 가창방식이다.

---

15) 이 노래는 경주지방의 〈모심는 소리〉이다. 사설의 내용은 전국적인 분포를 보이는 공통성을 띠고 있다. ≪한국민요대전≫(경상북도편), 문화방송, 1995, 139쪽.

6. 민요 연구의 의의

 민요는 오랜 세월 동안 단절되지 않고 이어져 오는 민중의 노래이며, 민중의 생활 속에 뿌리를 뻗고 자라온 기층문화의 복합체라고 할 수 있다.
 어떠한 고난에 부딪쳐도 질경이처럼 끈질기게 살아온 민중의 다양한 삶의 양상이 민요 속에 여실히 반영되어 있을 뿐만 아니라, 그들의 생활사가 나타나 있는 생생한 기록물인 것이다.
 오늘 우리가 귓전에 무심히 스쳐버리는 민요의 한 가락에도 오랜 선대인들의 숨결이 스며 있고, 그 사설의 어느 구절에도 처절한 삶의 궤적이 남아 있다는 것을 알 수 있다.
 그러므로 민요는 민족의 풍속과 역사, 삶의 발자취가 생생하게 살아 있는 전승문화이다. 우리는 민요를 통하여 그 속에 혼용된 서민들의 예술과 사상을 파악할 수 있다.
 그것은 소수 지배계층의 생활 풍속이나 역사가 아니라, 가장 치열하게 인생을 살아온 민중의 생활 풍속이요, 민중이 인식하는 역사인 것이다. 민요에는 귀족 지식층 위주의 문헌들에는 기록될 수 없었던 백성들의 소박하고 진솔한 삶의 애환이 담겨 있는 것이다.
 기층민이 창조한 예술은 귀족 지식층의 그것처럼 난삽하거나 비현실적인 것이 아니다. 궁핍한 가운데 고난의 삶을 이겨오면서 생활 속에서 창조한 생활예술인 것이다. 민요가 우리에게 친근한 감동력을 주는 것은 그 속에 들어 있는 서민들의 철학과 사상, 그리고 정서가 바로 우리들의 생활 속에 용해되어 전승되고 있기 때문이다.
 민요는 일시적으로 유행을 타는 노래가 아니라는 데에 그 특징이 있다. 혹 어떤 역사적 사건이나 세태를 풍자한 노래라고 하더라도 단기간에 없어지지는 않는다. 다른 노래 속에 스며들거나 변개되면서 서서히 소멸되기도 한다. 우리는 민요를 연구함으로써 한국

기층문화의 특성은 물론, 민속문화와 예술의 정체성을 밝혀내는데 크게 기여할 수 있을 것이다.

민요는 사설과 가락으로 이루어져 있으며 창자에 의해 구연됨으로써 그 기능을 수행하는 노래이다.

따라서 가락을 중심으로 한 음악적 연구, 기능을 중심으로 한 민요학적 연구, 사설을 중심으로 한 문학적 연구가 다 함께 이루어질 때, 가장 이상적인 민요의 연구가 이루어질 것이다.

민요는 문학인 동시에 음악이다.

민요를 사설을 중심으로 하는 문학적 연구의 대상으로 살펴 볼 때, 서정민요, 서사민요, 희곡민요, 교술민요의 장르로 분류할 수 있다. 그리고 사설을 다시 형식과 내용으로 나눌 수가 있다.

사설에 대한 형식적 고찰은 자수율이나 음보율, 율격, 구성 등의 관점에서 고찰할 수가 있으며 표현법과 문체 등의 요소가 그 연구의 대상이 된다. 내용적 고찰은 민요의 주제, 제재, 배경 사상, 철학, 종교 등을 그 대상으로 할 수 있다.

민요를 올바르게 연구하기 위해서는 민요의 실상을 존중하면서 사회구조나 문화구조의 전체적 양상에서 넓은 안목으로 파악해야 하며 민족의 삶과 예술에 대한 통합적 이해를 바탕으로 해야 한다.

李鉉洙 / 조선대

◇ 참고문헌

- 著 書

강등학, ≪정선아라리의 연구≫, 집문당, 1988.
강등학, 김태곤외 〈민요〉, ≪한국구비문학개론≫, 민속원, 1995.

고정옥, ≪朝鮮民謠硏究≫, 首善社, 1949.
김무헌, ≪한국노동민요론≫, 집문당, 1982.
___, ≪한국민요문학론≫, 집문당, 1987.
金榮敦, ≪濟州道民謠硏究≫ 上, 일조각, 1984.
柳鐘睦, ≪韓國民間儀式謠硏究≫, 일조각, 1984.
임동권, ≪한국민요사≫, 문창사, 1964.
___, ≪한국민요연구≫, 선명문화사, 1974.
정동화, ≪韓國民謠의 史的硏究≫, 일조각, 1981.
조동일, ≪구비문학의 세계≫, 새문사, 1980.
___, ≪敍事民謠硏究≫, 계명대출판부, 1970.
최　철, ≪한국민요학≫, 연세대 출판부, 1992.

• 論 文

강등학, 〈민요의 가창구조에 대하여〉, ≪한국민요학≫ 1집, 한국민요학회, 교문사, 1991.
고혜경, ≪전통민요사설의 시적 성격연구≫, 이대 박사학위논문, 1990.
나승만, ≪전남지역의 들노래연구≫, 전남대 박사학위논문, 1990.
朴庚守, 〈民謠分類의 一般問題와 機能別 分類〉, ≪國語國文學≫ 95, 국어국문학회.
李昌植, ≪韓國游戱民謠硏究≫, 동국대 박사학위논문, 1991.
李鉉洙, ≪韓國婦謠에 나타난 意識硏究≫, 동국대 박사학위논문, 1990.
李鉉洙, 〈韓國 農謠의 연구〉, ≪韓國民謠學≫ 3집, 민속원, 1995
장관진, ≪韓國民謠에 나타난 家族意識 硏究≫, 동아대 박사학위논문, 1988.
정병욱, 〈악기의 구음으로 본 별곡의 여음구〉, ≪관악어문연구≫ 2집, 1977.
좌혜경, ≪한국민요의 사설구조 연구≫, 중앙대 박사학위논문, 1992.
한채영, ≪구비시가의 구조연구≫, 부산대 박사학위논문, 1990.

‖ 제9장 ‖
說 話

1. 설화의 개념

　설화는 신화(Myth), 전설(Legend), 민담(Folk-tale)의 세 장르로 구분되는 민족문학의 근원인 동시에, 그 시대 그 민족의 공동문학이며, 또한 산문문학의 원천이다. 아울러 설화는 구전되는 이야기라는 점에서, 서사민요, 서사무가, 판소리, 소설 등 서사문학의 모든 장르들과 일치한다. 그러므로 설화에는, 소설은 물론 희곡의 배태가 끼어 있다고 할 수 있다.
　설화는 인류와 함께 존재해 왔다. 우리 민족도 예외는 아니어서 헤아릴 수 없이 많은 설화가 형성되어 전승되었을 것이며, 그 일부가 후대에 문자로 정착되어 오늘날까지 전해지고 있다. ≪삼국유사≫나 ≪삼국사기≫와 같은 사서류나 개인저술의 문집에 많은 설화가 수록되어 있고, ≪수이전≫과 같이 설화집으로 집대성된 것도 있었다.
　이와 같이 설화는 문헌설화와 구전설화로 나뉘게 되었다. 물론 문헌설화도 그것이 문헌에 정착하기 이전에는 구전설화였고, 구전설화도 문헌에 정착한 연후에는 문헌설화라 할 수 있다. 그러나 구전되면서 수용층의 의식에 따른 변화 가능성을 설화의 중요한 지표로 이해한다면, 문자로 정착된 문헌설화는 이미 화석화된 것이다. 따라서, 민중적 집단성과 그들의 무의식을 반영하는 본래의 설화는 구전설화라 하겠다.[1]

---

[1] 張籌根 外, ≪民俗學槪論≫, 民衆書館, 1974, 334쪽.

지금까지 대부분의 설화 연구는 문헌설화만이 문학성을 지니고 있는 것으로 파악하여 거기에 국한되어 왔었다. 그러나 민속학에 대한 관심이 고양되고 설화를 활발히 연구하게 되면서부터는 구비문학적 입장에서 구전설화가 문학적으로 고구되고 있다.

설화를 문학적인 기본양식에서 고찰하면 서사문학에 속한다. 그런데, 흔히 서사문학의 비조로 인식되는 서사시는 그 원류를 신화 전설에 두고 있으며, 개인에 의하여 예술적으로 정착된 서사시는 후대의 전기소설과 근대소설을 적자적 계열에 두고 있다. 그러므로 서사문학은 결국 신화, 전설 등의 설화를 모태로 하여 성립된 것이다.

설화는 집단의 공동작이므로 유형성이 많고, 구구 전승하는 부정형의 작품이기 때문에 원시종교적인 신앙, 민족적 풍습, 정치적 질서의 표현이 많다. 따라서 이것을 순수한 예술적 의도에서 제작된 것으로 간주할 수는 없다. 그러나 이런 설화 속에서 문학적 요소를 추출해 보면, 서사시의 원형이라고 할 수 있는 것이 설화의 핵심을 이루고 있으며,[2] 여기에서 우리는 설화의 문학성을 충분히 이해하게 된다.

강기의혜岡崎義惠도 그의 《문예학개론》에서 신화 속의 세계관적 요소나 세계의 성립과 발전을 설명하려는 의도 자체는 예술이라고 말할 수 없으나, 그 요소로서의 서사성은 신화에서 파생한 전설, 민담 속에도 전하여지고 또 서사시 속에도 유입되어 있을 뿐만 아니라 근대소설에까지 하나의 문학적 전통으로 뿌리박고 있음을 부인할 수 없다면서, 신화·전설·민담 등의 설화는 비록 충분한 체계나 예술작품으로서의 통일성을 갖추지 못하였으나, 서사문학의 발생상태라는 면을 고려할 때는 아예술亞藝術, 준예술準藝術의 성격을 부여할 수 있다 하여 문학적 고찰의 대상으로 규정하였다.

조윤제도 그의 《설화문학고》에서, '설화는 그 자체 내에 문학

---

2) 張德順, 《韓國說話文學硏究》, 서울大出版部, 1971, 43쪽.

성을 포유하고 있다 하겠거니와, 설화문학은 그러한 설화를 모태로 한 것이며, 또 그것을 문학에 재현시킨 것이다. 설화는 후세의 예술가의 손을 기다려서 비로소 문학화 할 수 있다는 것은 아니다. 벌써 그 자체에 있던 문학성이 필기자를 매개로 하여 저절로 나타난 것이라 하겠다.'[3] 라고 하여 역시 설화의 문학성을 주장하였다. 즉 설화가 고소설의 모태로서 산문문학의 최고 형태이며, 이것이 後代小說에 그대로 반영되거나 여러 개의 설화에 첨삭이 가해져 하나의 작품을 이루었음을 인식할 수 있다. 이를테면 방이설화旁㐌說話와[4] 〈흥부전〉, 구토지설龜兎之說話와[5] 〈토끼전〉, 거타지설화居陀知說話와[6] 〈심청전〉 등은 그 좋은 예가 된다.

그리고 설화 가운데 그 속성상 원초적인 신화와 세계적인 민담은 본시 국경이 없는 문학으로서 오늘날 그 근원을 밝히는 것은 비교문학상으로 매우 중요하다. 이는 설화가 무엇에서 비롯되었는가와 최초로 어디에서 시작되었는가라는 기원의 문제와 발생의 지역을 고구하는 것으로 집약된다. 신화의 기원에 관해서는 자연신화학파의 학자들이 최초로 체계적인 주장을 전개하였다. 그들은 신화가 벼락이나 해, 구름, 바람 등의 자연현상을 의인화하는 데서 시작되었다고 주장하였는데, 최남선이 한국 고대신화의 핵심을 '붉(光明)'으로 본 것도[7] 이에 해당한다. 이후 원시문화에 대한 지식이 확대되면서 설화를 원시문화의 흔적이라고 이해하는 인류학파의 주장이 대두되었다. 이들은 유사한 설화가 범세계적으로 분포되어 있는 이유를 인류의 문화발전과정의 유사성에서 찾았으며, 이러한 견해는 신화를 풍요제나 성년식에서의 행동을 말로 대신한 제의의 구술적

---

3) 趙潤濟, 《說話文學考》, 文章誌, 1941. 3.
4) 〈酉陽雜俎〉 續集 卷1.
5) 《三國史記》 列傳 金庾信條.
6) 《三國遺事》 卷2, 居陀知條.
7) 崔南善, 〈不咸文化論〉, 《朝鮮及朝鮮民族, 1925》, 參照.

상관물이라고 이해하는 제의학파祭儀學派로 발전되었다. 이외에도 설화가 꿈이나 몽환상태에서 이루어졌다거나 억압되어 있는 성적인 무의식(libido)의 발로라는 심리학파 또는 정신분석학파의 주장도 나오게 되었다.

설화의 발생 지역을 탐구하는 문제는 19세기에 유사한 민담이 범세계적으로 널리 퍼져 있음을 인식하면서 그 고향을 찾으려는 노력에서 비롯되었다. 설화에 대한 학문적 연구는 그림(Grimm) 형제에 의해 최초로 시도되었는데, 그들은 인구印歐 각국의 신화가 인구 공통신화에서 비롯되었다는 인구기원설印歐起源說을 주창하였다. 그러나 모든 설화가 특정한 지역에서 비롯된 것이 아니라 각 유형마다 역사가 다르다는 역사지리학 파에 의해 이 주장은 비판되었다. 역사지리학 파에서는 유사한 유형의 설화들을 수집하고 이들을 분석하여 공통적 특징으로서의 원형(architype)을 설정하고, 그것으로부터의 변화 정도를 살펴 발생지역을 추정하고 변이과정을 설명하려 한다.

한편, 신화의 원초성과 민담의 세계성과는 달리 전설이 비록 지역에 국한되는 것이라 할지라도, 그들을 비교하여 수용층 사유방식의 특징을 추출할 수도 있다. 이 경선은 《한국비교문학론고》에서 건국설화인 한국의 이성계설화와 중국의 주원장설화[8]를 비교 고찰한 바가 있는데, 이와 같은 비교연구는 설화연구에 있어서 매우 의의있는 일이라 하겠다.

또한 설화는 산문문학이지만 시가문학과도 관련된다. 고대가요·향가·고려가요 등이 거의 다 근원설화를 동반하고 있으며 개중에는 배경설화 없이는 완전한 해석이 불가능한 것도 있다. 특히 향가는 그 전부가 설화에 근거를 두고 생겨났음은 《삼국유사》를 통하여 익히 알 수 있는 일이다.

---

8) 李慶善, 《韓國比較文學論考》, 一潮閣, 1979, 183쪽.

그러므로 설화의 문학적인 연구 고찰은 운문, 산문을 불문하고 문학과 문학사 전반에 걸친 그 원류를 탐구하여 앞으로 현대문학 연구의 밑바탕에까지 그 영향을 깊이 던져 주어야 할 것이다. 희랍 신화가 오늘날 현대문학에 그 영향을 어느 정도 기여하고 있는가 함은 누구나 다 알고 있는 것이기 때문이다.

2. 신화

1) 신화의 본질과 원형

신화(Myth)는 희랍어 뮤토스(Muthos)의 번역어로서 본래 로고스(Logos)에서 유래되었다. 즉, 옛 부터 전해 내려오는 신에 대한 이야기라는 말이다.

신화는 어느 민족에 있어서나 그들이 원시생활을 하는 가운데에 자연계나 인간계의 제사상에 경이를 느끼고, 또는 초자연적이고 초인간적인 영물의 존재와 활동을 상정하는 동시에 그들의 사상事象에 대응하거나, 또는 그것을 해석하고 서술하는 데서 발생한 민족전승의 한 형태이다. 따라서 신화를 간단하게 정의한다면, 어떤 신격을 주체 또는 중심으로 하는 민족발생적인 설화라고 할 수 있다. 그러므로 신화의 주인공이 신이고, 그 이야기는 신들의 이야기, 즉 신의 세계가 이야기의 대상이 되는 것이다. 따라서 신화는 외경畏敬의 대상이 되고 신성한 것으로 사고되었던 것이다.[9] 그러나 그 신은 실상 인간의 영웅을 신화화한 것이요, 인간의 생활을 신화화한 것이므로 신화는 곧 원시인의 생활과 지식과 꿈(理想)의 반영인 것이다. 그러므로 신화는 신의 이야기가 아니라 도리어 인간이 터득하고 만

---

9) 洪淳昶,〈神話 傳說에 나타난 固有思想〉,《韓國民族思想史大系》古代篇, 螢雪出版社, 1979, 15쪽.

든 원초의 인간 이야기인 것이다. 그렇기 때문에 신화는 인간이 발견한 정치와 사회와 과학과 문학과 역사의 원형으로서의 의의를 지닌다. 이러한 뜻에서 신화는 역사적 세계적 원시풍경이라 할 수 있고, 따라서 신화는 상징적이고 근원적인 것이다. 그러므로 신화는 원초적·직접적인 생명이며, 역사적 생명인 동시에 현재의 근원이 되는 것이다.[10] 여기에서 우리는 신화로서 원시인의 심리와 민족적 사고방식의 원형을 찾을 수 있고, 고대의 사회적 구조와 문화권의 접촉 및 그 유연성을 찾을 수 있으며, 한 민족의 역사적 풍토와 민족문화의 성격 내지 이념의 방향을 추출할 수가 있다. 이것이 곧 민족신화 문제가 제기되는 계기와 소이연所以然이다.

우리는 고대의 신화유산을 많이 지니지 못하고 있다. 본디는 풍부했을 신화가 구전되는 과정에서 문자로 정착되지 못하여 차츰 소멸되고 압축되고 말았다. 다시 말하면 이들 신화가 문자로 기록되어 정착되어야 할 시기에 문자기술文字記述을 담당할 능력있는 사람들이 유학자였기 때문에 유교의 합리주의적 사고로 신화를 개산改刪하여 수록하였으므로 수많은 신화는 아깝게도 절멸되거나 변질되고 말았다.

이와 같은 연유로 해서 문헌상에 남아있는 한국의 신화는 대개가 발달된 후기신화에 속하고 원형으로서의 저급신화는 찾아보기 힘들게 되었다. 그러므로 한국의 신화는 창세신화 또는 개벽신화와 홍수신화가 결여되어 있으며, 영웅 신화나 전쟁신화도 완전한 것은 없고 무가나 민간전승의 구비설화에 그 잔영殘影을 남기고 있을 따름이다.[11]

신화의 특성과 기능에서 볼 때, 우리 민족의 개국신화인 단군신화는 신화적 설화다. 단군신화에는 도덕적인 원칙과 통치이념과 주

---

10) 高坂正顯, 《神話·解釋學的 考察》, 岩波書店, 1940, 1쪽.
11) 趙芝薰,〈韓國神話의 原型〉, 《趙芝薰全集》 6, 一志社, 1973, 225~226쪽.

술적인 사상이 명시되어 있기 때문이다. 천신의 아들로서 인간세상의 빛이 되고자 천신이 주는 선물을 지니고 지상으로 내려와 왕조의 시조가 되는 단군신화의 환웅은 몽고족의 무조신화를 반영한다.[12] 박혁거세와 김수로, 그리고 김알지의 신화적 성격도 단군신화의 환웅에서 멀지 않다.

또한 한국의 상고대 신화는 상고대 왕조의 왕권이 무속원리에 의해 신성화된 얘기라고 그 성격을 추상할 수도 있다. 이런 면에서 볼 때 상고대 신화들은 오늘날에까지 전해져 있는 무속신화와 밀접한 연관을 갖는다. 무속신화의 가장 중요한 속성이 '본本풀이'란 말로 표현될 수 있듯이, 상고대 신화 역시 '본풀이' 신화로 간주될 수 있음을 의미한다. 무속신화가 무신의 '본풀이'라면 상고대 신화는 무속적 원리를 지닌 신성왕권의 '본풀이'인 셈이다. 이와 같이 무속원리에 기대어 이루어진 왕권의 '본풀이'가 바로 한국 상고대 신화로서, 이를 한국 신화의 원형으로 보는 관점은 매우 흥미 있는 주목할 만한 연구 고찰이라 하겠다. 왜냐하면 대부분의 신화가 이 무속원리와 연관되기 때문이다. 그렇다고 모든 신화의 본질을 巫俗이라고 이해할 수만은 없다.

건국신화는 모두 고문헌에 기록된 문헌신화이다. 구전은 이미 오래 전에 중단되었으므로, 만약 구전에만 의존했다면 오늘날까지 전승될 수 없었을 것이다. 고려와 조선의 국조신화는 신화시대 이후에 인위적으로 형성되었다. 궁예와 견훤에 관해서도 인위적인 신화가 있었으나, 그들이 창건한 나라가 일찍 망했기 때문에 그것은 곧 전설로 전락되었다. 건국신화는 왕가의 시조에 관한 것이므로 시조신화를 겸한다. 제주도 삼성신화는 건국신화로서의 성격을 상실하고 시조신화와 다름없이 되었다. 시조신화는 각 가문에서 족보, 비문 등의 기록과 함께 구전으로 전한다. 또한 시조신화는 건국신

---

12) Vgl. Walter Heissig, Die Religion Tibet und der Mongole, Stuttgart, 1969, S.30~309.

화와 공통적인 화소를 지니며, 특히 시조의 출생을 신성화한다.

　단군신화와 주몽신화는 3대기로 이룩되었다. 즉 할아버지로서의 환인과 천제는 하늘에 있으며, 그 아들인 환웅과 해모수가 지상으로 하강하여 각각 웅녀와 유화와 혼인하여 단군과 주몽을 낳았다. 그런데 신화의 주인공은 하늘에 있는 환인과 천제도 아니고 하늘에서 내려온 환웅과 해모수도 아니며, 천제손이라는 이름만 지녔을 뿐 하늘과 직접적으로 관련되지 않는 단군과 주몽이다.

　환인과 천제는 역사적인 시간을 초월해서 존재하고, 환웅과 해모수는 초월적인 시간에서 역사적인 시간으로 들어오며, 단군과 주몽은 역사적인 시간 속에서 일정한 수명을 지닌다. 그러니까 단군과 주몽이 태어나면서 신화는 본론에 들어간다. 이는 천상天上의 것보다는 지상의 것이, 초월적인 시간보다는 역사적인 시간이, 수직적인 질서보다는 수평적인 질서가 월등히 중요하다는 사유방식을 나타낸다.

　혁거세신화나 수로왕신화에는 3대기가 보이지 않는다. 그러나 광명이세光明理世를 의미하는 혁거세가 세상에 나타난 것이나 수로왕이 하늘에서 하강하여 6촌장과 구간九干의 환영을 받고 왕위에 오른 것은 근본적으로는 3대기 신화와 동일한 의미를 지닌다. 이 세상에 나오기 전의 혁거세와 수로는 전혀 관심의 대상이 될 수 없으며, 이들이 역사적 공간에 편입됨으로써만 의미를 지니게 된다. 그리고 신화의 주인공의 혼인은 즉위와 마찬가지로 새로운 질서의 창조이므로 중요한 사업으로 간주된다.

　건국신화의 주인공은 원래 부족 신이었는데, 후대에 역사화 하여 국조로 되었을 것이다. 이 과정에서 ≪삼국사기≫는 물론 ≪삼국유사≫까지도 세심하게 연대를 고증하는 등 건국신화에 지나치게 역사성을 부여했다. 그러나 현전하는 건국신화를 모두 후대의 역사화라고 해석할 수만은 없다. '한신작삼년漢神爵三年' '전한지절원년임자前漢地節元年壬子' 등의 설명은 후대에 이루어진 것이라 해도, 신화의 주인공이 갖는 역사적 성격 자체는 본래적인 것이라 할 것이다.13) 이와 같이 한국의 건국신화는 모두 현세적이고 역사적인 세계의 중요성을 나타내고 있다.

그리고 전술한 바와 같이 이들 건국신화는 토템(totem), 타부(taboo), 매직(magic), 페티시(fetish) 등의 종교적 자료를 지니고 있으며, 건국신화에 공통된 근본모티브에는 자기 종족이 천신과의 신혼에 의해 형성되었다는 자부심도 드러난다.

2) 신화의 유형

(1) 문헌신화

한국의 신화는 전승양상 면에서 문헌신화와 구전신화로 크게 구분된다. 그런데 우리의 문헌신화 중에서 건국시조신화가 가장 중요한 위치를 占한다. 그 중요한 것만을 예시하면, 신시 시대의 단군신화, 고구려의 주몽신화, 신라의 박혁거세신화, 석탈해신화, 김알지신화, 가락의 김수로신화, 고려의 왕건신화 등이 있다.

이들 건국시조신화의 기본특질과 그 유형을 분류해 보면,14) 건국신화의 기본특질은 천손강림의 개국설화와 신혼감이神婚感異의 국조설화라는 불가분리의 상호관계에 있는 두 요소의 복합에 있다. 그리고 그 근본 동기는 우세족의 열세족에 대한, 지배자의 피지배자에 대한 자족自族의 혈통적 권위의 과장에 있다. 천손강림의 개국설화는 이주개국형·추대즉위형·외래사위형으로, 신혼감이의 국조설화는 웅녀설화형·난생설화형·용녀설화형으로 각각 나눌 수 있다.

그런데 대체적으로 한국의 신화 대부분이 태양숭배를 배경으로 하는 태양신화계太陽神話系에 속한다. 이는 우리 민족 신화의 공통성,

---

13) 張德順 外, 《口碑文學槪論》, 一潮閣, 1976, 33~39쪽.
14) 趙芝薰, 前揭書, 231~235쪽.

나아가서는 같은 혈통에의 자각, 즉, 단일적인 민족의식, 민족의 단일성을 웅변한다. 그리고 태양신화의 주된 분포지역이 만주지역임을 통해, 우리 민족이 동북 아세아 권에 속하고 일찍이 만주를 중심으로 원시생활을 영위하였음을 알 수 있다.

≪삼국유사≫에서 태양신화계의 설화로 연오랑세오녀설화[15]를 빼놓을 수 없는데, 이는 일본설화와 비교연구를 위한 좋은 자료가 된다.

(2) 구전설화

현대의 구전신화라는 것은 다소 무리한 말이어서, 그것들은 각 지방에 전설을 뿌리고 반민담화하고 말았다. 그러나 그 중에서도 신화적인 성격이 짙은 것을 유형별로 크게 두 가지로 구분해[16] 보았다.

① 국토창성신화형

민간설화에 보이는 우리의 국토창성신화는 주인공이 남녀신이라는 차이가 있지만 거인신화라는 점에서는 동일하다.

제주도의 거신巨神 설문데할망은 치마폭으로 흙을 퍼다가 제주도를 만든 창조신이다. 이때 마지막 부은 것이 한라산이고, 조금씩 흘린 것이 작은 산들이라 한다. 그리고 설문데할망이 가파도와 성산일출봉에 한 발씩 디디고 빨래도 했다는 토막설화가 있다. 본토에도 거신 마고선녀麻姑仙女가 지석묘, 거암들을 공깃돌로 썼다든가, 발자국을 남겼다는 등의 단편설화들이 동, 남, 서해안지방에서 채록되며, 지네섬 이야기도 전한다.

남신男神의 이야기로는, 거대한 자기 몸의 그늘 때문에 곡식이 안되어 북쪽으로 추방된 거신이 배가 고파 흙을 퍼 먹은 후 바닷물을 마셨다가 설사한 것이 백두산을 비롯한 산줄기와 압록강·두만강 등

---

15) ≪三國遺事≫ 卷一 延烏郞細烏女條.
16) 張籌根, 〈韓國口碑文學史〉上, ≪韓國文化史大系≫ Ⅴ, 高大 민족문제연구소, 1967, 657~661쪽.

의 강이 되었다는 설화라든가, 착한 거인신이 추방되어 북상하고 백두산 위에 서서 농민들에게 거름이나 준다고 오줌 눈 것이 홍수가 되어, 북쪽 사람은 남쪽으로 남쪽 사람은 일본으로 가서 각기 그곳의 시조가 되었다는 식으로 희화된 설화가 전한다.17)

이러한 설화에는 신화의 원초적 신성성이란 간 곳 없고 흥미본위의 민담으로 변모된 모습이 보인다. 그런데 전자는 의식적인 창조이기 때문에 우주창조형에 가깝고, 후자는 절로 그렇게 되었기 때문에 천지개벽형에 가깝다고 할 수 있다. 그러나 이 두 가지 신화는 중국 반고신화의 개벽신화형이나 일본 고사기신화의 교구창세신화형交媾創世神話型과도 다른 별취別趣의 소박한 설화이다. 그러나 거인신이 국토를 개벽했다는 전승도 널리 분포된 유형으로서, 반고신화도 일종의 거인신화로 일본의 대태법사大太法師, 충승冲繩의 아만츄우(大始祖神, 天人)는 모두 거인 개벽신화인 것이다. 북구, 희랍, 인도, 남양미개인의 거신설화가 모두 천지개벽신화와 관련되는 것을 보면 우리 민간설화상의 국토창성설화가 지금은 사라져서 전해지지 않는 창세개벽신화의 잔영임을 알 수 있다.18) 그러나 문헌설화에는 나타나지 않는 개벽신화가 비록 신성성은 결여되었을망정 구전설화에서 그 잔영이라도 발견되고 있음은 다행한 일이라 하겠다.

② 홍수설화형

이 홍수설화도 세계 광포설화廣布說話로서 바빌론, 인도, 헤브루, 희랍, 북구 등에서는 그 구성이 대동소이한데, 중국에서는 고대사회의 실정을 반영한 듯 성군 우의 치수사업으로 구성하고 있다.

우리의 홍수설화는 오누이 결합형과 기타형으로 분류되는데, 전자는 다시 두 가지 형태로 세분된다. 그 하나는 대홍수 후에 오직

---

17) ≪韓國民俗綜合報告書≫, 全南篇, 1969, 744쪽.
18) 趙芝薰, 前揭書, 744쪽.

남매만이 큰 나무를 타고 높은 산에 표착해서 살아남았는데, 그들은 인류의 멸종을 염려하여 각기 산상봉山上峰에서 암수의 맷돌을 굴렸더니 골짜기에서 딱 포개졌으므로 하늘의 뜻으로 알고 혼인하여 인류의 시조가 되었다는 것이다. 다른 하나는 전체적으로는 동일한 구성이되, 다만 남매가 차마 교구交媾할 수 없어서 각각 모닥불을 피워서 그 연기가 공중에서 어울려 감기면 같이 살고, 따로 갈라져 올라가면 혼인하지 않기로 약속하고 모닥불을 피웠는데, 연기가 감겼기 때문에 交媾를 해서 자녀를 낳았다는 것이다.

기타형은 천상선녀와 산상거목의 아들 목도령木道令이 대홍수에서 거목(부)를 타고 개미와 모기, 그리고 또 한 소년을 살리고 어떤 산상로파의 머슴을 살다가, 목도령은 개미 모기들의 원조로 노파의 친딸과, 또 한 소년은 노파의 양녀와 혼인해서 인류의 시조가 되었다는 것이다.

이 홍수설화의 전파관계를 우리의 문헌에서는 확인하기 어렵다. 다만, A는 당대의 독이지獨異志 소재 설화나 운남성 로로족 시조설화와 같다는 점에서 중국설화의 영향을 받은 것으로, B는 고려판 ≪대장경≫ 권3에 보이므로 불전에서 온 것인 듯하다.[19] 이 같은 불교설화는 각국에 전파되고 또 영향을 주어서 우리나라에도 적지 않게 전해 내려오고 있다.

그런데 위의 구분과는 달리 한국 신화를 흔히 왕조신화, 가조신화, 촌락신에 관한 신화, 무속신화 등과 같이 네 가지 범주로 분류하기도 한다.

신화에서 우주의 개벽과 인간 생사의 기원이 얘기되는 것은 당연하다. 우리의 선인이라고 생사문제에 괴로워하지 않았다거나 세계창시에 관심이 없었을 까닭이 없다. 다만 현전하는 구전신화에는 신화적 신성성이 결여되어 그 신화적 가치마저 상실되었음이 매우

---

19) 孫晉泰, ≪韓國民族說話의 硏究≫, 乙酉文化社, 1946, 166쪽.

유감스러운 일이다.

3. 전설

1) 전설의 본질과 분류

전설은 일정한 민족 혹은 지방에서 민간에 전해 내려오는 설화인데, 신화가 신격 중심의 이야기라면 이것은 인간과 그 행위를 주제로 한 이야기이다. 좀 더 구체적으로 전설의 특질을 설명하면 이야기의 주인공, 사건발생의 연대와 장소 등이 명시되어 있을 뿐만 아니라, 하천, 섬, 사찰, 다리, 바위, 들, 산 … 등에 대한 형성 유래를 설명하는 가운데 민중의 체험과 진실성이 표현되어 있는 이야기이다. 또한 전설은 스스로 역사화 함으로써 역사적 인물이나 지역적 장소에 따르는 합리적 전설이 있는가 하면, 전달하려는 사실을 강조하기 위하여 합리성을 일탈하여 과장하는 등의 초자연적 전설이 있다.

전설의 특징은 첫째, 화자나 청자가 그 이야기를 사실로 믿고, 둘째, 이야기를 뒷받침하는 기념물이나 증거물이 있으며, 셋째, 역사와 깊은 관련이 있어서 역사에서 전설화했든가 혹은 역사화의 가능성이 있고, 넷째, 일정한 형식이 없다는 것을[20] 들 수 있다. 이와 같이 전설은 본질적으로 흔히 영웅이나 장수 등 역사적 인물들에 다소간의 영격靈格이 가미된 인격이나 영격, 또는 지명이나 지형 등의 연기적 설명으로서 전승민중에 의해 사실로 받아들여지며, 그것을 뒷받침하는 증거물이 있기 때문에 공간적으로 지역적 한정을 받으면서도 향토애 배양의 구실을 하는 자유로운 형식의 이야기이다.[21]

---

20) 張德順 外, 前揭書, 8쪽.
21) 張籌根, 前揭書, 662쪽.

전설은 화자나 청자가 그것이 참된 것임을 전제하여 성립된다. 비합리적이고 신비한 체험을 무시하는 역사와는 달리 그것을 설명하려 하는 전설에는 어쩔 수 없이 기적과 같은 초월적 요소가 개입되게 마련이다. 이러한 초월적 요소는 세속적이고 현실적인 수용층의 세계와 초월적인 세계를 엄격히 분리시켜 주고 수용층에게 초월적 세계에 대한 전율과 불안과 동경을 야기시킨다. 이와 같이 전설에는 낯설고 우월한 존재로서의 초월자와 범속한 수용층 사이에 긴장관계가 개재하게 된다.

전설은 설명하고 교훈을 주고 예시하고 경고하는 것이 그 주된 기능이다. 전설은 이와 같이 기능에 따라 연기(원인)전설, 설명전설, 경고전설, 예화전설로 나눌 수도 있다. 그러나 일반적으로는 전승장소, 발생목적, 설화대상에 따라 분류하는데, 전승장소는 다시 ①지역적 전설, ②이주적 전설로 나눌 수 있고,[22] 발생목적은 ①설명적 전설, ②력사적 전설, ③신앙적 전설로 구분할 수가 있으며,[23] 설화대상은 국내에서 많이 시도되었던 것으로 다음과 같이 하위분류할 수 있다.[24]

(1) 사물명칭(연기)

ㄱ. 자연물 - ①리동里洞 ②산악(령嶺, 봉峰, 현峴, 치峙, 점岾, 악嶽, 구丘, 림林, 곡谷), ③암석 ④동혈(굴) ⑤강천 ⑥천정泉井 ⑦진포津浦 ⑧담소潭沼(지池, 연淵, 호湖) ⑨도서島嶼 ⑩평야(원原, 전田)

ㄴ. 인공물 - 1) 유적 ; ①가옥(당堂, 사祠, 관館, 사舍, 묘廟, 택宅, 궁宮, 실室, 재齋, 루樓, 정亭, 각閣, 대臺) ②정문旌門 ③비석 ④

---

22) A. H. Krappe, The Science of Folklore(London, 1930), 참조.
23) Wayland, D. Hand, Status of European and American Legend Study(Current Anthropology, Vol. 6, No. 4), 443~444쪽.
24) 張德順 外, 前揭書, 43쪽.

사원(암庵) ⑤석탑 ⑥석상(조각彫刻) ⑦성지 ⑧역원 ⑨교량 ⑩총묘塚墓
2) 유물 ; ①의복 ②음식 ③기구
3. 인간 ; ①씨족 ②개인

(2) 신앙행위
ㄱ. 인물
ㄴ. 동물 ; ①가축 ②조류 ③야생동물 ④상상적 동물 ⑤어류
ㄷ. 식물
ㄹ. 사물

장덕순은 ≪삼국사기≫·≪삼국유사≫·≪고려사≫·≪세종실록 지리지≫·≪신증동국여지승람≫·≪조선읍지≫ 소재의 설화를 분류했다. ≪삼국사기≫에는 전설 131편, 민간설화 191편으로 합계 323편이, ≪삼국유사≫에는 신화가 17편, 전설이 108편, 민간설화가 182편, 불교연기설화가 228편으로 합계 535편이 수록되었다고 하였다. 이와 같이 ≪삼국사기≫·≪삼국유사≫에 수록된 858편 가운데 전설이 468편(사원연기설화 포함)으로 절반을 훨씬 넘는다.

최상수는 그의 전설집 권말에 민간전설을 내용에 따라 37가지로 분류하였는데, 한국 특유의 전설로는 과거, 풍수, 점복, 씨족시조, 호랑이전설 등을 열거하였다.

2) 배경설화와 연기담

배경설화에는 신화·전설·민담 등이 두루 해당되지만, 전설류가 그 대종을 이루므로 편의상 여기에서 서술하고자 한다.

한국의 고대시가, 특히 상대시가의 경우에는 시가 단독으로 형성된 것보다는 시가 작품이 전승되게 한 배경설화를 갖고 있으므로

해당 작품의 온당한 해석과 이해를 위해서는 반드시 배경설화와의 종합적 검토가 요망된다.

삼국시대의 시가를 배경설화와 더불어 검토하면 민요로 파악되는 것이 대부분이다. 신라가요 중에서 서동요·풍요·헌화가 등은 그 대표적인 것이며, 처용가는 그 속성이 신가神歌로 이해된다. 어쨌든 대부분의 신라가요는 반드시 그것과 관련있는 배경담을 갖고 있는데, 대개의 경우 배경설화는 이들 가요가 만들어진 창작 원인에 따른 이야기로서, 거기에는 해당 가요의 주제를 비롯하여 작중 등장인물과 그 인물에 연관된 여러 모습이 다양하게 기술되어 있다. 이러한 배경설화가 전하는 시가로는, 우선 ≪삼국유사≫에 구지가, 서동요·처용가·우적가·안민가·혜성가·두솔가 등이, ≪삼국사기≫에 두솔가·황조가·회소곡·우식곡 등이, 그리고 ≪고려사≫에는 부전가요로서 내원성·명주가·무등산·방등산·목주가 등 헤아릴 수 없을 정도로 많은 작품이 전한다. 특히 ≪고려사≫에는 부전가요로서 그 배경설화만이 전하고 있을 뿐이다. 그러므로 설화문학의 연구 고찰은 고대시가, 고려가요 등의 배경연구와 불가분의 관계에 있다고 해도 과언이 아니다.

불교연기담은 불교라는 이질적인 문화요소가 전통적인 우리의 민속에 수용된 하나의 현상이다. 불교와 민속이 그 위화감을 해소하고 하나의 문화현상으로서 승화된 결과물이 바로 불교설화이다. 따라서 우리의 불교설화 가운데에는 불교적 요소 이상으로 민속적 요소가 계기가 되어 있음을 간과할 수 없다. 그러나 이 두 가지 요소는 유기적인 배합을 이룸으로써 불교설화일 수 있다. 예例하여, 사기획정寺基劃定의 성수聖樹가 설화됨으로써 나무에 대한 민속적 관념은 불교설화의 영역에 들어가게 된다. 창사創寺의 계기가 되는 고승의 지팡이에 대한 불교설화가 비교적 많은 분포를 보이고 있음이 그 증거이다. 불에 관한 민속적 관념은 법등연면法燈連綿, 물에 관한 민속적 관념은 법우法雨, 법수法水 등의 불교적 은유隱喩로 전이한다.

화상畵像에 대한 유감주술적類感呪術的인 관념은 불교정화佛敎幀畵의 영이靈異, 즉 불교 영험담靈驗譚으로 실현된다.

위와 같은 민속적 요소는 전시대를 관통하는 전통적인 것으로서 특정한 역사시대에 국한된 문화요소가 아니다. 따라서 원형적인 전승적 소인은 모든 시대에서 새로운 설화 생산의 동인이 된다. 오늘날에도 그런 의미의 새로운 불교설화의 생산은 얼마든지 생각할 수 있다.[25]

그러나 여기서는 주로 불교연기담 중 ≪삼국유사≫ 소재의 것만을 중심으로 살펴보고자 한다. ≪삼국유사≫에 나타난 연기설화는 모두 58개항에 이르고 있는데, 일찍이 최남선은 이에 관해 언급한 바 있다.[26] 그런데 이 불교연기담은 배경설화와 중복되는 것이 많기에 같은 항으로 묶어서 고찰하였다.

불교연기담에는 신앙성을 바탕으로 해서 상대에 발전한 것이 적지 않다. 예컨대, 망해사望海寺(처용가와 처용설화), 미륵사(서동요와 서동설화), 석장사錫杖寺(풍요), 호원사虎願寺(김현감호설화金現感虎說話) 등 향가문학에도 중요한 제 문제를 던져 주는 것들이 그렇다. 이 연기담들은 분명한 목적의식 하에 작위作爲된 전설의 변화 또는 발전형이다. 즉 그들은 민중이 이미 널리 믿고 있는 것을 인용하여 寺刹에 결부시켜서 더욱 존숭 받으려 했던 것이다.

그것을 망해사연기담에서 보면, 처용설화는 희랍의 고곤(Gorgon)이나 중국의 방상씨와 같이 모든 원초인류가 가졌던 벽사가면의 인격화에서 이루어진 자연발생설화였다. 그의 영능은 동해용왕의 아들로서 헌강대왕과 결부 설명되어 개운포전설開雲浦傳說을 낳은 다음에 망해사연기설화로 사중寺衆들에 의해 윤색되었을 것이다. 결국 신화적으로 출발한 이 설화는 전설, 연기설화 등을 다 구비한 셈이다.[27] 미륵사도 백제 멸망 후 점령세력인 신라의 비호를 받기 위한

---

25) 黃浿江, ≪新羅佛敎說話硏究≫, 一志社, 1975, 173쪽.
26) 崔南善, ≪三國遺事解題≫, 三中堂, 1946, 37~39쪽.
27) 張籌根, 前揭書, 664쪽.

목적 아래에 사중에 의해 진평대왕 선화공주 등의 서동설화가 결부되어[28] 윤색된 연기담으로 볼 수 있다. 이병도는 이것이 동성왕 무렵 고구려의 압력에 대항하기 위한 나제공수동맹羅濟攻守同盟의 정략결혼을 두고 백제 민중 사이에서 백제측을 두둔하여 이룩된 형성설화이며 동요로서[29] 연기설화緣起說話가 아닌 전설로 보았다.

전설의 무형식성은 이렇듯 때로는 그 원초의 신앙성과 결부되어 불교연기설화로 발전도하고 윤색도 된다. 그리고 전설에서는 흔히 신라, 고려, 임진왜란 등이 대략적으로 그 연대로 나타난다. 이 전설은 ≪삼국유사≫ 외에도 ≪삼국사기≫·≪고려사≫ 지리지·≪세종실록지리지≫·≪신증동국여지승람≫등 무수한 문헌에 전해지는데, 이와 같은 연기설화는 단순히 그 유래를 밝히는데 목적이 있는 것이 아니라, 이를 인연하여 그 산문과 임천林泉에서 깊은 불성佛性의 세계를 보게 하며, 발길 닿는 곳마다 불성이 편재함을 의식함으로써 접인접물接人接物에 선연善緣을 짓고 불성으로 돌아가 그 속에서 회심탐진回心探眞을 체득하도록 인도하는 것을 목적으로 하였다.

4. 민 담

1) 민담의 개념과 형식

서술적 허구성의 이야기체로서의 민담이, 비록 그 개념에 대해서는 이설이 많지만, 서구어로는 포크테일(Folktale), 멜헨(Märchen) 등으로 불리운다. 우리나라에서는 이를 옛날이야기 혹은 옛이야기 등으로 불러왔다. 그러나 이는 너무도 막연한 개념이어서 민간전설·민화·민담·전래동화 등의 용어로 지칭되었으나 신화·전설과의

---

[28] 金東旭, ≪韓國歌謠의 硏究≫, 乙酉文化社, 1961, 48쪽.
[29] 李丙燾, 〈薯童說話의 新硏究〉, ≪歷史學報≫ 1輯, 1952, 47~48쪽.

구분을 명확히 하기 위해 학술용어로 민담이라 지칭한다.

그러나 여기서의 민담은 넓게는 '상상적 허구의 이야기', 더욱 범위를 좁혀 '과거로부터 전승되는, 시간과 공간에 얽매이지 않고 상상적으로 꾸며진 일상적이지 않은 사건에 대한 비교적 짧은 산문 서사물'을 의미한다.

한국의 민담은 삼국시대부터 방이설화(흥부전형興夫傳型), 견훤의 이물교혼담異物交婚譚(야래자형夜來者型), 구토지설龜兎之說 등이 ≪삼국사기≫·≪삼국유사≫ 등의 문헌들에 산견散見되며, 려대에는 박인량의 ≪수이전≫과 패관문학집稗官文學集에 자주 보이며, 조선조에 와서는 ≪고금소총≫·≪대동야승≫·≪대동패림≫ 외에 ≪어우야담≫·≪오주연문≫·≪성호사설≫ 등 개인문집·수필물류에 풍성하게 수록되어 있다.

개화 이후, 구비문학이 소멸기에 들어서면서 서양 선교사들에 의해 민담이 수집되다가 1920연대부터는 국내 인사들이 학구적인 목적에서 활발하게 수집하게 되었다. 그 결과 H. N. Allen의 ≪Korean Tales≫(1889) 이래 오늘날까지 70여종을 헤아리는 국문, 구문, 일문판日文版의 민담집이 전한다. 오늘날 민담수집이 많이 이루어진 나라들에서는 대개 2~3만 편의 민담이 수집되었는데, 북구의 제국에서도 특히 핀란드는 3만 편이, 이웃 일본도 30여년 만에 2만 편을 수집했다.30)

무의식적이고 상상적인 놀이의 결과물로서의 민담은 현실세계의 제약에서 벗어나 믿지 않아도 즐겨 듣는 속성을 지닌다. 민담은 여러 에피소드로 짜여있어 짧고 단순한 상상을 자극하며, 명확한 구조와 기교적이고 허구적인 성격을 갖고 있으며, 현실과 비현실이 공존하여 유희성을 강조함으로써 교훈적인 성격은 우화나 전설에 비해 상대적으로 약화된다.

우선 민담에는 전설에서처럼 뚜렷한 시간과 장소가 있는 것이

---

30) 張籌根, 前揭書, 352쪽.

아니다. '옛날 옛날 아주 옛적에 어느 곳에 …'로 시작되는 '옛날 옛날 아주 옛적'은 신화에서와 같이 태고적이 아니라 다만 한참 된 과거를 지칭할 뿐이고 그 과거의 시점은 태고와 현재와의 중간에 자리한다. 그리고 '어느 곳에 …'라는 막연한 부정칭不定稱은 화자가 위치하고 있는 장소 이외에 어느 곳이든 상관이 없음을 나타낸다. 이와 같은 표현법은 청자들의 호기심을 유발시키며, 화자에게는 자기의 경험과 구별되는 세계에의 자유로운 출입이 보장되는 단서가 됨으로써 흥미를 자아낼 수 있다.

따라서 이야기가 완결된 상태로 마무리 지어져도 전설에서처럼 특정한 증거물 같은 것이 없어도 된다. 다만 이야기의 성격상 부득이 증거물이 필요한 경우에는 보편적으로 널리 존재하는 것으로 대신하게 된다. 그러나 이 경우에도 그 증거물로 이야기의 흥미를 돋구고자 할 뿐이지 이야기 자체의 모티프와는 거리가 멀다.[31] 여기에서 민담의 서두와 결말의 특징적 성격을 볼 수 있다.

민담에서는 선과 악의 이원론적 대립이 가장 흔하다. 즉, 선악은 대개 서민과 양반, 또는 인간과 괴물의 대립이 많지만, 계모와 전처 소생의 딸, 또는 같은 두 형제, 두 소년, 두 노인 등으로 나타난다. 선을 추구하는 것은 민담의 신앙이며 기조이다. 그러나 전설이나 교훈담 등에서와는 달리 민담에서의 선과 악은 감정적으로 대립하지 않으므로, 그 대립은 청자의 관심을 집중시키고 사건에 변화를 주는 기능만을 한다. 따라서 민담에서는 선악의 대립을 통한 교훈적 성격이 심각하게 제시되지 않는다.

또한 민담에서는 반복의 형식이 자주 이용된다. 즉, 삼형제, 세 딸에게 차례로 반복 문답을 한다든가, 선이 행복을 얻은 방법을 악이 되풀이해서 파멸당하는 반복이 있다. 그런데 이와 같은 대립과 반복의 형식은 민담을 기억하기 쉽고 구연되기 쉽게 해 주는 구실을 한다.

---

31) 成耆說, 《韓日民譚의 比較硏究》, 一潮閣, 1979, 15쪽.

마지막으로 민담에서는 작중 시간의 진행에 따라 이야기가 전개된다. 즉, 한 인물의 행동을 시간의 흐름에 따라 계속 이야기하는 단선적 진행이 민담의 기본형식이다.

2) 민담의 분류와 유형

민담을 어떻게 정의하느냐에 의해서, 또는 민담을 분류하려는 방법과 그 입장의 차이에 따라서 민담의 분류방법은 다양해질 수 있다. 대체로 재래의 민담분류에서는 동물담動物譚, 본격담本格譚, 소화笑話의 3분법을 취해 왔었으나, 본서에서는 한국문화인류학회의 전국민속자료분류 시도 중 민담분류에 따라 분류해 본다.

ㄱ. 동물담動物譚
   1) 동물유래담 ; ①성질 ②외모
   2) 대인담 ; ①우호 ②가해
   3) 우화 ; ①대인간 ②대동물
   4) 둔갑담
ㄴ. 완형담完形譚
   1) 신선담
   2) 일생담
   3) 영웅담
ㄷ. 파생담派生譚
   1) 괴기담 ; ①귀신 ②혼령
   2) 소화笑話 ; ①지략담 ②바보이야기 ③음담 ④허위담
          ⑤형식담

한국 민담은 크게 '흥부전형 민담', '영웅의 사신퇴치형 민담', '야래자형 민담', '금강산 나뭇군형 민담' 등으로 구분할 수 있다.
흥부전형 민담은 신라시대부터 전래되는 '방이설화' 외에도 '나

뭇군소년과 도깨비 금방망이', '혹 떼러 갔다가 혹 붙이고 온 영감' 등이 있다. 외국의 경우에는 중국의 '홍농설화弘農說話', 몽고의 '박 타는 처녀', 일본의 '설절작舌切雀', '화소야花咲爺' 등이 이에 해당된다.

영웅의 사신퇴치형 민담에는 ≪삼국유사≫의 '거타지居陀知', ≪고 려사≫의 '작제건作帝建', 제주도 서사무가 '군웅본軍雄本풀이' 등이 있 으며, 외국의 경우로는 일본의 '수좌지남존형須佐之男尊型'이 여기에 속하는 페르세우스형(Perseus type)이다.

야래자형 민담은 흔히 이물교혼담으로 지칭되며, ≪삼국유사≫ 에 보이는 견훤의 '광주녀와 구인蚯蚓 간의 탄생설화'나 백제 무왕조 의 '과부와 지룡교통이생池龍交通而生'이 이 유형이며, 일본의 '삼륜산 형三輪山型 설화'가 이와 유사하다.

백조처녀형白鳥處女型 민담이라고 별칭되기도 하는 금강산 나뭇군 형 민담은 호주 대륙을 제외하고 전 세계적으로 넓게 분포되어 있 으며, 인구에 회자되는 시적 정서가 넘치는 유형이다.

3) 민담의 문학성과 소설화

민담은 민중 속에 구비 전승되는 이야기로서 무한한 마력의 랑 만을 지닌다. 민담은 문학 이전의 문학으로서 문학을 풍성하게 하 는 기름진 퇴비이자 문학의 모태이기도 하다. 왜냐하면 내용상 본 질적인 면에서 신화, 전설로부터 독립하여 존재하고, 구성면에서 발 단·경과·결말의 삼단과정을 이루며, 극적인 구성을 갖고 있기 때문 이다. 민담의 이러한 구성은 이미 문학적 구조로서 그것이 나중에 희곡과 소설 등의 문학에 영향을 주었다고 볼 수 있는 소이연所以然 이기도 하다.

민담의 사건전개뿐만 아니라 그 주인공의 탄생, 사업, 결말 등도 특히 서사문학의 그것과 가장 가까운 거리에 있다. 민담 주인공의 기이한 탄생과 선·악 편에서 활약하는 그의 행동은 물론 행복한 결말과 같은 구조는 우리의 고소설이나 외국의 서사시·로망의 그것과 너무나 흡사하다.

정직과 부정직형(True and Untrue Type)은 민담 전체의 주제도 되거니와, 이 이야기의 세계적 공통성은 전반부에서 악인이 잘 되고 선인은 빈곤에 허덕이다가, 어떤 계기로 선인이 부유해지고 악인이 파멸된다는 것이다. 우리의 '흥부전'계 민담은 물론 '혹 떼러 갔다가 혹 붙인 이야기'와 '콩쥐팥쥐' 등의 민담이 모두 이에 해당한다.[32] 또한 세계적으로 널리 퍼져 있는 설화가 향토화하여 판소리계 소설인 '심청전', '흥부전', '별주부전' 등이 형성되었다.

이렇듯 민담은 유동문학流動文學이며 변화문학으로서, 횡으로는 세계적인 전파와 종으로는 누천년의 계승에 의해 설화계통 고소설에까지 연결되었다. 그리고 민담은 앞으로도 영원히 소설의 소재와 주제에 영향을 미칠 것이다. 민담의 문학성이 운위되는 까닭이 여기에 있으며, 또 세계적으로 많은 학자들이 사라져가는 민담을 수집 정리하는 까닭도 넓은 의미에서는 민담 자체의 가치 연구에 있겠지만 거기에 스며있는 문학성도 그 무엇에 못지않게 중요하기 때문이라 할 수 있다.

朴湧植 / 건국대

◇참고문헌

• 著 書

金烈圭, ≪韓國神話와 巫俗 硏究≫, 一潮閣, 1977.
朴湧植, ≪韓國說話의 原始宗敎思想 硏究≫, 一志社, 1984.

---

32) 張德順, 前揭書, 155~157쪽.

成耆說, ≪韓日民譚의 比較研究≫, 一潮閣, 1979.
張德順, ≪韓國說話文學硏究≫, 서울大出版部, 1971.
_____ 外, ≪口碑文學槪論≫, 一潮閣, 1976.
張籌根 外, ≪民俗學槪論≫, 民衆書館, 1974.
趙芝薰, 〈神話의 類型〉, ≪趙芝薰全集≫ 6, 一志社, 1973.
洪淳昶, 〈神話, 傳說에 나타난 固有思想〉, ≪韓國民族思想史大系≫ 古代篇, 螢雪出版社, 1979.
黃浿江, ≪新羅佛敎說話硏究≫, 一志社, 1975.

• 論 文

金基鉉, 〈阿娘型說話考〉, ≪새國語敎育≫ 14號, 1970.
金映玉, 〈韓國古代 南北神話에 대한 比較研究〉, ≪成大文學≫ 14輯, 1970.
金雲學, 〈日本에 비친 義湘, 善妙說話〉, ≪아카데미論叢≫ 4輯, 1976.
朴湧植, 〈韓國說話文學의 變身思想考〉, ≪建大 學術誌≫ 27輯, 1983.
徐大錫, 〈興夫傳의 民譚的 考察〉, ≪國語國文學≫ 67號, 1975.
蘇在英, 〈三國遺事 說話考〉, ≪國語國文學≫ 6號, 1962.
송낙헌, 〈神話와 文學의 關係에 대한 小考〉, ≪서울大敎養學部論文集≫ 2輯, 1978.
李相日, 〈變身說話의 類型分析과 原初思惟〉, ≪大東文化研究≫ 8輯, 1971.
李石來, 〈異類交婚說話〉, ≪서울文理大學報≫ 19號, 1963.
李樹鳳, 〈李朝君王誕生, 將帥稗史說話硏究〉, ≪邊德珍敎授 回甲記念論文集≫, 1975.
印權煥, 〈佛敎說話의 發生考〉, ≪高大 國文學≫ 6號, 1962.
任東權, ≪선문대할망說話考≫, 濟州道, 1964.
全圭泰, 〈韓國神話의 文學的研究 序說〉, ≪延大 人文科學≫ 13輯, 1970.
崔來沃, 〈說話變化의 三個原則에 對하여〉, ≪우리문화≫ 3호, 1969.

崔雲植,〈武王說話의 定着過程〉,≪石宙善 回甲記念 民俗學論叢≫, 1971.
玄容駿,〈處容說話考〉,≪國語國文學≫ 39·40合併號, 1970.
黃浿江,〈朴赫居世神話의 한 研究〉,≪國語國文學≫ 46號, 1969.

제10장
古小說

1. 고소설의 개념

 고소설은 신소설이 나오기 이전 시기까지 쓰여진 소설을 말한다. 과거에는 고대소설이라고 일컬어 왔으나 이는 잘못된 용어임이 밝혀졌다. 왜냐하면 우리나라 고대에는 소설이 없었기 때문이다. 그래서 고대소설 대신에 고소설을 통용하게 되었다. 고소설은 오랜 세월 동안 인접 갈래의 영향을 받거나 자체의 창작 경험을 시험하며 발전해 온 서사의 한 갈래이다. 당연히 고소설은 고유한 특징을 지니는 한편, 신소설이나 현대소설과 같이 소설로서의 기본 항수도 지니고 있다.
 고소설의 개념을 논의하자면 장자가 말한 '소설'이라는 용어에서부터 출발하게 된다. 주지하다시피 ≪장자≫ 〈외물편〉에서 "소설을 꾸며 높은 명성과 아름다운 명예를 구한다"[1]고 한 것이 소설이란 말의 첫 출전이다. 이때의 '소설'은 상대방의 환심을 사려는 의도 아래 꾸며진 재담의 의미이고, 허튼 수작이나 자질구레한 이야기 따위의 잡문을 포함한다. 이런 용례는 장자 이후의 논자들에게서도 거듭 발견된다. 환담桓譚의 ≪신론新論≫[2], 반고의 ≪한서≫ 〈예문지〉[3]에서 그런 자취를 찾아볼 수 있는데, 어느 쪽이나 ≪장자≫ 〈외

---

1) "飾小說以干縣令"(≪莊子≫ 雜篇 外物 第26).
2) "小說家 合殘叢小語 近取譬喩 以作短書 治身理家 有可見之事"(李選 注 ≪文選≫ 31, 引新論).

물편)의 차원을 벗어나지 않는다. 개념이 이러하니 그 범위가 무척
이나 넓어진다. 시화와 사화뿐만 아니라 지리서, 잡록, 잡설, 재담,
일사기문逸事奇聞같은 것까지 두루 포함된다. 명明의 가일거사可一居士
가 "육경六經과 국사國史 이외의 저술 모두가 소설이다"[4]고 했으니
소설의 범위를 얼마나 넓게 잡았는지를 알 수 있다.

우리나라에서도 사정은 마찬가지이다. 소중화를 자처하며 중국
의 문화를 수용하기에 주저하지 않는 우리였으니, 소설의 경우도
예외가 될 수 없다. 소설이라는 용어를 처음으로 사용한 이규보[5]나
곧 바로 뒤를 이어 소설이라는 용어를 사용한 경한景閑[6]은 중국의
전례典例를 충실히 따랐다. 이때까지는 소설이라는 용어가 막연히
사용되기는 했지만, 어떤 것을 소설에 포함시킬 것인지에 대한 논
의는 없었다. 소설의 범위 문제는 조선 명종 때 이르러 어숙권에
의해 제기되었다. 어숙권은 이인로의 ≪파한집≫, 최자의 ≪보한집≫,
이제현의 ≪역옹패설≫, 강희안의 ≪양화소록≫, 서거정의 ≪태평한
화골계전≫·≪필원잡기≫·≪동인시화≫, 강희맹의 ≪촌담해이≫, 김
시습의 ≪금오신화≫ 등을 소설이라 하고, 소설의 범위를 구체적으
로 제시했다.[7]

또한 이수광은 그의 ≪지봉류설≫에서 "우리 조선에는 200년 동
안에 전하는 저서가 매우 적어서 소설로 볼 만한 것이 없다."고 하
면서 徐거정의 ≪필원잡기≫, 성현의 ≪용재총화≫, 김시습의 ≪금오
신화≫ 등 18종을 소설로 들었다.[8] 유몽인은 ≪어우야담≫에서 "금
년 봄에 중국에서 70여 종의 소설이 새로 간행되었는데 음란하고

---

3) "小說家者流 蓋出於稗官 街談巷語 道聽途說者之所造也"(≪漢書≫ 藝文志 諸子
略小說十五家 千三百八十篇 序).
4) "六經國史而外 凡著述皆小說也"(醒世恒言 序)
5) 李奎報(1168~1241), 白雲小說.
6) 景閑(1299~1375), 興聖寺入院小說 (法語篇名).
7) 魚叔權, 〈稗官雜記〉, ≪大東野乘≫ 1. 慶熙出版社, 1968.
8) 이수광, ≪지봉유설≫ 권칠 경서부 권삼 저술.

잡스러워 차마 볼 수가 없다. 오직 두 편만 세상을 교화하는 데 봄 직하다."고 했다.9) 그 뒤에 김만중의 ≪서포만필≫, 조재삼의 ≪송남 잡식≫, 이덕무의 ≪사소절≫, 정태제의 ≪천군연의≫ 등에서 패관 소설, 통속소설, 연의소설, 전기소설 등의 말이 쓰였음을 볼 수 있는 데 이들 용어는 대부분 역사적 사실을 덧붙인 뜻으로 쓰였다. 이렇 게 보면 소설의 개념과 범위가 중국의 경우와 다를 바 없음을 알 수 있다.

중국이든 우리나라든 간에 소설은 서정, 서사, 교술을 두루 포괄 하는 명칭이다. 소설이라는 것 속에 이처럼 여러 갈래가 혼입되어 있으니, 군자수도지문君子修道之文과 대립되는 문文의 통칭명일 뿐 오 늘날과 같은 갈래체계의 명칭일 수는 없다. 어숙권·이수광·유몽인 의 경우 갈래에 대한 의식이 어느 정도 있어 보이지만 소설을 잡설 정도로 인식했기 때문에 오늘날과 같은 갈래체계의 명칭은 아니다. 이렇게 볼 때 이른바 잡설에서 서사를 구분하고 서사 가운데서 갈 래 상의 소설을 가려내야 비로소 고소설, 신소설, 현대소설을 한 자 리에서 다룰 수 있는 길이 열린다.

예로부터 서사의 담당층은 소설에 대해 인식이 철저하지 못했 다. 작자가 소설을 창작해 놓고도 미처 소설인 줄 몰랐고, 독자 또 한 소설을 소설로 대하지 못했던 것이다. 갈래체계에 대한 각성이 없던 시대의 불가피한 현상으로 보이는데, 담당층의 인식을 문제삼 아 소설 여부를 판가름할 일이 아니다. 소설로 볼 만한 작품이 엄존 하는 한 소설을 소설이 아니라고 할 수는 없는 까닭이다. 갈래로서 의 소설이란 도대체 무엇인가? 이제 이 문제를 해결해야 할 시점에 이르렀다. 현실은 울퉁불퉁한 굴곡으로 이루어져 있다. 영달할 수 있는 위치에서 나락으로 떨어지기도 하고 나락의 위치에서 영달의 길로 나아가기도 한다. 어떤 위치에 있든 세계와 맞서는 인간은 고

---

9) 柳夢寅, ≪於于野談≫ 卷3, 文藝

독함을 느끼게 마련인데, 이런 삶을 예민하게 포착하고 글로 남긴다면 독자를 끌어당길 수 있다. 그렇다 해서 삶을 다룬 글이 모두가 소설이 되는 것은 아니며, 적어도 다음과 같은 요건을 갖추어야 한다.

1) 인물, 환경, 인물과 환경을 통해 주인공의 내면의식을 드러내고,
2) 사회 현상을 적실히 반영하고,
3) 갈등 양상을 핍진하게 드러내는 것.

 1), 2), 3)은 소설의 필수 요건이지 선택 사항이 아니다. 다시 말하면 1)만이거나 2)만이거나 3)만이거나 한 작품은 소설이라고 할 수 없다. 1)만으로 된 작품은 전류(傳類)나 보고적 서술문에서 찾아볼 수 있고, 2)만으로 혹은 3)만으로 된 작품은 기사문, 사서류에서 찾아볼 수 있는데, 어느 한 쪽만으로 삶을 핍진하게 반영하기가 어렵기 때문이다. 1), 2), 3)이 구비될 경우 소설이 되는가 하면 그렇지도 않다. 세 가지 요건이 단순히 모자이크된 것으로는 부족하며, 화학적 결합을 해야 비로소 소설이 될 수 있다.[10] 전술한 바와 같이 인간은 사회적 환경 속에 놓여 있고 울퉁불퉁한 노정을 걸어가므로 대화(對話), 소회(所懷), 삽입시(挿入詩), 독백(獨白)이 없을 수 없는데, 세 가지 요건이 화학적 결합을 하여 이루어진 그릇이라야 인물의 대화, 소회, 삽입시, 독백을 여실히 담아낼 수 있다. 1)만이거나 2)만이거나 3)만이거나 한 작품에서는 대화, 소회, 삽입시, 독백이 나타나기 어렵고, 설사 나타난다 하더라도 필연적인 것이 아니다.

---

10) 여기서 도출한 소설의 요건은 서양의 소설론에 의거한 것이 아니다. 주지하다시피 한국의 소설에 상응하는 서양의 소설 용어는 여러가지인데, 영국의 경우만 보더라도 romance, fiction, tale, story, novel, short story 등이 있다. 한국의 고소설이 romance에 해당된다는 것이 일반화된 바이지만, 서양의 소설론에 한국의 소설을 일방적으로 끼어 맞추는 것이므로 타당성이 없다. 한국에서의 소설은 포괄적인 의미를 지니고 있어서 romance와 연결시키는 것은 무리이고, 한국 소설 자체의 본질과 특징을 염두에 두고 갈래론을 전개해야 한다.

인물이 아닌 대상을 인물처럼 다룬 의인체는 소설인가 아닌가? 학계에서 갈래의 귀속 문제를 놓고 적지 않게 논란이 벌어지고 있는데, 인물이 아닌 대상을 의인화했다는 이유만으로 소설이 아니라고 할 수는 없다. 주지하다시피 인물은 텍스트의 한 구조물로서 현실을 반영하는 존재이므로 인물은 작품에서 그 자체로 목적이라 하기보다는 기능이라 해야 맞다. 이렇게 본다면 고려시대의 의인체도 소설의 범위 내로 들어설 수 있다. 그렇다고 의인체가 곧 바로 소설이라고 한다면, 그것은 그것대로 위험한 논법이다. 기존 연구에 의하면,[11] 고려시대의 의인체는 소설의 요건인 1), 2), 3)을 두루 갖추고 사물의 속성을 설명하거나 계세징인戒世懲人을 효과적으로 나타낸 것으로 보인다. 애초부터 사물의 속성을 설명하거나 계세징인을 목적으로 했기에 본격 소설로서 치부하기는 어렵지만, 1), 2), 3)이 화학적 결합을 도모하고 있는 한 소설의 끝자리 정도에는 오를 수 있다.

이상의 논의를 종합해서 소설의 기점을 따지기로 한다. 1), 2), 3)의 요건을 갖춘 작품이 소설이라 했다. 이런 요건에 맞는 작품은 9~10세기경에서부터 발견된다. ≪수이전≫ 일문逸文인 〈최치원(선녀홍대仙女紅袋)〉, 〈수삽석남首揷石枏〉 등과 ≪삼국유사≫ 소재의 〈조신〉, 〈김현감호〉 등이 그런 것인데, 고려시대의 의인소설보다 더 뛰어난 형상성을 보이고 있다. 몇몇 논자들은 ≪수이전≫과 ≪삼국유사≫의 이런 작품을 설화라고 하거나 전기라고 하지만, 분명히 소설로 보아야 마땅하다. 매사에 시발점에서부터 완벽한 것이 없듯이, ≪수이전≫과 ≪삼국유사≫의 작품이 후대 소설에 비해 뒤떨어진다는 점을 들어 설화나 전기로 취급하는 것은 소설의 발전 단계를 무시한 처사이다. 9~10세기에는 설화와 소설이 뒤섞여 있다. 전체 자료를 대상으로 설화와 소설을 구분하고 소설사의 맥락을 바로 잡는 것이 시급한 과제이다.

---

11) 金光淳, ≪韓國擬人小說研究≫, 새문社, 1987.

2. 고소설의 전개

고소설은 작자를 알 수 없거나 일정한 작자가 없이 오래 동안 다수의 집단층에 의해 누적적으로 형성된 작품이 많다. 고소설의 출현 시기는 그 개념규정에 따라 여러 가지의 견해가 있어서 일정치가 않은데, 크게 세 가지로 정리해 볼 수 있다. 첫째는 초창기 학자들이 주장했던 〈금오신화〉를 고소설의 효시로 보는 견해가 있고, 두번째는 고려후기 〈국순전麴醇傳〉, 〈국선생전麴先生傳〉, 〈죽부인전〉, 〈공방전孔方傳〉 등의 고려 가전假傳, 곧 의인체擬人體 작품을 고소설의 기원으로 보려는 견해가 있으며, 세 번째로는 최근 신진학자들에게 관심을 끌고 있는 신라 말 고려 초기 즉 9~10세기경에 출현한 〈조신〉, 〈최치원〉, 〈수삽석남〉, 〈김현감호〉 등의 작품에서 그 기원을 찾아야 한다는 견해가 있다.

앞장에서 논의한 고소설의 개념에 따라서 고소설의 기원을 나말여초로 잡는 견해가 한국고소설학회를 비롯하여 최근 젊은 학자들에 의해 크게 주목받고 있다. 이와 같은 개념으로 보면 고소설의 범주에 드는 작품은 약 1000여 종이나 된다. 이들 고소설을 중세초기·중기·말기의 소설, 중세에서 근대로의 전환기의 소설, 근대초기·중기의 소설로서 여섯 시기로 나누어진다. 그래서 각 시대에 따른 공통적인 특질을 논의하면서 그 시대의 대표적인 작품을 들고 그 작품의 성격 및 변모양상을 논의하고자 한다.

1) 중세초기의 소설

나말여초(9~10세기)로부터 고려중엽 무신의 난(1170)이 일어나기 이전까지에 나온 소설을 지칭한다. 중세의 기점을 나말여초로 잡은 것은 문학적으로는 당의 전기가 처음으로 우리나라에 수입되었고 정치적으로는 골품제도가 와해되면서 집단적인 봉건국가가 시작된 시기란 점에서이다. 이 시기는 설화와 소설이 공존하지만 설화 우위의 시대라 할 수 있다. 이때에 나온 문헌들이 거의 전해지지 않아 자세한 논술은 불가능하지만 승 일연의 ≪삼국유사≫, 김부식의 ≪삼국사기≫, 권문해의 ≪대동운부군옥≫ 등에서 그 잔영을 엿볼 수 있는데, 이들 문헌 속에는 훌륭한 설화가 많이 수록되어 있다. 그런데 전술한 작품 중에 〈조신〉·〈김현감호〉·〈수삽석남〉·〈최치원〉 등을 전기소설의 경지에까지 이르렀다고 주장하는 사람도 있고, 〈조신〉에 대해서는 그 구상이 이미 소설에 박두해 오는 듯한 설화라는 이설이 있기도 하고, 〈최치원〉만 소설로 보기도 한다. 그러나 여말에 당과의 문물교류로 보면 신라 말에는 공식적인 사신의 왕래가 빈번했고 비공식적으로도 승려와 유학생, 상인 등의 왕래가 많았던 점으로 미루어 보면 당의 전기소설이 이미 나말에 전래되었을 것으로 추측된다. 나말여초에 이미 설화의 경지에서 소설의 경지에 이르렀다는 학계일각의 주장은 앞으로 좀 더 고구되어야 할 점도 있으나 특히 조신과 김여인의 사랑을 그린 환몽구조의 〈조신〉, 여주인공의 죽음으로 인해 비극으로 끝나게 된 살신성열의 헌신적인 사랑이야기인 〈김현감호〉, 산 사람과 죽은 사람의 영혼과의 인귀교환의 이야기인 〈수삽석남〉, 쌍녀분 두 낭자의 영혼과의 사이에 이루어진 사랑 이야기인 〈최치원〉 등의 작품은 현실의 사건을 소재로 하고 작자의 창의성이 있고 또 허구적인 이야기이므로 소설적인 형태를 갖추었다고 할 수 있어, 중세초기의 소설로서 조심스럽게 수용되어야 할 것이다. 전술한 네 편의 작품들이 양적인 면에서 문제가 있다면 모두가 이야기의 줄거리만 전하는 것으로 보아야 할 것이다. ≪수이전≫의 일문佚文으로 ≪대동운부군옥大東韻府群玉≫에 전하는 〈최치원〉(선녀홍대)이 397자의 줄거리인 데 비하여 ≪태평통재≫의 〈최치원〉이 2,414자에 이르는 전편이 수록되어 전하는 것이 발굴된 것은 이를 방증하는 사례가 될 수 있다.

2) 중세중기의 소설

고려 무신의 난(1170)으로부터 조선건국(1392) 이전까지에 나온 소설을 두고 일컫는다. 이 시기에 많은 문신들이 초야에 은둔 도피하여 계세징인을 주제로 한 내용의 글을 썼는데 전대의 의인설화와는 다른 의인소설 곧 가전체의 소설이 대거 등장했다. 그리고 정치적으로는 무신의 난이란 큰 변혁기를 맞아 사회, 정치, 사상, 문화 등의 일대 전환기를 이루었으니 중세초기의 문학 환경과는 다른 설화와 소설이 공존하는 시기를 형성했다. 이 시기의 사회적 배경을 살펴보면 고려 18대 의종 24년(1170)에 정중부, 이의방, 이고 등이 무신의 난을 일으켰다. 그 이전만 하더라도 조정에서는 문신을 우대하고 무신을 홀대하여 무신들의 불만이 가득 하던 차에 급기야는 김돈중이 그의 아버지인 김부식의 권세를 믿고 정중부의 수염을 촛불로 태우는 등 행패가 극심했다. 의종 24년 8월 30일 왕이 보현원에 행차하는데 오병수박희五兵手搏戲를 하던 대장군 이소응이 문신 한뢰에게 뺨을 맞는 등의 모욕적인 일이 생기자 의종이 보현원에 도착할 즈음 무신들이 문신들을 죽이고 임금을 거제로 추방하였다. 이 사건을 계기로 고려의 정치, 경제, 사회는 일대 전환기를 맞은 것이다. 이때까지 문학의 주된 담당층은 문벌귀족들이었으나 무신의 난 등을 계기로 마침내 신흥사대부들이 등장한다. 따라서 무신의 난 이후부터의 문신들은 대부분 산림을 찾아다니며 산수를 즐기고 음풍농월을 일삼으며 초야에 묻혀 가전假傳의 옷을 입고 세태를 비유 풍자하는 작품을 지으면서 은둔생활을 계속하였다. 이 시기에 나온 작품이 이러한 문신들의 손에서 창작된 것이다. 이때에 나온 작품으로 술을 의인한 임춘의 〈국순전〉과 이규보의 〈국선생전〉, 거북을 의인한 이규보의 〈청강사자현부전〉, 대나무를 의인한 이곡의 〈죽부인전〉, 종이를 의인한 이첨의 〈저생전〉, 엽전을 의인한 임춘의 〈공방전〉, 지팡이를 의인한 석釋 식영암息影庵의 〈정시자전〉이 있고 이 밖에 게를 의인한 이윤보의 〈무장공자전〉, 그리고 대를 의인한 석釋 혜심의 〈죽존자전〉, 얼음을 의인한 〈빙도자전〉 등이 있다. 이들 작품에 대해서는 학자에 따라 가전체, 의인소설, 교술문학, 가전체소설, 의인전기체, 가전 등으로 부르고 있으나 최근에 와서는 소설로 보고자 하는 주장이 학계일각에서 등장하고 있다. 이들 작품들은 작자의 측면에서 보면 실용적 목적이 아닌 창작이라는 순수한 목적으로 쓴 글이며 독자의 측면에서 보면 의인과 고사의 장막을 헤치고 사물을 확인하여 거기에 담겨진 의미를 발견하기 위해 읽는 작품이다. 그리고 작자의 창의에 따른 고사의 원용으로 된 허구적인 창조문학으로서의 의의를 지닌다. 따라서 이들 작품은 의인을 표현수단으로 하여 작자의 창의대로 허구화함으로써 계세징인을 주제로 한 창작물인데, 이야기의 줄거리를 제대로 갖추고 있고 등장인물의 성격묘사, 작자의 창의성 등으로 보아 소설적인 면모를 보인 것이라 할 수 있다.

3) 중세말기의 소설

선초(1392)부터 임진왜란(1592) 이전까지에 나온 소설을 두고 일컫는다. 이 시기는 정치적으로 왕조의 교체기였으며 사상적으로는 불교에서 유교질서 체제로 바뀌어 정치, 사상, 문화에 일대 변혁을 이루었던 시기이다. 따라서 소설문학도 전대에 비해 많은 진전을 가져왔다. 그래서 이 시기를 설화와 소설의 공존에서 소설 우위의 시대로 변모되어 간 것이라 할 수 있다. 이성계가 왕위에 오르자 창업공신들에게 토지와 관직을 주어 최고 권력자인 자신을 중심으로 한 세력을 구축하기 위해 억불숭유 정책을 근본이념으로 삼았다. 그래서 상하귀천의 사회구조가 확립되어 전제왕권의 정치체제가 구축되었다. 이에 문학도 유학정신에 따랐고 신분간의 계급적인 구별이 엄격하여 하층인들은 사대부들에게 노예같이 취급되었다.

더구나 서얼은 법에 의해 사회 진출에 있어 크게 제약을 받았고 서민계층은 문화적인 활동에도 제약을 받았다. 그리고 인문이 크게 진작되면서 유학도 고려시대처럼 경·사를 다루는 데 그치지 않고 유학의 근본원리를 탐구하는 방면으로 진전되어 성리학이 크게 발전하였다. 따라서 한시문도 융성하여 많은 시인들이 나왔으며 비평문학도 크게 진작되었다. 반면에 유학자의 소설배격 때문에 소설문학은 크게 발전되지는 못했지만 전대에 비하면 본격적인 전기소설이 출현했으니 〈금오신화〉, 〈기재기이〉 등이 그것이다.

〈금오신화〉는 매월당 김시습의 작품으로 그가 금오산에 기거할 때인 31세에서 37세 사이에 창작했다. 그는 이를 세상에 발표하지 않고 석실石室에 감추어 두었는데 임진왜란 때 일본으로 전해져 1658년 내각문고본과 1884년 대총본으로 두 차례에 걸쳐 판각되었다. 이에 육당 최남선이 대총본을 ≪계명啓明≫ 19호에 수록함으로써 비로소 우리나라에 널리 알려지게 되었다. 〈금오신화〉는 작자의 이상을 작품에 투영한 창작소설로서 본격적인 전기소설의 모습을 보인 것이다. 그래서 〈금오신화〉 5편은 현실의 동봉東峯과 이상의 동봉이 동시에 나타나서 이상이 현실을 이기고 그 꿈을 실현하는 과정을 그리고 있다. 이를 좀더 구체적으로 살펴보면 〈만복사저포기〉는 남원에 사는 노총각 양생이 부처와의 저포놀이에서 이겨 2년 전에 죽은 최낭의 영혼과 가연을 맺었다가 이별하는 비현실적, 환상적 이야기이다. 이는 현실의 동봉과 이상의 동봉이 상호 보완하며 하나의 조화점을 찾아가는 과정을 그린 것이다. 〈이생규장전〉은 이생이 최가의 딸과 시로 통정하며 인연을 맺었으나 홍건적의 난으로 헤어져 죽었다고 생각했던 사람이 돌아와 수년을 같이 살았는데 알고 보니 그녀의 영혼이었고 이생도 절개를 지키다 죽었다는 이야기이다. 실제적으로 애정생활에 실패한 동봉이 이생과 같은 환상적인 생활을 꿈꾸고 있었던 것으로 보여 궁극적인 이 작품의 의미는 적극적인 절의의 추구에 있다고 볼 수 있다. 〈취유부벽정기〉는 홍생이 평양 부벽루에서 기자시대에 죽은 여자와 진환한 이야기이다. 동봉 자신이 무의식적으로 갈망하고 있던 초월의 세계를 이승과 저승을 넘나드는 여인을 통해서 실현하려고 한 작자의 의식을 엿볼 수 있다. 〈남염부주지〉는 박생이 어느 날 밤에 사자를 따라 염라대왕을 상면相面, 유·불·선을 토론하고 돌아오던 중 깨어보니 침상일몽枕上一夢이었다는 이야기이다. 여기서의 박생의 욕구는 바로 작자 자신의 무의식적인 욕구라고 할 수 있다. 〈용궁부연록龍宮赴宴錄〉은 한생이 용왕의 초대를 받아 상량문을 지어주고 칭찬을 받고 나오다가 깨어보니 침상일몽이었다는 이야기이다. 이는 자신의 시문을 인정받고 싶어 하는 작자의 무의식적인 욕구가 이 소설에 잘 드러나 있다.

〈기재기이〉는 신숙주의 손자인 신광한의 한문소설로서 모두 4편으로 구성되어 있다. 그 중 〈안빙몽유록〉은 초목을 의인한 의인소설이면서 최초의 몽유소설이고, 〈서재야회록〉은 문방사우를 의인한 의인소설이며, 〈최생우진기〉와 〈하생기우전〉은 〈금오신화〉의 〈룡궁부연록〉과 〈만복사저포기〉와 그 구조가 극히 유사하여 금오신화에 영향을 받아 창작된 것으로 조선조 전기소설의 발달과정과 변모양상을 보여주는 작품이다.

이외에도 중세말기에 나온 소설로는 남효온의 〈수향기〉, 심의의 〈대관재몽유록〉, 〈몽사자연지〉, 〈원생몽유록〉 등의 몽유소설과 천군소설의 효시작품인 김우옹의 〈천군전〉, 임제의 〈수성지〉, 정수강의 〈포절군전〉 등이 나왔다. 그리고 한글본 불교계 소설인 〈금우태자전〉, 〈선우태자전〉, 〈안락국태자전〉, 〈적성의전〉 등도 이 시기의 작품이다.

4) 중세에서 근대로의 전환기의 소설

임진왜란(1592)부터 영조(1725) 이전까지 132년 사이에 나온 소설을 지칭한다. 문학적인 측면에서는 전기성, 비현실성 등 중세적 요소가 내포되어 있기도 하지만 서얼차대 등 모순된 사회제도에 대한 비판의식과 서민주도의 성격이 두드러지게 나타나고 있으며 민중의식의 성장, 현실의 사건을 소재로 한 현실참여문학으로서의 면모를 시도한 점 등 근대적인 요소가 소설에 나타나기 시작했다. 임·병양란은 당시 집권층의 사대부들에게 일대 경종이 되기도 했고 애민애족의 발로와 민족의 자주성과 민중의 위대함을 일깨워준 계기가 되기도 했으니 이 시기를 정치, 사회, 문화의 일대 전환기라 할 수 있어 중세에서 근대로의 전환기라고 한다.

이 시기의 소설 중에 가장 대표적인 작품으로는 교산 허균의 〈홍길동전〉과 그의 한문단편 〈남궁선생전〉, 〈장생전〉, 〈장산인전〉, 〈엄처사전〉, 〈손곡산인전〉 등이다. 허균은 유재론遺才論과 호민론豪民論에서 천명과 민본사상을 강조하고 정치의 궁극적인 목표로서의 위민정치에 대한 자신의 소신을 피력한 바 있는데 이러한 사상이 바로 그의 소설에 잘 나타나 있다. 〈홍길동전〉은 적자와 서자의 차별대우라는 모순된 사회제도에 대한 신랄한 풍자로 볼 수 있고 끝내는 호부호형은 물론이고 율도국의 왕이 될 수 있게 꾸민 구성과 활빈당의 행적 등에서 그의 민본사상과 위민정치관을 볼 수 있다. 뿐만 아니라 한문단편에서도 이와 같은 민본사상과 서민주도의 문학세계를 그리고 있다. 아무튼 허균은 그의 소설에다 중세적인 요소도 있지만 서민주도의 문학사상을 보이면서 민본사상을 투영하고 있어 중세에서 근대로의 전환기적 성격을 나타내고 있다. 이와 같은 허균의 비판적인 지성은 남인신서파南人信西派에 연결되었으며 이것이 영·정조대의 실학사상으로 성장 발전된 것이라 할 수 있다.

또한 이 시기에 서포 김만중이 국어의 존엄성과 국문학의 우수성을 부르짖으며 한문학의 굴레에 빠져 있던 당시 사람들에게 한국 고유어로 작품을 써야 한다는 국민문학론을 주장한 것도 중세에서 근대로의 전환기의 시대상을 반영한 것으로 볼 수 있다. 그래서 그의 소설은 전대의 소설이 전기적, 비현실적인 요소가 대부분인데 비해, 〈구운몽〉과 〈사씨남정기〉에서는 이러한 요소가 서서히 제거p

되어 갔고 현실의 사건을 소재로 다루는 방향전환을 시도했다. 특히 숙종을 둘러싸고 일어난 가정불화사건을 소재로 쓴 〈사씨남정기〉는 숙종에게 경각심을 일깨워줌으로써 현실참여문학의 경지에까지 접근케 했다. 이러한 수법은 소설문학에 있어서 중세에서 근대로의 전환기적인 성격의 작품으로 평가된다. 그리고 임·병양란은 우리 민족으로 하여금 자기반성의 계기가 되게 했으며 그 결과 애민애족과 국학에 대한 관심이 현저히 앙양되었다. 무력으로 당해낼 수 없었던 원한을 필봉으로나마 풀려고 한 끝에 왜적과 호족에 대한 적개심에서 〈임진록〉, 〈박씨전〉, 〈임경업전〉, 〈사명당전〉, 〈김덕령전〉 등의 역사군담소설이 출현하였으니, 이들 역사군담소설에는 관주도의 문학에서 민주도의 문학으로 넘어가는 양상을 띠고 있어서 서민의식이 크게 부각되고 있다.

이외에도 소설구조상으로 보아 전대에 비해 크게 발전한 〈천군연의〉, 〈화사〉 등의 의인소설이 나왔고, 〈달천몽유록〉, 〈금화사몽유록〉, 〈강도몽유록〉 등의 몽유소설이 나와 작자의 이상을 작품 속에 투영하고 있다. 또한 〈전우치전〉, 〈숙향전〉, 권필의 〈주생전〉, 조성기의 〈창선감의록〉도 이 시기의 작품으로 전대에 비해 전기적, 비현실적 요소가 줄어들었고 현실의 문제를 소재로 다루려는 작자의 의식이 크게 부각되고 있어서 중세에서 근대로의 전환기적 소설로서의 특성을 지니고 있다.

5) 근대초기의 소설

영조(1725)대부터 순조(1801) 이전까지 75년 사이에 나온 소설을 일컫는다. 근대소설의 기점에 대해선 다소의 이론이 있지만 18세기 영·정조대부터라고 보아야 한다. 그것은 정치, 사상적인 측면에서는 북학파 학자들에 의해 실학이 등장했고 자본주의의 맹아, 신분제도의 붕괴, 서민의식의 성장 등이 나타났고 또한 영조는 등극하면서부터 붕당, 사치, 금주라는 3조의 계서戒書로 선정을 시작했다. 더구나 그는 자신이 무수리의 아들이라는 데서 신분제도의 붕괴 등 이러한 근대적인 사고를 더욱 고취시켰을 것으로 짐작된다. 그리고 문학적인 측면에서도 정치, 사상의 근대적인 기운에 편승하여 전대의 양반주도의 문학에서 벗어나 서민의식의 문학이 주도권을 잡게 됨에 따라 사설시조의 등장은 물론 소설문학에도 자연적으로 서민의식 등이 강하게 부각되어 근대적인 성격이 두드러지게 나타났다. 그래서 이 시기에 연암 박지원의 〈양반전〉·〈호질〉·〈허생전〉 등 12편의 한문소설이 실학정신에 입각하여 근대화의 기수로 등장했고, 평생토록 소설을 위해 살다간 문무자 이옥의 〈심생전〉을 비롯한 23편의 한문소설이 대거 출현했다. 이들은 모두가 근대적인 서민의식을 작품 속에 투영하고 모순된 사회제도와 부패한 양반사회를 풍자하면서 작품의 소재를 현실세계에서 구하고 있음이 전대의 소설보다 크게 진전된 점이라 할 수 있다.

또한 춘향전을 비롯한 판소리계 소설이 나타나 전대에 볼 수 없었던 서민의식의 부각과 근대성을 띠고 당시의 사회상을 반영했다는 점 등에서 보면 전대의 소설보다 근대적인 새로운 면모를 보이고 있다. 이와 같은 작품에서는 모두가 서민의식의 성장은 물론 전대의 전기적, 비현실적 요소는 거의 제거되고 있으며 소재도 거의 현실에서 구하여 근대적인 성격을 잘 나타내 주고 있다. 또한 창작연대 및 작자미상의 한글본 소설이 이 시기에 많이 나왔으리라 추측되는데 이 가운데 창작군담소설로서 1794년 대마도의 역관 소전기오랑小田幾五郎의 ≪상서기문象胥記聞≫에 조선 사신으로부터 전해들은 이야기를 기록하여 전하는 소설로서 18세기 중엽의 것으로 유추되는 〈소대성전〉·〈장풍운전〉·〈장백전〉 등이 있고, 판각본으로 출간된 작품으로 구활자본 간행 전에 널리 보급되어 읽힌 것으로 18세기말에서 19세기 초의 것으로 유추되는 군담소설 〈조웅전〉·〈유충렬전〉·〈이대봉전〉·〈황운전〉 등을 들 수 있다. 특히 〈유충렬전〉은 영·정조대에 크게 유행했던 창작군담소설의 전범이 되어 후대에 나온 군담소설에 큰 영향을 끼쳤다.

이외에도 이 시대의 작품으로는 이정작의 〈옥린몽〉과 그리고 〈흥부전〉·〈서동지전〉·〈장끼전〉·〈김풍헌전〉·〈일락정기〉·〈홍백화전〉 등이 있는데, 이 시기의 작품은 전대소설에 비하면 모두가 현실의 사건을 소재로 하고, 전기적 요소는 거의 제거되고 있으며 서민의식의 성장으로 근대적인 경향이 두드러진 소설로서의 체제와 면모를 갖춘 작품들이다.

6) 근대중기의 소설

순조(1801)부터 광무 10년(1906) 즉 신소설이 출현하기 이전까지의 약 105년 사이에 나온 소설을 일컫는다. 이 시대의 정치, 사회는 전대에 힘입어 더욱 발전적인 근대화의 기운이 성숙되었는데 문학도 고전문학시대에서 신문학시대로 이행되는 시기이다. 따라서 소설문학도 비현실적인 요소나 전기적인 요소는 거의 제거되었고 사건전개에 있어서도 우연성의 남용은 다소 사라졌으며 소재도 거의 현실세계에서 구하여 있는 그대로를 투영하고자 하는 사실적인 표현수법이 주로 사용되었다. 그리고 표현문자도 한문에서 국문으로 전환되고 있음이 주목된다. 그래서 한문소설에서 국문소설로 확대되어 국문소설이 한문소설을 압도하여 수적으로도 우세를 보였으며 고소설이 신소설로 넘어가는 교량적인 역할을 한 과도기적인 시기이다.

작자와 창작연대가 미상인 가정소설의 대부분이 이 시대의 것으로 유추되는데 〈장화홍련전〉·〈콩쥐팥쥐전〉·〈정을선전〉·〈황월선전〉 등이 그것이다. 그러나 이들 작품은 사건전개에 부분적으로 전기적, 비현실적인 면이 있어 전대의 소설구성에서 크게 벗어나지 못한 점도 있다.

그러나 이 시기에 나온 대표적인 소설로는 가곡체 소설 〈채봉감별곡〉과 판소리계 소설 〈배비장전〉을 들 수 있다. 이들 작품의 인물묘사나 사건처리 등이 고소설의 범위를 벗어나 신소설의 구조에 접근한 작품으로 소설사상 중요한 작품으로 주목된다. 특히 〈채봉감별곡〉은 희곡적 성격을 띤 한글본 소설로서 신소설이란 주장도 나오고 있다.

이외에 이 시기의 소설로서는 김소행의 〈삼한습유〉나 서유영의 〈육미당기〉, 남영노의 〈옥루몽〉은 한문소설로서는 이때까지 볼 수 없었던 대작이다. 뿐만 아니라 정기화의 〈천군본기〉, 유치구의 〈천군실록〉 등의 의인소설과 국문소설인 〈이춘풍전〉 등도 있다.

이 시기에 나온 소설들은 현실인식이란 데서 보면 전대의 소설 구조에 비하여 진일보한 작품으로서 고소설에서 신소설로 넘어가는 과도기적인 작품으로 평가받고 있다.

3. 고소설의 유형

지금까지 발굴된 고소설 1,000여 종 전부를 이해하기 위해서는 유형론의 연구가 절실히 요망된다. 그 동안 고소설의 유형론 연구는 일원론과 다원론으로 나누어진다. 일원론은 표현문자나 내용 중 어느 하나를 기준으로 해서 유형화하는 것인 데 비해, 다원론은 작품에 따라 여러가지의 기준을 원용해 분류하는 방법이다. 전자는 하나의 기준으로 유형화한다는 장점은 있으나 고소설 전부를 분류 이해하는 데는 부족한 점이 있고, 다원론은 작품에 따라 적용되는 기준이 달라지는 단점이 있는 반면, 1,000여 종의 고소설을 분류 이해하는 데 더욱 편리한 점이 있다.

여기서는 후자의 방법을 원용하여 내용을 중심으로 하되 소재나 인물설정의 특성, 발생기원 등을 원용하는 방법을 적용하기로 한다.

그래서 한국 고소설을 전기소설·의인소설·몽유소설·이상소설·군담소설·염정소설·풍자소설·가정소설·윤리소설·판소리계소설로 유형화하여 각 유형의 개념과 대표적인 작품의 공통적인 특성 등을 논의함으로써 고소설 전체를 조명해 보고자 한다.

1) 전기소설

전기는 기이한 것을 전한다는 뜻으로 본래 당의 배형의 작품명에서 나온 말이다. 그 후 당대소설을 가리키는 말로 쓰이게 된 전기소설은 사실소설에 대립되는 용어로서 주로 초현실적이고 비현실적인 세계의 문제를 다루고 있다. 그래서 전기소설은 비인간적이고 비과학적인 환몽의 세계, 신선의 세계, 천상의 세계, 명부의 세계, 용궁의 세계 등을 표현한 소설로서 〈금오신화〉·〈삼설기〉·〈왕랑반혼전〉·〈이화전〉 등이 여기에 속한다.

김시습의 〈금오신화〉는 남자 주인공은 이승의 사람이고 상대방은 여귀女鬼나 용왕 혹은 염라대왕이다. 그래서 인귀교환형소설人鬼交歡型小說 혹은 명혼소설冥魂小說이라 부르기도 한다. 〈금오신화〉를 좀더 구체적으로 보면, 〈만복사저포기〉는 노총각 양생과 최낭의 영혼과의 가연을 다룬 이야기이고, 〈이생규장전〉은 선비 이생과 홍건적의 난에 이미 죽은 최씨녀와의 가연을 다룬 이야기이며, 〈취유부벽정기〉는 부상 홍생과 이미 죽은 기씨녀와의 진환한 이야기이며, 〈남염부주지〉는 유학자 박생이 염라대왕을 만나 유·불·선에 대해 문답하고 돌아온 이야기이고, 〈용궁부연록〉은 문사 한생이 용왕의 청으로 용궁에 가서 상량문을 지어주고 돌아왔다는 이야기이다. 〈삼설기〉는 3권 6편의 국문본 소설로서 창작 연대 작자가 미상으로 기이한 사건을 소재로 하고 있다. 〈왕랑반혼전〉은 불교를 비방하는 왕사궤가 명부에 끌려갔으나 죽은 아내의 권고로 불상을 배설하여 불경을 낭독하고 있었으므로 아내와 함께 인간세계로 환신하여 살다가 극락왕생했다는 이야기이다. 이는 불교의 인과론과 환생담으로 일관된 불교계 국문소설로 작자로는 보우가 유력하게 거론되고 있다. 〈이화전〉은 사건자체가 비현실적, 초인적인 요괴퇴치 이야기로서 결말 부분에서는 우리 민족의 능력을 중국에 과시한 일면도 있다.

이외에도 〈삼한습유〉·〈김원전〉·〈금우태자전〉·〈삼생록〉 등이 있는데, 이들 전기소설의 공통적인 특질은 첫째, 전기소설이 비록 비현실적이고 비과학적인 환몽, 신선, 명부, 용궁 등의 세계를 다루고 있지만 이것 역시 작자의 의도적인 표현이므로 작품 속에는 작자의 개성과 사상이 잘 투영되어 있다.

둘째, 전기소설의 배경은 농촌보다는 도시가 많이 나타나므로 등장인물 역시 사대부, 상인, 협객, 기녀, 시정배 등 도시형 인물이 주류를 이루는 양반 주도의 소설이다.

셋째, 전기소설에서는 주인공의 성격이나 행동에 대한 묘사가 치밀하게 되어 있고 사건전개에도 그 변화의 폭이 넓다. 이러한 기법은 독자들에게 작품에 대한 생동감과 아울러 흥미를 느끼게 해준다.

넷째, 전기소설은 사건이나 소재 자체는 비현실적으로 구성되어 있지만 남녀간의 애정문제, 당대인들이 처한 상황 등 인생에 관한 다양한 문제를 그리고 있다.

2) 의인소설

의인이란 비인격적인 사상事象이나 동식물 등에 형태적 또는 심리적으로 인격을 부여하는 수법을 말한다. 이러한 의인의 수법이 소설구조를 관통하면서 나타날 경우에 이를 의인소설이라 한다. 의인소설에도 동물을 의인 대상으로 한 동물의 의인소설, 식물을 의인 대상으로 한 식물의 의인소설, 심성을 의인 대상으로 한 심성의 의인소설, 기타 사물을 의인한 기타 사물의 의인소설로 나누어진다.

동물의 의인소설로는 〈장끼전〉·〈별주부전〉·〈서동쥐전〉·〈섬동지전〉·〈녹처ᄉ연회〉·〈까치전〉·〈황새決訟〉·〈곽색전〉·〈오원전〉 등을 들 수 있다.

이와 같은 동물의 의인소설은 대체로 서두가 소설내용과 관계되는 분위기 묘사로 시작되는 경우가 많고, 소재는 연회나 쟁년爭年, 소송, 해몽 등이 주류를 이루며 대체로 근원설화를 가지고 있다. 그리고 등장인물의 성격이나 모습을 교묘히 의인하여 위선적인 양반층과 탐관오리 등 부패한 정치상과 사회상을 풍자한다. 따라서 위정자의 무능과 부패성, 양반계급의 위선에 대한 비유 풍자, 여권주창 등 평민의식의 고취가 주제로 부각되고 있다.

식물의 의인소설로는 〈화사〉·〈화왕전〉·〈포절군전〉·〈매생전〉 등이 있는데, 이들 식물의 의인소설은 서두가 다른 고소설처럼 주인공의 가계설명으로 시작되며, 소재는 중국의 사실에 근원하고 고사성어의 남용이 심하며, 주제는 당시 문란한 정치상과 사회상에 대한 비유풍자에 두고 있고, 작품의 결말은 대체로 주인공의 사거死去나 자손의 이야기로 끝나면서 사신史臣의 총평을 첨부하고 있음이 공통적인 특징이다.

심성의 의인소설로는 〈천군전〉·〈수성지〉·〈천군연의〉·〈천군본기〉·〈천군실록〉 등이 있는데, 이들 작품은 모두 심 곧 천군이 주인공이고 천군의 나라에서 사건이 전개되므로 천군소설이라고도 불리어진다. 이와 같은 심성의 의인소설의 특징은 서두가 주인공의 가계설명과 출생담으로 시작되고, 소재는 심성론에 근거하며 고사성어의 남용이 심하고 주제는 군자로서의 마음가짐 즉 심경정학으로서의 심법이다. 사건은 충신형과 간신형의 대립 갈등으로 전개된다. 이는 성과 정의 갈등으로 인간이 정을 억압하고 성을 회복하는 데는 그만큼 역경과 진통이 따른다는 작자의식을 작품을 통해 소설미학적으로 승화시킨 것이다. 그리고 작품 말미에 대부분 작자의 주관인 논공행상이나 총평이 붙어 있음이 특징이다.

　기타 사물의 의인소설로는 〈여용국전〉, 〈꼭독각시실기〉와 권필의 〈주사장인전〉 등이 있는데, 이들 작품은 대체로 의인을 우의의 수단으로 사용하여 당시의 부패한 사회상을 풍자함으로써 교훈적인 성격을 나타내고 있고, 주인공의 활동무대를 가설적인 지역으로 정하고 있으며, 한글 본은 민간설화를, 한문본은 역사적인 사실이나 심성론, 고사 등에서 그 소재를 취하고 있음이 특징이다.

3) 몽유소설

　몽유소설이란 몽류록계의 특성을 지닌 소설로서 입몽入夢 이전에 몽중사건과 관련되는 기연이 없고 사건이 대부분 분기分岐가 적으며 단일하다. 각몽覺夢 이후 괴이怪異로써 끝나고 심각한 반응이 없으며 입몽에서 각몽까지 짧은 순간에 끝난다.

　몽유소설은 몽유자의 태도에 따라 방관형과 참여형으로 나누어지고, 내용에 따라서는 이상형, 우의형寓意型, 비분형悲憤型, 비판형批判型으로도 나눌 수 있다. 몽유자의 태도에 따라 방관형 몽유소설에는 〈금화사몽유록〉·〈사수몽유록〉·〈부벽몽유록〉·〈강도몽유록〉이 있고, 참여형 몽유소설에는 〈대관재몽유록〉·〈원생몽유록〉·〈달천몽유록〉·〈피생명몽유록〉·〈안빙몽유록〉 등이다.

　내용에 따른 분류로서 이상형으로는 〈대관재몽유록〉·〈사수몽유록〉, 우의형으로는 〈금화사몽유록〉·〈부벽몽유록〉·〈안빙몽유록〉, 비분형으로는 〈원생몽유록〉, 비판형으로는 〈달천몽유록〉·〈피생명몽유록〉·〈강도몽유록〉 등으로 분류될 수 있다.

　이들 몽유소설은 대체로 현실-꿈-현실로 전개되는 이원적인 구조를 가지고 있다. 현실세계에서 몽중세계로 들어갈 때는 대체로 몽유자의 의식이 몽롱한 상태에서 이루어지고 현실세계에서 바라던 일이 몽중세계에서 전개된다. 그리고 몽유자는 작자자신이거나 허구적인 주인공으로 이들은 날카로운 비판정신과 고귀한 이상을 지닌 인물이다. 몽유자 이외에 몽중세계에 등장하는 인물은 대부분 역사상의 실존인물이다. 몽유소설에는 시대에 관계없이 역사상의 인물들이 한자리에 모여 사건을 전개시키고 있으므로 시공간의 제약이 없으며 대체로 많은 시가 들어 있음이 특징이다.

4) 이상소설

이상소설이란 이상향의 추구를 제일의 목적으로 삼은 소설을 뜻한다. 이상소설은 중세봉건적인 양반주도의 이상적인 생활을 표현한 귀족적 이상소설과 부패한 양반사회를 비판하면서 서민주도의 사회건설을 주창한 서민적 이상소설로 양분된다.

귀족적 이상소설로는 〈구운몽〉·〈옥루몽〉·〈육미당기〉·〈임호은전〉·〈계상국전〉 등을 들 수 있다. 〈구운몽〉에서는 선계의 성진과 8선녀가 죄를 지어 각각 양소유와 속세의 여인으로 환생하게 된다. 양소유는 8선녀의 화신을 2처 6첩으로 삼고 출장입상出將入相하여 부귀공명을 누리다가 만년에 인생의 무상함을 깨닫고 환생 이전의 성진으로 돌아가 영생한다는 이야기이다. 이 작품에서 현실-꿈-현실로 이어지지만 꿈의 부분이 바로 당시 양반들이 바라던 이상향의 세계이며 또한 양반들의 이상적인 바램이다. 현실이 아닌 꿈속에서나마 그들의 이상을 마음껏 펼쳐 보인 것이다. 〈옥루몽〉은 천상의 문창성과 오선녀들이 환생하여 결연해가는 과정과 과거 급제 후 혼인문제로 간신과 대립하는 정치적 갈등으로 이루어져 있다. 문창성이 다섯 부인을 거느리고 살아가는 과정은 당시의 일부다처주의를 수용하면서 화려한 삶을 누리고 싶었던 양반들의 이상을 보여 주고 있다.

이처럼 귀족적 이상소설의 공통적인 특질을 살펴보면, 〈구운몽〉에서는 한 남성이 8부인을 거느리고 화려한 삶을 누리고 있고, 〈육미당기〉에서는 6부인을, 〈옥루몽〉에서는 5부인을, 〈임호은전〉에서는 6부인을, 〈계상국전〉에서는 5부인을 데리고 부귀공명을 누리며 사는 것으로 조선조 귀족들의 이상향이며, 당시 사대부들의 이상적인 세계관을 그리고 있음을 엿볼 수 있다.

서민적 이상소설로는 〈홍길동전〉·〈전우치전〉·〈제마무전〉 등을 들 수 있다. 〈홍길동전〉의 작자인 허균은 당시의 사회를 혁신하는 방법으로 적서차별의 타파, 불의의 관권에 대한 항거, 빈민구제 등을 부르짖었다. 이 중 적서차별의 타파는 〈홍길동전〉의 작자가 그리는 가장 큰 이상이라 할 수 있다. 〈전우치전〉은 주인공 전우치가 도술로써 기민과 무고한 백성을 구제해 내고 탐관오리에게 빼앗긴 재물을 찾아주기도 하였으며 수천 명의 도적들을 양민으로 교화시키는 것으로 이는 곧 서민들이 바라던 이상향임을 보여주고 있다. 〈제마무전〉은 조정의 무능, 정치의 문란으로 인한 사회적 부조리를 척결하고 균등한 사회를 건설하고자 하는 작자의 이상향을 엿볼 수 있다. 이상과 같은 서민적 이상소설의 특질을 살펴보면, 작자가 바라던 이상적인 사회를 건설하기 위해 동양적인 봉건사회에 대해 과감히 항거하면서 개혁을 부르짖은 작품으로서 서민이 소망하던 이상적인 세계를 그리고 있음이 공통적이다.

5) 군담소설

군담소설이란 조선조 후기에 유행했던 한글소설로서 주인공이 전쟁을 통해 군담 및 영웅적 활약상을 보이는 작품군을 지칭하는 것이다. 이것을 작품 소재의 원천에 따라 창작군담소설, 역사군담소설, 번역 및 번안군담소설로 나누어진다. 즉 허구적인 주인공을 설정하여 실재 역사와는 무관한 사건으로 꾸며낸 작품을 창작군담소설이라 하고, 역사적 전란에서 실존인물을 주인공으로 삼아 그들의 활약상을 그린 작품을 역사군담소설이라 하며, 중국의 군담소설을 번역·번안한 작품을 번역 및 번안군담소설이라 한다.

이와 같은 군담소설은 임·병양란 이후에 활발히 나타났으니 이들 군담소설의 창작동기를 살펴보면, 임·병양란으로 인한 민족적 울분을 필설로나마 토로하기 위해서이다. 또한 〈삼국지연의〉를 비롯한 중국소설의 애독이 큰 동인으로 작용했으며, 임·병양란 이후 극심한 당쟁을 목격한 문사들이 충의의 윤리를 고취시키기 위한 방법의 일환으로 간신과 충신간의 대결에서의 권선징악성을 보이고자 군담소설을 창작하게 되었다.

역사군담소설로는 〈임진록〉·〈임경업전〉·〈박씨전〉 등이 있는데, 〈임진록〉은 창작연대, 작자가 미상이며 배왜적인 설화가 소설로 정착된 것으로서 실제로 패전한 역사적 사실을 도처에서 승리하는 조선군의 충용담으로 바꾸어 놓고 있으니 왜적의 침공에 대한 복수심에서 창작된 것이다. 〈임경업전〉은 인조 때의 명장인 임경업의 일생을 전기체로 기술한 것으로 그 밑바닥엔 우리 민족의 배청사상이 짙게 깔려 있다. 여기에 나타난 작자의식은 외적으로 호국에 대한 적개심, 내적으로는 김자점에 대한 증오감으로 요약될 수 있다. 〈박씨전〉은 병조판서 이시백의 부인 박 씨가 슬기와 도술로써 병자호란을 수습하는 이야기로 역사적 사실에 설화적 요소를 가미하여 호적에 대한 적개심과 복수심을 그리고 있다.

창작군담소설로는 〈유충렬전〉·〈소대성전〉·〈장백전〉 등이 있는데, 〈유충렬전〉의 전반부는 주인공과 그 가족들의 고행담을, 후반부는 주인공의 영웅적인 활동을 그리고 있다. 〈소대성전〉은 주인공 소대성이 조실부모하고 갖은 고생을 하다가 천하의 영웅이 되어 무공을 세우고 자기를 학대하던 부인의 딸과 인연을 맺는 이야기이다. 〈장백전〉은 명태조 주원장의 창업을 둘러싸고 벌어지는 영웅들의 무용담이다.

번역 및 번안군담소설은 중국소설을 번역·번안한 전쟁이야기라는 공통성을 지닌 작품군이다. 〈삼국지연의〉가 우리나라 군담소설에 지대한 영향을 끼쳤는데 이에서 파생된 작품을 예거하면, 〈적벽대전〉·〈화용도실기〉·〈조자룡실기〉·〈삼국대전〉 등이 있다.

6) 염정소설

　염정소설이란 남녀 간의 애정을 그린 작품을 지칭하는 것이다. 조선조는 유교를 국시로 삼았기 때문에 남녀 간의 애정지사가 엄격히 규제되어 이를 소재로 한 작품이 비교적 드물다. 그것도 규중 여인과의 연정담이 아니고 기녀와의 이야기가 주류를 이루고 있다. 이는 곧 당시의 유학자들이 도덕적인 사회를 건설하고자 하는 시대조류에 편승한 결과로 나타난 것이다. 그러나 임·병양란을 계기로 서 민의식이 싹트기 시작하였고, 영·정조대를 전후해서 실학사상과 중국소설이 소개되면서 유학자들의 반대와 저주에도 불구하고 인간 본능을 진솔하게 표현한 염정소설이 활발히 창작되었다.

　염정소설은 여주인공의 신분에 따라 양가의 규수가 주인공으로 등장하는 귀족적 염정소설과 기녀나 시녀가 주인공으로 등장하는 서민적 염정소설로 나누어진다.

　귀족적 염정소설로는 〈숙영낭자전〉·〈숙향전〉·〈홍백화전〉·〈백학선전〉·〈권익중전〉·〈김진옥전〉·〈양산백전〉 등이 있는데, 이들 소설의 공통적인 특성을 보면 남녀주인공은 모두 귀족 출신으로 특히 여주인공은 무남독녀이거나 승상, 상서들의 귀한 딸로 설정되어 있고, 사건전개에 있어서 대체로 비현실적이고 전기적인 요소가 많으며, 공간적 배경은 대부분 중국에 두고 있다.

　서민적 염정소설로는 〈주생전〉·〈영영전〉·〈류록전〉·〈옥단춘전〉·〈이진사전〉·〈채봉감별곡〉·〈부용상사곡〉 등이 있는데 이들의 공통점을 살펴보면, 서민적 염정소설에는 대부분 기녀가 본부인이 되는데 이는 당시의 사회질서에 대한 도전으로서 서민들의 신분상승에의 의지와 신분을 초월한 사랑의 열정을 보여주는 것이다. 그리고, 여주인공으로 등장하는 기녀들은 본래 양반이었으나 불행한 일을 당하여 기녀로 전락한 인물들이다. 이는 곧 신분이 천부적인 것이 아님을 보인 것이다. 기녀는 모두가 재색을 겸비하고 절개가 곧으며 뛰어난 시재를 지닌 인물로 묘사되어 있다. 그리고 〈왕경룡전〉을 제외하고는 모두가 그 배경을 우리나라의 명승고적이나 색향에 두고 있음이 특징이다.

7) 풍자소설

풍자란 어떤 부정적인 현상을 측면 또는 이면에서 공격하여 그 치부를 드러내 보임으로써 웃음을 자아내게 하는 것이다. 그러므로 풍자는 당대사회 또는 역사의 어두운 면에 대한 의미 있는 발언이며, 인간의 생존에 대한 절실한 문제를 제기, 고발하면서 그에 대한 새로운 모색과 해결점을 구하는 것이다. 여기서 풍자의 본질에 대해 구체적으로 살펴보면, 풍자의 대상은 모순으로 가득 찬 암담한 사회라는 것, 풍자의 주체는 새로운 가치관을 지닌 비판적 지성이어야 한다는 것, 풍자의 작자는 자기 부정을 내포하지 않아야 한다는 것, 풍자는 해학과 상보적 관계를 지녀야 한다는 것 등을 들 수 있다. 이와 같은 풍자의 기능과 방법을 통해 사건을 전개시키는 소설을 풍자소설이라 한다.

풍자소설의 대표적인 작품은 연암소설 12편과 문무자 이옥의 한문단편 23편, 〈이춘풍전〉·〈오유란전〉·〈종옥전〉 등이 있다. 이 가운데 연암소설이 중심이 되는데, 이 가운데 〈양반전〉·〈호질〉·〈허생전〉에서는 사대부 계층을 통한 양반들의 허구성을 풍자하고, 〈마장전〉·〈예덕선생전〉·〈광문자전〉·〈민옹전〉·〈김신선전〉·〈우상전〉에서는 천민계층을 주인공으로 내세워 인재등용의 부조리, 교우관계의 비진실성, 신선사상의 비현실성 등을 풍자하고 있다. 그리고 〈열녀함양박씨전〉에서는 과도한 절열사상節烈思想의 지양과 인간의 본능적 욕구의 자유로운 표출을 주장하고 있다. 이처럼 연암소설은 현실적인 문제를 소재로 하여 모순된 사회제도를 비판 풍자하고 있어 근대적인 의식을 담고 있다.

　문무자 이옥소설 가운데 〈심생전〉은 신분이 다른 남녀의 애정생활을 통해 사회적 제약의 모순을 폭로하고 있다. 〈유광억전〉은 당시 사회의 부정부패를 풍자한 것이고, 〈이홍전〉은 희대의 사기꾼 이야기이며, 〈최생원전〉은 무당의 혹세무민을 비판하고, 〈부목한전〉은 현실에 뿌리를 두고 이상적인 세계를 그리고 있다. 이들 모두가 서민주도의 소설로서 근대지향적 성격을 지니고 있어 크게 주목된다.

　〈이춘풍전〉은 이춘풍의 처가 기생 추월에게 빠져 있는 남편을 구해내는 이야기로 몰락양반에 따른 사회질서의 형성과 여권의 부각, 상행위에 대한 긍정적인 시각 등을 반영하고 있다.

　이외에도 유생들의 위선적인 생활을 풍자한 〈오유란전〉, 인간의 가식적이고 위선적인 행위를 풍자하고 있는 〈종옥전〉 등이 있다.

8) 가정소설

　가정소설은 인간이 삶을 영위하는데 필요한 최소한의 혈연적 조직체인 가정을 이루고 있는 가족 구성원의 갈등이나 가정간 세대간의 갈등을 중점적으로 다루고 있는 작품이다. 이를 그 범주에 따라 좁은 의미의 가정소설과 넓은 의미의 가정소설로 나누어진다.

　좁은 의미의 가정소설을 갈등요인에 따라 쟁총형, 계모형, 우애형 가정소설로 나누어지는데, 쟁총형 가정소설은 일부다처제에서 일어나는 가정불화를 소재로 하고 있으며 처첩간의 갈등형과 처와 후처와의 갈등형으로 나눌 수 있다. 여기에 속하는 작품으로는 김만중의 〈사씨남정기〉를 비롯하여 〈옥린몽〉, 〈조생원전〉, 〈정진사전〉 등이 있다. 계모형 가정소설은 계모 또는 서모가 전실 자식을 학대하거나 시기 질투하여 일어나는 가정불화를 소재로 한 작품을 일컫는다. 이에 속하는 작품으로는 〈장화홍련전〉, 〈김인향전〉, 〈어룡전〉, 〈정을선전〉, 〈양풍운전〉, 〈황월선전〉 등이 있다. 우애형 가정소설은 형제간의 우애를 주지로 하고 있는 소설로서 〈창선감의록〉에서는 계모나 쟁총에 관한 이야기도 있으나 형제간의 우애를 주지로 하고 있으므로 우애형 가정소설이라 한다.

넓은 의미의 가정소설이란 가정과 가정 혹은 세대와 세대간의 관계를 다룬 소설로서 조선조 후기에 오면서 소설의 장편화, 연작화현상의 하나로 등장하면서 형성된 가문소설, 연작소설 등으로 불리어진 소설을 지칭한다. 이들 작품은 복잡한 사회현상의 수용과 소설양식의 발달에 따른 작가의 구상능력의 진전, 장편소설을 읽고 소화해낼 수 있는 독자층의 형성 등의 여건으로 출현하게 되었다. 특히 이들의 무대는 가정과 가정간 또는 한 가정의 2·3대까지 걸쳐 있으며, 2·3부작으로 된 연작소설이 주류를 이루고 있어 대하소설적인 성격을 띠는 게 대부분이다. 그 분량이 15책 이상되는 작품만도 30여 종이나 되는데, 그 중에 〈완월회맹연〉, 〈림화정연〉, 〈유씨삼대록〉, 〈명주보월빙〉 등이 대표적인 작품이다.

9) 윤리소설

우리나라의 윤리는 유교의 오륜사상에 그 바탕을 두고 있는데, 고소설 작자들은 이런 윤리문제를 주제로 하여 작품을 씀으로써 윤리소설이란 유형이 나타나게 된 것이다. 이들 작자들은 문학의 윤리성을 표현하기 위해서가 아니라 윤리를 고취시키기 위한 목적으로 윤리소설을 창작한 것이다. 이러한 윤리소설은 그것의 덕목에 따라 분류될 수 있으니, 첫째, 충을 주제로 한 윤리소설이 있다. 예를 들면 앞에서 논의한 군담소설이 여기에 속한다. 둘째, 효를 주제로 한 윤리소설이 있으니, 권선징악의 교훈성을 보인 〈적성의전〉이 있고, 효부상을 그린 〈이해룡전〉, 모친을 박대하던 부부가 태수의 충고를 듣고는 효자 효부가 되었다는 〈진대방전〉 등이 있는데, 대부분의 주인공들이 효를 이루기 위해 자신의 몸을 희생하는 것도 불사하고 있다. 셋째, 열을 주제로 한 윤리소설이 있으니, 억울하게 살해된 남편의 원수를 갚는 〈김씨열행록金氏烈行錄〉, 억울하게 투옥된 약혼자를 구해내는 〈옥낭자전玉娘子傳〉, 목숨을 걸고 남편의 원수를 갚는 〈장한절효기〉 등이 있다. 넷째, 우애를 주제로 한 소설로는 판소리계 소설 〈흥부전〉과 효와 우애가 함께 나타난 〈적성의전〉, 〈김태자전〉 등이 있다.

10) 판소리계 소설

판소리란 말의 어원은 판(무대)의 소리(가歌)로 보아 판의 놀음에서 유래했다는 설과 판(板)을 중국의 악조로 보아 변화 있는 악조로 구성된 판창(板唱)이라고 보는 설도 있다. 판소리를 한문식 표현으로 창극, 창악, 극가라고도 한다. 따라서 판소리는 판과 소리의 합성어로서 판놀음에 있어서의 한 유형인 소리를 뜻한다. 이의 대본으로는 〈춘향가〉·〈심청가〉·〈흥부가〉·〈토끼타령〉·〈장끼타령〉·〈배비장타령〉·〈옹고집타령〉·〈변강쇠타령〉·〈매화타령〉·〈신선타령〉·〈무숙타령〉·〈적벽가〉 등 12마당이 있었는데 최근 〈매화타령〉과 〈무숙타령〉이 발굴됨에 따라 〈신선타령〉만 그 텍스트를 발견하지 못하고 있다. 이와 같은 판소리 사설이 문자로 정착된 것이 판소리계 소설이다. 다시 말해, 판소리계 소설이란 판소리 광대가 공연하던 판소리 대본(창본)이 소설 독자층의 요구와 강담사, 세책가, 방각본 업자의 상업적 목적과 맞물려 전사 또는 인쇄된 것으로 민중의 발랄함과 진취성을 바탕으로 한 공동작의 소산이다. 따라서 판소리 사설과 판소리계 소설 사이에는 질적 차이가 별로 보이지 않으며 부분적 차이만 있을 뿐이다.

판소리 창본의 판소리계 소설로의 전환은 19세기 전반기부터 시작되어 중반기에 와서 보편화된 것으로 보이는데, 창본이 그대로 전사되기도 하고 축약 또는 확장의 방향으로 변개되기도 하였다. 축약은 경판본에서 많이 보이는데 이는 방각본 업자의 상업적 의도가 적극 개입한 결과이고, 확장은 독자의 흥미에 영합한 것으로 필사본이 많이 나타난다. 현재까지 알려진 판소리계 소설로는 〈춘향전〉·〈심청전〉·〈흥부전〉·〈화용도〉·〈토끼전〉·〈변강쇠가〉·〈배비장전〉·〈옹고집전〉·〈장끼전〉 등이 있다. 이와 같은 판소리계 소설의 특질을 살펴보면 다음과 같다.

첫째, 판소리계 소설은 다양한 근원설화를 바탕으로 오랜 기간에 걸쳐 여러 사람의 손을 거치면서 형성된 공동작의 문학이요 성장문학이다.

둘째, 일반 고소설이 산문체로 되어 있는 데 비해, 판소리계 소설은 판소리 사설의 영향이 강하게 남아 있어 대체로 4음보의 율문체로 되어 있다. 특히 일상적인 구어체 문장에서는 반복·과장·언어·유희·욕설 등을 사용하여 민중문학적 특성을 잘 드러내고 있다.

셋째, 판소리계 소설은 청중을 염두에 두고 묘사적이고 사실적인 표현을 함으로써 이른바 장면 극대화현상과 부분의 독자성이란 특징을 가진다.

넷째, 판소리계 소설은 우리나라의 한 지방을 배경으로 하여 민속, 생활상, 사조 등을 비교적 잘 표현하고 있어 향토문학으로서의 성격을 지닌다.

다섯째, 판소리계 소설은 긴장-이완의 서사적 구조로 짜여 있으며, 구성의 전개는 극적이고 단일하다.

여섯째, 판소리계 소설은 당시의 각 계층을 대표하는 인물들의 성격을 전형적으로 잘 표현함으로써 등장인물을 생동감 있게 창조하고 있다.

일곱째, 판소리계 소설은 주제에 있어서 당시에 성장된 민중의식과 체제저항적인 면을 반영하고 있다.

여덟째, 판소리계 소설은 지배계층의 횡포성과 부패성을 폭로하고 그들의 위선적인 생활을 풍자하기 위한 방법으로 해학이 풍부하게 나타나고 있다.

4. 고소설의 특질

기존의 소설사나 소설론에서는 일반적으로 고소설이 천편일률적이라고 한다. 대부분의 고소설이 작자 미상이고 권선징악을 주제로 다루고 있으며 해피엔딩으로 종결되기 때문이다. 그러면 고소설의 특질을 형식과 내용을 통해 일반적인 특성을 개관하기로 한다.

1) 형식

문학의 형식이란 여러 가지 의미를 내포하고 있다. 갈래를 지칭하는 경우도 있고, 외형적으로 고정되어 있는 서술방식을 지칭하는 경우도 있고, 더 넓게는 작품의 구조를 지칭하는 경우도 있다. 여기서는 고소설의 일반적 성격을 개관하고자 하므로, 주로 외형적으로 고정된 서술방식을 중심으로 논의하되, 고소설의 특징을 적실하게 드러낼 사항이라고 여겨지는 구성·표현·문체 등에 초점을 맞추어 본다.

첫째, 고소설의 서술방법이 개인 전기의 형태를 취하고 있어 단순구성이 주류를 이루고 사건의 진행도 평면적이며 해피엔딩으로 종결되는 것이 대부분이다. 주인공의 일대기를 순차적으로 서술하고 있어서 ○○전, ○○기, ○○록 등 주인공의 이름 아래 붙여 제명으로 한 것이 많은 것으로 보아도 개인 전기물의 형태가 주류를 이루고 있음을 알 수 있다. 이처럼 고소설은 전기물의 형태를 취하고 있는 작품이 대종을 이루고 있으며 작품 구성이 출생-결연-고행-시련극복-행복 등의 형태를 취하고 있어서 해피엔딩으로 사건이 종결되는 것이 대부분이다.

둘째, 고소설의 표현문장이 공식적이다. 대부분 고소설의 서두가 「○○년간 ○○땅에 일위명관이 있으니 성은 ○요 명은 ○○니라」식으로 시작되고, 이야기의 장면이 바뀔 때는 각설却說, 차설且說, 재설再說, 선설先說, 이때, 차시 등의 말로 새 장면과 연결시키기도 한다. 그리고 고소설의 작가들은 자기류의 문체가 없기 때문에 기존 소설의 문체를 모방하는 경우가 많아서 고소설의 표현문장이 공식적인 양상을 띠고 있다.

셋째, 고소설은 과장법을 많이 쓰되 현실적 의의를 담고 있는 것이 보통이다. 가령 장수를 주인공으로 내세우는 작품이라면 칼을 한 번 휘둘러 수천 명 수만 명의 목을 날린다든가 도술을 부리고 신장을 호령한다든가 하는 식으로 표현하나, 단순히 주인공의 개인적인 능력을 과장하는 데서 그치지 않는다. 세계와 맞서는 자아의 의지나 저층의 잠재된 능력을 강조함으로써 현실의 진면목을 드러내기도 한다. 이 밖에도 선인과 악인의 심성이나 용모에 대한 묘사, 인물의 감정 묘사 등에서 과장법이 흔하게 나타나는데, 이 또한 현실적 의의를 지니는 수가 많다. 중요한 것은 과장법을 쓰는 주체가 작자만이 아니라는 점이다. 서술자, 인물도 다양한 시각을 드러내며 과장법을 쓰고 있다. 작자가 서술자를 동원하여 인물을 묘사하는 것이 일반적이지만, 때로는 서술자가 작자의 의도를 이탈하여 자기 나름대로 인물을 묘사하기도 하고, 때로는 인물이 작자와 서술자의 의도를 이탈하기도 한다.

넷째, 고소설의 문체는 산문체와 운문체로 되어 있다. 물론 절대 다수가 산문체이다. 기존 학자들은 고소설이 운문체 혹은 율문체로 되어 있다고 하나 부분을 보고 전체를 판단한 데 지나지 않는다. 산문체가 운문체로 오인될 여지가 있기는 하다. 주지하다시피 조선시대에는 전기수 혹은 강독사가 있어 고소설을 낭독하는 경우가 흔했는데, 듣는 이들에게 실감을 주기 위해 산문체를 구절 단위로 끊어 읽었을 가능성이 많다. 우아체, 만연체를 구절 단위로 끊어 읽으면 듣는 이들은 고소설을 운문체로 느낄 수도 있을 것이다. 운문체는 18세기 이후 고소설, 가사, 판소리의 갈래가 활발하게 교섭하면서부터 본격적으로 나타난다. 작품에 따라서는 가사체와 같이 운문체 일색으로 되어 있기도 하나, 이런 경우는 어디까지나 드물고 산문체에 운문체가 혼입되는 것이 일반적인 현상이다. 고소설이 가사체, 판소리체를 수용하면서 자기 갱신을 도모하고자 하는 움직임으로 이해할 만하다.

2) 내용

고소설의 내용이라면 일차적으로 작품의 줄거리를 의미하고, 한 발 더 나아가서 주제, 인물의 성격, 구조가 지닌 의미, 작자의 세계관을 두루 통칭하는 의미로 쓰기도 한다. 여기서는 고소설의 내용을 포괄적으로 이해해야 하므로, 형식과 관련된 사항 이외는 모두 내용으로 간주하고자 한다. 따라서 고소설의 특징을 적실하게 드러낼 사항이라고 여겨지는 주제, 배경, 인물의 성격, 작자의 세계관 등에 초점을 맞추어 개관해 본다.

첫째, 고소설의 주제는 대체로 권선징악이나 인간의 본능적 욕망을 긍정하는 방향으로 구현되고 있다. 권선징악으로 충·효·열과 같은 윤리적 덕목을 강조하는 작품에서도 남녀 간의 애정, 신분 상승, 이익 도모와 같은 본능적 욕망이 부각되는 경우가 적지 않다. 윤리적 덕목을 표면에 내세우면서도 본능적 욕망을 긍정하자면 그럴 수 있는 방법이 필요하다. 영웅소설처럼 주인공이 전심으로 충을 실현하기에 일신의 영달과 가문의 부흥을 이룬다고 설정함으로써 윤리적 덕목 뒤에 본능적 욕망을 숨기기도 하고, 몇몇 낙선재본

소설, 판소리계 소설처럼 윤리적 덕목을 일단 내세운 뒤 재빨리 이를 걷어냄으로써 욕망 추구를 노골적으로 드러내기도 한다. 고소설이 어떤 창작방법을 도모하든지 간에 인간의 본능적 욕망을 긍정하는 방향으로 구현하는 것을 중요한 소재로 삼고 있다.

둘째, 고소설의 배경을 중국에 두고 있는 것이 많다. 그 이유는 작자가 중국 문화에 도취되어 중국에 대한 이상향적 동경심의 발로이고, 또한 독자들이 중국의 인문과 지리에 익숙하지 못하여 작자의 미숙한 논리전개를 호도하기가 쉽기 때문이다. 그리고 이국정취를 이용하여 독자에게 호기심을 유발하려는 의도도 있었을 것이며, 궁중생활과 귀족 사대부들의 횡포와 진상을 폭로 풍자하기 위해서는 한국보다는 중국의 문화와 지명을 차용하는 것이 유리했기 때문이다. 영웅소설의 경우는 거의 중국을 배경으로 하고 있으며 시대도 명과 송이 대부분인데, 이는 당시 사대부들의 기호에 맞추기 위한 것으로 생각된다.

셋째, 고소설에 등장하는 인물의 성격이 평면적이며 유형성을 지니고 있다. 현대소설에 등장하는 인물의 성격이 입체적이어서 변화와 다양성을 갖지만 고소설에 등장하는 인물의 성격은 평면적이어서 시종일관 변화성이 없는 유형적 인물로서 시간의 흐름에 따른 설명으로 일관되고 있다. 예컨대·계모형·효녀형·열녀형·탕녀형·수전노형·사기꾼형 등이 그것이다. 이와 같이 평면적 인물들은 독자로 하여금 쉽게 기억할 수 있는 이점은 있지만 이야기 전개가 단순화되고 유형적이어서 흥미를 절감시키는 단점도 있다.

넷째, 고소설 작자의 세계관은 이상주의와 현실주의로 나누어진다. 이상주의는 작자가 초현실적, 낭만적 결구를 통해 미래에 대한 낙관적 전망을 제시하고자 할 때 구현되고, 현실주의는 작자가 역사적 사회적 시공을 근거로 현실을 반영하거나 비판하고자 할 때 구현된다. 전기소설 등에서는 이상주의가 우세하고, 판소리계 소설 등에서는 현실주의가 우세한데, 작자가 독자의 통속적 흥미에 영합

할 때 이상주의 쪽으로 기울고, 독자의 비판적 시각을 대변할 때 현실주의 쪽으로 기운다. 이상주의와 현실주의는 현대소설에도 통용되는 문제이나, 고소설은 현대소설에 비해 이상주의와 현실주의 간의 거리가 좁은 것이 특징이다. 이상주의 안에 현실주의적 요소가 현실주의 안에 이상주의적 요소가 들어 있되, 고소설의 경우 그 정도가 훨씬 강한 까닭이다. 고소설이 현실과 이상을 한 테두리에 넣어놓고 주된 쟁점으로 삼기에 이런 현상이 생긴다고 하겠다.

金光淳 / 경북대

◇ 참고문헌

姜東燁, 《熱河日記研究》, 一志社, 1988.
金光淳, 《天君小說研究》, 螢雪出版社, 1980.
＿＿＿, 《韓國擬人小說研究》, 새문사, 1988.
＿＿＿, 《韓國古小說史와 論》, 새문사, 1990.
金均泰, 《李鈺의 文學理論과 作品世界의 研究》, 創學社, 1986.
金明順, 《古典小說의 悲劇性研究》, 彰學社, 1986.
金明昊, 《熱河日記研究》, 創作과批評社, 1990.
金美蘭, 《古典小說의 理論》, 正音文化社, 1980.
金英東, 《朴趾源小說研究》, 太學社, 1988.
金一烈, 《古典小說新論》, 새문사, 1991.
金章東, 《古典小說의 理論》, 太學社, 1980.
金鉉龍, 《韓中小說說話比較研究》, 一志社, 1976.
閔泳大, 《朝鮮朝寫實系小說研究》, 韓南大出版部, 1991.
朴熙秉, 《韓國古典人物傳研究》, 한길사, 1992.

史在東, ≪佛敎系 國文小說의 硏究≫, 中央文化社, 1994.
徐大錫, ≪軍談小說의 構造와 背景≫, 梨花女大出版部, 1985.
薛盛璟, ≪韓國古典小說의 本質≫, 國學資料院, 1991.
설성경·박태상, ≪古小說의 構造와 意味≫, 새문사, 1986.
薛重煥, ≪金鰲新話硏究≫, 高大民族文化硏究所, 1983.
成賢慶, ≪韓國옛小說論≫, 새문사, 1995.
蘇在英, ≪古小說通論≫, 二友出版社, 1983.
＿＿＿, ≪企齋記異≫, 高大民族文化硏究所, 1990.
辛泰洙, ≪下層英雄小說의 歷史的 性格≫, 亞細亞文化社, 1995.
禹快濟, ≪韓國家庭小說硏究≫, 高大民族文化硏究所, 1988.
유영대, ≪沈淸傳硏究≫, 文學아카데미社, 1991.
柳鍾國, ≪夢遊錄小說硏究≫, 亞細亞文化社, 1987.
柳鐸一, ≪韓國文獻學硏究≫, 亞細亞文化社, 1989.
尹光鳳·유영대, ≪古典小說의 理解≫, 文學과批評社, 1991.
李慶善, ≪三國志演義의 比較文學的 硏究≫, 一志社, 1976.
李東根, ≪朝鮮後期傳文學硏究≫, 太學社, 1991.
李文奎, ≪許筠의 散文文學硏究≫, 三知院, 1986.
李相翊, ≪韓中小說의 比較文學的 硏究≫, 三英社, 1983.
李相澤, ≪韓國古典小說의 探究≫, 中央出版社, 1983.
李石來, ≪朝鮮後期小說硏究≫, 景仁文化社, 1992.
李樹鳳, ≪韓國家門小說硏究≫, 景仁文化社, 1992.
林哲鎬, ≪壬辰錄硏究≫, 正音社, 1986.
張孝鉉, ≪徐有英文學의 硏究≫, 亞細亞文化社, 1988.
丁奎福, ≪九雲夢 原典의 硏究≫, 一志社, 1977.
＿＿＿, ≪韓中文學의 比較 硏究≫, 高麗大出版部, 1987.
趙東一, ≪韓國小說의 理論≫, 知識産業社, 1977.
＿＿＿, ≪韓國文學의 갈래理論≫, 集文堂, 1992.

曺喜雄, ≪이야기문학모꼬지≫, 博而精, 1995.

車溶柱, ≪古小說論攷≫, 啓明大出版部, 1983.

최삼룡, ≪韓國初期小說의 道仙思想≫, 형설출판사, 1982.

崔雲植, ≪沈淸傳硏究≫, 시인사, 1984.

崔昌祿, ≪韓國神仙小說硏究≫, 螢雪出版社, 1984.

黃浿江, ≪朝鮮王朝小說硏究≫, 檀大出版部, 1978.

제11장
판소리

1. 판소리의 형성과 전개

판소리는 전문적 기량을 지닌 연창자가 춘향이야기, 심청이야기와 같이 줄거리를 지닌 이야기를 북을 치는 고수의 장단에 맞추어 창과 아니리를 섞어 엮어 나가는 연예 형태를 가리킨다. 이러한 민속 연예 형태가 언제 나타났고, 어떤 과정을 거쳐 현재의 모습에 이르게 되었는지를 확인하는 것은 쉬운 일이 아니다. 한 존재의 성립은 시간적 경과나 공간적 존재 등 다양한 요인에 의하여 이루어지기 때문이다. 흔히 존재의 발생을 해명하는 문제가 순환론적 오류에 빠지게 되는 것도 이러한 이유 때문이라고 할 수 있다. 따라서 판소리의 발생과 전개는 그것이 이루어진 사회 문화적 현상과의 연관 속에서 그 편린을 이해하는 정도에 머무를 수밖에 없다.

판소리가 형성, 전개되는 과정은 형성시대, 전성시대, 전환시대, 부흥시대로 구분하여 이해할 수 있다. 형성시대는 판소리가 현재의 모습으로 정착하기까지의 기간을 말하는데, 이 시대에 판소리는 우리가 인식하는 판소리의 모습을 갖추었다. 전성시대에는 판소리의 유파가 다양해지고, 각종의 기교가 개발되었으며, 지역과 계층을 초월하는 국민예술로의 승화가 이루어진 시기이다. 우리가 기억하는 전설적인 명창들은 대체로 이 시기에 집중적으로 나타났다. 20세기 초에 배역을 나누어 창하는 창극이 나타났는데, 이는 전통적인 판소리의 모습에서는 벗어난 것이다. 이 시기를 전환시대라고 할 수 있는데, 이후 우리의 판소리는 연창자와 고수만으로 이루어지는 전통적인 모습과 극으로 전환된 창극이 공존하는 상태가 현재까지 지속되고 있다.

판소리가 현재와 같은 모습으로 완결된 것은 대체로 숙종 영조 무렵으로 추정된다. 이 판소리를 전승시켜온 것은 직업적인 노랫꾼이었고, 이들은 전국에 두루 있었다. 그러나 판소리의 음악적 성격을 볼 때, 그 음악의 성립은 남도의 무속 음악과 관련되는 노랫꾼의 영향 속에서 이루어졌다고 보는 것이 일반적인 견해이다. 초기의 명창들이 대체로 이 지역 무속과 관련되어 배출된 것도 이 때문이다. 그러나 그 사설을 이루고 있는 이야기는 전국적인 것이다. 춘향가의 근원설화로 알려져 있는 암행어사이야기, 열녀에 관한 이야기나 백성의 원한을 풀어주는 이야기 등은 우리나라 어느 지역에서나 발견될 수 있는 이야기이다. 흥보가는 그 근원설화로 몽고의 박 타는 처녀 이야기가 언급될 만큼 세계적인 분포의 모방담을 그 구성의 근간으로 하고 있다.

또한 이러한 이야기를 노래를 섞어가며 전개해 나가는 방식도 전국 어느 곳에서나 있었다. 그와 유사한 형태는 서구의 오페라와 같이 다른 나라에서도 발견할 수 있는 것이고, 따라서 인간이 향유하는 보편적 문화의 하나라고 볼 수 있는 것이다. 실제로 각 지역에 존재하는 무가나 서북지역에서 전승되었다고 하는 배뱅이굿은 말과 노래를 섞어가며 이야기를 전개하고 있다. 이런 점에서 판소리와 유사한 형태는 각 지역에 존재하고 있었고, 또 그것은 그 지역의 설화와 음악이 결합되어 전승되었을 것으로 추측할 수 있다.

남도의 무가를 기반으로 하여 이루어진 판소리는 전성시대에 이르러 그 단순성에서 벗어나 다양한 선율을 개발하면서 차원 높은 예술로 발돋움하였다. 각 지역의 음악과 전통적인 음악 기법의 수용을 통하여 판소리는 지역과 계층을 뛰어넘는 국민예술로 발전하였던 것이다. 또 판소리 자체의 음악 문법이 개발되어 기존의 민속 음악과는 그 차원을 달리 하였는데, 이 중심에 놓이는 인물이 가왕이라고 일컬어지는 송흥록宋興祿이다. 이러한 예술적 세련화와 함께 유파가 성립하게 되었고, 사설의 정리 작업도 이루어졌다.

모흥갑牟興甲이 평양감사 김병학에게 초청되어 연광정에서 소리하는 모습이 그림으로 남겨져 있고, 송흥록도 당시 권문 세도가인 김병기의 문객으로 대접받은 일, 그리고 신위와 고수관의 지속적인 만남 등을 통하여 우리는 당시의 양반들에게 있어 판소리 향유는 이미 하나의 교양물로 정착되었음을 추측할 수 있다. 또한 명창의 등용문인 전주의 대사습이 이 시대에 열리는 것은 판소리 연창의 우열에 대한 객관적인 평가 기준이 확립되었음을 의미하는 것이다.

양반의 참여와 평가 기준의 구체적 표현으로 거론할 수 있는 인물이 신재효(1812~1884)이다. 그가 판소리에 대하여 가진 관심은 일차적으로 사설의 개작과 관련된 것이었다. 신재효는 삶의 실상을 양 극단의 전형으로 파악하는 것이 옳지 않다고 생각하였던 것 같다. 인간을 개별적 측면에서만 파악할 것이 아니라 보여지는 관계 속의 인물로서도 파악하여야 한다는 그의 인식에 따라, 그의 판소리에서 서민적 발랄성 또는 직설성은 상대적으로 감소하게 되었다. 그에 의하여 여섯 작품으로 정리된 것은 이러한 개작이 가능한가의 여부가 기준이었던 것으로 보인다.

신재효는 또한 여성을 판소리의 무대에 등장시켰다. 당시까지도 판소리는 남자들만의 독무대였다. 그 판소리 형태는 여성의 생리와 맞지 않았으며, 여성이 연창자로 등장할 수 있는 여건도 확립되지 않았기 때문이다. 그런데 신재효는 진채선, 허금파와 같은 여성을 교육, 등장시킴으로써 판소리사의 새로운 국면을 개척하였다. 그 결과 남성의 성대에 적합하게 되어 있는 판소리 음악이 여성에게도 적합한 방향으로 변화되었으며, 사설에서도 그에 적합하지 않는 음란하거나 비속한 부분은 제거되었을 것으로 보인다. 음악적 세련화와 기교의 중시, 실내악적 분위기로의 변화도 여창의 등장에 의하여 가속화 되었을 것으로 보인다.

　양반의 참여, 여성의 참여는 박유전에 의하여 더욱 확고하게 이루어진다. 박유전은 전북 순창에서 태어났고, 뒤에 전남 보성으로 옮겨 살았다. 그는 전주 대사습에서 장원하였으며, 대원군의 총애를 받기도 하였다. 그에 의하여 강산제라는 유파가 정립되는데, 이는 송흥록의 동편제가 갖는 직선적이고 고풍스러운 면에 그 이전의 서편제적 성격을 가미한 것이다. 흔히 보성소리라고 하는 것은 이에서 비롯된 것이다. 그에 의하여 다양한 장단이 판소리에 수용되고, 또 서편제의 여성적 성격이 동편제에 가미됨에 따라 연극적인 요소인 너름새가 판소리에 보다 풍부하게 적용될 수 있었다.

　음악 만으로의 발전에 의하여 실내악적인 분위기의 산조가 나타난 것도 이 시대에 나타난 현상이다. 말없는 판소리라 불리는 이 산조는 청중의 참여가 배제된 채, 연주자의 기교만으로 판이 이루어지는 판소리의 음악을 향한 극단적 표현이라 할 수 있다. 음악으로의 극단적 표현인 산조처럼 사설만으로 독립된 판소리계소설이 나타난 것도 이 시대의 일이다. 판소리 사설의 영향을 받아 판소리계소설이 나타남에 따라 한국 소설의 폭은 그만큼 넓어졌는데, 이는 우리 소설의 근대화라는 말로 지칭할 수 있다.

　20세기 초에 이르러 판소리는 연창자와 고수만으로 이루어지는 전통적인 형태와 배역을 나누어 창하는 창극 형태의 두 가지 방향으로 나뉘어졌다. 판소리가 가지는 연극적 성격을 바탕으로 창극이 나타났는데, 이것이 성립될 수 있었던 것은 시민 계층의 형성, 창극의 배역을 맡아 분창 할 수 있는 인원 확보와 이를 통제할 수 있는 조직의 성립, 그리고 당시에 유행한 청나라 연극의 영향 때문이었다. 최초의 국립극장이라고 할 수 있는 협률사가 설치된 것도 창극이 나타날 수 있게 한 기폭제가 되었다.

　그러나 국권의 상실과 함께 판소리도 소멸의 길로 접어들었다. 더구나 관객들은 새로 등장한 서구 근대극이나 영화에 매료되어 더 이상 창극에서 재미를 찾지 않았다.
　이러한 현실에 대처하는 방안으로 선정된 것이 무형문화재의 지정이다. 이는 판소리가 스스로 성장할 수 있는 능력을 상실한 것으로 보았기 때문에 이루어졌다. 따라서 판소리의 변질을 막고, 그 고유의 모습을 후세에게 전하고자 하였던 것이다. 그러나 판소리가 죽은 장르라는 인식에는 의문이 제기될 수 있다. 전환시대의 판소리가 그 시대적 상황을 수용하려는 적극적인 자세를 보였던 것처럼, 우리의 시대에도 이러한 노력은 지속되고 있기 때문이다. 반주 있는 판소리나 춤과 함께 어우러지는 판소리, 젊은 세대들에 의하여 이루어지고 있는 창작 판소리의 공연 등은 급변하는 시대 인식을 수용하고 국민적 통합과 흥을 일깨우려는 노력의 표현이라고 할 수 있다.

2. 판소리의 구성

　판소리는 사설과 연창자, 고수, 청중과 무대로 구성된다.
　사설은 연창자가 청중에게 전하는 이야기를 말하는데, 대체로 세속적인 내용으로 이루어져 있다. 이 사설은 사건의 연속을 서술한 부분과 한 장면의 정지된 상태를 묘사하는 부분으로 나누어지는데, 대개의 경우 앞의 것은 아니리로 실현되고, 뒤의 것은 창으로 실현된다. 창은 노래로 이루어지고, 아니리는 일상적 언어 형태로 이루어졌다. 대체로 아니리는 사건의 변화, 시간의 경과, 작중 인물들의 대화, 주인공의 심리 묘사, 작중 인물의 대화 등을 전달하고 연창자에게 휴식하는 기회를 주기도 한다.
　일상적 언어 형태인 아니리는 전혀 연창자의 자의에 의하여 연출되지만 창의 경우는 장단과 창조가 규격화되어 있기 마련이다. 이 장단과 창조의 선택에 따라 각 유파의 성격이 규정된다. 장단은 고수가 담당하는데, 창을 받쳐주고 포용하며 이끈다. 이러한 이유에서 장단은 판소리의 골격이라고 할 수 있다.

　판소리 장단은 대체로 진양·중머리·중중머리·잦은몰이·휘몰이·엇머리의 여섯 가지가 근간을 이루고 있다. 진양은 판소리에서 가장 느린 장단으로서 주로 비장한 대목, 한가롭고 유유한 장면 등을 노래하는 경우에 사용된다. 중머리는 판소리 장단의 근간이 되는 기본 장단이다. 그 용도는 매우 넓어서 서정적인 대목, 화평한 분위기, 웅장한 장면 등을 노래할 때 쓰일 뿐만 아니라 비장한 대목에서도 흔히 이용된다. 중중머리는 흥겨운 대목에 많이 쓰이며 약간 빠르고 경쾌한 움직임을 나타내기에 적합하다. 잦은 몰이는 긴박하고 신속한 흐름을 서술하거나 여러 가지 사실을 경쾌하게 나열할 때 쓰인다. 휘몰이는 아주 분주한 대목, 숨 쉴 틈 없을 정도로 급박하게 행동이 연속되는 경우에 쓰인다. 엇머리는 일종의 혼합 박자로 다분히 신비한 분위기가 있는 장면에 쓰인다.

　판소리 창의 음악은 장단만으로 이루어지지 않고, 선율을 만드는데 쓰이는 기본음 체계의 문제인 선법과의 조합에서 완성된다. 이 창조의 기본적인 것으로 우조羽調 평조平調 계면조界面調가 있는데, 이 창조와 장단의 결합으로 판소리의 음악은 이루어지는 것이다. 그러므로 이론적으로는 여섯 가지의 기본적인 장단과 세 가지 창조의 결합만으로도 열여덟 가지의 음악적 실현이 이루어질 수 있다. 장단에 있어 파생되는 변이형과 특이한 창조의 변형 등을 고려하면 실현 가능한 음악적 구성은 이루 헤아릴 수 없이 많게 되는 것이다. 판소리에 있어 득음의 어려움을 이에서 짐작할 수도 있다.

　평조는 온화하고 평온한 느낌을 주는 창조이며, 우조는 시원스럽고 엄한 가락이다. 계면조는 애원 처절한 가락을 지녔기 때문에 매우 숙연한 인식을 주는 창조이다. 이 창조는 후기의 판소리 유파의 성립에 있어 중요한 역할을 하게 돈다. 즉 계면을 위주로 하는가, 우조를 위주로 하는가에 따라 서편제 또는 동편제의 분화가 나타나게 되는 것이다.
　창과 아니리로 이루어져 있는 판소리 사설의 사건은 첨예화되고, 과장된 것이 대부분이다. 비극적 상황이 있을 때는 그 전개와 관계 없이 비극적인 요소를 모두 끌어들인다. 그리고 행복에 이르러서는 그 행복감을 저해할 수 있는 요소를 아무런 복선 없이 제거하기도 한다. 이를 판소리 사설의 장면 극대화 현상이라고 하는데, 심청가에서 곽 씨 부인이 죽은 뒤의 장면이나 흥보의 아들이 많아지고 적어지는 것이 그 예가 될 것이다. 부인이 죽은 뒤, 부인의 상여가 움직이지 않는 일이 벌어진다. 그 상여는 남편인 심봉사의 위안을 받은 뒤에야 장지로 향할 수 있었다. 아직 젖도 떼지 않은 딸과, 앞 못 보는 남편을 두고 죽은 부인으로서는 차마 발길이 떨어지지 않았을 것이다. 능히 그럴 수 있을 것이라고 청중들은 생각한다. 또 흥보가 처절한 궁핍의 상황에 처했을 때, 그 상황을 더욱 강조하는 것은 수 없이 많은 자식들이다. 그들은 최소한의 인간적 삶을 필요로 하지만, 그것마저도 들어줄 수 없는 것이 흥보의 가난한 상황이었다. 그러나 흥보가 풍요로운 상황으로 바뀌었을 때, 그 많은 자식들은 갑자기 없어져 버린다. 그 부유한 상황과 많은 자식의 연결은 필요없다고 생각했기 때문이다. 이러한 현상은 판소리 사설이 가지는 중요한 특성이라고 할 수 있다.
　판소리는 연창자를 통하여 그가 구성하는 허구의 세계를 청중에게 전달하는 과정이라고 할 수 있다. 이 과정에서 가장 중요한 역할을 담당하는 것은 연창자이다. 연창자는 행위를 담당하는 배우, 사건의 서술자, 그리고 소리판을 이끌어 가는 연출가의 역할을 동시에 수행한다. 따라서 연창자의 능력 여부가 바로 소리판의 사활을 좌우한다고 할 수 있다.
　이렇게 중요한 위치에 놓여 있는 연창자가 갖추어야 할 요건을 신재효는 인물치레, 사설치레, 득음, 너름새의 네 가지로 정리하고 있다. 인물치레는 연창자가 되기 전부터 구비하여야 하는 천부적,

기본적 여건을 말하는데, 이는 연창자가 관찰되어지는 존재라는 점에서 당연히 요구되는 사항이다. 사설치레는 사설을 그 내용에 맞게 구현할 수 있는 능력과 아니리를 실감나게 전달할 수 있는 능력을 말한다. 득음은 연창자의 음악적 역량과 직결된다. 선천적으로 풍부한 성량을 타고 났으면서 그 목구성이 아름답고 애원성이 낀 목을 천구성이라고 한다. 그런데 더 이상적인 것은 목이 약간 쉰 듯한 수리성이라고 하는데, 그 이유는 수리성이 인생의 복합성을 드러내는데 적합하기 때문이라고 한다. 그러나 이러한 타고난 목소리로 대성한 예는 오히려 드물다고 한다. 대성한 명창의 소리는 선천적인 결함을 꾸준한 노력으로 극복한 것이 대부분이고, 그러한 노력 때문에 오히려 득음한 목을 높이 평가하였던 것이다. 너름새는 발림이라고도 하는데 대체로 창에 부수되는 연기 능력이라고 말하여진다. 즉 사설의 내용에 부합되는 연기가 자연스럽게 이루어져야 한다는 것인데, 이는 창극으로의 전환기에 그 극적 성격 때문에 더욱 강조되었다.

　이상의 네 가지 법례를 갖춘 연창자가 구체적인 판의 현장에서 담당하는 역할은 앞에서 말한 바와 같이 배우, 사건의 서술자, 연출가의 기능이라고 할 수 있다. 허구의 세계에 속하는 인물들은 매우 다양하나, 판의 현장에서 이들은 오직 한 사람의 배우인 연창자를 통해서만 모방, 재현된다. 연창자는 스스로 춘향이 되고, 월매가 되고, 이도령이 되어 청중에게 작품을 전달하는 것이다. 이러한 일인다역의 역할 때문에 연창자는 장단의 교체, 창과 아니리의 교체, 창조의 교체 등 여러 장치를 통하여 청중이 빠질 수 있는 혼란을 방지한다.

　판소리 연창자는 배우이면서 동시에 사건의 서술자이다. 그는 무성영화의 변사처럼 작중 인물의 목소리를 내었다가 다시 인물의 행동을 설명하고 배경 무대를 설명한다. 또 사건의 진행이나 결과를 보고하고 요약하며, 인물의 심경을 설명하기도 한다. 즉 희곡의 지문에 해당하는 부분을 연창자는 직접 소리로써 청중에게 전달하는 것이다. 또한 판소리 연창자는 연출가적 기능을 담당함으로써 무대 위에서 직접 청중을 향하여 작품에 대한 해석과 비판, 무대 장치와 배우에 대한 지시, 작품의 시작과 끝을 알리는 일 등을 행한다.

판소리는 형태적으로 보아 연극과 서사문학의 중간에 놓여 있다고 할 수 있다. 연창자의 배우로서의 기능, 연출가로서의 기능은 연극적 성격을 드러낸 것이고, 서술자로서의 기능은 서사문학의 성격을 드러내고 있기 때문이다. 그러한 기능들이 연창자의 음악적 소양 위에서 이루어지고 있음은 말할 필요도 없다. 이렇게 보면 연창자는 사설을 해석할 수 있는 능력, 그것을 표출할 수 있는 가창력을 겸비하여야 하고, 상황에 맞는 여실한 연기를 할 수 있는 예인적 풍모를 지녀야 한다는 것을 알 수 있다.

고수의 기본적인 기능은 반주이다. 따라서 유능한 반주자가 되기 위하여 고수는 각고의 노력을 하여야 한다. 다양한 연창자의 반주를 할 수 있어야 하기 때문에, 유능한 반주자가 되기 위하여는 수많은 연창자와 직접 대면하고 그 연창자들의 다양한 소리에 조응할 수 있는 능력을 갖추어야 하는 것이다. 고수는 반주를 하면서 동시에 연출가로서의 기능을 하기도 한다. 판소리 진행의 주도권은 물론 연창자에게 있다. 그러나 판소리의 골격을 이루는 장단은 고수가 맡고 있기 때문에, 각 장면의 템포의 조정은 고수에 의하여 이루어지는 것이다.

고수는 연창자의 상대역을 담당하기도 한다. 연창자는 대화의 장면에서 항상 고수를 바라보고 소리를 하는데, 이 경우 연창자는 고수를 그 대화의 상대역으로 인식하고 있는 것이다. 연창자에게 막연할 수밖에 없는 상대역의 역할을 함으로써, 고수는 판소리의 무대를 보다 생동감 넘치는 흥의 현장으로 변화시키는 것이다. 고수는 북으로써 판소리의 무대 공간이 갖는 제약을 극복하기도 한다. 판소리의 무대 구성은 부채를 든 연창자와 북을 가진 고수만으로 청중에게 드러나 있다. 여기에는 조명을 담당하거나 효과를 드러낼 수 있는 장치가 들어설 여지가 없다. 연창자의 소리와 함께 고수의 북은 이러한 현실적 공간을 심리적 공간으로 변모시킴으로써 그 제약을 극복하는 것이다.

고수는 연창자의 가장 진실하고 대표적인 청중이다. 청중의 호응 없는 판소리 현장은 살아있는 공간이라고 할 수 없다. 이 청중의 호응을 유도하고, 또 연창자에게 전달할 수 있는 기능을 가진 존재가 바로 고수라고 할 수 있다. 이렇게 무대 위의 존재인 고수가 청중의 대변자가 되는 것은 판소리 무대의 중요한 특성이다. 청중은 자신들의 대표인 무대 위의 고수를 통하여 자신들의 감흥을 연창자에게 전달하기 때문에 연창자의 예술적 행위는 손상을 입지 않게 제도화 되어 있는 것이다.

청중은 무대를 구성하며, 연창자와 고수가 이루어 내는 예술 행위를 감상한다. 그들은 일정한 의도를 지니고 공연장에 집결한다는 점에서 무의도적인 군중과 구별된다. 그들은 바로 공연의 주체와 객체라는 관계를 맺게 되는데, 이는 연창자의 연창 능력과 함께 청중의 판소리에 대한 기본적 인식이 전제되었을 때 가능하다. 청중은 판소리의 예술화에 대한 인식의 준비를 갖추었거나, 최소한 그 행위에 대한 심정적 동의의 상태를 가지고 있어야 하는 것이다.

청중은 연창자의 예술 행위에 대하여 공감하지만, 동시에 그 작품의 완성에 관여하여 작품의 방향을 결정하는 중요한 역할을 한다. 이러한 이유에서 연창자는 항상 청중의 미세한 반응까지도 점검하고, 그것을 작품의 완성에 반영하는 것이다. 그러나 청중의 이러한 참여와 호응은 무절제하게 이루어지지 않는다. 청중의 절제된 참여를 관례화시켜 놓은 것이 고수의 역할이라고 할 수 있다. 청중의 예술 행위에 대한 의사 표시는 고수를 통하여 이루어지도록 제도화되어 있는 것이다. 따라서 연창자가 자신의 예술 행위에 대한 청중의 반응을 파악하기 위하여 고수를 응시하듯이, 청중도 자신의 참여를 위하여는 고수를 바라볼 수밖에 없다. 청중이 참여하되, 그것을 견제하는 존재가 있다는 점에서 이는 절제된 참여라고 할 수 있다.

　고수를 축으로 하여 청중의 참여가 절제되고 있는 것은 그 무대 구성에서도 확인된다. 판소리의 무대는 평면 위에 돗자리나 멍석을 깔고 그 위에 연창자와 고수가 위치하며, 이를 둘러싸고 반원형이나 타원형으로 청중이 마주하는 모습으로 이루어진다. 그런데 연창자와 고수는 결코 자신의 영역을 벗어나지 않는다. 청중 또한 그 예술에의 참여를 위해 상대의 구획을 침범하지 않는 것이다.

3. 판소리와 판소리계 소설

　판소리계소설은 춘향전, 심청전 등 일반적으로 판소리 사설의 영향을 받아 소설로 정착된 작품을 가리킨다. 판소리계소설은 그 형성 과정에서부터 판소리 사설과 상호 밀접한 연관성을 가지고 있다. 그러나 후대에 이르러는 판소리계소설의 향유층과 작가 의식, 그리고 시대의 변화를 수용하여 다양한 변화가 나타났는데, 그 양상은 각각의 작품에 따라 다르다. 일반적으로 판소리의 구비문학적 성격이 판소리계소설의 기록문학적 성격으로 변모되면서 부분보다는 전체의 논리적 결구가 강화되었다. 그리고 문자로 정착되면서 대체로 비속하거나 불합리하다고 생각되는 부분은 향유층의 의식에 맞는 형태로 변화되었다. 또한 세태를 반영하고 풍자하는 방향으로 변화되기도 하였다.

　춘향전은 두 남녀의 결합을 통하여 당대의 가장 중요한 문제인 신분 철폐 문제를 정면으로 다룬 작품이다. 이것은 현존하는 춘향전의 최고본이라고 할 수 있는 만화본 춘향가나 근래에 제작되는 영화 등, 춘향을 주인공으로 하는 작품이면 반드시 갖추어야 하는 내용이다. 따라서 춘향전의 변모는 이러한 전체적인 얼개 속에서 신분과 절개의 어느 쪽을 보다 강조하는가 하는 문제로 귀결된다고 할 수 있다. 남원고사계, 경판본계와 완판본계 등에서 그 변화 양상은 각각 다르지만, 후대에 올수록 춘향의 열녀화에 관심을 보이는 방향이 주류를 이루었다. 전승 매체가 말에서 글로 변하고, 또 향유층이 확대되면서 이들을 공통적으로 흡수할 수 있는 요소로 '烈'이 선택된 것이다. 그리고 춘향을 그 열절의 덕목에 합당하게 하기 위하여 그 신분을 상승시키고자 하는 노력도 기울였다. 춘향의 요염한 자태를 형상화하는 목욕 장면이 삭제되거나, 사랑에 겨워 어쩔 줄 모르는 생동하는 춘향의 모습을 그린 사랑가의 정겨움이 상실된 것도 이러한 이유 때문이다.

흥부전은 형제간의 우애를 강조한 작품이다. 여기에서 우애를 강조하기 위하여 사용된 것이 부富의 변동 모티프이다. 가난한 아우는 부자가 되고, 부자였던 형은 가난하게 된다. 이 구체화된 변화를 통하여 형은 개과천선하게 되는 것이다.

일차적으로 우리는 흥부와 놀부가 어떠한 관계에 놓여 있는가 하는 점을 살펴볼 필요가 있다. 흥부전은 모방담의 구조를 근간으로 하여 이루어졌다. 모방담은 한 사람의 행운을 초래한 행동 과정을 다른 사람이 그대로 반복하되, 어떤 결점에 의하여 전혀 상반된 결과인 불행을 초래하게 되는 이야기를 말한다. 그 불행은 생명의 상실과 같은 치명적인 결과까지도 초래하는 것으로 보아, 이 모방담이 전승된 까닭은 어리석음의 경계에 그 원인이 있었던 것으로 생각된다. 좋은 결과를 초래하였다 하여 타인의 행위를 본받지 말라는 속담이 전승된 것도 이러한 이유에서이다. 이로 볼 때, 우리는 이러한 설화나 속담이 인간에 대한 믿음에 연유하지 않고, 상호간의 대결 의식에 기반하고 있다는 것을 생각할 수 있다.

인간에 대한 이해의 시선이 이렇게 차갑게 드러난 것은 우리의 살아가는 진실한 모습의 한 반영이라고 할 수 있다. 물론 같이 도우며 살아야 한다는 이념이나 질서를 존중하는 것이 사람 사는 중요한 당위일 수 있다. 그러나 이는 생존이라는 각박한 차원에서 벗어나 있을 때만 가능한 방식이다. 자신의 생존이 걸려 있는 문제가 앞에 놓여 있을 때, 일상적 인간에게 있어 이러한 이념이나 질서는 사치 이상일 수 없는 것이다. 자신이 이 현실에서 살아남기 위하여, 남에게 죽지 않고 존속하기 위하여 믿을 수 있는 것은 자신뿐이고, 그리고 삶의 간난을 헤쳐 나가는 의지와 지혜 외에는 아무 것도 없다는 것이 그 향유층의 세계 인식이라고 할 수 있는 것이다. 이 철저한 자기 무장이 있을 때만 자신을 위해 하고자 모든 방법을 동원하고 있는 이 세상을 헤쳐 나갈 수 있다고 보는 것이다.

 토끼전 전개의 발단은 명백하게 용왕의 득병으로부터 시작되고 있다. 어떻게 용왕의 병을 치유하는가의 문제가 이 작품에 나타나는 사건의 계기가 되는 것이다. 그리고 치유의 방법으로 제시된 것이 토끼의 간인데, 토끼의 간은 토끼를 죽이고서야 얻어질 수 있는 것이다. 어떻게 용왕의 병을 치유하는가의 문제는 이렇게 어떻게 토끼를 잡는가 하는 문제, 그리고 자라에 의하여 붙잡힌 토끼가 어떻게 무사히 귀환하는가의 문제로 전환된다.

 토끼전은 기본적으로 토끼의 생환이 전제되어 있다. 별주부의 활약이 아무리 돋보여도, 또 용왕이 지혜로운 존재라 하더라도 토끼의 죽음을 초래할 수는 없는 것이다. 그렇다면 토끼전의 모든 사건은 토끼가 궁지에 몰렸지만 결국은 다시 살아나는 이야기에 집중되어 있다고 할 수 있다. 이처럼 필연적으로 토끼의 기민한 대응이 드러날 수밖에 없는 판소리의 기본적인 구성은 토끼전에 이르러 토끼와 대등한 정도로 별주부의 활약이 확대되었다. 그리고 종국에는 별주부의 지극한 충성이 토끼의 기민한 현실 대응보다 더 중요한 주제로 등장하게 되었다. 토생전을 선두로 하는 경판본 계열의 소설이 나타나는 것은 대체로 19세기 중반의 일인데, 여기에서는 중세적 이념 체계인 충성이 강조되고, 이 역할을 별주부가 담당하고 있다. 이에 따라 용왕은 위엄 있는 존재로 그려지며, 자라는 불세출의 충신으로 묘사된다. 이에 비하여 토끼는 단순한 책사로 전락하여 왕과 대신을 기만하는 존재가 된다.

완판본 화용도는 판소리 적벽가를 바탕으로 하여 형성된 소설이다. 그리고 적벽가는 삼국지연의의 적벽대전 대목을 판소리화한 것이다. 삼국지연의를 바탕으로 하여 이루어진 적벽가에서 부연되거나 확대된 부분은 영웅들의 웅장한 전쟁 행위가 아니라 그 전쟁에 참여한 이름 없는 병사들의 개인적인 이야기이다. 영웅들의 행위는 원본을 요약하는 수준에서 이루어지거나 개인적인 차원으로 왜곡되었다. 판소리 적벽가의 지향은 서사적 전개에서 이름 없이 사라져가는 병사들의 모습을 통하여, 수많은 인명의 희생 위에서 이루어지는 영웅들의 공명과 전쟁에 대한 부정적 시각을 드러내는 것에 놓여 있다. 조조에 대한 적개심이 확대되어 나타난 것도 조조가 전쟁을 일으킨 장본인이기 때문이었다.

이러한 적벽가가 화용도로 변모되면서 나타난 중요한 현상은 원본 지향적 개작과 골계적 표현의 약화를 들 수 있다. 이는 독자층의 흥미를 유발하고, 특히 19세기 후반 이후 등장한 향유층의 확대에 부응하기 위한 조치로 보인다. 그 결과 군담의 성격이 강화되고, 적벽가에서 풍자의 대상으로 전락한 조조도 일정한 정도의 영웅적 면모를 유지하게 되었다.

심청전의 핵심을 이루는 것은 효행, 맹인 개안, 인신공희 모티프이다. 인신의 공희는 심청의 효행에서 비롯하는 것이고, 아버지가 눈을 뜨는 것도 그 결과이기 때문에, 심청전은 심청의 영웅적인 효행에 기초하여 이루어진 이야기라고 할 수 있다. 심청전 전체로 볼 때, 심청은 초월적 세계를 대표하는 인물이고, 심봉사는 현실 세계를 대표하는 인물이다. 그런데 심청전은 현실적 인물인 심봉사에게 중요성을 부여함으로써 심봉사가 기반하는 현실적 모습을 상대적으로 확장시켰다.

판소리 사설의 작자는 엄밀한 의미에서 개인이 아니다. 판소리를 연창하는 개인은 자신의 창의와 구상에 의하여 사설을 구조화할 뿐만 아니라 다양한 청중과의 대면을 통하여 그것을 수정하고 개편한다. 연창자는 청중과 직접 대면하고, 청중의 요구는 그 작품에 직접적으로 반영되는 것이다. 이 청중에는 이념 지향층과 현실 지향층이 아울러 존재한다. 그리하여 상이한 두 계층의 요구가 사설이라는 평면 속에 함께 나타난다.

입체를 평면에 표시한 것처럼, 평면적으로만 보면 그 사설은 기형적이고 불합리하게 보일 수도 있다. 그러나 이것을 입체화시킬 때, 그 저변과 위로 돌출된 입체적 모습은 상호 긴밀한 연관성을 가지고 있음을 볼 수 있다. 즉 평면적으로는 이념이나 논리, 익살과 풍자, 그리고 비장미와 골계미가 혼재되어 있지만, 이는 결코 독립되어 분리되지 않는 것이다.

판소리는 귀족은 영원한 귀족이고, 천민은 영원한 천민이라는 결정론에서 탈피하여 근대적 인간관으로써 대상을 조명하고 있다. 여기에서는 영원히 존경을 받거나 또는 영원히 폄하를 받는 절대적 인간이 존재하지 않는 것이다. 춘향이나 심청, 토끼 또는 흥부라 할지라도 상황에 따라서는 얼마든지 조롱을 받을 수 있고, 비웃음을 받기도 한다. 마찬가지로 변사또나 뺑덕어미, 놀부 등은 언제나 부정적 인물로서만 존재하지 않는다. 그들의 행위는 상황에 따라 긍정적이며 바람직한 것으로 평가되기도 하는 것이다.

판소리계소설은 판소리의 이러한 속성에 기반하고 있기 때문에 그 변화의 폭 또한 판소리의 포용성이나 개방성이라는 관점에서 이해하여야 한다. 아무리 변화시켜도 춘향전이나 심청전, 흥부전의 골격을 변화시킬 수는 없는 것이 그 변화가 가지는 한계이다. 아무리 별주부의 충성을 강조하여도 토끼를 죽음으로 몰고 갈 수는 없는 것이다. 그렇다면 춘향전이 여인의 절개를 강조하고, 심청전이 효도를 강조하며, 토끼전이 충성을 강조하는 방향으로 변화하는 것은 그 작품에서 그러한 속성을 찾고자 하는 계층을 끌어들이는 것일 뿐, 기존의 향유층을 배제하는 것은 아니다. 받는 것이 있으면 잃는 것도 반드시 있는 것이지만, 판소리는 그러한 삶의 진실까지도 포용하고 있다. 흥부전이 기반하는 무한재보담처럼 판소리, 그리고 판소리계소설은 끝없는 가능성을 지닌 한국 문학의 전략적 품목이라고 할 수 있는 것이다.

4. 판소리 연구의 현황

우리가 대상에 대한 연구라는 용어를 사용할 때, 그것은 현대적 안목에서의 체계적 접근을 전제하는 것이 일반적이다. 물론 대상에 대한 단편적 언급이나, 자료의 수집이 체계적 접근을 전제한 경우도 있을 수 있다. 그러나 판소리의 경우, 그것은 개인적이고 사적인 진술로 이루어진 것이 대부분이다. 호기심에서 출발하여 완상하는 태도를 진술하거나, 대상에 대한 순간적 통찰의 제시를 곧바로 연구사에 편입하기에는 아무래도 무리가 따르기 마련이다. 판소리 연구의 출발을 1930년대의 김재철이나 김태준, 또는 1940년대의 정노식으로부터 비롯되었다고 보는 것은 이러한 이유 때문이다. 물론 연구의 태도를 확대하여 판소리 연창자에 대한 단편적 언급이나, 일화 등을 소개한 경우까지를 연구사의 범주에 포함시킨 경우도 있다. 그러나 이것도 본격적인 판소리 연구의 전 단계로 인식하는 태도에서 벗어나는 것은 아니다.

판소리에 관한 연구는 문학적 성과물의 점검에서 촉발되었다. 조선 후기 민중의 역량이 집적되어 드러난 판소리계소설의 연구 성과는 자연 그것을 가능하게 하였던 판소리로 연구의 시각을 전환하게 하였던 것이다. 이러한 연구 성과를 음악과의 관련 속에서 이해하려는 시각도 나타나는데, 이것 또한 문학적 성과의 집적에 촉발되어 나타난 현상이라고 할 수 있다.

1960년대는 세계와의 접촉을 강요당하던 시기였다. 좋든 싫든 우리는 우리 자신만으로 머물러 있을 수 없었다. 이러한 개방화와 함께 세계에 내보일 우리 것의 빈약함을 절실히 인정하지 않을 수 없었던 시기이기도 하였다. 우리의 것에 대한 재인식의 작업은 이러한 시대적 상황 속에서 때로는 경직된 모습으로 추진되기도 하였다. 사라져 가는 문화적 유산을 재점검하고, 전통 연예인을 문화재로 지정하여 존속을 도모하고자 한 것도 이러한 시대적 요청에서 비롯된 것이라고 할 수 있다. 판소리 자료의 발굴, 작품의 구조적 성격을 밝히는 작업도 이 시기에 이루어졌다. 이 시기의 중요한 전환점은 판소리를 판소리계 소설적 시각에서 벗어나 연구하여야 한다는 인식의 확산이라고 할 수 있다. 판소리의 장르에 대한 관심이 일어났고, 이러한 시각은 판소리가 해당될 수 있는 각 예술 분야의 전문적 지식에 힘입어 보다 심화된 연구에 진입할 수 있게 하였다.

문학이나 음악을 구분할 것 없이 판소리에 관한 연구를 위하여는 자료의 정리 소개가 이루어져야 한다. 사설집의 간행, 또는 채보 작업이 활발하게 이루어진 것은 이러한 이유에서 당연한 일이라고 할 수 있다. 판소리는 대체로 구비전승 또는 구전심수되는 특징을 지니는 것이기 때문에, 유파나 개인에 따라 그 모습을 달리 하는 것이 보통이다. 그 개별성과 보편성을 드러내기 위하여서도 자료의 정리는 필수적이라고 할 수 있다. 그러나 그 소개나 연구가 극히 적은 수의 작품으로 한정되어 이루어졌던 것이 지금까지의 현실이다. 춘향전이나 심청전에 집중되었고, 더구나 판소리 음악 원전의 정리 연구는 거의 황무지라고 하여 과언이 아닌 것이다. 이러한 기초 자료의 채록, 보존, 발굴은 당장의 연구 성과로 드러나지 않는다. 그러나 현재는 물론이고 후대의 보다 심화된 연구를 기대하기 위하여 이 분야에 대한 관심은 지속적으로 이루어져야 할 것이다.

판소리의 경우, 작가는 사설의 창작만으로 한정되지 않는다. 현장에서 변용하고 해석하는 연창자 자신도 작가의 한 범주로 이해되어야 하는 것이다. 이러한 점에서 본다면 판소리 작가에 관한 논의는 판소리 연구의 초기부터 충분할 만큼 이루어졌다고 할 수 있다. 판소리에 관한 논의는 판소리 명창에 대한 탐구를 그 중심축으로 하여 진행되었던 것이 그 초기적 실상이었기 때문이다. 그러나 이 시대의 논의는 구체적 틀이나 이론에 근거하여 작가를 파악한 것이라고 할 수 없다. 판소리 명인에 의하여 구전되거나 전승되던 일화를 중심으로 한 소개 차원에 머물러 있었던 것이다. 판소리 사설의 교정 윤색자로 알려진 신재효의 경우는 그의 개작 사설이 보존되어 있기 때문에 작가론을 전개할 수 있는 확실한 바탕을 마련하고 있다고 할 수 있다. 신재효의 개작 의식이나 문화 활동의 영향, 판소리사에 대한 기여 여부 등 다방면의 논의가 진행될 수 있었던 것은 이 때문이다.

판소리는 한 작가에 의하여 이루어지거나, 한 순간에 이루어진 것이 아니다. 오랜 시간 민중의 역량이 결집되어 이루어진 적층적 예술 형태가 판소리인 것이다. 이러한 이유에서 판소리는 이질적인 작가층과 시대를 포괄하는 복합적인 형태를 지닐 것이라는 예측은 얼마든지 가능하다. 모순이나 불합리한 모습이 오히려 판소리적 특성을 잘 보여준다고 한 것은 바로 이러한 견해에 입각하여 나타났다고 할 수 있다. 그러나 판소리는 우리 전통 예술의 하나이고, 그 예술은 자신을 드러내는 최상의 구조를 가지는 것이 당연한 현상이다. 언제까지나 판소리가 불합리한 모습으로 존재한다고 말할 수는 없는 것이다. 이것을 갈등의 구조나 대립되는 성격의 교체 구조로 파악한 것은 일견 불합리하게 보이는 판소리의 구조화를 시도한 작업의 결과라고 할 수 있다.

판소리의 구조화를 시도하는 작업에서 핵심적인 개념으로 정립된 것은 이른바 고정체계면과 비고정체계면, 부분의 독자성, 긴장과 이완, 장면의 극대화·개방성·구비공식구 등이라고 할 수 있다. 이러한 개념들은 모두 판소리가 오랜 시간, 많은 작가층에 의하여 이루어진 예술형태라는 전제 위에서 그 비밀을 해명하고자 하는 노력 위에서 나타난 것이고, 이러한 이유에서 판소리의 구비적 형성 과정과 전승 과정에 의해 초래된 작품 구성상의 특성과 제약을 설명하는 데 크게 기여하였다.

그러나 이러한 구조 논의는 판소리사를 형성시킨 현실적 주체나 시대 상황, 그리고 역사 발전과의 관련 속에서 이해될 때, 보편성을 획득한다고 할 수 있다. 정착된 언어 자료만으로 판소리의 구조를 파악한다든가, 또는 심하게 이념화된 한 이본 만으로 판소리 전체를 재단한다든가 하는 태도는 판소리라는 예술 형태가 지니는 포용성을 도외시한 것으로 볼 수 있는 것이다. 이러한 비판과 대안의 제시가 지속되고 있는 것도 판소리의 구조, 나아가서 판소리의 미학을 드러내기 위한 중요한 과정이라고 할 수 있다.

鄭炳憲 / 숙명여대

◇ 참고문헌

• 著書

강한영, 〈신재효의 판소리 사설 연구〉, ≪신재효 판소리 전집≫, 연세대 인문
　　　과학연구소, 1969.
권두환·서종문, 〈방자형 인물고〉, ≪한국소설문학의 탐구≫, 일조각, 1978.
김동욱, ≪춘향전 연구≫, 연세대 출판부, 1965.
김병국외, ≪춘향전 어떻게 읽을 것인가≫, 춘향문화선양회, 1993.
박헌봉, ≪창악대강≫, 국악예술학교 출판부, 1966.

백대웅, ≪한국 전통음악의 선율 구조≫, 대광문화사, 1982.
서종문, ≪판소리 사설 연구≫, 형설출판사, 1984.
유영대, ≪심청전 연구≫, 문학아카데미, 1989.
전경욱, ≪춘향전의 사설 형성 원리≫, 고려대 민족문화연구소, 1990.
정병욱, ≪한국의 판소리≫, 집문당, 1981.
정병헌, ≪판소리 문학론≫, 새문사, 1993.
최동현, ≪판소리 연구≫, 문학아카데미사, 1991.
최래옥, 〈관탈민녀형 설화의 연구〉, ≪한국고전산문연구≫, 동화문화사, 1981.

• 論 文

김대행, 〈판짜기의 원리에 관한 한 가정〉, ≪판소리연구≫ 1, 판소리학회, 1989.
_____, 〈판소리 사설의 구조적 특성〉, ≪국어교육≫ 27·28합집, 한국국어교육
　　　　연구회, 1976.
김병국, 〈구비서사시로 본 판소리 사설 구성 방식〉, ≪한국학보≫ 27, 일지사, 1982.
김헌선, 〈강릉매화타령 발견의 의의〉, ≪국어국문학≫ 109, 국어국문학회, 1993.
김흥규, 〈판소리의 이원성과 사회사적 배경〉, ≪창작과 비평≫, 창작과비평사, 1974.
_____, 〈신재효 개작 춘향가의 판소리사적 위치〉, ≪한국학보≫ 10, 일지사, 1978.
박영주, 〈판소리 사설치레 연구〉, ≪박사 학위 논문≫, 성균관대 대학원, 1991.
백현미, 〈창극 형성의 배경과 과정〉, ≪판소리연구≫ 1, 판소리학회, 1989.
사재동, 〈심청전 연구 서설〉, ≪어문연구≫ 7, 어문연구회, 1971.
서대석, 〈판소리 형성의 삽의〉, ≪우리문화≫ 3, 우리문화연구회, 1969.
서종문, 〈판소리의 개방성〉, ≪경남대 논문집≫ 7, 경남대, 1980.
설성경, 〈신재효 판소리 사설 연구〉, ≪한국학논집≫ 7, 계명대 한국학연구
　　　　소, 1980.
성현경, 〈판소리의 갈래 연구〉, ≪동아연구≫ 20, 서강대 동아연구소, 1990.
이보형, 〈판소리사설의 극적 상황에 따른 장단·조의 구성〉, ≪논문집≫ 4, 예

　　　　술원, 1975.
이헌홍, 〈판소리의 전승 구조연구〉, 부산대 석사학위논문, 1981.
인권환, 〈수궁가의 설화적 구성과 사설의 양상〉, ≪어문논집≫ 27, 고려대, 1987.
전신재, ≪소리의 연극성에 관한 연구≫, 성균관대 박사학위논문, 1988.
정하영, 〈잡극 심청왕후전고〉, ≪동방학지≫ 36·37, 연세대 국학연구원, 1983.
조동일, 〈판소리의 장르 규정〉, ≪어문론집≫ 1, 계명대 국문학과, 1969.
────, 〈흥부전의 양면성〉, ≪계명논총≫ 5, 계명대, 1969.

제12장

戱曲

1. 전통 연극과 희곡

연극은 인간의 행위인 몸짓과 소리로 빚어낸 사건을 관객의 눈 앞에 직접 보여주는 현장예술이다. 희곡은 이러한 연극을 전제로 한 대본이라고 정의할 수 있다. 따라서 희곡은 문자로 기록이 된 상 태에서는 읽을 수 있는 문학에 속하지만, 무대 공연을 전제로 하고 있다는 점에서 연극의 본질적 속성을 갖고 있다. 결국 희곡은 문학 의 한 장르이면서 동시에 연극의 각본이란 특징을 지닌다. 연극을 위한 각본으로 이해할 때 우리 희곡의 역사는 겨우 20세기에 와서 야 그 구체적인 모습을 드러내고 있다.

한편 이는 서구적 의미에서 무대 공연을 위한 대본을 뜻하지만, 우리 나름의 독특한 개성을 지닌 연극 양식이 전승되고 있다고 볼 때 희곡에 대한 개념과 범주도 다르게 설정할 수 있다. 즉 우리의 전통극은 동양극의 보편성과 민족극의 개성을 드러내면서 독자적 세계를 이룩하였던 것이다.

사실 전통극의 연행에서 보이는 사설은 구비문학의 영역에 속하 는 구비희곡이라고 할 수 있다. 하지만 구체적인 문자로 된 텍스트 가 없으면서도 연행자의 의식 속에는 끊임없이 전승되는 숨겨진 텍 스트가 있다. 이를 토대로 구체적인 연행 현장은 더욱 생동감을 가 지며, 심지어 시대나 연행 공간의 환경에 따라 적극적인 적응과 모 색으로 새로운 예술적 감동과 성과를 가능하게 하였다.

이는 전통 연극의 사설인 전통 희곡과, 근대로의 전환기 이후, 크게는 20세기에 들어와서 민속극의 대사를 기록화한 정착된 전통극 사설과 서구 연극의 수용에 따른 신극 이후의 근대 희곡의 흐름을 통시적으로 살펴보는 것이 우리 희곡의 성격을 이해하는 지름길이 될 것이다. 이러한 의미에서 한국 희곡의 성격은 전통극의 사설과, 근대 희곡과의 이원적 이해가 더불어 진행되어야 한다. 특히 전통극의 사설은 구비문학의 차원을 벗어나지 못했다 하더라도 초기의 전통적 연행이나 좀 더 정제된 후기의 유형적 도시탈춤극과 남사당패 인형극을 통하여 민족문학의 독자적 영역과 그 개성을 보여주고 있다. 그런 점에서 서사 양식이나 서정 양식과는 뚜렷하게 구분되는 특질을 지니고 있다고 할 수 있다.

1) 전통극의 기원

우리 연극의 출발은 연극적 상황에 대한 접근으로 이해할 수 있다. 그 기원은 상고 시대 원시종합예술의 형식으로 행해지던 제천 의식에서 찾을 수 있다. 이른바 인간과 자연, 하늘과 땅, 이상과 현실이 만나고 생긴 문제를 풀어나가는 종교 행사인 굿 의식 가운데 인간의 몸짓과 소리로 이루어진 행위에서 우리 연극의 원초적인 모습을 유추해 볼 수 있다. 이 시기 제천 의식의 특징이 후기 연행 예술이나 종교 제의에서 아직 남아 있다. 가령 고대 제천 의식은 수직적 질서 위에서 신의 신성한 위엄과 무한한 힘에 직접적으로 의탁하는 공식적 의례와 수평적 질서 위에서 신과 인간이 평등하게 즐기는 오신적인 뒷풀이로 구성되어 있다. 이때 신을 즐겁게 하고, 더불어 인간이 함께 노는 후자의 오신적 행위는 자연과 인간의 합일이나, 남녀의 교합이 지닌 모의적 성행위의 연출로 그 주제적 의미는 풍요와 평안을 기원하는 것으로 해석될 수 있다.

이처럼 초기 형태의 굿놀이에서 있었을 법한 극적인 행위가 우리 연극의 모태이자 출발인 것이다. 상고 시대에는 각 나라마다 의식을 거행하던 시기나 구체적인 방식에서는 서로 달랐다고 하더라도 제천 의식을 통해 건국신을 맞아 공동체의 질서와 번영을 벌였다는 점에서는 공통적인 문화 전승을 보여준다. 그 구체적인 보기로 문헌 기록인 ≪삼국지≫ 〈위지 동이전〉을 들 수 있다. 비록 중국인에 의한 기록이지만, 〈동이전〉과 기타의 중국측 사료들에는 우리 민족 어느 부족 사회에서나 모두 국중 대회를 가진 것으로 전하고 있다. 이 역사 기록은 국중 대회가 봄철 씨를 뿌리며 풍요로운 수확을 기대하고 다짐하던 파종播種과 가을철 새로운 결실과 이에 대해 감사하던 천신감사薦新感謝의 성격을 갖고 있음을 말해 준다. 이때에 비록 소박한 형태이지만 원시 연극이 그 속에서 행해졌음을 미루어 짐작할 수 있다. 부여의 '영고迎鼓' 고구려의 '동맹東盟', 예의 '무천舞天', 그리고 마한의 '춘제春祭'와 '추제秋祭' 등은 비록 그 명칭이 다르지만, 당대의 제의에서 추구하던 종교적 이상과 함께 현실적 욕구를 예술적으로 표현하였던 연극의 모태를 담고 있다. 남녀노소 가리지 않고 며칠 동안 노래하고 춤을 추었으며(群聚歌舞), 이러한 집단적 신명과 결속력을 바탕으로 하늘에 제사를 지냈던 것이다. 즉 국가적 축제로서의 연희적 행사라는 공통점을 지닌다.

한편 ≪삼국유사≫ 권2의 기록이 보여주는 〈가락국기〉는 한 나라의 우두머리인 임금을 모시는 고대 출산 제의의 유형과 함께 풍년을 기원하는 제의가 연극적 모의 행위 속에 고스란히 담겨져 있다. 구지봉에 올라가 흙을 파고 춤을 추며 노래하는 행위는 바로 영신 의식이고, 그 결과로 맞이한 임금인 수로가 바닷길로 온 외래 민족인 허왕후와 결합, 그리고 탈해와의 싸움은 곧 풍요를 잉태하는 남녀신의 결합과 이의 방해자를 물리친다는 상징적 연희로 해석할 수 있는 것이다. 이 이야기의 속에 전하는 ≪계욕禊浴≫의 기록 역시 고대 제의의 하나로 후대 연극의 기원이 되었으리라 여겨진다.

지금까지 살핀 것처럼 고대 제천 의식에서 행해지던 국중 대회의 국가 제의와 굿놀이라는 전통은 점차 비공식화되었고, 일반 민중의 생활로 스며들어 마을 공동체의 안녕과 번영을 비는 마을 공동 제의와 굿놀이로 이어졌다. 이 마을 공동 제의와 결합되어 나타나는 굿놀이는 크게 서낭제, 당산제, 동제 등으로 불리면서 지역에 따라 여전히 탈춤극과 직접적 관련을 보이고 있다.

2) 신라 연행 양식의 형성과 전승

우리 연극은 외래 양식의 영향을 받으며 독자적인 개성을 발전시켰으며, 다시 외국의 연극을 발전시키는데 기여하였다. 신라 시대의 연극적 전통은 비교문화적인 관점에서 이해할 수 있다. 즉 이 시기에는 다른 나라와의 문화적 교류와 영향으로 인하여 새로운 양식의 개발은 물론이고, 본격적인 연극으로 자리잡기 시작하였다.

최치원이 읊은 〈향악잡영〉에 관한 《삼국사기》 권32 〈잡지〉의 기록에는 당시 행해지던 금환金丸, 월전月顚 등 다섯 가지 기예(五伎)가 서역 및 중국의 영향에 의한 것임을 밝히고 있다. 〈향악잡영〉 다섯 수에 관한 구체적인 내용을 보면, '금환'은 공을 공중에 던지면서 노는 곡예(弄丸)이고, '월전'은 기이한 모습의 광대들이 선비를 풍자하는 서역의 배우 놀이(俳戱)다. 또 '대면大面'은 가면을 쓰고 귀신을 쫓는 구나무驅儺舞이고, '속독束毒'은 광대가 춤을 추는 서역무西域舞이고, '산예狻猊'는 서역에서 전해온 사자춤이다. 이러한 오기는 최치원이 향악이란 말로 표현하고 있으므로 이들이 이미 토착화된 것으로 보인다.

특히 월전에서는 광대의 모습을 치올라간 어깨에 목은 들어가고 머리 위 상투는 뾰족히 나왔다 하여 선비를 풍자하는 희극적 상황을 제시하는 장면도 있다. 이로 보면 오기는 자생적 요소와 외래적 요소가 상호 영향 아래 융합되던 시대의 산물이고, 이는 후기 민속극에도 영향을 준 것으로 보인다.

한편, 백제인 미마지味摩之가 7세기에 오나라에서 수입한 사자 이하 열 개의 과장으로 구성된 기악을 일본에 전했다는 기록은 우리 연극이 외래적 요소를 어떻게 수용하고, 전파하였는지를 잘 보여준다.

신라 시대 가면극의 하나인 검무는 화랑 관창이 어린 몸으로 나제전쟁에서 백제의 계백장군과 과감히 싸우다 죽은 사실을 기리기 위해 관창랑의 초상을 본 뜬 가면을 쓰고 검무를 춘 데서 유래한다. 여기에는 대사가 있었던 흔적이 없으므로 희곡적 요소는 보이지 않으나, 《문헌비고》의 〈황창랑무조〉의 기록을 보면 처용무와 함께 연출되었음을 알 수 있다.

오기, 검무와 함께 신라 시대의 대표적인 연극은 처용무이다. 《삼국유사》 권2, 〈처용랑망해사조〉 기록은 신라인의 민속 행사에 관한 주변 정황을 잘 나타내주고 있다. 처용 전승과 탈과의 관계, 즉 아내를 빼앗긴 처용의 태도에 감복한 역신이 처용 앞에 모습을 드러내고서 처용은 물론 그의 얼굴을 그린 탈 앞에도 나타나지 않겠다는 약속은 바로 처용 화상과 벽사진경僻邪進慶의 관계를 보여준다. 즉 〈처용가〉의 주술적 성격과 함께 처용무의 종교적 제의성을 나타내는데, 절대 권위의 신에 일방적으로 의탁한 채 주술적 효과만을 기대한 것이 아니라 춤과 노래, 그리고 가면 등과 같은 여러 예술적 장치를 통한 적극적인 기원을 형상화하였던 것이다. 처용 전승은 고려 시대에 와서는 궁중의 구나驅儺 의식에 사용되면서 점차 탈춤놀이인 처용희로 분화·발전하였다.

고려 시대의 처용 연희가 있기 이전인 신라의 처용 전승은 이미 굿과 관련된 연극으로 추정된다. 《삼국유사》 〈처용랑 망해사조〉의 기록에는 처용 무신舞神의 이야기에 이어 남산신, 북악신, 지신 등 여러 토착신들에 대한 구체적인 언급이 있다. 처용 전승과 관련된 연극은 탈을 쓴 사람들이 굿에 참석하여 재앙을 물리치고 함께 국가의 안녕을 기원하였던 구국극救國劇의 성격이었다는 견해도 있다.

처용무에 관한 이러한 접근은 신라 시대의 연극이 상대의 국중 대회 등이 지녔던 제의성 보다는 놀이성이 강화된 형태였다는 의미에서 다음 시대 탈춤극으로의 발전 과정을 이해하는 데 도움을 준다.

3) 고려·조선의 전통극

앞에서는 제한된 문헌 자료에 의지하여 당대의 연극적 상황과 관련 사실들을 추정할 수밖에 없었다. 하지만, 이 시기에 이르러서는 다양한 연행 관련 문헌 자료와 지금까지도 전승되고 있는 연희 행위들을 중심으로 중세와 근세 시기 향유되었던 탈춤극의 총체적 성격을 어느 정도 파악할 수 있다.

(1) 문헌에 나타난 전통극

삼국 시대의 연극이 고려 시대에 와서는 국가 통치의 이념적 기반이었던 불교와 관련된 팔관회, 연등회와 같은 불교 법회와 재래의 민속 연희등과 습합되어 변모의 양상을 보여 주었다. 특히, 예종 9년 송나라에서 대성악을 수입하여 중국화된 궁중 무악이 활발해지자 이들 무악은 점차 민속적인 데서 이탈하여 귀족적 면모로 자리 잡게 되었다. 그 후 몽골의 침입이 있고 나서는 몽골의 잡희를 수용하고, 삼국 이래의 민속 연예를 받아들여 다시 궁중에서 연출하였다. 이처럼 고려의 연희는 상하층이 고루 다양한 양상으로 전개되었는데, 특히 비록 천민이지만 가척歌尺, 무척舞尺, 우인優人 등과 같은 연희 문화를 대표하는 전문 배우가 탄생하였다.

한편 이 시대에는 정통 연극은 아니지만, 중국의 백희百戱, 산악散樂에 해당하는 산대 잡희가 혼성의 곡예로서 대표적 연희로 자리잡았다. 《목은집》 권33에는, "산대 잡극의 행렬이 동대문에서 대궐문까지 이를 정도로 이렇게 성대한 것은 일찍이 보지 못했다"하며 놀라워 하는 모습이 기록될 정도로 고려 말에는 산대 잡희가 크게 성행하였던 것으로 보인다. 고려 시대는 정월, 이월, 사월 등에 행한 불교적 의식인 연등회에서 산대를 만들고, 백희가취百戱歌吹를 했으며, 12월 그믐밤에는 벽사진경의 뜻으로 구나의식 행하였는데 이때 나례 이외에도 백희를 연출하였다. ≪목은집≫ 권21에 있는 〈구나행〉을 보면, 백택무白澤舞, 토화吐火, 탄도吞刀, 호희胡戱, 처용무處容舞, 용무龍舞 등이 행해졌던 것을 알 수 있다.

조선 시대에는 고려대에서 계승된 나례儺禮와 산대 잡극이 더욱 성행하였다. 이 시대에는 나례도감儺禮都監 또는 산대도감과 같은 국가적 연희행사를 관장하는 부서가 따로 세워졌는데, 이때 산대희라는 명칭는 나례, 나희, 산대나례, 산대잡희 등으로도 불렸다. 대개 중국 사신의 영접·나례·부묘환궁祔廟還宮·종묘친제·알성·행행·안태·진풍정·내풍작, 지방 장관의 환영 때 등 광범위하게 사용되었다. 성현의 〈관나시〉에는 채색한 장막(綵棚)을 설치하고, 화려한 의상을 입은 무용수가 나와 춤추는 모습과 弄丸·줄타기·만석중놀이·솟대놀이 등 규식지희規式之戱에 속하는 나례 놀이가 있었던 것으로 표현되어 있다. 또 유득공의 ≪경도잡지京都雜志≫ 〈성기조聲伎條〉에는 연극에는 산희山戱와 야희野戱의 양부兩部가 있는데, 이는 나례도감에 속한다. 산희는 다락을 매고 포장을 치고 사자와 호랑이, 만석중이 춤을 춘다. 야희는 당녀唐女와 소무小巫로 분장하고 춤을 춘다.

임병 양난을 겪은 인조 이후는 경비의 문제로 나례의 규모도 축소되어 축역행사逐疫行事 정도로 줄어들어 영정조 이후로는 공식적인 의식으로서 나희는 없어졌다. 이로 인해 많은 비용이 드는 대규모 곡예로서의 잡희가 점차 쇠퇴하고, 산대도감극 계통인 탈춤극의 시대로 이어졌다.

나희에서도 잡희·창우지희倡優之戱·배우희俳優戱 등으로 불리는 소학지희笑謔之戱가 발달했다. ≪세조실록≫에는 세조 10년 12월의 나례때 축역우인逐疫優人이 잡희로 탐관오리와 민간에서 일어나는 일을 풍자하였다는 기록이 있다. 연산군 5년 12월에는 공결孔潔이란 배우가 이신李紳의 〈민농시悶農詩〉를 읊고 삼강령팔조목三綱領八條目 등을 논하다 의금부에서 매를 맞고 역졸이 되었고, 동 10년 12월에는 공길孔吉이란 배우가 노유희老儒戱를 놀고 왕의 실정을 풍자하다 매를 맞고 유배되었다. 또, 중종 22년 12월에는 정재인呈才人이 민간의 질고疾苦와 구황救荒의 방법을 연출하였고, 유몽인의 ≪어우야담≫에는 배우들의 〈상소上疏 놀이〉 등이 있어 연희의 풍자성을 강조하고 있다. 어숙권의 ≪패관잡기≫에는 〈무세포巫稅布 놀이〉 등이 소개되고 있다. 이 놀이는 관부에서 거둬들이는 무세포가 너무 많아 수세리收稅吏가 오면 무가巫家에서 주신을 갖추어 대접하며 기한을 늦추려는 모양을 〈어정御庭 놀이〉에서 연출하자, 왕이 무세巫稅를 면해주었다는 관리를 비판하고 사회를 풍자하는 내용이 있다. 이처럼 당대 사회의 여러 면들을 민중 특유의 낙천적 세계관으로 조명한 풍자와 해학의 '광대소학지희'는 조선 후기 전통극과 그 맥락을 함께 하고 있다.

(2) 전승 자료에 나타난 전통극

조선 시대 우리 전통극의 중심은 탈춤극과 인형극이다. 이들 가운데 탈춤극에 관한 자료는 20세기에 채록·정착된 것이지만, 그 동안의 유동성을 감안하더라도 탈춤극의 유형적 특징과 제한적 전승이라는 성격으로 볼 때 조선 시대의 성격과 현존 자료는 근본적인 커다란 차이는 없었을 것이다. 왜냐하면 탈춤극은 기본 춤사위, 장단이나 사설의 구성 원리 등은 그대로 유지하면서 사설에서 지역이나 시대적 분위기를 반영하는 부분적인 개성을 발전시켰기 때문이다.

전통극은 서낭제 놀이와 산대도감계로 대별하기도 하고, 무당굿놀이 탈춤, 인형극으로 구분하기도 한다. 서낭제 놀이는 하회 〈별신굿 놀이〉, 강릉 단오제의 〈관노 탈놀이〉, 동해안 별신굿의 〈탈놀음굿〉을 포함하고, 산대도감계에는 〈봉산 탈춤〉, 〈양주 별산대〉 등이 있다. 또 무당굿놀이에는 평안도 〈제석방아 놀이〉, 제주도의 〈세경 놀이〉, 경상도의 〈범굿〉 등이 전승되고 있다.
　현재 전승되고 있거나 중요무형문화재로 지정되어 재연되고 있는 전통 민속극의 지역적 분포는 다음과 같다.

　1. 경상도
　　1) 낙동강 상류지역 : 별신굿 탈놀음(하회 별신굿 탈놀이)
　　2) 낙동강 동쪽지역 : 들놀음(야유野遊; 수영들놀음, 동래들놀음)
　　3) 낙동강 서쪽지역 : 오광대(통영오광대, 고성오광대, 가산오광대)
　2. 서울 및 경기도 : 산대놀이(양주별산대 놀이, 송판산대 놀이)
　3. 황해도 : 해서 탈춤(봉산 탈춤, 강령 탈춤, 은률 탈춤)
　4. 강원도 : 단오굿 탈놀음(강릉관노 놀이)
　5. 함경도 : 사자 탈놀음(북청사자 탈놀이)

① 탈춤극의 성격
　서낭제 계열에 속하는 하회 별신굿은 굿의 한 절차로 등장하는 연극이다. 현재까지 탈춤극이 전하는 경북 안동군 풍천면 하회동의 별신굿은 3년, 5년, 또는 10년에 한 번씩 열린다. 산주山主와 무녀와 광대가 서낭당에 모여 제수祭需를 차리고 강신降神이 되면 서낭대와 성줏대를 받들고 윗당, 아래당과 삼신당을 거쳐 동 사무소 앞 놀이 마당에서 별신굿놀이를 한다. 놀이의 순서는 강신, 무동 마당, 주지 마당, 백정 마당, 할미 마당, 파계승 마당, 양반·선비 마당, 당제堂祭·혼례마당, 신방 마당, 헛천거리굿의 순서로 되어 있다. 내용은 양반에의 풍자와 민중의 생활상이 중심이고 특히 양반이 각시를 수중에 넣기 위해 파계승과 다투는 것도 양반에 대한 신랄한 비판의 한 단면이다.
　경남 낙동강 동쪽 지방 및 동해안에 분포하는 들노름 또는 야유라 불리는 탈춤극은 수영야유水營野遊가 그 대표적 예다. 수영야유는 정월 대보름에 산신제를 지낸 후, 등을 든 아이들을 앞세우고 농악대, 군악대, 기생들, 사자를 탄 수량반首兩班을 위시한 양반과 말뚝이 난봉가패 등이 뒤따르는 가장假裝을 한 길놀이 및 농악놀이를 한 다음 문둥 탈춤, 풍자 탈놀이, 영노 탈놀이, 농장 탈놀이, 포수 탈놀이의 다섯 과장으로 되어 있고, 내용은 들놀음에 비해 벽사의 의식무와 파계승에 대한 풍자가 없는 것이 특징이다.

경기도 지방의 탈춤극은 산대놀이라 하는데, 송파 산대와 양주 별산대가 그 예다. 이는 서울 중심의 경기지방에서 연희되어온 산대도감의 한 분파다. 원래는 녹번, 아현 퇴계원 등의 본산대를 본받아 양주 별산대가 만들어졌으나 내용은 비슷하다고 전해진다. 양주 별산대는 4월 초파일, 5월 단오, 8월 추석에 주로 연희되고, 그 외에도 기우제를 지낼 때도 연희되었다. 과장科場의 순서는 길놀이 및 고사에 이어 상좌춤, 옴과 상좌, 옴과 목중, 연잎과 눈끔적이, 팔목중놀이, 이 놀이는 다시 염불놀이 침놀이 매사당 북놀이의 세 장면으로 구분된다. 노장老長 놀이도 파계승 놀이, 신장수 놀이, 취발이 놀이의 세 장면으로 구분된다. 샌님 놀이도 의막사령依幕使令 놀이, 포도부장 놀이의 두 장면으로 구분하기도 하고, 장면을 없애고 12과장으로 구분하기도 한다.

황해도 지방의 탈춤극은 보통 탈춤이라 하는데, 봉산鳳山, 강령康翎, 은속殷粟 탈춤이 그 예다. 이 놀이는 세시풍속의 하나로 5월 단오일 밤에서 다음날 새벽까지 연희되며 조선 말 전에는 4월 초파일에 연희되었다. 과장의 내용은 사상좌四上佐춤, 팔목중춤, 사당社堂춤, 노장老長춤, 이는 신장수 놀음과 취발이 놀음의 두 장면으로 되어 있다. 사자춤, 양반춤, 미얄춤의 7과장으로 되어 있다. 봉산탈춤의 대사는 다른 탈춤극보다 한시구의 인용이 많아 아전들에 의해 전승되었음을 짐작할 수 있다.

○ 봉산탈춤의 대사

말뚝이 : (가운데쯤에 나와서) 쉬이. 양반이 나오신다아! 양반이라고 하니까.

노론 소론 호조 병조 옥당을 다 지내고 삼정승 육판서를 다 지낸 퇴로 재상으로 계신 양반인 줄 아지 마시요. 개잘량이란 양자에 개다리 소반이라는 반자 쓰는 양반이 나오신단 말이요.

양반들 : 야아, 이놈 뭐야아!

말뚝이 : 아, 이 양반들 어찌 듣는지 모르갔소. 노론 소론 호조 병조 옥당을 다 지내고 삼정승 육판서 다 지내고 퇴로 재상으로 계신 이생원네 삼형제 분이 나오신다고 그리하였오.

양반들 : (함께) 이생원이라네(굿거리 장단으로 춤을 춘다).

말뚝이 : 쉬이. 여보 구경하시는 양반들 말씀 좀 들어보시오. 짤다란 곰방대로 잡숫지 말고 저 연죽전煙竹廛으로 가서 돈이 없으면 내게 기별이래도 해서 양칠간죽洋漆竿竹, 자문죽紫紋竹을 한 발 가웃씩 되는 것을 사다가 육무깟지 희자죽喜子竹, 오동수복烏銅壽福 연변죽을 사다가 이리저리 맞추어 가지고 저 재령나무의 낚시 걸 듯 죽 걸어놓고 잡수시요.

양반들 : 뭐야!

말뚝이 : 아, 이 양반들 어찌 듣소, 양반 나오시는데 담배와 훤화喧嘩를 금하라고 그리하였소.

양반들 : (함께) 훤화를 금하였다네(굿거리 장단으로 춤을 춘다).

말뚝이 : 쉬이, (춤과 반주 그친다) 여보, 악공들 말씀 들으시오. 오음육률 다 버리고 저 버드나무 홀뚜기 뽑아다 불고 바가지 장단 좀 쳐 주오.

양반들 : 야아, 이놈 뭐야!

말뚝이 : 아, 이 양반들 어찌 듣소. 해금 북 장고 젓대 피리 한 가락도 뽑지 말고 건드러지게 치라고 그리하였소.

양반들 : (함께) 건드러지게 치라네(굿거리 장단으로 춤을 춘다).

생　원 : 쉬이, (춤과 반주 그친다) 말뚝아.

말뚝이 : 예에.

생　원 : 이놈 너도 양반을 모시지 않고 어디로 그리 다니느냐.

말뚝이 : 예에, 양반을 찾으려고 찬밥 국 말어 일조 식하고, 마굿간에 들어가 노새 원님을 끌어다가 등에 솔질을 솰솰하여 말뚝이님 내가 타고 서양 영

미 법덕 동양삼국 무른 메주 밟듯하고, 동은 여울이요, 서는 구월이라 동여울 서구월 남드리 북향산 방방곡곡 면면촌촌이, 바위 틈틈이, 모래 쨈쨈이, 참나무 결결이 찾아다녀도 샌님 비뚝한 놈도 없고 보니, 낙향사부落鄕士夫라 서울 본댁을 찾아가니 샌님도 안 계시고 종가집 도련님도 안 계시고 마나님 혼자 계시기로 벙거지 쓴 채, 이 채찍 찬 채, 감발한 채, 두 무릎을 꿇고 하고 재독으로 됐습니다.

탈춤극의 대사에서 가장 특징적인 것은 말뚝이 취발이란 하인을 통해 양반 승려들의 위선을 풍자하고, 영감과 할미와 각시 갈등을 통해 남성의 축첩을 비판하는 것이다. 이러한 양반의 조롱, 처첩의 갈등이 탈춤극의 중심이 되면서도 인생무상, 왕생희원往生希願 등의 주변적 내용을 보여준다. 지역적으로는 경기도 탈춤극이 파계승에 대한 풍자가 강하여 노장은 제자인 목중에게 우롱당하고, 취발이는 노장을 물리치고 소무小巫를 차지한다. 이는 유교적 의식과 그 질서를 거역하는 풍자적 주제며, 이러한 주제는 연기자의 재치있는 행위와 대사에 의해 해학적으로 형상되고 있다.

② 인형극의 성격

인형극은 인형을 만들어 의상을 입히고 실을 매달아 인형의 동작을 보이고 역자役者들이 뒤에서 대화하는 방법으로 연출하는 것이 일반적 양식이다. 그런데 조선의 대표적 인형극인 꼭두각시놀음은 포대인형袍袋人形으로 포장 뒤에서 인형의 몸속에 포장 뒤에서 인형의 몸속에 팔을 넣어 직접 손으로 조종하여 연출한다.

꼭두각시놀음은 일명 박첨지 놀이 홍동지 놀이 등으로 불리는데, 이는 조선 초기 불교 억압시에 형성된 집단인 남사당이라 불리던 직업 유랑 연예인에 의해 연출되었다. 이들은 전국의 농어촌 등을 찾아다니며 농악·대접 돌리기·땅재주·줄타기·덧뵈기와 함께 꼭두각시놀음을 연출하였다.

꼭두각시놀음에서는 주인공인 박첨지가 해설자의 역할을 함과 동시에 받는 소리군과의 대화를 통하여 각 막을 이어 일관성을 유지하고 있음이 탈춤극의 각 과정과의 차이이다. 놀이의 순서는 인형의 소개로부터 시작하여 박첨지의 자기소개, 상좌중 춤·꼭두각시·이심이·작은 박첨지·동방삭·표생전·깜벡이·치도·평안감사 매사냥·평안 감사 상여로 이어지고 마지막의 막은 박첨지의 뒷말로 되어있다.

이 인형극의 주인공은 박첨지로 그가 이시미에게 물려 죽게 되자 벌거벗은 채 온몸이 붉은 빛깔인 홍동지가 그를 구해준다. 홍동지는 또 이시미를 죽인 후에 평안 감사의 모친이 죽자 그 상여喪輿를 알몸으로 메고 북망산으로 간다. 이 놀음의 주요 인물이 보여주는 이러한 사건은 홍동지로 상징되는 하천민의 억압된 의식에서 나오는 기성 사회와 관념에 대한 저항으로 해석된다. 또 홍동지가 민중의 적대자 이시미를 죽이고 권력자인 평안 감사를 희롱하는 사실은 평양 감사의 상여를 홍동지가 메는 장면에서 극대화되어 기존 권력 윤리 질서에 대한 적극적 도전이다. 그러나 이 놀이는 당대에 드러낼 수 있는 만큼의 적극적 의식을 드러내면서도 불교적 요소를 통해 중화시키려는 경향을 지니고 있다. 이는 남사당패가 절과 관계를 가지고 형성되었기 때문에 보이는 특성이기도 하다.

4) 근대 전환기 이후의 극

근대로의 전환기에 이르러서는 전통극의 전승이 식민지 시대라는 역사적 상황에 의해 약화된 반면, 전통적 요소에 뿌리를 두고 있으면서 변화하고자 하는 의식에서 출발한 창극唱劇이 등장하였다. 그러나 창극도 오래 유지되지 못하여 뒤이어 발생한 신극新劇에 그 자리를 물려주게 됨으로써 본격적인 현대극이 연극의 중심이 되었다.

구극舊劇, 국극國劇이라고 일컫는 창극은 창을 중심으로 진행되는 연극으로 한 사람이 창을 하던 판소리를 다수의 배역에 따라 연출하게 하여 무대극으로 변화시킨 것이다. 창극은 이인직이 최병두타령을 바탕으로 만든 은세계銀世界를 판소리 광대가 무대 위에서 배역에 의해 분창分唱하여 상연하게 한 것에서 시작된다. 그 이후 협률사協律社, 광무대光武臺 등에서 춘향전, 심청전 등의 판소리를 재구한 개작 창극과 순수 창작 희곡을 연출하는 순수 창극이 상연되었다. 또 1930년에는 조선음률협회가 조직되어 김창환, 이동백, 송만갑 등 명창들이 화용도華容道, 춘향전 등을 상연하였으나 창극은 쇠퇴기를 벗어나지 못하였다.

신극新劇은 초기의 것을 신파극新派劇, 후기의 것을 좁은 의미의 신극으로 구분한다. 신파극은 근대 전환기에 생긴 연극으로 희곡으로서의 각본이 없이 일정한 줄거리를 배우의 재치에 의해 대사를 즉흥적으로 엮어가는 연극이다. 이러한 신파조라 불리던 연극은 1910년 이후에 성행했고 그 내용은 주로 일본 신파극의 번안이었다. 임성구林聖九가 중심이 되어 1911년에 조직된 신파극단 혁신단革新團은 불효천벌不孝天罰, 눈물, 카츄샤, 추월회, 장한몽 등을 상연했고, 1913년 일본에서 귀국한 윤백남은 문수성文秀星을 조직하여 천리마千里馬, 불여귀不如歸 등을 상연하였다. 신파극들은 관객의 기호에 영합하면서 영리성을 추구했기 때문에 순수 창작극마저도 희곡 문학으로서의 의의는 기대할 수 없었다. 그러나 이기세와 윤백남은 새로운 지식층을 중심으로 예술협회를 결성했고, 여기서 상연한 윤백남의 '운명', 이기세의 '희망의 눈물', '책임' 등은 신파극의 발전적 극본인 신극으로의 전환을 보여준다.

신파극이 영리성으로 인해 대중 연극화한데 반하여 신극은 서양 근대극의 영향을 받은 일본 유학을 거친 지식인들에 의해 서양의 사실적 연극을 이땅에 정착시키려는 의도에서 시작되었다. 신극은 조중항이 '병자삼인'(1912)이란 여성의 사회진출 문제를 희극적으로 다른 최초의 희곡작품을 창작함에서 출발된다. 신극은 1922년 박승희를 위시한 김기진 이서구 등이 조직한 토월회土月會에 의해 본격화되었고, 1931년에는 극예술연구회가 창립되면서 여기에 참가한 홍해성·서항석·유치진·윤백남 등에 의해 서구 연극인 '검찰관', '인형의 집' 등이 상연되었다. 이러한 신극의 흐름은 본격적 현대극의 기반을 마련하는 계기가 되었다.

薛盛璟 / 연세대

◇ 참고문헌

康龍權,〈韓國人形劇本의 考察〉,《동아논총》7집, 1971.
姜龍權,《韓國民俗劇》, 동아대출판부, 1986.
金烈圭,〈駕洛國記考〉,《부산대국어국문학》3호, 1961.
＿＿＿,〈現實文脈속의 탈춤〉,《진단학보》39호, 1975.
金在喆,《朝鮮演劇史》, 학예사, 1939.
金學主,〈唐樂呈才 및 판소리와 중국의 歌舞劇 및 講唱〉,《한국사상대계》1, 1973.
朴鎭泰,《韓國假面劇研究》, 새문사, 1985.
＿＿＿,《탈놀이의 起源과 構造》, 새문사, 1990.
서대석,《韓國巫歌의 研究》, 문학사상사, 1980.
宋錫夏,《韓國民俗考》, 일신사, 1960.
李杜鉉,《韓國新劇史研究》, 서울대출판부, 1966.
＿＿＿,《한국의 假面劇》, 一志社, 1979.
＿＿＿,《韓國假面劇》, 서울대출판부, 1994.
장상박,《오광대와 들놀음 연구》, 집문당, 1986.

張正龍, ≪江陵官奴假面劇硏究≫, 집문당, 1989.
張籌根, 〈韓國의 神話〉, ≪한국문화사대계≫ V, 고대민족문화연구소, 1967.
趙東一, ≪韓國假面劇의 美學≫, 한국일보사, 1975.
____, ≪탈춤의 역사와 원리≫, 홍성사, 1979.
崔常壽, ≪海西假面劇의 硏究≫, 대성문화사, 1967.
崔正如·徐大錫, ≪東海岸巫歌≫, 형설출판사, 1974.

제13장
古隨筆

1. 문제제기

고수필1)에 대한 기왕의 연구는 수필의 개념에 대한 통일된 견해를 보이고 있지 못하다는 점, 고수필 작품 하나하나에 대한 문학성 검토가 수반되지 못했다는 점, 그리고 표기방법이 다르다는 이유만으로 한글수필과 한문수필로 양분하여 논할 필요가 있는가 하는 점에서 문제점을 가지고 있다.

특히 수필의 개념에 대한 자의적 해석으로 말미암아, 고수필의 범주에 대한 시각의 편차가 너무 커서 설화·시화·소설·수필·실용문이 서로 넘나들고 있고, 모든 한문문체를 한문수필에 포함시켜야 한다는 고수필론들이 목소리를 높이고 있으며, 급기야는 소설·희곡을 제외한 모든 국문학 산문은 수필이라는 극단론까지 고개를 들고 있는 형편이다. 이러한 점에서 고수필의 장르적 논의에 대한 많은 학자들의 좀더 진지한 검토가 이루어져야 하리라 본다.

필자는 1장에서 위와 같은 문제점을 ①수필의 용례, ②수필의 개념, ③수필의 특성으로 나누어 하나하나 해결해 보고자 한다.

---

1) 여기서 고수필이라 함은 고수필과 현대수필이 다르다는 의미를 뜻하는 것이 아니라, 연구범위의 측면에서 단순히 개화기를(구체적으로 갑오경장) 기준으로 하여 그 이전의 수필을 지칭하는 용어로 사용하였다.

1) 수필의 용례

(1) 중국의 경우

중국에서는 특정한 내용이나 문체를 고려하지 않고 생각나는 대로 붓가는 대로 쓴 문장을 고대에 필기소설筆記小說이라고 총칭했다. 이중에서 독서를 하고 난 뒤의 비망록, 고사나 전고의 기록 및 고증, 일상적인 견문 등 단편적인 비망록에 해당되는 것을 '필기筆記'라 하고, 자질구레한 신변잡기나 민간전승 등을 기록해 놓은 것을 '소설 小說'이라 했다.

수필이란 용어가 붙은 최초의 저술로 남송南宋 때 정치가요 학자였던 홍매(1123~1202)의 ≪용재수필≫을 들 수 있다. 이 책의 서문에서 수필을 다음과 같이 정의했다.

> 余習懶 讀書不多 意之所之 隨卽記錄 因其先後 無復詮次 故目之曰隨筆
> (≪容齋隨筆≫ 序)[2]

그러나 실제로 이 책은 본인의 견해와는 달리 학문적 고증의 글이 대부분이라는 점에서 수필의 원 뜻과 일치되는 것은 아니다. 옛날부터 중국에는 잡기雜記·잡록雜錄·잡지雜誌·만록漫錄·만필漫筆·필기筆記·필록筆錄·총담叢談·한화閑話 등의 문장이 많이 있었는데, 이들은 대체로 비망록이거나 고증적 문장이어서, 오늘날 우리가 말하는 관조적이고 비평적인 수필과는 거리가 멀다고 하겠다. 그 뒤 명말 문인들이 소품문小品文이란 양식을 만들어 창작했는데, 여기에 전통적 문체에 자구를 가다듬어 인생관을 노출시키고 문명비평적 견해가 간혹 눈에 뜨이는 바, 이것이 오늘날의 수필에 가깝다고 할 수 있다.

---

[2] "나는 평소 게을러 책을 많이 읽지 못했으나 생각이 나는 대로 기록했고, 그것을 선후를 가려 다시 목차를 정하지 않았기에 이름하여 수필이라고 했다."

(2) 한국의 경우

우리나라에서도 일찍이 수필이란 용어가 사용되었는데, 사용된 문헌과 거기에 포함된 내용을 간략히 제시해 보면 다음과 같다.

> 작자미상의 수필隨筆(금석문, 경상도지방 월별 조정 진상進上 토산물명 및 담당관원명)
> 윤흔尹昕(1564~1638)의 도재수필陶齋隨筆(정치적 견해, 이어기담俚語奇談)
> 이민구李敏求(1589~1670)의 독사수필讀史隨筆(치도治道의 권징사항)
> 석설암釋雪嵒의 백우수필百愚隨筆(선지식)
> 조건성趙乾性의 한거수필閒居隨筆(수상록)
> 이형상李衡祥(1653~1733)의 병와수필甁窩隨筆(물적博物的 견해)
> 김재로金在魯(1682~1759)의 수필隨筆(장계, 상소문, 통문)
> 안정복安鼎福(1712~1791)의 상옹수필橡翁隨筆(수상 및 사회에 대한 비판적 견해)
> 박지원朴趾源(1737~1805)의 일신수필馹迅隨筆(기행문)
> 정종유鄭宗愈(1744~1808)의 현곡수필賢谷隨筆(옛글과 속담)
> 조운사趙雲師(1753~1821)의 몽암수필夢庵隨筆(체험담과 시화)
> 작자미상의 경어수필警語隨筆(처세, 경어, 시화)

위의 내용을 정리해 보면, 치도治道·선지식善知識·기담奇談·수상隨想·기행문紀行文·사견私見·속담俗談·시화詩話·경어警語 등으로 요약되는데, 여기에는 현대적 개념의 논설·평론·수필·설화·처세훈 등이 두루 포함되어 있음을 알 수 있다.

이러한 점에 착안하여 최강현 교수는 "시·소설·희곡의 세 영역에 들지 않는 나머지 모든 내용의 문학작품을 포함하는 뜻으로 수필을 사용하고자 하였다."[3] 그러나 선인들이 이름만 수필이라고 붙였다고 해서 장르개념이 분명한 현대를 살아가는 우리가 모두를 수필로

---
3) 최강현, 수필 ≪국문학신강≫, 새문사, 1985, 290쪽.

다른다는 것은 무정견한 문학연구태도라 아니할 수 없다. 마찬가지로 대부분의 논자들은 고려시대 이인로의 ≪파한집≫4)·최자의 ≪보한집≫ 등을 비롯하여, 조선초 ≪대동야승≫·김만중의 ≪서포만필≫·유형원의 ≪반계수록≫ 등이 대표적 고수필집이라고 말해 왔는데, 이들은 대체로 야사·일화·소화笑話·만록·수필·정론政論·시화·고증의 글이 주종을 이루고 있다고 볼 때, 이들 문헌에 간혹 수필이 엿보인다고 말해야지, 그것 자체가 수필집인 것으로 기술하여 독자의 오해를 초래해서는 곤란하다고 생각된다.

근대수필은 기행수필(1895, 유길준의 ≪서유견문≫)로 출발하여 수상적 수필과 병행하다가, 1930년대에 와서야 산문문학의 한 장르로서의 본격수필로 자리잡게 되었다. 그 과정을 간략히 살펴보면 다음과 같다. 1910년대 ≪학지광≫·≪태서문예신보≫ 등에 최승구·나혜석·이일 등의 기행 및 수상수필이 발표되었고, 1920년대 기행·편신片信·감상感想·상화想華·감상수필感想隨筆 등의 이름으로 수필 작품이 여러 동인지에 게재되다가 ≪동광≫(1926)·≪조선문단≫에 와서 수필이란 장르명칭이 본격적으로 사용되었다. 이후 1930년대 수필의 장르개념이 추구되고5), 문학적 수필이 발표되면서부터6) 본격 수필시대로 접어들게 되었다고 하겠다. 1950년대 이후의 현대수필은

---

4) 이인로의 ≪파한집≫은 요샛말로 하면 하나의 에세이집이다. 상·중·하 3권에 실린 글이 모두 83편인데 그중에 순수한 시평론이 41편, 나머지는 모두 수필에 해당하지만, 시평도 격조높은 에세이로 본다면 파한집은 그야말로 우리나라 최초의 수필집이라고 할만하다. (장덕순, ≪수필문학사≫, 새문사, 1985, 61~62쪽.) 그러나 필자가 보기에는 장덕순 교수가 대표적 수필로 제시한 함순·오세재·임춘에 관한 글들은 시화 또는 일화 수준에 머물고 있다고 생각되기에, 이들을 수필로 볼 수 있는가에 대해서는 보다 많은 학자들의 동의를 얻어야 하리라 본다.
5) 김기림, 〈수필을 위하여〉, ≪신동아≫, 1932, 9 ; 김광섭, 〈수필문학소고〉, ≪문학≫ 창간호, 1934 ; 김진섭, 〈수필의 문학적 영역〉, 동아일보, 1939, 3.
6) 수필 전문지 ≪博文≫이 나오고, ≪조광≫·≪문장≫·≪인문평론≫에 수필 고정란이 설정되고, 여기에 이병기·김진섭·이양하·이효석·이희승 등이 많은 수필을 발표하였다.

1930년대의 성숙된 수필을 바탕으로 이루어졌는데, 수필인의 증대와 발표지면의 확대로 수필의 양적 팽창과 대중화를 가져왔지만, 한편으로 그것은 수필의 문학성을 저하시키는 결과를 가져왔기에 수필문단의 자기정화 노력이 수반되어야 하리라 본다.

(3) 서양의 경우

우리의 수필과 뜻이 통하는 서양의 Essay는 "계량하다·음미하다"는 뜻을 가진 라틴어 Exigere에서 유래한 프랑스어 Essai의 영어식 표현으로 "시도하다·시험하다"는 뜻을 가지고 있다. 이를 프랑스의 몽테뉴(1533~1592)가 세속적인 일을 떠나 명상에 잠겨 쓴 자기 작품집(Les Essais ; 1580)의 명칭으로 처음 사용하면서 장르명을 확보하게 되었지만, 최초의 서양 수필은 플라톤(B.C 427~347?)의 〈대화〉라고 할 수 있다.

몽테뉴의 ≪수상록≫이후 서양에서도 수필의 양분화가 이루어졌는데, 그 하나가 Essay(Formal Essay)이고 다른 하나가 Misce-llany (Informal Essay)이다. 전자는 중수필·베이컨형 사회적 수필이라고 일컬어지는데, 그 성격은 대체로 논증적·철학적·사회적·객관적·이성적 입장에서 쓰여지는 3인칭 소논문이라고 할 수 있다. 즉 비교적 무게가 있는 문제나 대상을 논리적·비평적·사색적으로 논술한 소평론·서평·가십·사설 등이 대부분이라고 할 수 있다. 이에 반해 후자는 경수필·몽테뉴형 개인적 수필이라고 일컬어지는데, 그 성격은 개인적·주관적·정서적·신변적 입장에서 쓰여지는 일인칭시점의 잡문이라고 할 수 있다. 즉 이는 비교적 개인적인 감상이나 체험내용을 유모와 위트를 가미하여 주관적 정서적 내용을 표출하는 신변잡기·감상·기행·일기·서간 등이 대부분이라고 할 수 있다.

이러한 점에서 서양의 Essay는 소논문·논설을 지칭하는 우리의 평론과 유사한 개념이고, Miscellany는 신변잡기·각종 감상문·잡문 등을 지칭하는 우리의 수필과 같은 개념을 가지고 있음을 알 수 있다.[7]

그러면 동서양의 이상과 같은 수필의 역사적 용례를 참고하여 수필의 개념규정을 시도해 보자.

2) 수필의 개념

수필이란 용어가 사용된 시기는 오래이나, 그것이 장르적 명칭을 갖게 된 것은 근대에 들어와서 이루졌다고 할 수 있다.

> "옛날에는 (수필은) 완전한 작품으로 이루어지지 않은 것, 다시 말하면 필기류를 수필이라고 지칭한데 반하여, 오늘날에는 완전히 작품을 이루지 못하면 수필이 될 수 없는 것이다."[8]
> "기記·록錄·문聞·회話·담談·필筆 등 저술의 내용은 시·글·글씨·그림 등에 얽힌 이야기와 인물평을 산만하게 주관적 입장에서 간단하게 서술하여 … 비평·야담과도 혼동되어 수필작품만을 가려내기가 어렵다."[9]

이러한 입장을 표명하면서, 이제까지는 ≪파한집≫·≪보한집≫·≪골계전≫·≪필원잡기≫·≪해동야언≫ 등을 모두 수필류에 포함시키려는 태도를 보여 왔다. 그 결과 국어국문학회 편 ≪수필문학연구≫(정음문화사, 1979)에 기록문학과 〈백운소설〉·〈여용국평란기〉 등을 다룬 논문을 수록하여, 국문학도의 장르관에 혼돈을 가져오는 우를 범했으며,[10] 이러한 잘못은 그후로도 계속되어 고전수필론을 다루는 학자들

---

7) "영어의 Essay는 평론과 수필을 포함한다. 우리의 경우 Essay는 수필을 가르키는 개념이다." (문덕수, ≪현대문장작법≫)
8) 조종업, 〈한문수필의 유형변화〉, ≪전국 국어국문학회 발표요지≫, 제37회, 2쪽.
9) 金永琪, 〈한국수필의 전통〉(윤재천 편, ≪수필문학의 이해≫, 세손, 1995), 15쪽.
10) 대표적 예를 든다면 다음과 같은 견해를 들 수 있다. "여기 (국문수필로) 문제 삼으려는 바 〈훈민정음서〉·〈석보상절서〉·〈월인석보서〉·〈上院寺御牒〉·〈五臺山上院寺重創勸善文〉·〈飜譯金剛經事實〉·〈內訓序〉 등이 바로 그것이다." [사재동, 〈국문소설의 형성문제〉(국어국문학회편, ≪수필문학연구≫, 정음문화사,

의 책 속에 으레껏 한시를 제외한 모든 한문을 고수필의 범위에 포함시키는 오류를 반복하여 왔다고 할 수 있다.
  수필의 개념에 대한 원론적 논의를 열거해 보면 다음과 같다.

> 자연과 인생에 대한 개인의 의견·감상·관찰·고증·논고 등을 내용·형식·분량에 구애받지 않고 생각나는대로 붓가는대로 유모·위트·예지를 섞어 개성적·관조적으로 쓴 산문.
>
> ≪학원세계대백과사전≫

> 인생과 자연에 대한 수상·감상·단상·논고·잡기 등이 포함되며, 생각나는대로 붓가는대로 형식이 없이 보통 1~2페이지 또는 30페이지가량 되게도 씀. 개성적·관조적 또는 인간성이 내포되게 유모어·위트·예지·기지로써도 표현함.
>
> (이희승, ≪국어대사전≫)

> 형식에 묶이지 않고, 듣고 본 것, 체험한 것, 느낀 것 따위를 생각나는대로 쓰는 산문 형식의 짤막한 글 또는 그러한 글 투의 작품. 사건 체계를 갖지 않으며, 개성적·관조적이며, 인간성이 내포되며, 위트·유모어·예지로써도 표현함.
>
> (신기철·신용철, ≪새우리말사전≫)

> 붓가는대로 자유롭게 견문·체험·감상·소론 등을 적은 것.
>
> (학원사 편, ≪문예대사전≫)

  한편 서구의 에세이와 우리의 수필을 대비해 본 견해로 다음과 같은 예를 들 수 있다.

1979), 23쪽.]

서구의 에세이는 Formal Essay와 Informal Essay로 나누어져 있다. … 그 후자가 우리가 말하는 수필에 해당된다. 이것은 그 내용에 있어서 객관적 진리와 무게있는 지식을 전달하는 것을 목적으로 하지 않고, 다만 독자에게 기쁨을 주는 것을 목적으로 한다.

(피천득, ≪영국의 인포멀 에세이≫)

수필이라는 말에 해당하는 외국어로는 Essay와 Miscellany가 있는데 … 일반적으로 신변잡기나 감상문·잡문을 일컬어 미셀러니라 하는데 … 우리나라에서 쓰는 수필은 역시 그에 속하는 것임이 틀림이 없다.

(곽종원, ≪산문예술로서의 수필과 비평≫)

서구의 에세이도 베이컨의 것처럼 '나'가 표면에 드러나 있지 않은 것과 몽테뉴의 것처럼 '나'가 중심이 된 것이 있는데, 이들 모두는 에세이다. 마찬가지로 동양에서도 주관적이고 신변적인 수필과 객관적이고 설명적인 수필이 있다. 이런 점에서 수필과 에세이는 같은 개념으로 파악할 수 있다.

(최승범, ≪한국수필문학연구≫)

위와 같은 논의들을 바탕으로 우리는 다음과 같은 소결론에 도달할 수 있을 것이다.

수필이란 인생·사회·자연에 대한 수상·수감 등을 주관적·관조적 입장에서 설명적 서사·설명적 묘사·논증·위트·유모어 등의 기법을 활용하여 서간체·일기체·기행체·수상체·논고체 등으로 써서 독자에게 교훈과 감동을 주는 글이다. 그리고 서구의 에세이에 대한 비교연구와 관련해서도 유병석처럼 "신변보고·잡문·희담 등속은 비예술적 소작으로 수필에서 제거되어야 한다거나"[11], 신상철처럼 "우리 수필의 Formal Essay쪽으로 영역확대가 필요하다는"[12]식으로 Miscellany

---

11) 유병석, 〈수필과 상상력〉, ≪수필문예학≫ 3, 1972.
12) 신상철, ≪수필문학이론≫, 삼영사, 1990, 26쪽.

를 평가 절하하는 태도 모두를 경계해야 할 것이다. 즉 우리의 경우에도 이양하의 서정적·회고적 (램)적 수필과 김진섭의 논리적·서사적 (베이컨)적 수필의 두 산맥이 엄연히 공존해 왔고, 그들은 나름대로 고유성을 갖는 수필의 양 경향인 까닭에 어느 한 편만이 수필의 대표성을 띤다는 견해는 타당성이 없다고 하겠다.

그러나 위와 같이 수필의 개념을 내리는데 동의해 놓고도, 막상 고수필을 논하는 자리로 돌아오면 또다시 국수주의에 가까운 입장을 표명한다는데 문제가 있다고 하겠다. 즉,

> 수필은 소설·희곡을 제외한 국문학 산문.
> (우리어문학회 편, ≪국문학개론≫, 일성당)

> 고수필의 종류에는 서발·논설·전장·제문·서간·일기·기행·잡기 등이 있다.
> (김동욱, ≪국문학개론≫, 민중서관)

> 정음으로 된 수필로서는 대략 일기·기행·내간 기타 잡필로 대별할 수 있다.
> (장덕순, ≪국문학통론≫, 신구문화사)

> (현대수필의 범위를) 서술함에 있어서 조선조 수필과는 달리 평론과 논문류는 비평쪽으로 미루고, 여기서는 기행·서간·일기류·감상·수상·상화·만필·약전 등을 시대별로 나누어 일별하기로 한다.
> (최강현, 〈현대수필〉, ≪한국문학개론≫, 혜진서관)

위와 같은 논리라면 현대문학에서도 소설·희곡을 제외한 모든 산문을 수필로 분류해야하고, 서문·후기·논설·추도사·전기 역시 수필에서 다루어야 한다. 그리고 평론·논문은 고전문학사에서는 수필로, 현대문학사에서는 비평쪽에서 다뤄야 한다는 2분법은 도대체 어디서 근거하는 것인지 알 수가 없다. 고전문학과 현대문학을 양

분하려는 이러한 일부의 연구태도는 미완의 문학을 완제품으로 승격시키려는 몸부림과 같다. 꼭 작품수가 많아야만 되는 것은 아니며, 1편의 작품이라도 제대로 된 작품이 있을 때 세계문학 속의 한국문학으로 평가받을 수 있을 것이다. 고전문학 작품 속에서 현대적 수필개념을 도입해도 전혀 아무런 손색이 없는 작품이 다수 있으며, 수사법과 이미지를 논하지 않던 시대였지만 수사법의 백미를 보여주는 시가 고전시가에 많다는 점에서, 별도의 기준을 마련하여 고전문학은 수준 낮은 문학 정도로 스스로 폄하하는 연구태도를 이제는 버려야 한다.

즉 고수필의 특수성만 강조할 것이 아니라, 수필로서의 보편성을 찾아내어 그것을 바탕으로 고수필의 문학성이 논해질 때 고수필과 현대수필이 따로 노는 단절론을 극복할 수 있을 것이다. 다시 말해서 수필이면 수필이지, 고수필과 현대수필에 각기 적용하는 수필개념의 2원성은 용납할 수 없는 논리라고 할 것이다.

3) 수필의 특성

문학연구가가 작품을 연구한고 할 때 문학성이 내재된 문학적 가치가 있는 작품을 다룬다는 것은 기본 전제이다. 그러나 고전문학의 경우 자료의 영성때문에 이러한 기본원칙이 지켜지지 않았다. 새로운 자료만 발견된다면 그 자료의 문학적 가치를 견강부회하기에 급급했었다. 특히 이러한 주관적 오류는 고수필 연구에 더욱 심했다고 할 수 있다.

즉 수필이 무형식의 문학이라고 하여 신변잡기까지도 수필에 포함시켜 수필의 격을 낮추어 왔는데, 자유로운 형식 속에 어떻게 자신의 목소리를 내는 형식을 만들어 사용하였는가 하는 점을 밝히는데 소홀하였다고 할 수 있다.

먼저 수필의 특성을 논한 제가의 견해를 제시해 보면 다음과 같다.

① 산문, 단형, 대우성對偶性(교훈성)의 문학.

(백철, ≪문학개론≫, 신구문화사)

② 무형식·시험성·자기고백성·비전문성.

(박목월, ≪문장의 기술≫, 현암사)

③ 자유스런 형식, 개성의 노출, 유모와 위트, 품위있는 문체, 제재의 다양성, 주제의 암시성.

(최승범, ≪한국수필문학연구≫, 정음사)

④ 개성의 문학, 산문문학, 무형식의 문학, 유모어·위트·비판성의 문학, 다양한 제재의 문학, 심미적·철학적 가치의 문학.

(구인환·구창환, ≪문학개론≫, 삼영사)

⑤ 시는 정서에 기반을 두고, 소설은 설화와 구성에 기반을 두며, 희곡은 대화에 의한 문학인데 반하여, 수필은 이 모든 것을 포용하면서도 그 어느 것에도 속하지 않는데 그 독자적 영역이 있다.

(구인환, 〈수필〉, ≪한국민족문화대백과사전≫)

⑥ 알맞는 길이의 산문, 유모와 위트, 개성, 자유로운 형식, 제재의 다양성, 진실, 관조.

(박연구, ≪수필공원≫)

이상의 견해를 집약해 보면, 창조가 아닌 이미 존재하는 것을 다룬 비허구단형서사체, 자유로운 형식속에 자기고백이 이루어지는 개성의 문장, 다양한 제재를 다룰 수는 있지만 그 속에 유모·위트·비판성이 있어야 함, 품위 있는 문체 속에 심미적·철학적 가치가 내재된 문장 등으로 나타난다.

한편으로 수필의 문학성을 강조한 논의로서 다음과 같은 견해를 들 수 있다.

① 수필은 소재가 다양하고 무형식으로 자유스럽게 쓰여진다는 의미이지, 문학성이 없는 보잘것없는 문장을 뜻하는 용어는 아니다.

(김광섭, ≪수필문학소고≫)

② 수필은 단순한 기록이서는 안되고, 무의식적 소성素性에서 피는 꽃인 유모와 지혜와 총명의 샘인 위트가 있어야 한다.

(상게서)

③ 고도의 지혜와 관찰력을 구비한 사람이 인생사상을 관찰하고 느낀 감흥을 풍부한 지성·감성·고결한 심성으로 고백할 때 그 수필의 문학적 생명이 장구할 것은 두 말할 것이 없다.

(김진섭, ≪수필소론≫)

④ 신변잡사의 나열이 아니라, 그 속에 진실의 발견·본질의 탐구·의미의 창출 등이 있어야 한다.

(정목일, ≪수필의 모습≫)

⑤ 훌륭한 수필집이 되려면 내용이 다양해야 하고, 필자의 식견과 학문과 경험이 풍부해야 한다. 관찰이 예민하고 견해가 타당해야 할 뿐만 아니라, 인생을 달관하는 안목이 있어야 하고, 위트가 있고 유머러스해야 할 것이다.

(남성만, 〈용재총화해설〉, ≪한국명저대전집≫)

이러함에도 불구하고, 우리는 수필이 무형식의 글이니, 붓가는 대로 쓴 글이니, 신변잡기에 가까운 글이니 하는 견해에 너무 집착하여 문학성 논의를 소홀히 하여 왔다고 할 수 있다. 이에 대한 비판적 논의를 덧붙이면 다음과 같다.

첫째, 무형식의 글(형식)이란 형식이 없는 글이 아니라 다양한 형식의 글로 보아야 한다. 즉 문학은 언어와 문자로 이루어진 형상과 인식의 복합체라고 할 때, 수필의 형식은 실용적이고 단순한 말의 구조가 아닌 쾌감과 교훈을 주는 유기체적 문장임을 뜻한다고 할 수 있다.

둘째, 붓가는 대로 쓴 글(주제)이란 아무나 붓을 들고 쓰면 된다는 뜻이 아니라, 붓을 잡을 만한 자격을 갖춘 자가(인격자 또는 문학적 상상력을 보유한 자) 산보하는 마음으로 쓴 글이지만 그 속에는 세상을 바라보는 독자적인 안목이 있음을 뜻한다고 하겠다.

즉 개성을 생생하게 나타내면서도 예술적으로 승화시키는데 수필의 어려움이 있으며, 붓을 잡을 만한 인격을 갖춘 자란 구체적으로 예리한 관찰력, 풍부한 상상력, 해박한 지식, 심오한 사상, 뛰어난 예술 감각, 뚜렷한 개성, 빼어난 문장력을 소지한 자라고 할 수 있을 것이다.

셋째, 신변잡기에 가까운 글(소재)이란 우주의 삼라만상이 수필의 소재가 될 수는 있지만, 그 속에서 남이 발견하지 못한 오로라와 같은 불빛을 발견해야 함을 뜻한다고 하겠다. 즉 소재의 선택에 구애를 받지 않지만, 그러한 소재는 작가의 투철한 통찰력과 달관에 의해서 선택되어지고, 정서적·신비적 이미지를 거쳐 나오는 생생하고 독특한 것이어야 한다. 즉 수필은 자신이 경험한 범상한 사물·사건·세계를 의미의 체계·가치의 범주로 바꾸는 인식의 전환이 있어야 한다.

넷째, 경우에 따라서는 1~2쪽의 짧은 산문으로도 가능하다고 할 때(문장), 그 짧음을 상쇄할 수 있는 방법은 언어적 기교가 담당해야 할 것이다. 즉 나름대로의 독창적인 언어표현을 구사하여 촌철살인적 문장의 맛을 발휘할 수 있어야 할 것이다. 담백한 표현으로만 되어 있는 문장이라면 그것은 수필로서 실격이며, 평범한 산문에 불과하다. 우리는 그러한 것을 고수필로 감싸온 것은 아닌가 반성해 보아야 한다.

이상과 같은 점에서 수필이 문학의 한 장르라고 볼 때 생각나는 대로 붓가는 대로 쓴 글이니, 자유로운 마음의 산책이니, 무형식의 글이니 하는 화장술에 현혹되어, 수필을 잡문으로 생각하거나 사이비문학으로 전락시키는 우를 범해서는 안 될 것이다. 이제 우리는

① 영국인의 의식 속에 참다운 수필이란 … 엄격히 말해서 작가를 감동시키는 그러한 주제만을 취급한다.

(Encyclopaedia Britanica)

② 소설의 서사성을 침식하고 시의 서정성을 차용하기도 하면서, 무한한 제재를 자유로운 형식으로 표현하여 인생의 향기와 삶의 성찰을 더하게 하는 것이다.

(구인환, 〈수필〉, ≪한국민족문화대백과사전≫)

③ 수필은 정묘하고 기경하고 투철하고 활달한 것으로 가슴에서 우러나와야 하며, 먹칠을 많이 한 것. 다시 말하면 길게 쓴 것은 아니지만 깊은 뜻이 들어있어야 하며 … 인정을 말하고, 사실을 적고, 경치를 그리고, 학문을 논하되, 가장 미묘한 자료를 뜻가는대로 붓을 휘둘러, 마치 서로 만나서 이야기하듯 솔직하고 진실한 것을 숭상해야 한다.(精警透闢 出自胸臆 著墨不多 涵義之深 … 言情述事 寫景論學 最妙之具 隨意揮灑 同於晤對 率眞爲尙 ; 朱劍心,〈晩明小品〉)

고 말한 수준으로 수필의 문학성을 제고시키는 노력을 기울일 때 한국수필의 세계화가 이루어 질 수 있으리라 여겨진다.

2. 수필의 장르적 논의

1) 문학의 개념 재검토

회고록·비망록·자서전·수기·참회록·전·실기문학 등을 포괄하는 비허구서사체[13]에 대한 연구는 유기룡·김태준·소재영·황패강·조

---

[13] 우리의 고전문학사에서 논픽션 장르에 대한 명칭으로, 수필·잡기문학·기록문학·교술장르 등의 명칭이 사용되어 왔다. 논픽션은 주로 픽션(현대소설)의 대칭개념이라는 점에서, 수필은 전·실기 등을 포함하기 곤란하다는 점에서, 잡기문학은 실용문을 포함하며 문학용어는 부적합하다는 점에서, 기록문학은 구비문학의 대칭개념으로 주로 쓰여진다는 점에서, 교술장르는 실제했던 사실을 다룬 너무나 많은 다양한 유형의 작품을 망라한다는 점에서, 각기 한계성을 지닌다.

동일·김용숙·이동근·이채연 등에 의해 이루어져 문학의 장르로서 독립성을 인정받고, 문학사에 기술되는 영광을 누리게 되었다. 그러나 이들은 이를 본격적으로 연구하면서도, 이를 포함하지 못하고 있는 현재의 문학의 개념에 대한 비판적 논의를 하지 않아, 문학개론을 주로 집필하는 현대문학 연구자들에 의해 국수주의자나 비문학적 연구자로 매도당하기도 하였다. 그리고 아직까지도 현대문학을 전공하는 사람들에 의해서 쓰여지는 문학개론류에서 비허구서사체를 고려한 확대된 문학의 개념을 찾아보기 힘들다고 생각된다.

이러한 점에서 문학의 정의에 대한 제가의 견해를 검토해 보는 것이 필요하리라 생각된다. 먼저 문학의 개념에 대한 몇 사람의 견해를 제시해 보면 다음과 같다.

1-① 문학이란 말은 독자에게 쾌락을 줄 수 있는 방법으로 배열된 지성적 인간의 사상·감정의 기록을 뜻한다.

(S. Brooke)

② 문학이란 산문이건 운문이건 간에 반성보다는 상상의 결과요, 교훈이나 실제적 효과보다는 오히려 될 수 있는 한 많은 국민에게 쾌락을 줌을 목적으로 하고, 특수한 지식이 아니라 일반적 지식에 호소하는 저술로 이루어진다.

(H. Posnett)

③ 문학은 허구로 되어 있다. 허구란 작자가 자신의 머리속에서 상상에 의하여 만들어 낸 또 하나의 세계를 말한다.

(정영자)

④ 창조적 상상력에 의해서 인간의 사상과 감정을 아름다운 언어와 문자로 표현하여 독자에게 감동을 주는 예술작품.(≪학원대백과사전≫)

이에 필자는 고전문학에서 비허구적 기록문학 전반을 총칭하여 비허구서사체라는 용어로 대신하고자 하였다.

2-① 문학이란 거대한 말이다. 그것은 문자로 기록되거나 책으로 인쇄된 모든 것을 의미한다.

(M. Arnold)

② 문학이란 가치있는 인간적 체험의 기록이다.

(최재서)

③ 개인생활·역사·사상 따위를 다룬 글이라 하더라도 이러한 조건을 갖추었으면(진실발견·교훈·쾌감) 형상(긴장된 질서)이면서 인식(새로움)이니까 문학이다.

(조동일)

1에서는 쾌락성·허구성·창조적 상상력 등의 핵심단어를, 2에서는 모든 기록물·체험의 기록·개인생활을 다룬 글이란 핵심단어 등을 도출할 수 있다. 일반적으로 우리는 1을 문학의 협의적 개념이라 칭하고, 2를 문학의 광의적 개념이라고 칭하고 있다. 그러나 허구성을 강조하는 1의 경우나, 모든 기록은 문학이 될 수 있다는 2의 경우 모두는 한국문학사를 기술하는 기본 전제인 문학의 개념으로 만족스럽지 못하다고 할 수 있다.

특히 이광수가 "문학이란 하오"라는 글에서 1의 입장을 표명한 이래, 대부분의 문학개론서에는 이에서 한 발짝도 앞으로 나가지 못하고 있다고 생각된다. 그리고 이를 뒷받침해 주는 결정적인 근거로 "시인의 임무는 실제로 일어난 일을 이야기하는데 있는 것이 아니라, 일어날 것으로 예측되는 일, 즉 개연성 또는 필연성의 법칙에 따라 가능한 일을 이야기하는데 있다. 역사가와 시인의 차이점은 … 한 사람은 실제로 일어난 일을 이야기하고, 다른 사람은 일어날 것으로 예측되는 일을 이야기한다는 점에 있다."라는 아리스토텔레스의 ≪시학≫의 내용을 인용하기를 좋아했다.

그러나 그들은 바로 이어서 나오는 "시인이(창작자가) 실제로 일어난 일을 소재로 하여 시(작품)를 쓴다고 하더라도, 그는 시인임에

다름이 없다. 왜냐하면 실제로 일어난 사건 중에도 개연성과 가능성의 법칙에 합치되는 것이 있을 수 있고, 그런 이상 그는 이들 사건의 창작자이기 때문이다."라는 내용이 있다는 점을 간과하는 실수를 범했다.

사실과 허구는 인간에게 교훈과 쾌감을 줄 수 있는 양대 영역이며, 우리 선인들은 오히려 전자에 더 문학적 가치를 두어온 것이 사실이다. 그리고 실제로 고려후기 가전보다는 ≪삼국사기≫ 열전에서 우리는 보다 큰 문학적 감동과 삶의 진실을 발견할 수 있으며, 그 문장 자체도 나름대로 문학적 의장을 구비하고 있다고 볼 수 있다. 그리고 이러한 비허구서사체의 큰 줄기는 현대에도 계속해서 이어져 오고 있는 바, 그 나름대로의 통시적 체계화도 필요하다고 할 수 있다. 즉 문학을 창조성·허구성에 입각하여 그 범위를 한정하려는 견해를 탈피하여 전기·자서전·회고록·일기·서간·기행문·생활기록·수필·실용문서 등의 기록문학을 포함할 수 있도록 문학의 범위를 개방적이고 포괄적으로 설정해야 한다.14)

예컨대 우리는 ≪안네의 일기≫와 엘로이스와 아벨라르가 주고 받은 서간문을 실용문으로 보지 않고 문예문으로 보고 있으며, ≪로마제국의 흥망사≫를 역사로 보지 않고 문학작품으로 보고 있다. 이는 문학작품이라는 것이 꼭 상상력에 의해 재구성된 작품만을 위하는 것은 아니다라는 점을 시사해 주고 있다. 비상상적인 문학도 체험세계의 특수성과 작가의 진실성이 구체적으로 어떻게 묘사되어 있느냐에 따라 상상적 세계에 의해 창조된 작품 이상의 가치를 발할 수 있을 것이다.15)

이런 점에서, "문학의 범위가 넓어질 수 있는 폭을 한껏 인정하면서 각 시대마다 문학이라고 의식했던 영역은 그 폭보다 얼마나

---

14) 유기룡, 〈기록문학의 영역과 형성〉, ≪어문논총≫ 11, 경북대 국어국문학회, 1977.
15) 이채연, ≪임진왜란포로실기문학연구≫, 부산대 대학원 박사논문, 1995, 109~110쪽.

축소되었던가를 가늠하는 여유 있는 관점이 필요하다."는 조동일의 견해는16) 주목을 요한다고 하겠다. 그리고 이러한 견해가 타당성을 가질 때 고전문학 연구에서 전(傳)·종군기록·피란기록·피로일기·통신사일기·회고록·전기·비망록·자서전·수기·참회록 등의 비허구서사체를 논할 수 있는 근거가 마련될 수 있는 것이다.

다시 말해서 사실의 기록이라 하더라도 그것이 문학적 구조와 인식과 세계관과 표현방법을 동원하여 교훈성과 쾌락성을 고취시켰다면, 그것은 당연히 사료적 가치와 더불어 문학적 가치를 갖는다고 해야 한다. 즉 인간의 삶의 세계에서 추구할 수 있는 거의 모든 경험세계의 영역을 소재로 하여 이루어진 예술작품이 바로 문학의 세계라는 점에서 허구성·사실성·교훈성·쾌락성을 총괄하는 문학의 정의가 내려져야 한다.

이제까지 논의한 점을 고려하여 필자는 "문학이란 언어와 문자를 사용하여, 실재했던 일 또는 허구적 소재를 가지고, 인생을 구체적으로 표현하고, 탐구하여, 독자에게 교훈과 쾌락을 주는 유기체적 예술"이라고 정의하고자 한다.

2) 문장의 3대 분류안 비판

문장을 분류함에 있어서 ①일반적 문장, ②실용적 문장, ③문학적 문장으로 3분하여 온 것이 그간 학계의 일반적 관례였다.17)

그리고 일반적 문장에는 논설문(논문·비평문 포함)·설명문·기사문·서사문(순수일기·기행·전기 포함)·보고문(관찰·실험·독후감)을 포함시켰고, 실용적 문장에는 서간문·의식문·광고문·공용문(성명서·규약·신고서·공문서·이력서)을 포함시켰으며, 문학적 문장에는 시·소설·수필·희곡(영화·TV시나리오 포함)·평론을 포함시켜 왔다.

---

16) 조동일, ≪국문학통사≫ 1(제3판), 지식산업사, 1994, 19쪽.
17) 김문웅, ≪대학국어≫, 문화출판사, 19쪽.

여기서 볼 때 일반적 문장과 실용적 문장을 구분하는 기준이 애매하고, 비평문을 경우에 따라서는 일반적 논설문과 문학적 평론에 편의상 포함시킬 수 있으며, 일반적 서사문과 보고문은 문학적 수필과 중복될 수 있다는 데 문제점이 있다고 할 수 있다.

이에 필자는 문장을 실용적 문장과 문학적 문장으로 이대별하고, 실용적 문장에 논설·설명·기사·서사·보고·서간·의식·광고·공용문을 포함시키고, 문학적 문장에는 서정·허구서사·비허구서사·희곡양식으로 4분하고, 수필을 비허구서사양식에 포함시키는 것이 좋으리라 생각한다. 왜냐하면 시·소설·희곡 이외에 문학성을 가지고 있는 도덕론·비판·인물평·일화·서간·일기·회고록·기행문·전기·비망록·자서전·수기·참회록·실기 등을 모두 수필이란 양식 속에 포함시키기 곤란하기 때문이다. 물론 이중에서 서간·일기·기행문·수기 등은 수필에 포함시킬 수 있지만, 나머지 문학양식의 소재가 불분명해지기 때문에 사실적 소재를 다룬 문학을 총칭하는 개념으로 비허구서사양식을 설정해 보았다.

여기서 일기·서간·기행·전기·논설 등은 원칙적으로 실용 서사문·서간문·논설문에 포함시키는 것이 마땅하나, 특별히 문학작품으로 형상화된 경우 일기체·기행체·전기체·논고체·서간체란 명칭으로 수필에 포함시킬 수 있으리라 여겨진다.

3) 수필의 장르적 귀속에 대한 제설

수필의 장르적 귀속을 논한 견해 중 대표적인 것을 들어 보면 다음과 같다.

  1) 조윤제 ; 시가, 가사, 소설, 희곡, 평론, 잡문
                                      (≪국문학개론≫, 동국문화사)
  2) 이병기 ; 시가문학, 산문문학(설화, 소설, 일기, 내간, 기행, 잡문)

(≪국문학개론≫, 일지사)

3) 장덕순 ; 서정적 양식, 극적 양식, 서사적 양식(설화, 소설, 수필)
  *수필 ; 일기, 내간, 기행, 잡필, 객관적 서사적 가사

(≪국문학통론≫, 신구문화사)

4) 조동일 ; 서정, 서사, 교술, 희곡

(≪한국문학통사≫ 1, 지식산업사)

　위에서 보다시피 조윤제는 수필이란 용어 대신 잡문이란 용어를 쓰고 있으며, 그것을 평론과 구분하여 사용하였다. 이병기는 수필이란 용어를 사용하지 않고, 산문문학 속에 설화·소설·일기·내간·기행·잡문을 포함시켰는데, 이중 일기·내간·기행·잡문이 오늘날 말하는 수필에 포함될 수 있을 것 같다. 장덕순은 서사적 양식 속에 설화·소설·수필을 넣고, 수필 속에 일기·내간·기행·잡필·객관적 서사적 가사를 포함시켰는데, 특히 가사를 양분하여 주관적·서정적 가사를 서정적 양식으로, 객관적·서사적 가사를 수필로 분류하는 특이한 견해를 제시하였다. 조동일은 가사의 특수성과 수필을 비롯한 대다수의 산문이 작품외적 세계의 개입으로 이루어지는 자아의 세계화라는 점을 들어 서정·서사·희곡양식에 추가하여 교술장르를 설정한 바 있다. 즉 수필의 기본적 성격이 실제로 있었던 사실을 전달한다는데 있으며, 전달을 위해 허구나 비유를 사용하고 있음에 착안한 명칭이라고 할 수 있다.
　위와 같은 제가의 견해에 대한 필자의 견해는 앞 절에서도 잠시 언급한 바 있듯이 소재적 허구와 실재의 측면에서 일단 서사양식을 허구서사체와 비허구서사체로 양분하여 언급하는 것이 바람직하다는 생각이고, 특히 수필은 다양한 비허구서사체 중에서도 가장 대표적인 양식으로 삼고자 한다.
　수필은 시와 소설의 중간 거리에 조촐히 자리 잡고 있고, 시의 정서와 음악적 율격·소설의 사실적 재미를 함께 지니면서 시로서

토로할 수 없는 삶의 이야기·소설로서 수용할 수 없는 자신의 모습을 그려낼 수 있는 수채화이기도 하지만[18] 그 주된 속성은 실재했던 사실에 근거해서 거기에다 자신의 사상과 감정을 덧붙이는 양식이라는 점이 강조되어야 할 것으로 본다.

3. 수필의 장르종

1) 제가의 견해 비정

먼저 고수필에 대한 장르종에 대한 견해를 보인 예를 열거해 보면 다음과 같다.

㉮ 국문수필 ; 궁정, 기행, 의인체
(이상보, 〈한국의 고대수필〉, 《수필문예》 3)
㉯ 수필의 내용상 분류 ; 사색적 수필, 비평적 수필, 묘사적 수필, 담화수필, 개인적 수필, 연단 수필, 성격묘사 수필, 사설 수필.
(《학원세계대백과사전》)
㉰ 우리나라의 고대수필이라고 할 수 있는 것에 ①설화에 관한 것, ②기사·전기류에 관한 것, ③한담소일에 관한 것, ④잡기류에 관한 것, ⑤문담에 관한 것 등이 있다. … 여기에 현대적 수필개념을 원용하여 ①사辭·부賦, ②표表·책策·계啓·주奏·소疏, ③서書, ④서序·기記·발跋·잠箴·명銘·찬贊·송頌, ⑤행장行狀·전傳·비지碑誌, ⑥제문祭文·축문祝文·상량문上樑文, ⑦잡저雜著·잡지雜識 등의 문체도 수필에 포함시킬 수 있다.
(조종업, 〈한국여류수필에 대하여〉 (국문학회 편, 《수필문학연구》, 정음문화사))
㉱ 수필 ; ①서발류, ②일기류, ③서간류, ④기사류, ⑤술회류, ⑥전기류, ⑦

---
18) 정목일, 수필의 모습 (김태길 편, 《수필문학의 이론》, 춘추사, 1991), 45쪽.

설화류, ⑧교훈류, ⑨기타류

(김일근, ≪국문학개론≫, 교학사)

㈐ 한문수필 ; ①서발, ②교훈, ③제문, ④전기, ⑤우화, ⑥야담, ⑦기행, ⑧서간, ⑨신변, ⑩시화, ⑪비평

한글수필 ; ①,②,③,④,⑤,⑥,⑦,⑧,⑨,⑩일기,⑪가사

(최승범, 〈수필적 계열〉, ≪한국문학개론≫, 문예서관)

㈑ 한문수필 ; ①비평(논論·변辨·설說·책策·담談·문文·화話), ②서발, ③주의奏議(주주·의議·소疏·표表·전箋), ④서간(서書·독牘·첩牒·치어致語), ⑤기행(기記·록錄·잡저雜著), ⑥일기, ⑦전장傳狀(전傳·행장行狀·가전假傳), ⑧비지碑誌(비명碑銘·묘지墓誌·묘표墓表), ⑨잡기雜記(잡지雜志·잡저雜著·잡록雜錄), ⑩잠명箴銘, ⑪송찬頌贊(잡찬雜贊·애찬哀贊·사찬史贊), ⑫애제哀祭, ⑬사부辭賦

한글수필 ; ①서발, ②서간, ③기행, ④비망, ⑤전장, ⑥애제, ⑦잠계, ⑧가사 (최강현, 〈수필〉, ≪국문학신강≫, 새문사)

㈒ 한문수필 ; ①잡저, ②잠명, ③서, ④축문, ⑤제문, ⑥비문, ⑦서발

한글수필 ; ①일기, ②기행, ③내간, ④잡필, ⑤제문, ⑥조사

(장덕순, ≪한국수필문학사≫)

이들을 다시 국문수필과 한문수필로 나누어, 위에서 열거한 장르 종들을 구분해 보면 다음과 같다.

㉮ 한글수필 ; 궁정, 기행, 의인, 설화, 전기, 한담, 잡기, 문담, 서발, 일기, 서간, 기사, 술회, 교훈, 가사, 비망, 전장, 애제, 사부

㉯ 한문수필 ; 사부, 주의(표·책·계·소), 서발, 기, 잠명, 찬송, 축문, 상량문, 잡저(잡지), 교훈, 전기, 우화, 야담, 기행, 서간, 신변, 시화, 시평, 전장, 비지, 애제

이와 같은 제가의 분류는 표기문자·소재·형식적 측면을 따르고

있고, 한편으로 실용문·여타 서사장르·불특정 용어 등이 사용되어 분류에 혼란을 가중시키고 있다고 생각된다. 예컨대, 궁정·의인·술회·교훈·신변수필 등은 소재적 측면의 분류이고, 서발·기사·전장·애제·주의(표책계소)·기·잠명·찬송·축문·상량문·비지 등은 대체로 실용문에 불과하고, 설화·전기·한담·문담·가사·사부·야담·우화·시화·비평 등은 여타 서사장르와 혼동한 명칭이고, 잡기·잡저·비망 등은 구체적인 내용을 제시하기 곤란한 불특정 용어이고, 기행·일기·서간은 순수형식적 측면의 명칭이라고 생각된다.[19]

즉 이들은 분류를 위한 분류에 불과하다. 왜냐하면 이들 분류에 드는 대표적 작품들을 제시하지 못하고 있기 때문이다. 그리고 수필의 개념에 대한 해석이 자의적이어서[20] 과연 거론하고 있는 작품들이 모두 수필에 해당할 수 있는지도 의문이다. 그리고 구체적 작품분석을 전제로 작품분류를 한 것이 아니기에 과연 이들을 문학작품으로 다룰 수 있는가 하는 것도 의문이다. 이러한 점이 해결된 다음에 국문수필과 한문수필의 양분이 필요하고, 고수필과 현대수필을 다른 개념에 입각하여 그 범주를 설정할 것인가에 대한 해답이

---

[19] 위의 견해중 최강현의 분류에 대하여, 신상철은 "奏議는 是正建議書라는 점에서, 서간·일기는 사사로운 통신수단이나 생활감정의 단순한 기록이라는 점에서, 서발은 책의 일부분에 불과하다는 점에서, 비지와 애제는 제례의 일부에 해당하는 의식문이라는 점에서, 전장·송찬은 개인 전기의 부속물이며, 잡기와 잠명은 문학성이 희박하다는 점에서 문학작품으로서 외형적 내재적 조건이 결여되어 있다고 보았다."(신상철, 전게서, 159쪽.) 필자 역시 신상철의 견해에 대부분 동조하는 바다.

[20] 그 구체적 예를 들면, 대표적 시화집인 이규보의 ≪파한집≫에 대한 선학들의 평가가 다음과 같이 다양하다는 점이다. [최승범, 시화수필고 (윤재천 편, ≪수필문학의 이해≫, 세손, 1995.), 235~236쪽]
  ① 수필 : 구자균, 장덕순, 김석하, 조윤제, 설중환, 윤원호, 최승범
  ② 시화 : 유재영
  ③ 평론 : 김동욱, 문선규, 전형대
  ④ 수필과 평론 : 서수생, 이상보

내려질 것으로 보인다.

2) 필자의 견해

위와 같은 제가의 설을 집약해 볼 때, 기존의 견해는 분류의 기준이 객관적이지 못하다는 점, 모든 한문문체를 포함시키기 위하여 편의상 한글수필과 한문수필로 양분했다는 점, 현재 한문수필에 포함시키고 있는 대부분의 작품들은 단순한 실용문에 불과하고 인접 장르와의 변별의식이 전혀 없다는 점에서 문제가 많다고 생각되었다.

이와 같은 점에서, 수필의 내용에 따른 분류는 그 숫자가 무지기수를 늘어날 수 있으므로, 형식적인 측면을 고려하여 다소 부족한 점이 있지마는 ①서간체, ②일기체, ③기행체, ④수상체, ⑤논고체 이상 5유형으로 분류해 보고자 한다.[21]

서간체 수필은 실용문인 서간과 구분하여, 문학성이 내재된 편지글을 지칭하기 위하여 서간수필이라고 하지 않고 서간체 수필이라고 하였다.

일기체 수필은 실용문인 순수일기와 구분하여, 문학성이 내재된 일기를 지칭하기 위하여 일기수필이라고 하지 않고 일기체 수필이라고 하였다.

기행체 수필은 실용문인 단순한 기행문과 구분하여, 문학성이 내재된 기행문을 지칭하기 위하여 기행수필이라고 하지 않고 기행체 수필이라고 하였다. 많은 작품들이 일기체 수필과 중복이 되나,

---

[21] 필자와 유사한 견해를 장덕순도 다음과 같이 밝힌 바 있다. 여기서 감상적·사색적 수필은 필자가 말한 수상체에 포함될 수 있고, 여기에다가 필자는 서간체를 덧붙였다.
"보통 수필이라 하면 붓가는대로 자유로이 견문·체험·감상·소론 등에 관해 쓴 것이라고 한다. 그렇다면 그 내용도 일기적·기행적·감상적·사색적·고증적인 것 등등 실로 광범위하게 걸치게 된다." (장덕순, ≪수필문학사≫, 8쪽.)

단순한 하루하루의 기록인 축시적 견문기의 경우는 모두 기행체 수필에 포함시키고자 한다.

수상체 수필은 직접 체험한 사건을 기술하는 중간중간에 자신의 사상과 감정을 노출시킨 수필로서, 문학성을 내포한 기·잠명·송찬·사부·신변잡기 등도 여기에 포함될 수 있을 것으로 본다.

논고체 수필은 세상사에 대하여 자기의 견해와 철학을 상식적 차원에서 논리적으로 재미있게 기술한 수필로서, 문학성을 내포한 계·교훈·담·잠·명·사설·서발·표 등도 여기에 포함될 수 있을 것으로 본다.

이어서 최초의 한문수필과 한글수필에 대한 논의를 추가해 보고자 한다.

최초의 한문수필에 대하여 최강현은 김후직의 〈상진평왕서上眞平王書〉를, 문선규는 설총의 〈화왕계花王戒〉를, 조동일은 〈점제비秥蟬碑〉를, 김동욱은 〈백제상위표문百濟上魏表文〉과 〈광개토대왕릉비문〉을 들고 있다.

이에 대해 필자는 김후직의 〈상진평왕서〉는 문학적 서간문이 되지 못하고, 〈점제비〉·〈백제상위표문〉·〈광개토대왕릉비문〉은 실용문적 차원을 벗어나지 못하고 있다고 생각한다. 문선규는 〈화왕계〉를 "화왕(모란꽃)·백두옹(할미꽃)을 의인화하고 … 위정자는 邪侫을 물리치고 정직을 친히 해야 한다는 뜻을 담은 훌륭한 수필이다."[22]라고 했고, 최승범은 "내용으로 보아 교훈적 수필이나 뒷날 우화 야담적 수필에도 영향을 주었다."[23]라고 하였다. 즉 이들은 우화·야담·수필을 동일시하려는 경향을 엿볼 수 있는데, 설화는 이야기 구조를 가지고 있고 수필은 작가의 생각이 주이며, 설혹 수필이 부분적으로 이야기를 차용한다 하더라도 근본은 글쓴 자의 생각을 토로하는 양

---

22) 문선규, 《한국한문학》, 이우출판사, 1961, 156쪽.
23) 최승범, 《한국수필문학연구》, 정음사, 1983, 48~50쪽.

식이기에 양자를 혼동해서는 안 된다고 생각된다. 즉 〈화왕계〉는 액자구조를 가지는 완결된 이야기(우화)라고 보아야 할 것이다.[24]

위와 같은 점에서, 아직까지는 최초의 한문수필로 혜초의 〈왕오천축국전〉을 드는 것이 타당하다고 생각된다. 물론 이 작품도 글 중간 중간에 자작시가 삽입되어 있는 최초의 구법여행기라는 점을 인정할 수는 있으나, 단순한 기행과 풍물소개에 그치고 있다는 점에서 문학성 문제를 다시 점검해 볼 필요가 있다고 생각된다.

최초의 한글수필로 사재동은 〈훈민정음서〉·〈석보상절서〉·〈월인석보서〉·〈상원사어첩〉·〈오대산상원사중창권선문〉·〈번역금강경사실〉·〈내훈서〉 등을 들고[25] 최강현이 이에 동조하고 있다. 그러나 문집의 앞뒤에 실려 있는 서문과 발문까지 수필에 포함시킨다면 우리는 수필의 홍수에 파묻혀야 하고, 이들이 한결같이 문덕이 높은 왕이나 왕비 그리고 그 측근의 저명인사에 의한 수작으로서 당대의 명문이라는 평가에 대해서도 좀더 많은 학자의 동조가 있어야 하리라 본다.

이러한 점에서 아직까지는 선조의 아들로서 조선역사 비극의 주인공인 영창대군의 이야기로서 인조조 궁녀의 손에 의해 이루어진 것으로 알려진 〈계축일기〉(일명 서궁록)를 최초의 한글수필로 잡는 것이 타당하리라 생각된다.

한편으로 〈규중칠우쟁론기閨中七友爭論記〉와 〈여용국평난기女容國平難記〉를 수필로 다루기도 하는데, 이점에 대해서도 비견을 덧붙이면 다음과 같다.

〈규중칠우쟁론기〉에 대하여 정명숙은 풍자성과 해학성이 넘치는 대표적 규방수필로 평가했다.[26] 그리고 장덕순도 수필의 허구화

---

24) "화왕계는 일반적으로 설화로 보고 있을 뿐더러 허구적 이야기로 꾸며진 것이라 수필류에 넣기 어렵다."(신상철, 전게서, 154~155쪽).
25) 사재동, 같은 책 같은 페이지.
26) 鄭明淑, 〈규방수필의 풍자성과 諧諧性－규중칠우쟁론기를 중심으로〉, ≪수필문

내지는 극적 구성을 통해 수필영역을 확대했고 장르의 혼합현상까지 보이는 작품이라고 했다.[27]

그러나 ①인물간의 갈등과 사건을 구비하고 있다는 점, ②주인공의 명명이 완전히 허구라는 점[척부인(자)·교두각시(가위)·세요각시(바늘)·청홍각시(실)·감투할미(골무)·인화낭자(인두)·울낭자(다리미)], ③주인공의 대화가 사건 전개에 중요한 기능을 하는 점, ④특정한 사물을 의인화하여 남을 헐뜯는 일을 능사로 하는 세태를 풍자한 점 등에서 수필보다는 假傳의 전통을 계승한 작품으로 보는 것이 타당하리라 본다.

〈여용국평란기〉(일명 효장황제장대기공록孝莊皇帝粧臺紀功錄)에 대하여 최승범은 〈규중칠우쟁론기〉와 더불어 규방생활의 도구를 의인화하여 인정기미를 훌륭하게 나타낸 우화적 규방수필문학으로 그 가치가 높다고 언급했다.[28] 그러나 이어서 고려조 가전체 소설 및 조선조 몽유양식과도 접목되는 조선조 특이한 소설양식으로도 볼 수 있다고 부언하고 있다. 여기서 그는 한 작품을 가지고 수필·가전체·소설 등으로 지칭하는 우를 범하고 있듯이 수필에 대한 명확한 장르의식이 결여되어 있음을 알 수 있다. 그 결과 한글로 된 〈여용국평란기〉는 수필이요, 그것을 한문으로 옮긴 〈여용국전〉은 의인소설이라는 앞뒤가 맞지 않는 논리를 반복하고 있음을 알 수 있다.[29]

이 역시 ①갈등구조를 가지고 있는 이야기라는 점 ②옛 부녀자들의 화장도구를 의인화한 것으로 여용국女容國(얼굴)·동승상銅丞相(거울)·구리공垢裏公(얼굴의 때)·슬양蝨瘍(머릿이)·황염黃染(이똥) 등의 명명은 완전 허구이며, 이름 자체가 문학적 묘미를 느끼게 한다는 점 ③신하들의 도움을 받아 치세에 힘쓰면 나라가 태평하나, 나태하여

학 연구》, 정음문화사, 1986.
27) 장덕순, 《수필문학사》, 312쪽.
28) 한국정신문화원 편, 《한국민족세계대백과사전》 여용국평란기조.
29) 최승범, 〈여용국평란기소고〉, 《수필문학연구》, 국어국문학회 편.

정사에 힘쓰지 않으면 나라가 혼란에 빠진다는 것을 풍유한 주제의식이 강하다는 점 등에서 수필이라기보다는 가전 작품으로 보는 것이 타당하리라 생각된다.

이상과 같은 고수필의 장르론에 입각하여, 이어서 각 왕조별 수필을 서간체·일기체·기행체·수상체·논고체로 나누어 열거하고 대표적 작품을 간단히 소개하고자 한다.

4. 고수필 약사

1) 통삼 이전의 수필

(1) 서간체

녹진의 〈상각간김충공서〉, 최승우의 〈대견훤기고려왕서〉, 최치원의 여러 서 등이 이에 해당된다. 특히 최치원(857~?)의 문집 ≪계원필경≫에는 격서 4편·서 18편이 실려 있고, ≪동문선≫에는 격서 4편·서 33편·기 5편 등의 최치원의 작품이 실려 있는데, 이중 수필로 볼 수 있는 작품으로 〈격황소서〉·〈여전군용서〉·〈답절서주사공서〉·〈절서주보사공서〉·〈답강서왕상서서〉·〈답서주시부서〉·〈답양양극장군서〉·〈절서호군초장군서〉·〈여객장서〉·〈답배졸서자서〉 등을 들 수 있다. 여기서는 〈격황소서〉중 황소가 편지를 받아 보고 읽다가 땅에 주저앉았다는 대목에 대해서만 간단히 살펴보자.

> 먼 옛적에는 유요劉曜와 왕돈王敦이 진晋나라를 엿보았고 가까운 시대에는 녹산祿山과 주비朱泚가 당나라를 개들이 짖듯 어지럽게 하였다. 그들은 모두 손에 막강한 병권을 쥐었었고, 또한 몸이 중요한 지위에 있었다. 호령만 떨어지면 우뢰와 번개가 달리 듯하고, 시끄럽게 떠들면 안개와 연기처럼 자욱

하게 막히게도 하였다. 그러나 오히려 잠간 못된 짓을 하다가 필경에는 더러운 종자들이 섬멸되었다. 햇빛이 활짝 퍼지니 어찌 요망한 기운을 그대로 두겠으며, 하늘의 그믈이 높이 쳐졌으니 반드시 흉한 족속들은 제거되고 마는 것이다. 하물며 너는 평민의 천한 것으로 태어났고, 농민으로 일어나서 불지르고 겁탈하는 것을 좋은 꾀라 하며 살상함을 급한 일로 생각하여 헤아릴 수 없는 큰 죄만 짓고 속죄될 조그마한 착함도 없다. 천하의 사람들은 모두 너를 죽이려 할뿐만 아니라 땅 속의 귀신까지도 너를 가만히 베어 죽이려 의론하였을 것이니, 네 비록 숨은 붙어 있다고 할지라도 넋은 벌써 빠졌을 것이다.[30]

당나라 산동지방에서 황소가 난을 일으켜 전 국토가 유린되자 조정에서는 고병高騈을 병마도통으로 삼아 이를 평정토록 했다. 이때 고변은 최치원의 문재를 높이 평가하고 있던 바 그의 종사관으로 삼았다. 이에 최치원은 전투에 임하기 전에 황소에게 항복할 것을 요구하는 격문을 지어 보냈는데, 이를 받아 본 황소가 간담이 서늘해져서 땅에 주저앉았다는 말이 전해지기도 한다.

특히 문장중 "당랑거철螳螂拒轍·서제불급噬臍不及·융거지분戎車之粉" 등의 표현에서 한문문장을 마치 중국인처럼 표현했던 그의 문재를 엿볼 수 있고, 문장 곳곳의 적절한 인용과 격조 높은 비유는 후대인으로 하여금 찬탄을 금치 못하게 한다고 하겠다.

(2) 일기체
적당한 예문이 없다.

(3) 기행체
혜초(704~787)의 〈왕오천축국전〉은 최초의 해외견문기라는데 그 의의가 있다. 다음은 구시라국拘尸羅國에 대한 기술부분이다.

---

[30] 이하 모든 예문의 원문은 지면관계상 생략한다.

한달만에 구시라국에 갔다. 여기는 부처가 열반에 든 곳이다. 그 성이 황폐하여 사람이 아무도 살지 아니한다. 부처가 열반에 들어간 곳에는 탑을 세워야 하는 모양이다. 한 선사禪師가 그곳에 물을 뿌리고 깨끗이 쓸고 있다. 해마다 8월 8일이면 중과 여승과 도사와 속인俗人들이 그곳에 나가서 크게 공양供養을 차려 놓는다. 그 때 공중에는 깃발이 올라간다. 그 수를 헤아릴 수 없이 많이 모인 사람들이 다 같이 이것을 우러러보고, 이날을 당해서 부처에게 돌아가려고 마음쓰는 자가 많아진다.

현재 전하는 〈왕오천축국전〉은 앞 부분과 뒷 부분이 결락되어 인도여행의 출발 부분을 알 수가 없지만, 대개가 풍속·제도·문물 소개에 충실한 지리지 역할을 하고 있다는 느낌이 짙다. 이에 대하여 장덕순은 "정확한 노정과 섬세하고도 예민한 관찰, 방문지의 풍속 정경이 종합적으로 묘사되어 독자로 하여금 그 분위기 속에 몰입하게 한다."31)고 기술하고 있는데, 이런 정도라면 충실한 인도 여행 소개자료에 불과한 것이 아닌가 하는 생각이 든다. 문학적인 기행문이 되기 위해서는 현장 재현의 수준을 벗어나서 문장 중간중간에 주변풍물을 바라보는 작자 나름의 예지와 인상기가 첨가되어야 하는데, 중간에 삽입된 자작시만으로는 이 작품의 문학성을 확보해주기는 미흡한 것이 아닌가 하는 생각이 든다.

(4) 수상체

최치원의 〈서천나성도기〉·〈영효부〉·〈보안남녹이도기〉·〈신라가야산해인사결계장기〉·〈신라가야산해인사선안주원벽기〉·〈신라수창군호국성팔각등루기〉 등이 여기에 해당된다. 여기서는 〈신라가야산해인사결계장기〉의 서두 부분에 대하여만 간단히 살펴보자.

---

31) 장덕순, 전게서, 14쪽.

들으니 대일산大一山 석씨釋氏는 귀중한 어귀를 인용하여 불교도에게 경계하기를 "큰 땅에 가서 생성하며, 이를 유지하라."하였으니, 대개 마음과 업을 발하라는 뜻이다. 대경大經에 이르기를 "세상에서나 세상에서 나간 뒤에라도 모든 선근善根은 모두 가장 좋은 곳인 시라尸羅의 땅에 의지하라."라고 하였다. 나라의 명칭을 시라라고 한 것은 실로 파라제波羅提가 법을 일으킨 곳이며, 산을 가야迦耶라 한 것은 석가문釋迦文의 도를 이룬 곳과 같다. 하물며 경내는 이실二室보다 훌륭하며, 산봉우리는 오대산보다 높이 솟았다. 엄연히 이 곳은 높은 지역으로 기이하며 맑고 시원하면서 수려한 곳이다. 문에 해인海印이라고 써 붙였으니 구름은 정의를 보호하는 용처럼 뭉게뭉게 일어나고 깊은 산신령을 기대었으니 바람은 계절을 지키는 범처럼 무섭도다.

여기에서 최치원은 신라는 석가모니가 직접 이 땅에 들어와서 불국佛國을 일으킨 본지수적지本地垂迹地임을, 그리고 이런 나라 중에서 가야산은 석가모니와 인연이 깊은 성지임을 밝히면서, 신라불교의 주체성을 강조하고 있음을 알 수 있다.

(5) 논고체

원효(617~686)의 〈대승기신론소〉·〈금강삼매경론〉, 원측(612~696)의 〈반야파라밀다심경찬〉, 의상(625~702)의 〈화엄일승법계도〉 등이 여기에 해당된다. 그러나 이들은 불교적 교리에 대한 개인적 견해를 표명한 것이기 때문에 문학성과 대중성이 부족하다고 생각된다.

2) 고려 수필

(1) 서간체

의천(1055~1101)의 〈상대송정원법사장〉·〈여대송선총법사장〉, 임춘의 〈상이학사지명서〉·〈기산인오생서〉, 이 색(1328~1396)의 〈송양광도

안렴한시사서홍도〉, 이규보의 〈여모서기서〉·〈우기안처사수서〉·〈상최상국선서〉, 이제현의 〈상정동성서〉, 정규의 〈병중계자손서〉, 이곡의 〈대언관청파취동녀서〉 등을 들 수 있다. 여기서는 〈우기안처사수서〉에 담겨 있는 知友간의 정을 살펴보자.

> 모월 모일에 모는 아룁니다.
> 지난 번에 저에게 후하게 해 준 사람 때문에 묵죽墨竹을 구했던 일은 처사處士를 가벼이 욕되게 하여 마음이 조여 죄를 기다릴 뿐입니다. 풍죽 서너 폭을 그려주신 은혜를 입었는데 그 사람이 그것을 가지고 와서 보이면서 감사의 말을 아주 정성스럽게 하였습니다.
> 그 가지와 잎사귀가 살아 움직이는 것 같은 것을 보니, 생각하건대 잎사귀 흔들리는 시원한 운을 듣는 것 같아 참으로 바람 속의 모습을 얻은 듯 하였습니다. 제가 전번에 처사를 문양주에 비유하였더니 그것은 적중한 말이었습니다. 또 지나치게 겸손하시고 이어서 저의 요사이 지은 바 시문을 요구하시니, 제가 평소에 비록 시를 익히기는 즐겼으나 … 책 상자에는 한장의 글도 남아 있지 않습니다. 그 나머지는 사륙문四六文으로 모두 부처에게 기도하고 신에게 제사드리는 글이니, 이들은 처사께 번거로이 보여드릴 만한 것이 못 되옵니다. 그러므로 감히 기록하여 보내드리지 못하오니 아무쪼록 꾸짖지는 마십시요. 추위가 닥치니 몸을 보중하시고 자애하시길 엎드려 축원하나이다. 드릴 말씀 다 못 드리고 이만 머리를 조아리나이다.

상대의 부탁에 응하지 못하는 마음이 겸허하게 나타나 있고, 특히 상대의 풍죽風竹에 대하여 바람에 나부끼는 식물에 비유하고 시원한 운을 듣는 것 같다는 평가는 문학성이 뛰어난 표현으로 생각된다. 이런 점에서 이 글은 예절과 정성이 구비된 문학적 서간문이라고 하겠다.

(2) 일기체

이제현의 〈김평장행군기〉를 들 수 있는데, 이는 김취려(?~1234) 장군이 고종 3년(1216) 8월 12일부터 고종 6년(1219) 5월까지 글안군과 싸운 전공에 대하여 열병·부대이동·승전사항 등을 기록한 것인데, 중간중간의 일기가 누락되어 있으며, 문학성보다는 역사자료적 가치가 크다고 하겠다.

(3) 기행체

임춘의 〈동행기〉, 이규보(1167~1241)의 〈남행월일기〉, 안축(1287~1348)의 〈강릉부경포대기〉, 이곡(1298~1351)의 〈주행기〉·〈동유기〉, 석무외의 〈고석정〉 등을 들 수 있다. 안축은 〈강릉부경포대기〉에서 눈으로 기이한 형상을 구경하는 것은 어리석은 사람과 지혜있는 사람이 모두 같지만 그 한쪽만 보고 마음으로 묘한 이치를 얻는 것은 군자만 할 수 있다고 하면서, 관동의 경치중 총석의 기이한 형상에만 집착하고, 경포대의 참모습을 보지 못하는 세인의 단견을 지적하면서, 그 경치를 다음과 같이 묘사하고 있다. 여기서 우리는 자연의 내면을 바라보는 안축의 통찰력을 발견할 수 있다.

> 앉아서 사방을 돌아보니 멀리는 큰 바다가 끝없이 펼쳐져 연기 같은 물결이 산같이 높고, 가깝게는 경포가 맑고 깨끗하여 바람에 물결이 찰랑거린다. 먼 산의 골짜기가 천 겹이나 되어 구름과 놀이 아득하게 보이고, 가깝게는 산봉우리가 10리쯤 뻗쳐 수풀과 나무가 울창하다. 항상 갈매기와 물새가 떴다 잠겼다 하며 오락가락 경포대 앞에서 한가로이 노닌다. 봄 가을은 아침저녁으로 맑고 흐림에 따라 안개에 어린 달이 변화하여 기상이 일정하지 않으니 이것이 경포대에서 맛볼 수 있는 경관이다.

(4) 수상체

이규보(1168~1241)의 〈접과기〉·〈초당이소원기〉·〈사잠〉·〈슬잠〉·〈면잠〉·〈요잠〉·〈몽험기〉·〈몽설〉·〈경설〉·〈주뢰설〉·〈슬견설〉·〈월등사죽루죽기〉, 이제현의 〈계잠〉·〈구잠〉·〈묘잠〉·〈집안의 영화〉(가제), 이곡(1298~1351)의 〈소포기〉, 정몽주(1337~1392)의 〈김해산성기〉, 이색(1328~1396)의 〈기기〉·〈자경잠〉, 박익(1332~1398)의 〈지신잠〉, 이첨(1345~1405)의 〈야망정〉·〈기곡계당〉·〈조룡대기〉·〈초옥명〉, 석무외의 〈암거일월기〉, 정도전(?~1398)의 〈소재동기〉, 김부식의 〈아계부〉, 김연의 〈청연각기〉, 최자의 〈삼도부〉·〈개인의 충견〉(가제) 등을 들 수 있다. 여기서는 〈사잠〉과 〈개인의 충견〉에 대하여 간단히 살펴보자.

① 나는 갑자기 일을 저질러 놓고는 생각하지 않는 것을 뉘우치곤 한다. 생각한 뒤에 일을 하였더라면 어찌 화가 따라오겠는가? 나는 갑자기 말을 해 놓고는 더 한번 생각하지 않은 것을 후회한다. 생각한 뒤에 말을 하였더라면 어찌 욕됨이 따라붙겠는가? 생각하여 경솔히 하지 마라. 경솔히 하면 어긋남이 많으니라. 생각하기를 너무 깊게 하지 마라. 깊게 하면 의심이 많게 된다. 침착하고 정중하여 세 번쯤 생각하는 것이 가장 적당하다.

② 김개인金盖仁은 거령현居寧縣 사람이다. 개 한 마리를 길렀는데 매우 사랑했다. 어느 날 외출하는데 개도 따라나섰다. 개인이 취해서 갈바닥에 누워 잤는데, 들판에 불이 나서 곧 개인이 자는데 까지 번지게 되었다. 개는 곧 옆에 있는 시내에 들어가 몸을 적시여 불 주변을 빙빙 돌면서 풀을 적시여 불길을 막고는 기진하여 죽고 말았다. 개인이 잠에서 깨어 죽은 개를 보고 슬퍼하여 노래를 짓고 무덤을 만들어 장사를 지내고 묘 앞에 지팡이를 꽂아서 이를 표시했다. 그런데 지팡이는 자라서 나무가 되었으므로 그땅을 오수獒樹라고 하였다. 악보 가운데 견분곡犬墳曲이 있는데 바로 이것이다. 뒤에 어떤 사람이 시를 짓기를 "사람을 짐승이라 하면 부끄러워 하지만 / 공공연히 큰 은혜를 저버린다. / 사람으로서 주인 위해 죽지

않는다면 / 개보다 나을 것이 무엇이겠는가."하였다. 진양공晉陽公이 문객들에게 그 전기를 지어 세상에 널리 전파하게 하였으니, 이는 은혜를 받은 자들에게 갚을 줄 알도록 하기 위한 것이다.

앞의 예문에서 이규보는 경솔한 말과 행동으로 인하여 빗어지는 실수를 자계하고 있고, 뒤의 예문에서 최자는 짐승도 은혜를 갚을 줄 안다는 대의명분을 사람에게도 알려야겠다는 경세의 뜻이 담겨져 있다고 하겠다. 여기서 우리는 세상을 살아나가는 옛사람의 지혜를 발견할 수 있을 것이다.

(5) 논고체

이규보(1168~1241)의 〈두목전증렬사박〉·〈명반오 문〉·〈주서문〉·〈문조물〉, 최해(1287~1340)의 〈송승선지유금강산기〉, 이달충(?~1385)의 〈애오잠병서〉, 이색(1328~1396)의 〈설산기〉·〈유숙시집서〉·〈자송사〉, 이첨(1345~1405)의 〈고협재〉·〈청심설〉, 정도전(?~1398)의 〈걸식론〉·〈불씨윤회지변〉, 최자의 〈보한집서〉, 김부식의 〈진삼국사표〉, 이제현의 〈아미산고〉(가제) 등을 들 수 있다. 여기서는 〈두목전증렬사박〉과 〈진삼국사표〉의 일부분을 인용해 보기로 하겠다.

① 두목전에 두목이 죽을 무렵에 밥하는 시루가 깨어지니, 두목이 상서롭지 못한 일이구나 하였다는 이야기가 있다. 나는 이에 대해 다음과 같이 논박한다. 이것은 작은 술수에 구애되는 무당과 점쟁이의 말이니, 두목이 상서롭지 못한 일이라 한 것은 순수한 선비로서 한 말이 아니다. 사신 송공이 마땅히 이 말을 그가 쓴 전에서 빼어버릴 것인데 오히려 섰으니, 역시 글이 잡스럽다. ≪서경≫에 이르기를 "암닭이 새벽에 우는 것은 집안 운수가 다 되었다." 하였는데 대개 암닭이란 것이 본래 새벽에 우는 책임을 맡은 적이 없는데, 암닭이 새벽에 우니 집안에 괴이한 일이 이보다 클

수가 있겠는가. 꿩이 솥귀에서 울고, 쥐가 단문에서 춤추는 그런 요망한 일보다 더 심한 것이다. 그러므로 공자같은 성인이 《서경》을 刪正할 때 이 말을 넣어둔 것이다. 그런데 시루가 깨어진 것은 혹은 불이 너무 뜨거워서 그럴 수도 있고, 혹 물이 말라서 그럴 수도 있으므로 반드시 괴이하다 할 수 없는데, 마침 그 때 두목이 죽음을 만난 것 뿐이니 꼭 이것이 맞는 징조라 할 수 없다.

② 엎드려 생각하오면 성상 폐하께서는 당요唐堯의 문사文思를 바탕으로 하시고, 하우夏禹의 근검을 본받으셔 밤낮으로 틈있는대로 애쓰시며, 널리 전고前古의 사서를 상람上覽하시고 말씀하시기를 "지금 학사 대부들은 모두 오경과 제자의 책과 진·한 역대의 사서에는 혹 널리 통하여 상세히 말하는 사람이 있으나, 우리나라 사실에 대하여는 도리어 망연하며 그 시말을 알지 못하니 심히 통탄할 일이다. 항차 신라·고구려·백제가 나라를 세우고 서로 정립하여 능히 예의로써 중국과 교통한 까닭으로 범엽范曄의 한서漢書나 송기宋祁의 당서唐書에는 모두 우리나라에 관한 열전이 있으나 국내의 것은 상세히, 국외의 것은 간략히 써놓았으므로 자세히 실리지 않은 것이 적지 않고, 또한 그 고기古記에는 문자가 거칠고 잘못되어 사적이 빠져 없어진 것이 많으므로, 군후君后의 선악이나 신자臣子의 충사忠邪나 국가의 안위나 인민의 이란理亂 등을 모두 잘 드러내어 뒷사람들에게 경계를 권할 수 없게 되었으니, 마땅히 삼장三長의 인재를 얻어 한 나라의 역사를 이룩하고, 이를 만세에 남겨주는 교훈으로 하여 일월성신과 같이 밝히고 싶다."하셨사오나, 신과 같은 사람은 본래 장재長才도 아니옵고, 또한 깊은 학식도 없사오며, 늙음에 이르러서는 날로 정신이 혼미하여 독서는 비록 부지런히 하오나 책만 놓아버리면 곧 잊어버리게 되옵고, 붓을 들어도 힘이 없사오며, 종이를 대해도 뜻대로 써내려가기 어렵나이다.

앞의 예문에서는 〈두목전〉에 시루가 깨어졌다는 기사를 첨부한 것에 대해 논박하고 있다. 즉 시루란 불이 과해서 또는 지나치게 말라도 깨어지는 것인데 그것이 깨어졌다고 그 집주인에게 해롭다는 논리는 잘못된 것임을 주장하고 있다는 점에서 세상사를 바라보는 이규보의 사리분별력과 합리성을 발견할 수 있다. 뒤의 예문에서는 왕명으로 삼국사 편찬을 마치고 이를 바치면서 그 편찬경위와 자기의 무능을 용서해 달라는 내용으로 되어 있지만, 그 이면에는 삼국사기 편찬의 의의가 잘 기술되어 있다고 할 수 있겠다.

3) 조선 수필

(1) 서간체

궁중내간으로 선조·효종·숙종·정조·인선왕후의 편지 그리고 인목대비의 〈인빈애 ᄒᆞ오신 글월〉 등을 들 수 있다. 사대부 서간으로 정철자당 죽산안씨의 〈고양이 아기네젼 답샹빅〉, 이봉환의 〈어마님젼샹살이〉, 〈채서방집〉, 〈제아지〉, 〈한산유찰〉, 추사의 편지, 김삼의당의 〈송부자독서산당서〉 등이 있다. 이외에도 한글로 된 내간은 엄청나게 많다.[32] 그러나 그들은 대체로 안부를 묻거나 소식을 전하는 실용문 이상의 가치를 가지고 있지 못하기에 문학작품으로 다루기는 어렵다는 생각이 든다.

여기서는 육지에서 유배지 제주도 화북진에 이르는 여정을 아우명희에게 자세하게 전달한 추사 김정희의 편지를 소개하고자 한다.

> … 보면 끝이 없고 생각하면 아찔하며 바다 끝은 하늘에 맞닿아 아득하니, 아마 서로 연락할 수가 없을 것 같네. …
> 이번에는 동풍으로 들어가는데 갈수록 풍세가 순조로워서 정오경에는 거의

---

32) 대표적인 자료집을 들어보면 다음과 같다.
　①이병기, 《近朝內簡選》.
　②김일근, 〈이조친필언간총람자료집〉, 《건국대 학술지》, 1971.
　③조건상, 《청주북일면순천김씨묘출토간찰》, 충북대박물관, 1981.

바다의 삼분지 일이나 지나갔었지. 오후에는 풍세가 자못 맹렬하고 날카로워 파도가 일렁거리고 배가 따라서 오르내리니, 배 속의 첫번 타 본 여러 사람들은 김오랑 이하 우리 일행에 이르기까지 그 사이 어지러워서 얼굴빛이 바뀌지 않는 사람이 없었네. 그런데 나는 종일 뱃머리에 있으면서 나 혼자서 밥을 먹고, 키잡이나 뱃사공들과 더불어 고락을 함께 하여 바람을 타고 파도를 헤치려는 듯하였네. 이 죄 많은 사람들을 돌아보건데 감히 스스로 옹골차다고 할 수 있겠는가. 오직 임금님의 신령스러운 힘이 멀리 미친 것이며, 하늘이 역시 가련히 여기신 듯하네.

저녁놀이 질 무렵에 곧장 제주도의 화북진에 도착하니, 이곳은 곧 배를 내리는 곳이었네. 제주도 사람으로 와서 본 사람들은 북쪽으로부터 온 배가 날아 건너왔다고 생각하지 않는 사람이 없었으니, 해 뜰 때 배가 떠나서 석양에 도착한 것은 육십일 동안에 보지 못한 일이었다는군. 또한 오늘의 풍세로 배를 이와 같이 부릴 수 있었다는 것은 생각하지도 못할 일이라고 하네. 나 역시 스스로 이상하게 생각하는데, 알지 못하는 속에서 또 한가지 위험을 쉽게 지난 것 같군 …

(2) 일기체[33]

〈초성일기〉, 유진(1582~1635)의 〈임진록〉, 〈숙창궁일기〉, 〈계해반

---

33) 이우경은 조선조일기를 전쟁일기·궁중일기·여행일기로 삼분하고, 각각에다 다음과 같은 작품을 포함시켰다. ≪한국의 일기문학≫, 집문당, 1995.
㉠임란전쟁일기 ; ①조경남(1570~1641)의 난중잡록 ②이순신(1545~1598)의 난중일기 ③정희득(1575~1640)의 해상일록 ④이정암(1541~1600)의 서정일록 ⑤신유한(1681~1752)의 분충서난록 ⑥이노(1544~1598)의 용사 일기 ⑦유성룡(1542~1607)의 징비록 ⑧조정(1555~1636)의 남행록·신사록 ⑨유진(1582~1635)의 임진록 ⑩노인(1566~1622)의 금계일기 ⑪강항(1567~1618)의 간양록 ⑫현인복의 진중일기.
㉡병란전쟁일기 ; ①조경남의 속잡록 ②나만갑(1592~1642)의 병자록 ③작자미상의 산성일기 ④이명웅 외의 심양일기 ⑤이한명의 강도일기 ⑥南瀷(1592~1671)의 병자일기 ⑦구성임의 병자일기 ⑧홍익한의 북행일기 ⑨문재도의 南漢戰中記 ⑩石之珩의 남한일기.

정록〉, 유성룡의 〈녹후잡록〉, 〈계축일기〉(서궁록), 혜경궁 홍씨의 〈한 중록〉, 〈산성일기〉, 〈혜빈궁일기〉, 이자(1480~1533)의 〈음애일기〉, 이 이(1536~1584)의 〈석담일기〉, 이정암(1541~1600)의 〈서정일록〉, 신유한

ⓓ궁중일기 ; ①작자미상의 계해정사록 ②작자미상의 계해반정록 ③朴鼎賢의 凝川日錄 ④黃有詹의 丁戊錄 ⑤申竧聖(1588~1644)의 靑白日記·延平日記 ⑥ 작자미상의 광해조일기 ⑦작자미상의 계축일기 ⑧작자미상의 서궁일기.
ⓔ명나라 여행일기 ; ①김육(1580~1658)의 조경일록 ②김창업(1658~1721)의 연 행일기 ③박지원(1737~1805)의 열하일기 ④김종일의 심양일승 ⑤홍대용 (1731~1783)의 을변연행록·담헌연기 ⑥서유문(1766~?)의 무오연행록 ⑦작자 미상의 赴燕日記 ⑧김경선(1788~1853)의 燕轄直指.
ⓕ일본 여행일기 ; ①任絖의 일본일기 ②任守幹의 동사일기 ③조엄(1719~1777) 의 해사일기 ④오윤겸의 동사일기 ⑤신유한(1681~1752)의 해유록 ⑥김지남의 동사록.
ⓖ국내 여행기 ; ①의령남씨(1727~1823)의 동명일기 ②박권의 북정일기 ③이희 평의 화성일기 ④작자미상의 금강산일기 ⑤김원근(1786~1832)의 자경지함흥 일기 ⑥정시한의 산중일기 ⑦신유의 북정일기

그러나 선인들의 일기는 일상생활의 비망록적 성격을 띠기보다는 축시적 기 행문이 대부분이기 때문에 필자는 이것을 다음과 같이 분류하고, 누락된 것 을 보충해 보고자 한다.

1. 일기
  1) 전쟁일기 ; 임란일기 ; ⓐ-①②④⑤⑥⑦⑧⑨⑫.
                병란일기 ; ⓑ-①②③④⑤⑥⑦⑧⑨⑩, 병자일기.
  2) 궁중일기 ; ⓓ-①②③④⑤⑥⑦⑧, 초성일기, 숙창궁일기, 혜경궁홍씨한중록, 혜빈궁일기.
  3) 개인일기 ; 음애일기, 석담일기.
2. 기행(일기)
  1) 순수기행 ; ⓖ-①④⑥⑦, 관동일록(홍인우).
  2) 공무수행 기행 ; ⓖ-②③.
  3) 유배기행 ; ⓖ-⑤, 남정일기(박조수), 신도일록(이세보).
  4) 사신기행 ; 중국사행 ; ⓔ-①②③④⑤⑥⑦⑧, 연행록(권협·최덕중·김정중), 조경일록(김육), 조천일승(조즙), 됴텬록(작자미상) →일본사행 ; ⓕ-①②③④⑤⑥, 해사록(경섬·김성일), 일본왕환가(황신), 부상 록(이경직), 노송당일본행록(송희경).
  5) 표류기행 ; 표해록(최보·장한철·정약전).
  6) 피로기행 ; ⓐ-③⑩⑪, 정유록(정호인), 만사록(정경득).

(1681~1752)의 〈분충서난록〉, 이순신(1545~1598)의 〈난중일기〉, 남평조씨(1574~1645)의 〈병자일기〉, 윤정선(1826~1865)의 〈긔유긔ᄉᆞ〉(기유기사) 등을 들 수 있다. 여기서는 〈임진록〉과 〈난중일기〉의 한 부분을 인용하기로 하겠다.

① 이튿날 일행은 영평으로 갔다. 그때 할머님은 현등사에 편안히 계셨고 조종에 왜 있다는 말은 짐짓 왜가 아니라 가평원에게 벼슬하려 피란한 사람을 아울러 베어 왜라 하고 나라에 보고하니 그 말이 와전되어 난 것을 거기에 속아 할머니 계신 곳을 그리 가까이 두고 가지 못하니 어찌 괴로움이 아니리오? 한갓 애달픔 뿐이었다. 한 곳에서 점심을 하려고 하였더니 어떤 사람이 외쳐 이르되, "이 앞에 사람을 베어 달았으니 보고 놀라지 말라."하더니 과연 십리를 못 가서 사람 다섯을 베어 죽나무에 달았으니 어린 때 사람 벤 것을 처음으로 보니 몹시 놀라와 하루 이틀까지는 목줄띠에 피가 맺혀 뚝뚝 떨어지던 양이 눈에 삼삼하여 음식을 편히 먹지 못하였다.

② 5월 29일. 맑음.
우수사는 오지 않는다. 홀로 여러 장수들을 거느리고 새벽에 떠나 곧장 노량露粱에 이른 즉 경상우수사가 약속한 곳에 이르렀다. 함께 의론하고 적도賊徒가 모여 있다는 사천선창泗川船倉에 이른 즉 왜군은 이미 육지로 올라서 봉상峰上에 진을 치고, 전선戰船들은 봉하峰下에 벌려 있었다. 제법 항전이 드세므로 여러 장수들을 독려하여 일시에 돌격하였다. 화살은 비가 퍼붓는 것 같았고 각종 총통銃筒은 어지럽기가 풍우같았다. 드디어 적도들은 황겁히 퇴각하였고, 화살을 맞은 자는 몇 백명인지 모르겠고 목을 벤 것도 많았다. 군관 나대용羅大用이 철환에 맞아 부상하였고 나도 왼쪽 어깨에 철환을 맞아 등에까지 뚫리었으나 중상에는 이르지 않았다. 활쏘는 병사들도 철환을 맞은 자가 많았다. 적선 13척을 격파하였다.

앞의 예문은 유성룡의 세째 아들인 유진이 임란피란 경험을 노년에 회상해서 지은 것인데, 어린 시절 유리걸식하며 피살현장을 목격한 장면들이 사실감있게 기술되어 있다고 할 수 있다. 뒤의 예문에서는 적군의 철환에 맞아 등에까지 뚫리는 중상을 입고도 부하들의 전상에 신경을 쓰고 있는 무장 이순신의 인간성을 엿볼 수 있다. 그리고 그런 몸으로도 그날의 일기를 썼다고 볼 때 초인적 의지의 지휘관이였음을 알 수 있겠다.

(3) 기행체

기행체 수필은 크게 순수기행·피란기행·사신기행·표류기행·피로기행 등으로 나누어 볼 수 있다. 순수기행은 여행기이고, 피란기행은 전란을 당해 피란지를 찾아 전전긍긍하던 이야기이고, 사신기행은 중국과 일본을 다녀온 사행기이고, 표류기행은 제주도와 육지를 오가던 중 역풍을 만나 이국으로 표류하다 귀환한 내용이고, 피로기행은 임란시 일본으로 포로로 끌려갔다가 온갖 고초를 다 겪고 귀환한 피로담을 담고 있는 것이다. 특히 조선시대 중국 기행문을 총칭하여 연행록이라고도 하는데 1960년 성대 대동문화연구원에서 ≪연행록선집≫을 발간했는데, 여기에 30여편의 작품이 실려 있다. 이들 작품에는 이희평의 〈화성일기〉, 송희경(1376~1446)의 〈로송당일본행록〉, 최보(1454~1504)의 〈금남표해록〉, 김일손(1464~1498)의 〈두류기행록〉, 홍인우(1515~1554)의 〈관동일록〉, 조즙(1568~1631)의 〈조천일승〉, 작자미상의 〈됴텬록〉, 〈날리가〉, 유의양(1718~?)의 〈남히문견록〉·〈북관로정록〉, 의령남씨(1727~1803)의 〈의유당관북유람일기〉, 이덕무(1741~1793)의 〈기유북한〉, 박제가의 〈묘향산소기〉, 채제공(1720~1799)의 〈유관악산기〉, 홍대용(1731~1783)의 〈을병연힝록〉, 김원근(1786~1832)의 〈자경지함흥일기〉, 박조수의 〈남정일기〉, 작자미상의 〈동유기〉, 이세보(1832~1895)의 〈신도일록〉, 김정(1486~1521)

의 〈제주풍토기〉, 김창업(1658~1721)의 〈연행일기〉, 서유문(1762~?)의 〈무오연행록〉, 박지원의 〈열하일기〉, 이지항의 〈표류기〉, 〈제주인표류기〉, 박사호의 〈탐라표해록〉, 김경선의 〈제주표인문답기〉, 장한철의 〈표해록〉, 정약전의 〈표해록〉, 김인겸의 〈일동장유가〉 등이 있다. 여기서는 〈묘향산소기〉와 〈두류기행록〉의 일부분을 인용해 보고자 한다.

① 바람은 나뭇가지를 희롱하고 기생은 춤을 춘다. 만좌한 사람들은 이미 취하였고 흥을 실은 거문고 줄은 바삐 움직여 운다. 먼 산에는 벌써 저녁빛이 깃드니 좌중이 서로 추워하는 빛을 띠면서 가기를 서둘러 내 지팡이, 내 신 하며 찾아 덤빈다. 절을 향해 일어나 저녁연기를 보면서 내가 올 때에 사람의 무릎은 이미 짙어진 어둠 속에 묻혔으되 넘어가는 햇살은 아직 단군대 이마 위에 한치는 걸려 있다.

② 신해 새벽에 해가 동천에서 떠오르는 것을 볼 수 있었다. 갠 하늘은 온통 구리를 깔아 놓은 것 같고, 사방을 바라보니 눈에 들어오는 만리 밖의 대지와 뭇 뫼뿌리는 개미집 같기도 하고 지렁이 구덕 같기도 하다. 묘사는 창려의 남산시를 알 듯하고, 마음은 실로 공부자가 동산에 오른 기분 같다고나 할까. 이런 감회로 티끌세상을 내려다보니 감개가 자못 가이 없도다. 이곳으로부터 동남쪽은 옛날 신라의 영토요, 서북쪽은 백제의 땅이었다. 분분한 모기떼들이 항아리 속에서 일어났다가 사라져버리니 태초부터 헤아려 보면 그 얼마나 많은 호걸들이 뼈를 이 땅에 묻었던고! 오늘 우리가 무사히 이곳에 오름도 또한 상제의 은총이 아니겠는가.

앞의 예문은 단군대 등정후 보현사로 돌아오는 과정의 내용인데, 풍류를 동반한 여러 사람의 등산기임을 알 수 있다. 문장 곳곳에서 박제가의 번뜩이는 관찰력과 감수성이 돋보인다. 뒤의 예문은 김일손이 지리산 천왕봉 정상에서 해돋이를 보고 쓴 대목이다. 산 정상에서 내려다보이는 광경에 대한 묘사도 빛나지마는 자연에 비해 왜소하기 짝이 없는 인간에 대한 자기성찰이 더 강조되어 있음을 알수 있다.

(4) 수상체

유방선(1388~1443)의 〈금장관댁죽헌기〉, 서거정의 〈죽당기〉·〈가산기〉·〈허곡기〉·〈효우정기〉, 강희안(1417~1464)의 〈양화소록〉, 하륜(1347~1416)의 〈심설〉, 박융(?~1424)의 〈거가계〉, 김수온(1409~1481)의 〈열운정기〉, 성간(1427~1456)의 〈유관악사북암기〉, 신개의 〈육송정기〉, 표연말(?~1498)의 〈고인정기〉, 〈인목대비술회문〉, 유씨부인의 〈조침문〉, 〈연안김씨유훈〉, 순조의 〈어제자경전기〉·〈어제경춘전기〉, 작자미상의 〈비서〉 등을 들 수 있다. 여기서는 〈김장관댁죽헌기〉와 〈육송정기〉의 일 부분을 인용해 보고자 한다.

① 대저 대나무는 사시사철 변하지 않고 온갖 초목보다 뛰어나 홀로 그 특성을 보존한다. 그 곧음은 풍속을 고칠 만하고, 그 건장함은 나약한 자를 일깨우기 충분하다. 겨울에는 눈 속에서 그 차가운 소리를 창가에 뿌리고, 여름에는 서늘한 바람을 보내준다. 연기와 아지랑이가 자욱한 것은 마치 소상강을 눈에 대하는 듯하고, 별과 달이 밝게 빛나 상쾌한 것은 마치 선경에 사는 사람이 정신을 융화시키는 것 같으며, 시를 읊으면 흥취가 더욱 도도해지고, 손님을 대하면 오가는 말소리 더욱 맑아지니, 이것이 모두 그의 공이다.
② 휘영청 달 밝은 깊은 밤에 성긴 소나무 그림자를 밟고 바장이면 춤추는 그림자와 은은히 들리는 노랫소리에 밤이 깊어 가는 줄을 느끼지 못하는 것이 그 첫째 운치입니다.
부슬부슬 비가 내리고 바람은 서늘한데, 차가운 솔바람 소리 들으며 편히 누워서 홍얼홍얼 시를 읊조리다가 코를 골면 그 소리가 바람소리와 뒤섞

여 해가 서산에 걸린 줄도 모르는 것이 그 둘째 운치입니다.
긴긴 여름해에 바람은 살랑이는데 솔 그림자만 깔려 있을 뿐, 사방을 둘러 보아도 사람 하나 보이지 않고, 오직 희귀한 새들만이 지저귑니다. 머리가 성성하게 센 나는 검정 사모를 쓰고 그 아래에서 향을 피우며 빚어 놓은 소상塑像처럼 오똑이 앉아 있는 것이 하나의 운치입니다.
간혹 늙은 농부들이 술병과 쪽박 잔을 가지고 나를 위해 찾아오면 나는 그들을 이곳으로 끌고와 함께 술을 마십니다. 또 두건을 벗고 맨 이마가 되기도 하며, 바짓가랑이를 걷어붙이고 다리를 쭉 뻗어 예법을 아랑곳하지 않으니 이것이 또 하나의 운치입니다.

앞의 예문에서 유방선은 소나무의 속성의 나열에 그치지 않고, 겨울 댓잎소리·여름바람·안개·별과 달과의 조화 속에서 인간이 느낄 수 있는 감정을 매우 사실감 있게 서술하고 있고, 뒤의 예문에서도 신 개는 관념적 소나무 예찬에서 탈피하여 달·바람·새·술이 있는 소나무 숲을 통해 느낄 수 있는 생활의 운치를 실감나게 기술하고 있다고 생각된다.

(5) 논고체

서거정의 〈수직〉·〈죽당기〉, 김수온(1409~1481)의 〈령돈녕댁상매서〉, 석야운의 〈야운자경서〉, 송시열(1607~1689)의 〈우암션싱계녀셔〉, 이익의 〈원천우인〉, 박지원(1737~1807)의 〈말 이야기〉(열하일기 태학류관록 14일)·〈심세편〉·〈수레론〉(일신수필 거제)·〈지전설〉(열하일기 곡정필담), 홍만종의 〈처가리물〉, 강정일당(1772~ 1832)의 〈만성재기〉·〈연설시이동자불억〉, 김정희(1786~1856)의 〈제세한도〉, 작자미상의 〈여잠〉, 〈녀즈슈지〉, 〈녀즈ᄉ힝녹〉 등을 들 수 있다. 여기서는 〈수직〉과 《열하일기》 도강록 8일의 일부분을 인용해 보고자 한다.

① 무릇 물은 각기 직책이 있다. 소의 직책은 밭가는 것이요, 말의 직책은 사

람을 태우고 물건을 싣는 것이며, 닭의 직책은 새벽을 알리는 것이요, 개의 직책은 밤에 도둑을 지키는 것이다. 능히 제 직책을 다하면 직책을 잘 지켰다 할 것이고, 제 직책을 못하면서 다른 직책을 가름하면 직책을 넘어섰다고 할 수 있다. 직책을 지키지 못할 뿐더러 그것을 넘어서면 이치를 위배한 것이요, 이치를 위배하면 앙화를 받게 되는 것이다. 지금 한 가지 물건을 들어서 비유하건대, 닭이 새벽에 울지 않고 저녁에 운다면 사람이 다 놀라고 괴이하게 여겨 반드시 잡아 없애고 말 것이니, 이는 직분을 넘어섰기 때문에 화를 받는 것이다.

② 8일 갑신. 개다.

정사와 한 가마를 타고 삼류하를 건너서, 냉정에서 아침밥을 먹다. 1리 남짓 가서 산모롱이를 하나 접어 들었다. 태복이가 갑자기 국궁하고 말 앞으로 달려 나와서 큰 소리로 "백탑이 보임을 아룁니다." 한다. … 빨리 말을 채찍질하여 수십보를 채 못가서 겨우 모롱이를 벗어나자, 안광이 어른거리고 갑자기 한덩이 흑구가 오르락내리락 한다. 내 오늘에 처음으로 인생이란 본시 아무런 의탁함이 없이 다만 하늘을 이고 땅을 밟은 채 떠돌아다니는 존재인줄 알았다. 말을 세우고 사방을 돌아보다가 스스로 깨닫지 못하는 사이에 손을 들어 이마에 얹고 "아, 참 좋은 울음터로다. 가이 한번 울 만하구나!" 하니, 정진사가 "이렇게 천지간에 큰 안계를 만나서 별안간 울고 싶다니, 웬 말씀이오?" 하고 묻는다. … 우리는 의당히 저 갓난아기의 꾸밈없는 소리를 본받아서 비로봉 산마루에 올라가 동해를 바라보면서 한바탕 울 만하고, 장연 바닷가 금모래 밭을 거닐면서 한바탕 울 만하며, 이제 요동 벌판에 와서 여기서부터 산해관까지 일천이백 리 사방에 도무지 한 점의 산도 없이 하늘 끝과 땅 변두리가 맞닿은 곳이 아교풀로 붙인 듯, 실로 꿰맨 듯 고금에 오가는 비구름이 다만 창창할 뿐이니, 이 역시 한바탕 울 만한 곳이 아니겠소?

앞의 예문에서는 닭·개·말·소 따위의 동물도 각기 제 사명과 직분이 있듯이, 인간도 자신의 직분에 충실하는 것만이 올바른 삶의 태도임을 강조하는 서거정의 인생관을 엿볼 수 있다. 뒤의 예문은 박지원이 요동의 白塔으로 향하면서 눈앞에 펼쳐진 일망무제의 대평원을 바라보고 느낀 감정을 그대로 토로한 것이다. 특히 눈앞에 전개되는 황홀함에서도 펑펑 소리 내어 울고 싶다고 말하는 연암의 말 속에서 그가 얼마나 감수성이 예민한 인물이었던가를 알 수 있다. 이러한 관찰력과 감성을 바탕으로 열하 기행 중 목격되는 신천지 세계를 하나도 놓치지 않고 기록하여 새로운 세계관을 심어주는 ≪열하일기≫라는 대작을 후대에 남길 수 있었으리라 여겨진다.

5. 고수필의 특징

이제까지 논의한 내용을 바탕으로 고수필의 문학사적 의의와 특징을 도출해 보면 다음과 같다.

첫째, 고수필사를 채울 작품들이 산재해 있고, 그중에서 문학성이 뛰어난 작품이 많다는 점에서 허구 위주의 문학사관에 집착한 이제까지의 편견에서 벗어나야 함을 확인할 수 있었다. 즉 허구적 산문과 대등하게 비허구적 산문의 문학성이 인정되어야 하고, 이러한 비허구적 산문의 대표적 양식으로 우리는 수필을 들 수 있을 것이다.

둘째, 우리 선인들은 수필이라는 장르개념은 없었지만, 나름대로 다양한 문체로 명수필을 창작해 왔음을 확인할 수 있었다. 대표적 작품으로 일기체로 〈난중일기〉와 〈임진록〉을, 서간체로 〈격황소서〉와 〈우기안처사수서〉를, 기행체로 〈강릉경포대기〉·〈간양록〉·〈동명일기〉를, 수상체로서 〈월등사죽루죽기〉·〈조침문〉·〈六松亭記〉를, 논고체로서 〈두목전증열사박〉·〈처가리물〉 등을 들 수 있을 것이다.

셋째, 수필과 실용문과의 구별이 애매하다는 점을 들 수 있다. 한국의 경우 문·사·철의 분화가 뒤늦게 이루어졌기 때문에, 대체로 수필은 실용문체를 활용한 경우가 많았다. 그 결과 서·기·표·서·잠·

명·계·송·찬 등의 문체를 빌린 수필이 많이 발견된다. 그렇다고 모든 한문문체가 수필이라는 식의 단편적 사고는 경계해야 할 것임을 앞에서 살펴 본 바 있다.

넷째, 고수필에는 중수필과 경수필이 두루 존재함을 알 수 있었다. 일반적으로 한국의 현대수필은 미셀러니적 경향을 띤다는 말을 많이 하는데, 고수필에는 포멀 에세이적 경향을 띠는 논고체 수필이 많이 있음을 알 수 있었고, 또한 문학성이 내재된 작품도 다수 발견할 수 있었다.

다섯째, 순수일기가 드물고 대부분 기행일기적 성격이 농후하다는 점이다. 일기는 개인의 역사서와 비망록 구실을 한다고 볼 수 있는데, 개인의 역사와 가문의 역사를 기록하는 전·행장·묘지 등의 다른 문체가 폭넓게 사용되었으므로 순수한 개인기록은 위축되고, 대신 특이한 견문을 일기체로 적는 기행일기가 발달했다고 생각된다.

여섯째, 문학적 가치를 가진 서간체 수필이 거의 발견되지 않는다는 점이다. 원래 편지란 개인간의 안부·용건을 전하는 실용문으로 발생했으며, 문학의 다양성이 추구되면서 서간체가 하나의 수필 형식으로 자리잡게 되었다고 할 수 있다. 그러나 그 정착시기가 서구에서도 근대에 이르러 이루어졌다고 볼 때, 문학적 서간이 발견되지 않는다는 것은 세계문학사에 있어서 일반적 추세라 할 수 있을 것으로 본다.

李東根 / 대구대

◇ 참고문헌

구인환·구창환, ≪문학개론≫, 삼영사, 1995.
구인환·윤재천·장백일, ≪수필문학론≫, 개문사, 1973.

국어국문학회 편, ≪수필문학연구≫, 정음사, 1980.
김태길, ≪수필문학의 이론≫, 춘추사, 1991.
문덕수, ≪신문장강화≫, 성문각, 1980.
신상철, ≪수필문학의 이론≫, 삼영사, 1980.
윤재천, ≪수필문학의 이해≫, 세손, 1995.
이상보, 〈한국의 고대수필〉, ≪수필문예≫3, 1972.
이우경, ≪한국의 일기문학≫, 집문당, 1995.
장덕순, ≪한국수필문학사≫, 새문사, 1985.
정주환, ≪수필문학 무엇에 대하여 고민하는가≫, 수필과 비평사, 1993.
조수익, ≪한국한문수필선≫, 민족문화추진회, 1993.
최강현, ≪국문학신강≫, 새문사, 1985.
_____, ≪한국수필문학신강≫, 서광학술자료사, 1994.
최승범, ≪한국수필문학연구≫, 정음사, 1980.

제14장

漢文學

1. 한자의 전래

　한자는 우리의 문자가 아니고 중국 문자이다. 그러나 훈민정음이 창제되기 전에는 우리의 모든 것을 한자로 기록해 왔기 때문에 우리 민족의 문화 발전과 깊은 관계가 있다. 그러므로 한자의 전래 시기는 우리 고대 문화를 이해하는데 중요한 의미를 지닌다고 할 수 있을 것이다.

　한자의 전래는 이 땅에 한족들이 최초로 이동하기 시작한 시기부터 전래가 가능했으리라고 생각이 되지만 그 시기를 정확히 추정하기는 매우 어렵다. 문헌상으로 한족의 이동을 알 수 있는 것은 전한의 사마천 사기 조선 열전에 연나라 사람 위만이 많은 무리를 이끌고 들어와 왕검성에 도읍하였다고 하였다. 그리고 삼국지 위지 동이전 진한조에도 진한은 마한의 동쪽에 있는데 그 나라에 전해오는 말에 진의 고역을 피해 진한까지 들어와 많이 살았다고 한다 하였다. 이로써 보면 위만이 망명해 온 시기는 B.C 1세기경이었는데, 그전에도 한족의 이동이 있었던 것을 알 수 있다.

　그런데, 문자의 전파는 종족의 이동과 병행되는 것이기는 하지만, 중국의 변방지역에서 망명해 온 한족들이 문자까지 사용 전파할 수 있는 능력까지 있었을까 하는 문제도 생각해 볼 것이 아닌가 한다. 한족이 처음 이동해 온 시기에는 이 땅에 이미 토착언어가 있었을 것이고, 또 문자는 언어와는 달리 기호로써 의사를 표시하는 것인 만큼 언어보다 상대적인 이해가 더욱 필요한 것이다. 그러므로 소수의 점차적인 이동으로는 토착어에 동화되어 그들이 알고 있는 문자가 전파될 가능성이 어렵지 않았을까 생각된다.

그리고 한족이 처음 유입되었을 것으로 추정되는 시기의 중국의 문화는 황하 유역을 중심으로 한 국한된 문화였고, 또 문자의 보급도 넓지 않았을 것이다. 초기에 우리나라에 이동해 들어온 한족들은 당시로써는 중국의 변경지역에 거주했던 사람들일 것이다. 한자의 전래를 중국과의 접경지역에 전파된 것으로 본다면 모르겠으나, 압록강 이남에까지 확대해서 본다면 위만이 많은 무리를 이끌고 망명해 온 시기로 보는 것이 무리 없는 견해가 되지 않을까 한다. 한자의 전래시기를 이렇게 보려는 이유로 한족이 춘추전국 때와 그후 진의 학정을 피해 우리나라로 이동해 온 것과 전한 초기에 위만이 천여 명을 영솔하고 들어온 것과는 상당한 차이가 있기 때문이다. 즉 난세나 학정을 피해 이동해 온 유민들은 사회적 경제적으로 지위가 약한 계층으로서 지식수준이 낮은 사람들이 많았을 것이므로 한자의 전파능력이 의심스럽다. 그리고, 전한 초기에 들어온 위만은 연나라에서 상당한 지위에 있었던 인물이었을 뿐만 아니라, 동시에 천여 명의 한족을 거느리고 왔으므로 그들 사이에는 한자를 알고 있었던 사람들도 적지 않았을 것이고, 또 집단적으로 동시에 이동해 왔기 때문에 그들 사이에서 처음으로 사용되던 것이 점차 확대 보급되지 않았을까 생각한다.

2. 고조선의 한문학

고조선의 문학작품으로 오늘날 전하는 것은 공후인을 들 수 있다. 먼저 작품부터 옮겨 놓는다.

公無渡河 님이여 강을 건너지 말라 했는데,
공무도하

公竟渡河 님은 기어이 강을 건넜네.
공경도하

墮河而死 강에 빠져 죽었으니,
타하이사

當奈公何 어이한단 말이냐.
당내공하

이 공후인은 일명 공무도하가로써 중국 고대시의 악부 형식으로 된 작품이다.

이 작품에 대해 우리나라 문헌에는 전하는 것이 없다. 중국 晉나라 崔豹의 ≪古今注≫에 이 작품과 함께 배경설화가 소개되어 있다. 그 내용에 본 작품은 '조선진졸곽리자고처여옥소작야朝鮮津卒霍里子高妻麗玉所作也'라 한 말이 있기 때문에 고조선 때 지어진 우리의 작품으로 관주해 왔으나 최근에는 우리의 것이 아니고 중국 작품이라는 말이 있다. 본 작품이 내용은 간단하나 곡이 애절했기 때문에 중국의 李白과 같은 시인도 이 작품을 소재로 시를 지은 바 있다.

공후인이 ≪고금주古今注≫ 외의 다른 기록에는 없기 때문에 소속에 대해 여러가지 의견이 나올 수 있다. 그러나 우리나라는 고대로부터 나라 이름을 조선이라 했고, 오늘날 전하는 중국의 고대 사서史書인 ≪사기≫ 및 ≪한서≫ 등에도 우리나라 국호를 조선이라 했기 때문에 본 작품은 우리의 작품으로 인정해야 되지 않을까 한다. 그런데 본 작품이 고조선의 것일 경우 고금주에 실려 있는 형식 그대로 전해 진 것인지, 아니면 곡과 내용만이 전해 진 것을 당시 중국에서 유행하던 사언사구체四言四句體의 형식으로 번역한 것인지 알 수 없다.

3. 삼국시대의 한문학

1) 고구려의 한문학

고구려는 그 전성기에 요동대륙을 지배하고 있었기 때문에 삼국 가운데서도 세력이 가장 강성했고, 지리적으로도 중국과 인접하여 한문화의 영향을 삼국 중 가장 많이 받았을 것이다. 그러나 나당연합군에 멸망되어 국토가 분할 지배되어 왔기 때문에 기록문헌이 인멸되어 한문학이 어느정도 발달되었는지 파악하기 어렵다. 현재 남아 있는 기록을 중심으로 살펴 보면 삼국사기 고구려 소수림왕 2년에 대학을 세워 자제를 교육시켰다고 했고, 중국 ≪구당서≫ 열전 동이전 고구려조에 거리에 큰 집을 지어 경당扃堂이라 이름하고 미혼의 자제들에게 글을 가르쳤는데, 그들이 보는 책으로는 ≪오경≫, ≪사기≫, ≪한서≫, ≪문선≫ 등 유명한 고전들은 대부분 가지고 있었다고 한다. 이로써 보면 고구려 중기이후부터도 한문이 일부 특수층에만 사용되었던 것이 아니고 어느 정도 대중화되지 않았던가 생각된다.

그리고 삼국사기 고구려 본기 영양왕 11년에는 태학박사 이문진에게 고사古史를 줄여 ≪신집≫ 5권으로 하였는데, 국초에 처음 문자를 상용할 때 유기留記라는 기사 백 권이 있었던 것을 이때 한 것이라고 했다. 이 기록에 따르면 고구려는 건국초기에 한자로써 국사를 기록했음을 알 수 있다. 고구려가 일찍부터 한자로써 국사를 기록하고 학교를 세워 자제들에게 ≪오경≫ 등을 가르쳤다면 한문학은 상당히 발달되었을 것으로 짐작이 되나 오늘날 전하는 작품은 몇 편에 불과하다. 현재 전하는 작품으로 최초의 것은 〈황조가〉가 아닌가 한다.

翩翩黃鳥	훨훨 나는 꾀꼬리는,
편편황조	
雌雄相依	자웅이 서로 의지하구나.
자웅상의	
念我之獨	나의 외로움을 생각하여,
염아지독	
誰其與歸	누구와 같이 돌아가랴.
수기여귀	

　삼국사기에는 이 노래에 따른 배경설화가 있다. 유리왕은 왕비 송씨가 세상을 떠나자 두 여인을 계실로 맞아들였다. 한 분은 화희라고 하는 고구려 여인이었고 한분은 치희라는 중국 여인이었다. 이들 두 여인은 사이가 좋지 않았는데, 왕이 사냥을 나가서 오래동안 돌아오지 않자 그 사이에 이들 두 여인은 싸웠다. 이때 치희가 화희로부터 수모를 받고 본국으로 돌아가 버렸다. 이 소식을 들은 유리왕이 치희의 뒤를 쫓아가서 돌아가기를 권했으나 화를 낸 치희는 돌아오지 않았다. 왕이 나무 밑에 쉬면서 정답게 있는 꾀꼬리를 보고 이 노래를 지었다고 하였다. 이 작품은 사언 사구체인데, 삼국사기의 기록에 따라 작자를 유리왕으로 믿는다면 그 저작 년대를 미루어 보아 처음에는 우리말로 불렀던 것을 뒤에 한시 형식에 맞추어 번역한 것이 아닌가 한다.

　영양왕 때 수나라가 고구려를 침입해 오자 을지문덕이 수의 장수 우중문에게 준 〈유우중문遺于仲文〉이라는 시가 있다.

　　신책神策은 천문을 연구했고,
　　묘산妙算은 지리를 다했구나.
　　싸움에 이겨 공이 이미 높았으니,
　　만족함을 알거든 그치기를 바라노라.

이 시는 오언절구 형식으로 된 작품인데 후대의 평론가들은 수식은 없으나 구법句法이 기고奇古하다고 하였다. 을지문덕은 수나라 수십만 대군을 살수에까지 유인하여 전멸시킨 명장이다.

위에 들어 놓은 작품 외에도 정법사의 고석孤石이라는 시가 있다. 정법사는 생존시기와 인물 성격 등에 대해 기록이 없기 때문에 알 수 없으나 대동시선大東詩選에 고구려 승려로서 후당에 들어가 유학했다고 하였다. 고석은 작품이 약간 길어 옮겨 놓지 않았으나 형식은 오언율시이다. 작품이 세련되지는 않았으나 저작시기를 감안할 때 상당히 우수한 작품이라고 볼 수 있으며, 현전하고 있는 우리나라 오언율시 가운데 가장 오래된 작품으로 생각된다.

고구려 산문으로 오늘날 남아 있는 것은 중원비와 광개토대왕비가 있다. 이 두 비문이 모두 자획의 마멸이 심하기 때문에 전문은 알 수 없다. 이 가운데 광개토대왕비는 그의 아들 장수왕 2년(A.D 414)에 건립한 것으로써 비문의 작자는 밝혀져 있지 않으나 총 1,759자나 되는 장문이며, 해독이 가능한 부분을 볼 때 문장이 매우 웅혼함을 알 수 있다.

2) 백제의 한문학

백제는 고구려와 비슷한 시기에 건국되었으나 역시 나당련합군에 멸망되었던 탓인지 백제 한문학이 어느 수준으로 발달했는지 알기 어렵다. ≪삼국사기≫에 따르면 백제가 중국과 처음 교통이 된 것은 4세기경인 근초고왕 때였는데, 그때 이미 박사고흥이 ≪서기≫를 썼다고 한다. 중국의 ≪주서≫ 권49, 열전 백제조에 따르면 여러 종류의 책이 있었다고 한다. 오늘날 전하는 한시는 한 수도 없고 중국 여러 나라 등에 보낸 표문과 백제의 마지막 임금인 의자왕에게 충간하다가 투옥된 성충이 옥중에서 상서한 글이 ≪삼국사기≫에 전하고 있을 뿐이다. 이러한 글들의 수준을 미루어 볼 때 백제의 한

문학도 상당히 발달되었음을 짐작할 수 있다.

3) 신라의 한문학 (통일전)

신라는 삼국을 통일한 국가이기 때문에 문화 보존이 가장 잘 된 나라였다. 또 통일 후의 문화는 더욱 찬란하여 삼국이 정립해 있던 시기와는 같이 논할 수 없을 정도로 발전하였다. 그러므로 신라의 한문학은 통일전후로 구분하여 살펴 보는 것이 타당할 듯하다.

신라는 지리적으로 고구려 백제와 같이 대륙문화에 접할 수 있는 조건이 좋지 않았던 탓인지 건국은 삼국 가운데 가장 앞섰으나 초기의 문화는 후진을 면치 못했다. 신라가 통일하기 전에 한문학이 어느정도 발달하였는지 기록이 남아 있지 않기 때문에 알기 어려우나 임신서기석에 ≪시경≫ 서경 등의 경전 이름이 있다. 그리고 삼국사기 진흥왕 6년에 국사 편찬의 필요성을 느끼고 문사들을 많이 선발하여 국사를 편찬했다는 기록이 있다. 진흥왕은 국사를 편찬했을 뿐만 아니라, 국내 여러 곳에 순수비를 세워 현재까지 남아 있는 것이 있으나 글자가 마멸이 심해 알아보기가 어렵다. 그러나 한자로써 비문을 지을 수 있었다는 것은 한문학이 상당히 발달되었음을 알 수 있다. 선덕왕 때는 자제를 당나라에 보내 그곳 국학에 입학을 시켰는데, 그것은 신라뿐만 아니라, 고구려 백제에서도 자제들을 보내 입학을 시켰다. ≪구당서≫ 권189에 당의 태종이 신라에 사신을 보내면서 그곳은 학문을 중시하는 나라이니 대국의 사신으로서 체통을 잃지 말고 그들을 위해 가르쳐 주라고 했다.

현재 남아 있는 작품을 중심으로 통일전의 신라 한문학을 대표할 수 있는 것은 진덕여왕 4년에 백제를 격퇴하고 비단에 짜넣어 당나라에 보냈다는 태평송의 시를 들 수 있다. 이 작품은 당시 중국의 작품과 비교해도 손색이 없을 만큼 우수했기 때문에 과연 신라가 그러한 작품을 지을 수 있었을까 하는 의심을 가질 정도이다. 물론

이 작품이 신라가 삼국을 통일하기 직전에 저작한 작품이지만 당시의 신라 한문학의 수준을 짐작하는데 좋은 자료가 될 것이다.

4. 통일신라의 한문학

신라가 삼국을 통일한 것은 자체의 국력도 강성했지만 당나라와 연합하여 성취한 것이기 때문에 통일 후 양국간의 관계가 매우 빈번하여 한문학의 발달이 더욱 촉진되었을 것이다.

통일신라는 통일직전부터 보내기 시작한 견당遣唐 유학생이 통일 후에는 더욱 많아져 당에서 일시에 신라로 돌려보낸 수가 105명이나 되었다는 기록이 있다. 이때 보낸 유학생에 대해 식비와 의복은 당나라에서 부담하고 책값은 본국에서 보내주었다고 하며 수업년한은 10년으로 하였다고 한다. 이와 같이 많은 수의 유학생이 고국으로 돌아와서 학문과 문예활동에 종사했기 때문에 한문학이 더욱 발전했을 것으로 짐작되며, 당의 빈공과에 합격한 사람이 58명이나 되었다고 한다.

그리고 통일신라 때는 국학을 설치하고 독서삼품과로 인재를 선발하였다. 국학은 신문왕 때 처음으로 설치했는데 후대로 내려올수록 개편되어 교수 및 관리인원을 증원했다는 기록이 있는 것으로 보아 학생 수가 점차 많아졌음을 알 수 있다. 독서삼품과는 원성왕 때 처음으로 시행하였다고 했는데 후대의 과거제도와 비슷한 듯하다. 국학에는 일정한 교과과정이 있었고, 독서삼품과에서도 상하로 나누어 선발했으며 ≪사서 삼경≫과 삼사 등이 중요 과목이 되었다.

삼국시대 한문학은 기사문記事文과 오언고시 등이었는데, 이 시기에는 당시 당나라에서 크게 유행한 칠언절구와 칠언율시 등이 많았으며, 산문에서도 단순한 기사에 그친 것이 아니고 설화 등의 저작에서 문예적인 창작성을 띤 것을 볼 수 있다.

이 시기에 가장 유명했던 인물로는 강수·설총·최치원 등을 들 수 있다. 강수는 당나라의 사신이 가지고 온 국서가 어려워 왕이 그를 불러 물어본바 막힘없이 해석을 했다고 하며, 그가 지은 표문은 문장이 아름다워 칭찬을 받았다고 한다. 그러므로 문무왕은 강수는 문장으로써 중국과 고구려 백제와의 관계를 개선시키는데 공이 컸을 뿐만 아니라, 당나라에 군사를 청해 고구려와 백제를 평정하는데 그의 문장의 도움이 컸다고 하였다.

설총은 원효의 아들로서 후생들에게 방언으로 구경九經을 가르쳤다고 하며, 그의 화왕설화花王說話는 여러 가지 꽃을 의인화한 것으로써 후대의 의인소설의 효시가 되지 않았을까 한다.

통일신라의 한문학을 대표할 수 있는 인물은 최치원이다. 그는 12세에 중국에 유학하여 18세에 중국의 빈공과에 합격하여 율수현위溧水縣尉 등의 관직도 역임하였다. 그는 당 희종 때 황소의 반란이 일어났을 때 제도행영도총인 고병의 서기로서 종군하여 〈격황소서〉를 지어 황소를 놀라게 했으므로 그의 문명이 중국에서도 유명했다고 한다. 그는 저술도 많았다고 하나 책 이름만 전할 뿐 일실된 것이 많고 《계원필경》 20권과 귀국하여 지은 글들을 모은 문집이 전한다. 이들 외에도 김운경, 박인범, 최광유, 최승우, 최언위 등이 모두 유명했다. 김운경은 견당유학생 가운데 우리나라 사람으로서 최초에 빈공과에 합격한 인물이며, 박인범은 시로써 중국에서도 알려졌다고 한다. 최광유·최승우·최언위 등의 시는 《동문선》에 여러 수가 전하고 있으며, 최언위는 산문도 전하고 있다. 이들은 모두 견당유학생으로서 빈공과에 합격한 인물도 있고 작품도 우수한 것으로 보아 고국에 돌아와서 저작활동을 많이 한 듯하나 동문선에 전하는 작품 외에 남아 있는 것이 없다.

통일신라는 최후기까지 중국에 유학생도 많이 보냈고 독서삼품과讀書三品科로 국가에 필요한 인재를 선발하면서 정책적으로 장려했기 때문에 한문학이 상당히 발달했을 것으로 인정되나 전하는 작품이 적어 정확히 파악할 수 없는 것이 아쉽다.

5. 고려조의 한문학

1) 전기의 한문학(태조~인종)

고려조는 사백여년동안 계속되면서 건국초기부터 과거제도를 실시했을 뿐만 아니라, 한문학을 애호하는 군주도 많아 한문학이 매우 발달했다. 그러므로 묶어서 말하기는 어렵고 전후기로 나누어 언급하고자 하는데, 전기는 건국 초부터 무신란이 일어나기 직전인 인종까지로 하였다.

고려 태조는 신라를 무력으로 정복한 것이 아니고 무혈無血로써 쉽게 병합했기 때문에 왕조가 바뀌는 과정에 크게 진통을 겪지 않고 정비가 쉽게 되었고, 또 이에 따라 신라조의 문신들도 신왕조에 참여를 거부한 인사들도 있었겠지만 많은 인사들이 참여하여 文治를 주도하였다. 그리고 고려 태조는 후손들에게 남긴 훈요십조 가운데 경사를 많이 보게 하여 유학을 권장했고, 또 학교를 설립하여 인재를 양성했다.

이와 같은 태조의 정책은 후대에까지 계승되어 성종 때는 국자감을 설립하여 교육에 더욱 힘을 썼다. 그리고 광종 때는 과거제도를 처음으로 시행한 것이 한문학의 발전에 크게 이바지한 바가 되었을 것이다. 물론 신라 때 시행했다는 독서삼품과가 있었으나 광종 때 시행한 과거제도와는 많은 차이가 있었다. 신라 때는 골품제가 철저했기 때문에 독서삼품과에는 육두품 이상의 귀족들만이 응시 대상이 되었다. 그러나 신라 후기에는 한문의 보급이 활발하여 귀족의 전유물에서 점차 벗어나고 있었기 때문에 육두품 이상에 한정되는 독서삼품과는 이미 신라말기부터 폭넓은 인재를 선발하는

데 그 의의가 상실되기 시작했을 것이다. 그리고 왕조가 교체되면서 골품제는 붕괴될 수밖에 없었기 때문에 인재를 등용하는 새로운 제도가 요구되었을 것이다.

이와 같이 왕조의 교체에 따른 제도 개혁의 필요와 함께 광종이 과거제도를 시행한 것은 우수한 인재를 선발한다는 목적도 있었겠지만 정치적인 목적도 없지 않았다. 즉 건국직후 점차 대해 진 훈구세력의 견제와 아울러 왕실 또는 중앙집권제의 강화에 있었다.

광종 때 시행한 과거제도가 당의 제도를 따라 진사과 명경과 등으로 나누어 선발했다. 그중 진사과는 시, 부 등 제술을 중심으로 한 것이기 때문에 문학적인 창작이 위주였다. 그러므로 신진 사류들이 자신의 영달을 위해 과업에 정진하였기 때문에 한문학의 보급과 발전에 기여가 컸을 것이다. 이와 같이 과거 제도의 시행으로 교육열이 높아질 수밖에 없었는데, 국가에서 운영하는 관학에서는 수용에 한계가 있었기 때문에 수요를 충족할 없었을 것이다. 그러므로 자연히 사학이 생길 수밖에 없었고, 교육열이 더욱 높아질수록 사학은 융성하게 되었다.

고려 때 사학은 문종조에 중서령을 역임한 최충에 의해 시작되었다고 한다. 그는 후진을 가르치는데 게을리 하지 않았기 때문에 과거를 보고자 하는 선비들이 많이 찾아와서 배우고자 했다. 최충은 구재九齋로 나누어 가르쳤으며, 이들을 시중 최공도 또는 문헌공도文憲公徒라 불렀다. 이러한 최충의 구재학당九齋學堂을 효시로 하여 학덕이 있는 선비들이 학당을 세워 후진을 가르친 사람이 11명이나 되었다고 하며, 이들과 아울러 최충과 합쳐 십이공도十二公徒라 하였다.

고려 전기에 가장 유명했던 인물은 위에 말한 최충과 박인량·김부식·정지상 등을 들 수 있다. 박인량은 문종 때 과거에 합격한 후 문명이 일세를 풍미하여 최치원 이후에 독보적인 존재였다. 박인량이 사회에서 활동했을 당시 요나라가 압록강을 건너와서 보주성保州城을 설치하고 있으므로 철수해 가기를 요구했으나 요나라에서 듣지 않았다. 문종 29년에 사신을 보내 다시 철수하기를 요청했는데, 그때 사신이 가지고 간 진정표陳情表를 박인량이 초했다. 요나라에서 그 진정표를 보고 철수했다고 한다. 그는 宋나라에 사신으로 갔을 때 송나라 사람들이 그의 시문을 보고 매우 칭찬했다고 한다. 그리고 그는 문장이 뛰어나 고려조에서 요송 두 나라에 보내는 표장 등의 글이 그의 저작이 많았다고 한다. ≪고금록≫ 10권을 편찬하여 비부秘府에 보관하였다는 기록이 있고, 각훈의 ≪고승전≫에는 ≪수이전≫의 작자라고 하였다. 그의 작품이 ≪동문선≫에 전하고 있으나 많지 않다.

우리나라 한문학사에서 정지상만큼 유명한 사람도 많지 않을 것이다. 그는 예종 때 장원으로 급제하여 중서사인의 높은 벼슬을 역임했으나 묘청의 일당이라 하여 처형되었기 때문에 고려사에 따로 입전立傳이 되어 있지 않고 묘청조 후미에 그에 대해 간단히 기록되어 있을 뿐이다. 이 기록에 따르면 그는 김부식과 문명이 같아 사이가 좋지 않았는데 묘청의 일당이라 하여 죽였다고 하였으며, 시는 매우 뛰어났다고 했다.

정지상이 관련되었다는 묘청의 난도 단순한 반란이 아니었고, 또 정지상이 그 난에 관련이 되었는지 확실한 근거가 약하기 때문에 단정적으로 말하기 어렵고, 다만 그의 시에 대해서는 예나 지금이나 한결같이 찬사를 아끼지 않았는데, 그것은 그의 시가 우수했기 때문이다. 그의 시는 중국의 만당시晩唐詩의 영향을 많이 받은 듯하며 사경성寫景性이 뛰어나 한 폭의 그림과 같은 시구가 적지 않다. 그의 시에 대해 아름답고 깨끗하기는 하나 웅장하고 깊은 맛이 부족하다는 지적도 있다. 어쨌든 정지상은 우리나라 한문학사에서 길이 빛날 시인임에는 누구나 부정하기 어려울 것이다.

김부식은 숙종 때 과거에 급제하여 높은 관직을 두루 역임했고, ≪삼국사기≫의 저자로 더욱 유명하다. 그리고 묘청이 서경에서 반란을 일으키자 원수가 되어 평정했으므로 혁혁한 무공까지 세웠다.

그에 대해 이인로는 ≪파한집≫ 권중에서 종일 앉아 책을 보며 글 짓는 것을 좋아 하지 않으나, 짓게 되면 반드시 붓을 씻은 뒤에 지은 글을 썼으며 작품이 많지 않았으나 전하는 글은 모두 우수하다고 하였다. 그때 宋나라 사신 일행으로 우리나라에 왔던 서긍의 ≪고려도경≫에 김부식의 세가世家의 도형圖形을 실었다고 하며, 문집 20권이 있다고 하였으나 전하고 있지 않다. 김부식은 시에서도 능했지만 산문에서 더욱 뛰어났다고 한다. 신라 때부터 유행했던 산문은 대부분 변려체였는데, 김부식이 변려체에서 탈피하여 고문체를 시도해 당시 문체를 일변시켰다. 그것으로 인해 변려체가 점차 쇠퇴해 지고 고문체가 문장의 주류를 이루게 하는데 크게 공헌했다고 볼 수 있다.

고려 전기에 이상에서 열거한 인물 이외에도 김황원·곽여·인빈, 김연 등 유명한 문인들이 이 시기에 많이 배출된 것으로 보아 전대에 비해 상당히 발달되었음을 알 수 있다.

2) 후기의 한문학(의종~공양왕)

우리 한문학사에서 시문학이 가장 찬란했던 시기는 고려 후기가 아니었을까 생각된다. 이 시기는 뛰어난 문인도 많이 배출되었을 뿐만 아니라, 그에 따라 우수한 작품도 많이 저작되었다. 이와 같은 고려 후기가 시작되면서 가장 중요한 사건은 무신란이라 할 수 있다. 이 무신란은 정중부 등의 무신이 문신들로부터 모욕을 받게 되자 이에 불평이 누적되어 일어난 것인데, 이들이 집권을 하게 되자 문신들을 대량 학살하였다. 이러한 무신란으로 많은 문신들이 살해되어 문풍이 쇠퇴한 듯 했으나 그것으로 인해 문신들이 지방으로 도피하여 후진을 육성했기 때문에 한문학의 보급에 일조한 바도 없지 않았을 것이다.

그리고 후기에는 元과 관계가 밀접하여 원나라로부터 행정적인 지배까지 받아 정치적으로는 치욕적인 수모를 받았으나 문화적인 면에서는 교류가 어느 때보다 활발하여 한문학의 발전을 더욱 촉진했다고 볼 수 있으며, 이 시기에 전래된 성리학은 당시 훈고학의 범위에서 벗어나지 못했던 유학을 더욱 심화시켜 새로운 면모를 갖추었다. 이상과 같이 고려후기의 한문학이 발달할 수 있었던 시대적인 배경과 요인을 전제해 두고 다음에는 이 시기의 많은 문인 가운데 몇 사람만 들어 언급하고자 한다.

이인로(1152~1220)는 ≪파한집≫의 저자로 유명하며, 죽림고회竹林高會의 중심인물이었다. 그는 무신란이 일어났을 때 삭발하고 승려가 되었다가 뒤에 환속하여 명종 10년에 과거에 합격하여 벼슬을 했다. 그는 시로써 더욱 유명했는데 그의 작품이 맑고 깨끗하다는 평을 들었다. 고려사 열전에는 그의 저서로 ≪은대집≫ 20권, ≪후집≫ 4권, ≪쌍명재집≫ 3권, ≪파한집≫ 3권이 세상에 유행하고 있다고 했으나 오늘날 전하는 것은 ≪파한집≫ 밖에 없고, 그의 작품은 ≪동문선≫에 많이 전하고 있다.

이규보(1168~1241)는 명종 때 과거에 합격한 후 한동안 불우했으나 뒤에는 과거도 몇번 관장했고 높은 관직을 역임했다. 그는 시문이 모두 뛰어나 우리 한문학사에서 높이 평가해야 할 인물 중의 한 사람이다. 이규보 이전의 인물 가운데 오늘날까지 문집이 전하는 인물로는 최치원의 ≪계원필경≫밖에 없었는데, 그의 문집인 ≪동국이상국집≫이 전한다. 고려사 열전에는 그의 인물에 대해 어릴 때부터 재능이 뛰어났으며 많은 책을 보았다고 하였다. 그의 작품 가운데 장편 서사시인 동명성왕은 주목할 만한 작품이다. 이인로의 ≪파한집≫이 시화와 시에 대한 논평이 적지 않지만 이인로 자신의 시론은 강하게 제시하지 않았다. 그러나 이규보는 시에 대해 뜻을 위주로 해야 하며 뜻은 기를 위주로 해야 한다고 강조했다. 그는 이러한 시론에 따라 자유분방하게 신어新語와 조의造意를 하여 자신의 천재성을 발휘하였다. 이규보는 작품도 우수한 것이 적지 않지만 시론도 당시 다른 작가에서 찾아볼 수 없는 독특한 것을 가지고 있었음을 볼 수 있다.

이제현(1287~1367)은 15세에 성균시에 합격했고 잇따라 문과에 합격하여 높은 관직을 역임했을 뿐만 아니라, 시문이 모두 뛰어나 우리나라 한문학사에 대표적인 인물 중의 한 사람이다. 충선왕이 연경에 머물면서 만권당萬卷堂을 지어 그곳 문인들과 사귀면서 그를 불러 교류하게 하였고, 충선왕이 강남으로 강향降香하러 갈 때 호종하여 절강 지역까지 갔다 왔고, 뒤에 충선왕이 변방지역으로 유배되었을 때 그곳까지 찾아갔기 때문에 그의 문집에는 중국 명승 고적을 소재로 한 시가 적지 않다.

이제현이 활동했던 시기에는 대원 관계가 매우 복잡했다. 충선왕이 유배되어 있을 때와 원나라가 고려의 나라 이름을 없애고 행성을 두고자 했을 때 그는 원나라의 요로에 그 부당성을 지적하여 그 위기를 극복했다. 오늘날 그의 저서로서 ≪익재난고≫와 ≪역옹패설≫이 전하고 있으며, 그외 문집에는 당시 민간에 유행하던 속요를 한역한 소악부小樂府 9수가 있어 주목된다. 유성룡은 고려 오백년에서 가장 으뜸가는 문인이라 했고, 근대의 문인 김택영은 우리나라 시인 가운데 제일이라고 했다.

≪익재난고≫는 그의 시문집이지만 ≪역옹패설≫은 ≪파한집≫과 같은 성질의 저작이라고 할 수 있다. ≪파한집≫은 시화와 평론 중심인데 비해 ≪력옹패설≫에는 시화도 없는 바 아니지만 여러가지 성질의 내용이 일정한 체계도 없이 기록된 저작이라 할 수 있을 것이다.

이색(1328~1396) 역시 고려 역대의 대표적인 문인 중의 한 사람이다. 그는 14세에 성균시에 합격했고, 그의 아버지 李穀을 따라 元나라에 가서 그곳의 과거에 급제하여 그의 아버지와 더불어 원나라의 과거에 부자가 합격하였다. 이색은 원나라에 있을 때 그곳의 학자들로부터 크게 인정을 받았고, 귀국 후에도 요직을 역임하였고 그의 문하에는 유능한 인재를 많이 배출하였다. 그는 시문이 뛰어나 글을 짓고자 붓을 들면 흐르는 물과 같이 막힘이 없었으나 뜻이 정밀하고 격조도 높았다고 하였다. 이색은 시뿐만 아니라, 산문에서도 뛰어나 우리 한문학사에서 가장 대가가 될 것이라는 견해도 있었다. 이러한 이색은 그의 생존시기가 내적으로는 고려가 조선조로 교체되는 시기였고 학계에서는 성리학이 처음 도입되어 학자들의 관심의 대상이 되었으며, 대외적으로는 원元나라가 명明나라로 교체되는 때였으므로 심한 갈등과 불행을 겪었으나 그의 문학은 우리 한문학사에서 우뚝 솟은 인물이 되었다.

그리고 고려 후기에는 〈공방전〉, 〈정시자전〉 등 가전假傳 작품도 적지 않게 저작되었다. 이러한 작품들은 기물을 의인화한 것인데, 작품에 따라 계세징인을 목적으로 한 작품이 없는 바 아니나 대부분 그러한 목적으로 저작한 것은 아닌 듯하다. 작자는 이규보·임춘 등 문명 높은 인사들이었으나 그 가운데는 승려들도 있다. 가전이 우리 문학사에서 중요한 의미를 지니는 것은 소설문학의 발전에 적지 않은 영향을 끼쳤다고 생각되기 때문이다.

6. 조선조의 한문학

1) 전기의 한문학(태조—연산군)

조선조는 오백여년동안 계속되면서 한문학도 더욱 보급되어 발전했으므로 전기·중기·후기로 나누어 언급하고자 한다.

조선조 전기는 건국과 더불어 모든 제도를 개혁 정비한 시기였기 때문에 문화 발전에 한동안 정체도 없지 않았으나 한문학만은 계속 발전할 수 있었다. 한문학이 그와 같이 발전할 수 있었던 것은 조선조는 건국과 동시에 성리학을 통치의 기본이념으로 했기 때문에 역대의 군주들이 유학을 장려하지 않을 수 없었고, 출세의 관문이 되었던 과거도 계속 시행하였으므로 한문학의 저변이 더욱 확대되었을 것이다. 다음에는 전기를 대표할 수 있는 문인들에 대해 간단히 언급하고자 한다.

정도전(1342~1398)은 고려 공민왕 때에 과거에 합격했으나 趙浚 등과 더불어 이성계를 추대하여 조선조의 개국공신이 되었지만 뒤에 제1차 왕자의 난에 연관되어 피살되었다. 그는 시문에 능했을 뿐만 아니라, 불교를 배척하는 선봉으로서 성리학의 진흥에 노력하였으며, 건국 후 국가제도의 정비와 개혁에 적극 참여했기 때문에 문인인 동시에 학자 정치가 사상가로서 다재다능했던 인물이었다.

권근(1352~1409)은 고려조의 과거에 급제하여 벼슬을 하다가 고려가 멸망하기 직전에 벼슬을 버리고 고향에 내려가 있다가 태조의 초치로 다시 출사하여 대제학까지 역임하였다. 그는 성리학에 관한 저작이 적지 않았으므로 그의 일생을 통한 업적을 볼 때 문인이라기보다는 학자라 할 수 있을 것이다. 그러나 이 시기까지는 우리나라에서 문인과 학자의 구분이 어려워 문인이면서 학자였고 학자이면서 문인이었다. 이러한 경우는 위에 말한 정도전도 마찬가지다. 이들은 다 같이 건국초기 국가의 중요한 문서를 저작하였다.

조선조는 건국초기부터 문단을 주도했던 두 인물이 학계는 물론 정계에까지 깊이 관여했기 때문에 후기까지 조선조는 관학보다 사학이 우세했고, 시문에 전념한 문인보다 학문에 더욱 관심을 두게 된 계기가 되지 않았던가 생각된다.

서거정(1420~1488)은 권근의 외손이다. 조선조는 건국 후 계속 학문을 장려해 왔기 때문에 초기에는 적지 않은 문인들이 배출되는 듯 했으나 단종복위사건과 무오사화 등으로 많은 문인들이 희생되어 한문학의 발전이 생각보다 약간 주춤한 듯 한 느낌도 없지 않았으나, 서거정과 같은 문인들이 배출되어 문단은 화려했다고 볼 수 있다. 서거정은 박학다식했을 뿐만 아니라, 대제학을 26년 동안 하면서, 많은 문인들을 선발했으며, 그의 문집 ≪사가집≫은 이 시기에 저작된 문집 가운데 가장 방대하지 않은가 한다. 서거정은 그의 문집 외에도 ≪동문선≫의 편찬에 주도적인 역할을 했고, ≪동인시화≫는 우리 한문학사에서 길이 빛날 저작이다.

김종직(1431~1492)은 세조 때 문과에 급제하여 형조판서 등의 관직을 역임했다. 그는 도학과 문장으로 당시 사림의 영수였으며, 그의 제자들 가운데는 저명한 인물이 많이 배출되었다. 우리나라에 성리학이 전래되면서 학문이 점차 심화되어 가기 시작했다고 볼 수 있겠는데, 김종직의 제자들에 이르러 비로소 도학과 사장으로 분리되기 시작하였다. 그는 시문이 모두 우수했을 뿐만 아니라, 문집 외에도 ≪청구영언≫·≪동문수≫ 등의 편저가 있다.

그리고 이 시기에는 한문학에서도 여러 가지의 변화의 조짐이 나타나고 있었다. 고려 때까지만 해도 한문학은 귀족이나 사대부 계층에서 그 보급이 벗어나지 못했다고 볼 수 있는데, 이 시기에는 지방에서도 사림 세력이 구축될 정도로 보급이 확대되었다. 이러한 현상은 성종 때 영남사림이 중앙무대로 대거 진출한 것에서도 알 수 있다.

고려 때도 ≪파한집≫ 등의 저작이 없었던바 아니지만 이 시기에는 서거정의 ≪태평한화≫, 성현의 ≪용재총화≫, 남효온의 ≪육신전≫ 등이 저작되어 내용이 더욱 다양해 졌고, 신라 때부터 편찬 당시까지의 시문을 모은 ≪동문선≫ ≪청구풍아≫ ≪동문수≫ 등이 국가 또는 개인에 의해 편찬되었다는 것은 여러가지 면에서 중요한 의미를 지닌다고 본다.

근세이전까지의 문학은 시가 중심이 되어 온 것이 우리나라 뿐만 아니라, 다른 나라에서도 일반적인 현상이다. 그런데, 이 시기에 이르러 김시습(1435~1493)에 의해 ≪금오신화≫가 저작되었다. 물론 고려 때 가전假傳작품이 없었던바 아니었고, 그 전에도 설화집인 듯한 수이전이 있었다고 하며, 구성기법이 소설에 가까운 설화가 없었던바 아니나, 가장 소설다운 구성 형식을 갖춘 것은 이 금오신화이다. 조선조 전기가 시에서도 고려 후기보다 화려하지 못한 듯하고 조선조 중기에 비해 우수한 작가도 많이 배출되지 않았으나, 이 금오신화의 출현으로 소설사에서는 획기적인 시기로 볼 수 있다.

2) 중기의 한문학(중종~숙종)

우리나라 역대를 통해 문운이 가장 융성했던 시기는 조선조 중기가 아니었던가 한다. 특히 선조 때는 기라성 같은 우수한 문인들이 일시에 많이 쏟아져 우리나라 한문학의 황금기를 이루어 전무후무한 시기였다고 볼 수 있다.

이 시기에 문운이 이와 같이 융성한 것은 조선조는 건국초기부터 정책적으로 문치를 장려해 왔기 때문에 수차의 사화를 겪으면서도 한문학은 꾸준히 발전하여 이 중기에 꽃을 피웠던 것이 아니었던가 한다.

그런데, 이 시기에는 전기와 다른 양상이 몇가지 나타나고 있다. 즉 사장과 도학의 분립, 시문에 있어 시 또는 문만을 전수하는 문인이 등장하게 되었고, 시풍은 송시宋詩가 아닌 당시唐詩의 영향으로 전환하였다. 역사적으로 우리의 한문학은 유학의 경전에 기초를 두었기 때문에 유학의 발전과 직접적인 관계가 있다. 우리나라에 성리학이 전래되기 전의 유학은 실천도덕을 강조한 것이었고 경전의 연구는 훈고학의 범위를 넘지 못했다. 그러나 성리학은 철학이었다. 문학이 내용면에서는 철학적인 사상을 수용하게 되나 철학과 문학과는 별개의 것이다. 그러므로 조선조 초기의 성리학에 바탕을 둔 한문학자들은 고려조의 유불 혼합문학을 배격했고, 성리학이 더욱 발달하자 사장의 무용론을 주장하는 성리학자들도 있었다. 그런데, 도학파의 주장이 이론상으로는 정당하다고 할지 모르겠으나, 그때까지 출세의 관문이 사장을 중심으로 한 과거밖에 없었던 당시 사회의 여건으로 볼 때 아무리 도학파라 할지라도 사장을 일방적으로 배제하기 어려웠을 것이다. 그러므로 사장파에서는 무의미한 음풍영월은 어느 정도 지양하게 되었고, 도학파에서도 사장을 등한히 하지 않았다. 도학과 사장의 관계가 이와 같이 밀접했으므로 한동안 극히 대립되었던 기묘사화 후에도 저명한 도학자 가운데 시문에 일가를 이룬 분도 적지 않았다. 특히 우리나라 성리학의 최고봉이라 할 수 있는 퇴계 이황과 율곡 이이도 그들의 문집에 많은 시가 수록되어 있을 뿐만 아니라, 작품 수준도 상당히 우수하였다.

그리고 이 시기에 이르러 작가에 따라 시와 문으로 나누어지는 현상이 나타나고 있었다. 물론 전기에서도 뛰어난 문인들이 모두 시문詩文이 우수했다고는 말할 수 없으나 고려 중기부터 조선전기까지는 대부분의 문인들이 어느 하나에 치중하지 않고 두 가지를 겸비하고자 노력했기 때문에 저명한 문인일수록 시문이 모두 우수했던 것이 일반적인 현상이었다. 그런데 이 시기의 저명한 문인 가운데는 시로써 유명했던 문인도 있었고, 시보다 산문이 더욱 우수한 문인도 있었다. 이 시기의 문단에 이러한 현상이 나타난 것은 우리의 한문학도 그만큼 발전했다는 것을 의미하는 것이 아닐까 생각된다. 한시는 엄격한 정형시이지만 시대에 따라 특징이 있다. 우리나라에서 고려 중기부터 조선조 전기까지는 송시의 영향을 많이 받았다. 그런데 중기부터는 당시의 영향을 많이 받았다. 이와 같이 시체에 변천을 가져오게 된 것은 오래동안의 유행에 싫증도 있었을 것이며, 이에 따라 기호도 달라지기 때문이 아닌가 한다. 그런데 여기서 송시와 당시의 영향을 많이 받았다고 해서 모방을 하고자 했다는 것은 아니다.

앞서 말한 바와 같이 이 시기에 우수한 문인들이 많이 배출되었기 때문에 이 시기를 대표하는 문인이라고 지적하여 말하기 어려우나 몇 사람을 들어 간단히 언급하고자 한다.

이달(1539~1618)은 삼당시인의 한 사람으로서 문명이 높았으나 출신이 미천해 벼슬을 하지 못하고 불우하게 일생을 마쳤다. 허균은 그의 성격이 검속성이 적어 사람들에게 미움을 받았으나 그의 시는 참신해 당나라의 유명했던 시인의 수준에 육박했으며, 신라 이후 당시를 선호했던 사람 가운데 가장 으뜸이 된다고 하였다. 이달이 생업에 힘쓰지 않고 사방으로 다니면서 걸식하며 궁하게 일생을 마쳤기 때문인지 그의 작품에는 당시 농촌의 어려운 사정을 표현한 작품들도 있어 주목이 된다. 그리고 그의 문집에는 시만 수록되어 있고 한편의 산문도 없다. 이로써 볼 때 그는 시에만 전념했던 시인이라고 할 수 있을 것이다.

차천로(1556~1651)는 일찍 과거에 합격하여 문명이 높았으나 개성출신이었고 가문이 한미하였을 뿐만 아니라, 성격도 옹졸하고 사정에 어두워 일생동안 미관말직에 전전했으며 견책을 받아 유배를 가기도 했다. 그러나 문재는 뛰어나 짧은 시간에 많은 시를 지어 보는 사람을 놀라게 하였다. 그는 만리장성에 종이를 부쳐 시를 쓰게 되면 성은 다할지라도 자신의 시는 끝나지 않을 것이라 하였다고 한다. 그리고 그가 사신의 일행으로 일본에 갔을 때 짧은 시간에 많은 시를 지어 그곳 사람들을 놀라게 했다 한다. 차천로가 속작이나 다작을 하지 않고 깊게 생각을 해 시를 지었다면 더욱 좋은 작품을 쓰지 않았을까 생각된다. 그렇다고 해서 그의 작품이 보잘것없다는 것은 아니다. 속작을 했으면서 그는 다듬지 않았기 때문에 거친 작품이 없지 않았다. 그러나 그의 작품은 호방하고 힘이 있어 추종하기 어려운 작품도 많다.

권필(1569~1612)은 일생동안 과거는 보지 않았다고 하며 벼슬은 동몽교관童蒙敎官에 그쳤다. 그는 성격이 기개가 있고 논의가 뛰어나 일찍 사림士林사회에 알려졌으나 시로써 권귀의 인물들을 풍자했기 때문에 그를 미워하는 사람도 적지 않았다. 권필의 이러한 성격과 풍자로 광해군의 미움을 받아 귀양을 가게 되었는데 유배지로 떠나고자 동대문밖에 잠깐 머물다가 술을 마시고 갑자기 세상을 떠났다고 한다.

그는 시에 뛰어나 조선조의 가장 우수한 시인으로 지적되기도 했으며, 중국 사신이 우리나라에 왔을 때 그는 벼슬을 하지 않았으면서도 원접사의 일행으로 선발될 만큼 시로써 유명했다. 장유는 그를 보았을 때 술을 좋아 했고 술을 마시면 말이 더욱 그침이 없었다. 그때 그의 말과 표정이 모두 시가 아님이 없다고 했다. 그의 시에 대해 많은 논평이 있었는데, 그것을 종합해 보면 웅혼한 맛은 적으나 천연스러우면서 격운格韻이 합당해 당시의 문인들 가운데 가장 찬사를 많이 받은 것으로 지적되고 있다. 권필이 시가의 정종으로 이야기 되는 것은 이와 같이 평자들로부터 많은 찬사를 받았기 때문일 것이다. 그는 시뿐 아니라, 주생전周生傳과 같은 소설작품도 저작한 바 있는 작가였다.

허초희(1563~1589)는 우리나라에서 가장 뛰어난 여류시인 중의 한 사람이다. 그는 그의 이름보다 호인 허난설헌으로 많이 알려 졌다. 그리고 그의 집은 문벌로써 유명했다. 즉 그의 아버지 허엽은 학문으로 이름이 높았고 오빠인 허봉과 동생인 허균은 학문과 문장으로 모두 유명했다. 난설헌은 유선시遊仙詩 짓기를 좋아해 화식火食하는 사람의 작품이 아닌 듯 하다고 했다. 그리고 그의 난설헌집은 중국에까지 전해져 칭찬을 받았다고 한다.

우리나라는 근대 이전까지 여성들에 대한 교육을 시키지 않았기 때문에 역대로 내려오면서 여성들 가운데 학문이나 시문에 능했던 인물이 극히 드물었다. 이러한 사회적 배경에서 난설헌과 같은 여류 시인이 나왔다는 것은 주목할 만하다. 그런데 난설헌이 문재가 뛰어나 좋은 작품을 많이 남겼으나 가정적으로는 불행했다. 그녀는 남편과 사이가 좋지 않았다고 하며 두 딸도 일찍 잃었을 뿐만 아니라, 자신도 27세에 세상을 떠났다.

최립(1539~1612)은 선조 때 배출된 많은 문인들 가운데 으뜸이 된다고 지적되기도 했으며, 시와 문에 모두 우수했으나 문에 더욱 뛰어나지 않았던가 한다. 그는 당시 중국에 보내는 문서의 작성을 전담했고, 사신일행으로 중국에 두 번이나 갔다 오게 되었다. 그는 스스로 천하의 문장가로 자처하며 매우 오만했다고 한다. 그의 글 가운데 중국 정부에 보낸 것이 가장 우수한데 그와 같은 글을 쓰기가 어려운 것임에도 문장이 고아하고 속되지 않은 것으로 보아 그의 능력이 뛰어났음을 알 수 있으며 중국 문인들로부터 칭찬을 받은 것도 당연하다고 했다. 최립은 글을 여러 번 고치지 않으면 보이지 않기 때문에 그의 작품이 발표되면 사람들이 다투어 보았다고 하며, 그의 시가 산문보다 우수하다는 견해도 있었으나 산문으로 많이 알려 졌다.

장유(1587~1638)는 일찍 문과에 합격했고 벼슬은 대제학 우의정 등 문인으로서 높은 관직을 역임했다. 그의 문집에는 많은 시가 수록되어 있으나 그의 문학을 대표하는 것은 산문이다. 그도 자신의 문집을 직접 편집하면서 다른 문장과는 달리 산문을 앞에 싣고 시를 뒤에 실었다. 어떤 의미에서 이와 같이 했는지 모르겠으나 산문에 더 애착을 가졌기 때문이 아닌가 한다. 그의 문장이 원숙하고 유창하여 김종직과 최립과 더불어 산문의 대가로 지칭하고 있다.

그리고 이 시기에는 소설문학도 전기에 비해 상당히 발전하여 신광한(1484~1555)의 ≪기재기이≫를 비롯하여 많은 소설작품이 저작되었다. ≪기재기이≫는 〈안빙몽유록〉 등 네편의 소설 작품집이다. ≪금오신화≫에서 임진왜란 전후에 저작된 소설과 연결하는 교량적인 역할을 했다고 볼 수 있다. 신광한의 뒤를 이어 ≪수성지≫·≪화사≫·≪원생몽유록≫을 지었다는 임제(1549~1587)와 ≪천군기≫ ≪달천몽유록≫ 등을 저작한 황중윤(1577~1648) 등이 작가로 이름이 있으며, 그외에도 많은 소설들이 저작되었다. 어느 나라에서든지 소설문학은 단편이 먼저 저작되어 유행하다가 장편이 출현하는 것이 일반적인 현상이지만 우리나라에서도 단편이 유행하다가 이 시기 후반에 이르러 〈창선감의록〉·〈구운몽〉 등 장편소설들이 저작되기 시작했다. 이 중기에 소설문학이 발전할 수 있었던 요인을 조선조 전기에 이미 ≪금오신화≫와 같은 작품이 저작되어 기초가 잡혔고, 또 임진왜란을 전후로 하여 ≪삼국지연의≫·≪수호지≫ 등 중국의 유명한 장편소설들이 많이 수입되어 독서계를 풍미했기 때문에 자연히 우리의 소설계에도 자극을 받았기 때문일 것이다.

3) 후기의 한문학(경종~순종)

문화의 발전에는 기복이 있는 탓인지 이 시기의 한문학은 전기에 비해 질적인 면에서는 부진한 듯하다. 이 시기에 한문학이 부진하게 된 원인은 여러 가지 면에서 검토될 수 있으나 가장 큰 원인은 실학이 대두되면서 당시 관념철학으로 흘러버린 성리학을 배격하면서 한시도 비생산적인 음풍영월로 관주하려는 경향이 나타나기 시작했으며, 후기에는 이질적인 서양문화가 전래되면서 한문화권의 고유문화가 적지 않은 위축을 받게 되었다. 그러나 이 시기의 한문학이 정체되어 발전하지 못한 것은 아니고 한문학의 보급은 더욱 저변으로 확대되어 한시는 촌유에 이르기까지 필수의 교양이 되었고, 경향 각지에서 시사가 많이 결성되어 시회가 빈번하게 열렸던 것도 이 시기에 가장 성행하였다. 이와 같은 현상으로 인해 이 시기에는 전기에서 보기 어려웠던 평민계층에서 유능한 시인이 많이 배출되었다.

이상과 같은 후기의 배경상황을 전제해 두고 이 시기에 활동했던 문인들에 대해 간단히 언급하고자 한다.

박지원(1737~1805)은 어려서 일찍 부친을 잃고 글을 배울 기회를 놓쳤으나 약관이 되면서 열심히 공부해 뛰어난 문장가가 되었는데, 산문으로는 이 시기뿐만 아니라, 우리 한문학사에서 보기 드문 대가 중의 한 사람일 것이다. 그는 과거를 보지 않았는지, 보았는데 합격을 하지 못했는지 문과에 급제했다는 기록은 없다. 그러므로 40

대 초반에 사신일행으로 중국에 갔을 때도 직책을 맡고 간 것이 아니고 그때 정사가 그의 삼종형이었기 때문에 수행원의 자격으로 간 듯하다. 그러나 그때 중국을 다녀와서 유명한 열하일기를 썼다. 그리고 박지원은 문장가로서도 유명했을 뿐 아니라, 실학자로서도 이름이 높았다. 그러므로 그의 문학은 형식을 무시한 공리공논空理空論은 배제함과 동시에 현실에 대한 해학과 풍자도 날카로웠다. 그의 글에 대해 김택영은 재기와 구상이 뛰어나 평범한 소재이면서도 글의 변화가 무쌍하다고 했으며, 또 그의 글은 기가 왕성해 모든 대가들의 장점을 두루 가졌을 뿐만 아니라, 문장이 웅장하고 두터우며 천태만상의 변화를 이루고 있기 때문에 우리나라에 기가 가장 왕성한 글이라 하였다. 이와 같이 연암의 산문에 대해 찬사를 아끼지 않았다.

박지원은 〈허생전〉·〈호질〉·〈양반전〉 등 소설작품도 저작했다. 허생전은 상업을 장려하여 그의 실학사상을 잘 반영한 작품이고, 호질은 위선적인 선비를 질책한 작품이며, 양반전은 양반들의 비리를 날카롭게 풍자한 작품들이다.

이덕무(1741~1793)는 박지원을 사사했던 문인으로서 유득공·박제가·이서구 등과 더불어 조선조 후기의 4가라 한다. 그는 시문이 모두 뛰어나 문명이 일세를 풍미했으며, 그가 중국에 가는 사신일행을 수행하여 그곳의 학자들과 사귀며 많은 찬사를 받았다. 그는 우리나라의 시가 과거로 인한 폐단에서 벗어나지 못하고 있다고 개탄했으며, 자신은 시에서 자연스럽고 순수함을 끝까지 고수하겠다고 했다. 이러한 시관에서 시를 쓴 탓인지 그의 작품은 독창적이고 인정과 물태 등의 묘사에 극히 사실적이었다.

신위(1769~1847)는 조선조 후기에 접어들어 박지원이 산문으로서 유명했다면 신위는 시로써 뛰어났다고 할 수 있다. 그는 서장관으로 중국에 가서 옹방강을 만난 후 그의 시에 많은 변화가 있었다고 한다. 김택영은 을사보호조약이 체결되는 것을 보고 중국으로 망명하면서 신위의 시고를 가지고 가서 그곳에서 간행하면서 그 서문에서 그의 시가 당송시의 영향을 받아 변화막측할 뿐만 아니라, 천태만상이 구비하여 독자로 하여금 현기증을 느끼게 한다고 하였다. 그는 시와 아울러 글씨와 그림에도 뛰어나 삼절이라 했다 한다.

조선조의 시가 초기에는 송시의 영향이 많았고 중기에는 당시의 영향을 많이 받았는데, 이 후기에는 신위뿐만 아니라, 초기와 중기와는 달리 시풍이 어느 한쪽으로 많이 기울어지지 않았다. 당시체를 선호했던 사람도 많았지만 신위와 같이 송시체에 접근한 인사도 있고, 또 명시와 청시의 영향을 받은 시인도 적지 않았다. 이와 같이 한쪽으로 기울어지지 않고 다양한 것은 시문학의 발전에도 좋은 현상이 아닌가 한다.

이 시기와 소설문학은 박지원의 단편소설을 비롯하여 〈오유난전〉·〈서대주전〉·〈와사옥안〉 등 풍자적인 작품을 많이 볼 수 있는데, 그것은 국가의 기강이 해이해 사회가 부패했기 때문이라고 볼 수도 있지만 소설문학이 그만큼 발전했다는 증거도 될 수 있을 것이다. 그리고 《계서야담》·《청구야담》·《동야휘집》 등 설화집이 나왔는데, 이러한 저작은 단순한 설화집이 아니고 단편소설집에 가깝다.

장편소설로는 《삼한습유》·《옥루몽》·《육미당기》 등이 이 시기에 저작되었다. 이 가운데 《옥루몽》과 같은 작품은 문장이 아름답고 구성이 치밀하여 우리 고소설에서 보기 드문 수작이 아닐까 생각된다.

車容柱 / 서원대

저자

김광순(경북대)	김병국(서울대)
김선기(충남대)	박노준(한양대)
박용식(건국대)	설성경(연세대)
이동근(대구대)	이임수(동국대)
이현수(조선대)	정병헌(숙명여대)
정재호(고려대)	진동혁(단국대)
차용주(서원대)	최　철(연세대)
(가나다 순)	

한국문학개론

1996년 02월 28일 초판 1쇄 발행
2023년 08월 17일 초판 8쇄 발행

저　　자	김광순 외
발 행 인	한정희
발 행 처	경인문화사
편 집 부	김지선 유지혜 한주연 이다빈 김윤진
마 케 팅	전병관 하재일 유인순
출판번호	제406-1973-000003호
주　　소	경기도 파주시 회동길 445-1 경인빌딩 B동 4층
전　　화	031-955-9300 팩　스 031-955-9310
홈페이지	www.kyunginp.co.kr
이 메 일	kyungin@kyunginp.co.kr

ISBN　978-89-499-0025-4 03800
값　12,000원

※파본 및 훼손된 책은 교환해 드립니다.